bioskop 9/10

Gymnasium Niedersachsen

Herausgeber

Rainer Hausfeld

Wolfgang Schulenberg †

Autoren

Peter Emmler

Rainer Hausfeld

Henriette Höxter

Jürgen Nagel-Volkmann

Jörn Peters

Martin Ratermann

Rüdiger Schmalz

Eckhart Schröder

Wolfgang Schulenberg †

Franz Stoppel

Björn Toben

westermann

Druck A^1 / Jahr 2016
Alle Drucke der Serie A sind im Unterricht parallel verwendbar.

Redaktion: Dr. Helga Röske
Umschlaggestaltung und Typographie: Jennifer Kirchhof
Druck und Bindung: westermann druck GmbH, Braunschweig

ISBN 978-3-14-**150622**-8

Inhaltsverzeichnis

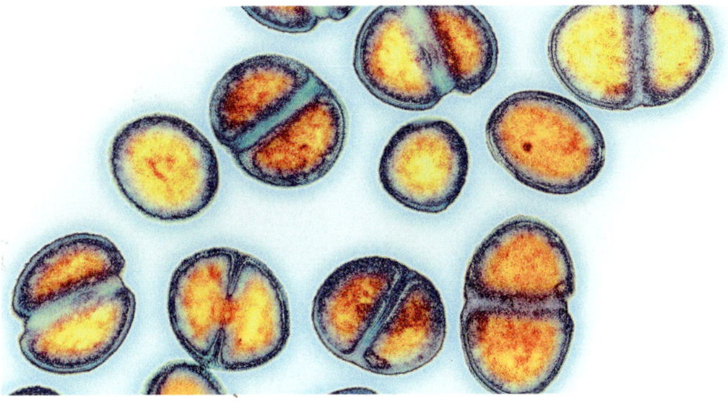

Wie entsteht Angepasstheit

1 Wie entsteht Angepasstheit

Sinnesorgane erschließen die Umwelt

2 Sinnesorgane erschließen die Umwelt

3 Sucht

Gesundheit und Krankheit

4 Gesundheit und Krankheit

Hormone und Sexualität

Vom Kern über das Chromosom zum Gen

Im Biologieportal www.biologie-gymnasium.de steht bei bioskop unter Downloads eine Liste mit weiterführenden Internet-links zu den Themen dieses Buches zum Herunterladen bereit.

Für die farbig hervorgehobenen Aufgaben werden gestufte Hilfen angeboten. Diese Hilfestellungen sind auf der BiBox (Bestellnr. 150698) zu diesem Band zu finden.

Nicht alle Inhalte des Buches sind obligatorisch. Aus Abschnitten, die mit einem * gekennzeichnet sind, können ein oder mehrere Beispiele gewählt werden oder sie sind fakultativ und vertiefend.

anwenden	einen bekannten Sachverhalt oder eine bekannte Methode auf etwas Neues beziehen
auswerten	vorgegebene Daten oder Sachverhalte in einen Zusammenhang stellen
begründen	einen vorgegebenen Sachverhalt auf seine Ursachen oder Gesetzmäßigkeiten zurückführen
beschreiben	Strukturen, Merkmale oder Sachverhalte mit eigenen Worten wiedergeben
beobachten	aufmerksame Betrachtung eines Vorgangs mit dem Ziel, entsprechend einer vorgegebenen Fragestellung bestimmte Informationen zu erhalten
beurteilen (Stellung nehmen)	zu einem vorgegebenen Sachverhalt ein eigenständiges, sachlich begründetes Urteil oder eine Bewertung abgeben
darstellen	Sachverhalte in gegliederter Form wiedergeben
diskutieren (erörtern)	zu einem vorgegebenen Thema oder Sachverhalt Argumente von verschiedenen Standpunkten aus gegeneinander abwägen
entwickeln	eine Hypothese, eine Skizze, ein Experiment oder ein Modell schrittweise weiterführen und ausbauen.
eine Hypothese aufstellen	eine begründete Vermutung (Hypothese) auf der Grundlage von Beobachtungen, Experimenten oder Sachaussagen formulieren
erklären	einen Sachverhalt erläutern und begründen
erläutern	einen Sachverhalt veranschaulichen und verständlich machen
nennen	Eigenschaften, Sachverhalte oder Begriffe ohne Erläuterungen aufzählen
planen eines Experiments	zu einem vorgegebenen Problem ein passendes Experiment planen
protokollieren	Beobachtungen oder die Durchführung von Experimenten genau und in gegliederter Form wiedergeben
skizzieren	das Wesentliche eines Sachverhalts in übersichtlicher Form grafisch darstellen
überprüfen/ prüfen	zu einem Sachverhalt oder einer Aussage, die nicht eindeutig ist, nach sorgfältigem Abwägen ein begründetes Urteil abgeben
vergleichen	Gemeinsamkeiten und Unterschiede ermitteln
zeichnen	eine möglichst exakte grafische Darstellung anfertigen
zusammenfassen	das Wesentliche in knapper Form herausstellen

1 *Eine Auswahl häufiger Arbeitsanweisungen und die Beschreibung der erwarteten Leistung*

Um Aufgaben richtig zu verstehen, ist es notwendig, die Bedeutung der verschiedenen Arbeitsanweisungen zu kennen. In Abbildung 1 sind häufige **Arbeitsanweisungen** in einer Auswahl zusammengestellt und die jeweils erwartete Leistung beschrieben. Fast alle Abschnitte in diesem Buch enthalten auf der rechten Seite Aufgaben, die unterschiedliche Anforderungen stellen. Aufgaben können für dich und deine Mitschülerinnen und Mitschüler unterschiedlich schwierig sein. Das hat auch damit zu tun, dass sich Menschen in ihrem Lerntempo, in ihrem Wissen und in ihrem Können nicht vollkommen gleichen, sondern unterschiedlich sind.

Die Unterschiede von Aufgaben können sich unter anderem auf folgende Merkmale beziehen:

- Aufgaben unterscheiden sich im Schwierigkeitsgrad sowie in den Anforderungen, die für eine eigenständige Lösung notwendig sind. Zum Beispiel können der Umfang des notwendigen Wissens, der Zeitbedarf oder die Genauigkeit der Lösung unterschiedlich sein. Auch in der Anschaulichkeit können sich Aufgaben unterscheiden.
- Aufgaben können sich darin unterscheiden, ob sie überwiegend in Einzel-, Partner- und/oder Gruppenarbeit gelöst werden. Manche Aufgaben verlangen, dass man nacheinander in Einzel-, Partner- oder Gruppenarbeit zur Lösung gelangt (Abb. 2).
- Aufgaben können sich darin unterscheiden, wie die Lösung dargestellt wird, zum Beispiel in Form von Text, einer Gliederung, einer Zeichnung, einer Tabelle, in einem Diagramm, mit einem Experiment oder mit einem Modell. Das Vorstellen der Lösung vor der Klasse nennt man auch Präsentation der Lösung. Die Präsentation kann zum Beispiel durch einen kurzen Vortrag, mithilfe eines Plakates, einer Skizze an der Tafel oder digital mit Computer und Whiteboard erfolgen.

Viele Abschnitte in diesem Schulbuch enthalten auf der rechten Seite eine Aufgabe, die farbig hervorgehoben ist. Diese Aufgaben sind in der Regel nicht einfach zu lösen. Sie benötigen Zeit für eigene Überlegungen. Meistens sind mehrere Schritte notwendig, um zu einer Lösung zu gelangen. Und meistens ist ein Weg, wie du und deine Mitschülerinnen und Mitschüler zu einer Lösung gelangen können, nicht vorgegeben. Die farbig hervorgehobenen Aufgaben können so wie andere Aufgaben auch nach den Vorgaben deiner Lehrerin oder deines Lehrers bearbeitet werden. Unter bestimmten Bedingungen kannst du jedoch von deiner Lehrerin oder deinem Lehrer Hilfestellungen erhalten. Diese Hilfestellungen enthalten nicht die Lösung der Aufgabe, sondern Hilfen, die dich auf dem Weg zur Lösung voranbringen können. Ob du diese Hilfen in Anspruch nimmst, musst du entscheiden. Du kannst zunächst versuchen, die Aufgabe ohne Hilfe zu lösen. Übrigens: Ob du die Hilfen in Anspruch nimmst oder nicht, hat nichts damit zu tun, wie klug du bist.

Think: Arbeite zunächst allein. Lies den Text. Denke über die Aufgabenstellung nach. Recherchiere im Schulbuch, in anderen Büchern, dem Internet oder den Arbeitsmaterialien. Mache dir Notizen.

Pair: Stelle die Ergebnisse deiner Überlegungen deinen Mitschülerinnen und Mitschülern in der Kleingruppe vor. Vertieft in Partner- oder in Gruppenarbeit eure Überlegungen. Plant gemeinsam die Präsentation.

Share: Präsentiert zu zweit oder in der Gruppe eure Arbeitsergebnisse der gesamten Klasse. Vergleicht eure Ergebnisse. Ergänzt, vertieft oder korrigiert sie gegebenenfalls.

2 *Think-Pair-Share – Gemeinsames Lösen von Aufgaben*

Arbeiten mit Basiskonzepten

Unter Basiskonzepten versteht man grundlegende Erkenntnisse der Wissenschaft Biologie. Basiskonzepte sind biologische Grundsätze oder biologische Prinzipien. Fast jedes Thema des Biologieunterrichts lässt sich einem Basiskonzept oder mehreren Basiskonzepten zuordnen.

Durch die Zuordnung entsteht im Laufe des Biologieunterrichts eine übersichtliche Struktur, die hilft, Biologiethemen gedanklich zu verbinden.

Struktur und Funktion

Unter Struktur versteht man in der Biologie den Bau von Lebewesen und ihrer Teile (Moleküle, Zellen, Gewebe und Organe). Mit ihrem Bau sind Lebewesen an bestimmte Aufgaben (Funktionen) angepasst. Zum Beispiel bekämpfen bestimmte Blutzellen Krankheitserreger, indem sie sich mit ihren genau passenden Oberflächenstrukturen an Krankheitserreger heften.

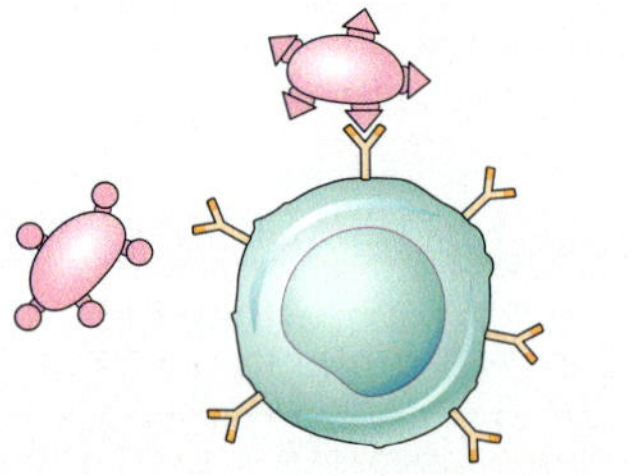

Fortpflanzung und Entwicklung

Durch Fortpflanzung vermehren sich Lebewesen und dadurch wird ihr Fortbestand gesichert. Bei der Fortpflanzung werden Erbanlagen (Gene) weitergegeben. Gene enthalten Informationen, die die Entwicklung und die Ausbildung von Merkmalen eines Lebewesens beeinflussen. In der Regel wirken Gene und Umwelt bei der Ausbildung von Merkmalen zusammen. Gene sind Abschnitte auf den Chromosomen im Zellkern.

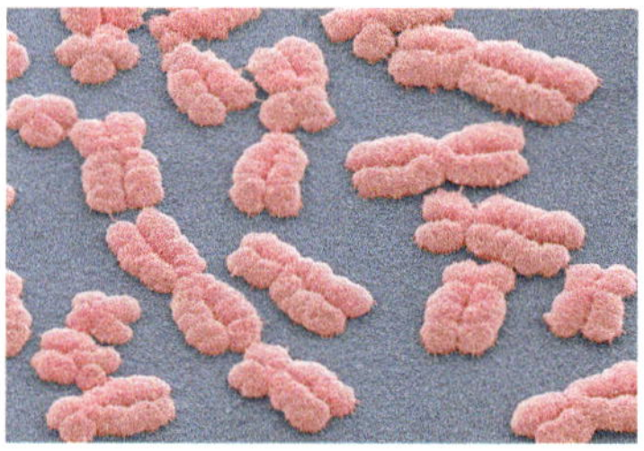

Steuerung und Regelung

Viele Zustände und Vorgänge im Körper eines Lebewesens werden gesteuert oder geregelt. Dadurch reagiert der Körper auf Veränderungen und kann Bedingungen im Körper stabil halten. Die unterschiedliche Öffnungsweite der Pupillen in den Augen bei verschiedener Lichtintensität ist ein Beispiel für Regelung.

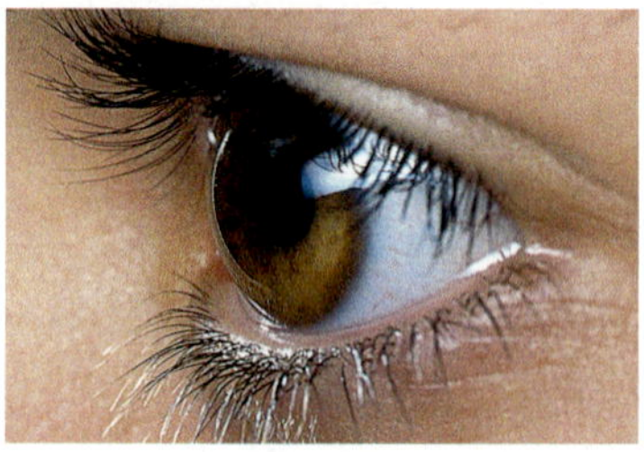

Kompartimentierung

Unter Kompartimentierung versteht man eine räumliche Aufteilung, zum Beispiel verschiedener Aufgaben, in einem Organismus. Auch eine einzelne Zelle ist in verschiedene Teilräume, die Zellorganellen, gegliedert. In Teilräumen können verschiedene Vorgänge gleichzeitig stattfinden ohne sich gegenseitig zu stören.

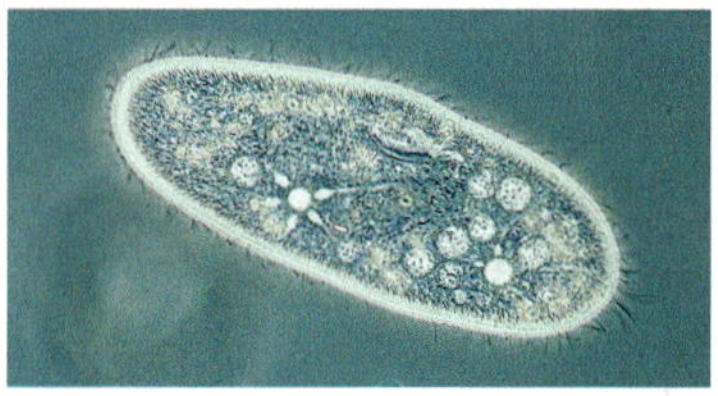

Variabilität und Angepasstheit

Unter Variabilität versteht man die Veränderlichkeit von Merkmalen, die zu Vielfalt führt. Man spricht zum Beispiel von der Artenvielfalt. Innerhalb einer Art zeigen die Individuen neben Gemeinsamkeiten vielfältige Merkmalsunterschiede. Lebewesen besitzen Merkmale, die durch natürliche Auslese entstanden und genetisch festgelegt sind. Man nennt sie Angepasstheiten. Individuelle Anpassungen im Laufe eines Lebens werden dagegen nicht vererbt.

Geschichte und Verwandtschaft

Jedes heutige Lebewesen lässt sich durch eine ununterbrochene Kette von Fortpflanzungen auf Vorfahren, Vor-Vorfahren bis hin zu den Ursprüngen des Lebens zurückführen. Die vielfältigen Arten von Lebewesen sind im Laufe langer Zeiträume aus anderen Formen hervorgegangen. Diesen Vorgang bezeichnet man als Evolution. Die abgestuften Ähnlichkeiten zwischen Lebewesen, unter anderem im Körperbau, sind ein Beleg für den Grad der Verwandtschaft.

Stoff- und Energieumwandlung

Alle Lebewesen bestehen aus Stoffen, vor allem aus Wasser und Kohlenstoffverbindungen. Die Aufnahme, Umwandlung und Abgabe von Stoffen nennt man Stoffwechsel. An der Umwandlung von Stoffen im Körper ist eine bestimmte Gruppe von Proteinen, die Enzyme, beteiligt. Energie ist für alle Lebensvorgänge notwendig und tritt in verschiedenen Formen auf. Lebewesen sind Energiewandler, sie können bestimmte Formen von Energie in andere Formen von Energie umwandeln.

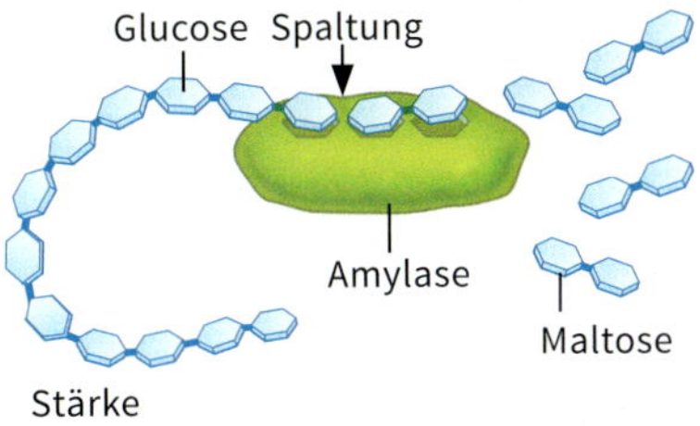

Information und Kommunikation

Lebewesen nehmen mit ihren Sinnesorganen Informationen aus ihrem Körper und aus ihrer Umwelt auf. Das Ergebnis der Informationsverarbeitung kann im Gehirn Einfluss darauf haben, was ein Lebewesen tut und wie es sich verhält. Auch innerhalb eines Organismus werden Informationen ausgetauscht und weitergegeben. Von großer Bedeutung für jedes Lebewesen sind die Informationen in den Erbanlagen (Genen).

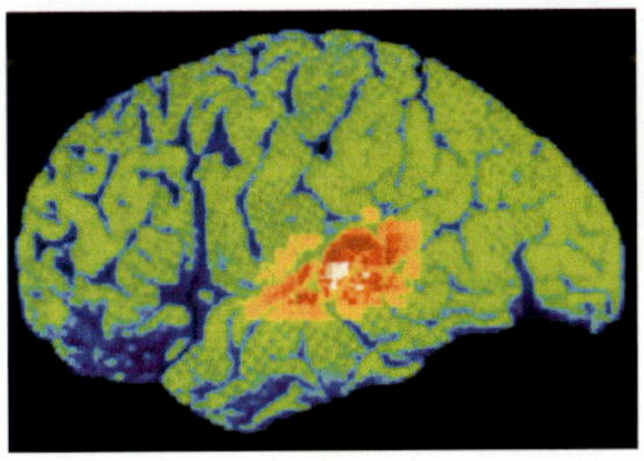

Wie entsteht Angepasstheit

1.1 Tarnen und Warnen

1 *a) Wespe, b) Schwebfliege, c) Schmetterling mit Augenflecken, d) Kupferglocke, e) Feuersalamander, f) Seezunge*

Kleinere Beutetiere, die getarnt sind, werden seltener von ihren Fressfeinden erbeutet als Tiere ohne Tarnung. Daher bietet Tarnung einen Überlebensvorteil.

Tarnung kann passiv und aktiv erfolgen. Bei der passiven Tarnung sind Körperform und Körperfärbung genetisch so festgelegt, dass das Tier in seiner natürlichen Umgebung nur schwer zu erkennen ist (Abb. 1 d). Bei der aktiven Tarnung nimmt das Tier seine jeweilige Umgebung wahr und passt seine Körperfarbe daraufhin dieser Umgebung an. Dies geschieht, indem Pigmentzellen in der Haut verändert werden. Eine aktive Tarnung findet man zum Beispiel bei vielen Plattfischen (Abb. 1 f).

Weit verbreitet bei Faltern sind Augenflecken auf den Flügeln, die wie die Augen eines größeren Tieres wirken (Abb. 1 c). Häufig werden die Augenflecken verdeckt getragen und nur bei Gefahr gezeigt. Die Schrecksekunde des Angreifers verschafft einen Vorteil bei der Flucht.

Manche Tiere fallen durch ihre auffällige Färbung auf (Abb. 1 a, e). Viele dieser Tiere sind wehrhaft oder sondern unangenehme Reizstoffe ab. Beispiele sind Bienen, Wespen und Hornissen. Diese Tiere signalisieren möglichen Fressfeinden, dass es sehr unangenehm sein kann, sie anzugreifen. Die auffällige Färbung ist eine **Warntracht**. Auch bei Tieren, die in Folge von Reizstoffen ungenießbar sind, kommen Warntrachten vor. Ein Beispiel ist der Feuersalamander, der aus Drüsen auf seinem Rücken ein Nervengift versprühen kann.

Nicht alle Tiere, die Warntrachten tragen, sind gefährlich oder ungenießbar. Manche täuschen gewissermaßen vor, wehrhaft oder schlecht schmeckend zu sein. So profitieren sie von schlechten Erfahrungen, die ihre Fressfeinde mit den ähnlich aussehenden wehrhaften Tieren gemacht haben (Abb. 1 b). Dieses Phänomen, dass ein „Mime" eine andere Art, das „Modell" in Form, Farbe oder Verhalten imitiert, wird **Mimikry** genannt.

1. Blattförmige Tiere. Mimese ist eine Form der Tarnung, bei der Strukturen ohne Signalcharakter der unbelebten oder belebten Welt nachgeahmt werden.
a) In welchem Lebensraum kommen diese Tiere wohl vor? Begründe.
b) Stelle eine Hypothese auf, wie es zu der Herausbildung dieser Ähnlichkeit gekommen sein könnte.

2. Korallenschlangen in Südamerika. In Südamerika findet man 75 Arten von Korallenschlangen, die alle die nahezu gleiche, auffällige Bänderung in den Farben Schwarz, Rot, Gelb zeigen (Abb. 5). Es gibt ungiftige, mäßig giftige und tödlich giftige Arten. Bei zufälligen Fängen von Korallenschlangen fand man Anzahlen,

2 *Kohlweißlingpuppe*

die als Maß für die Häufigkeit in der Natur gelten können:
a) Stelle Thesen auf, welche Eigenschaften Arten besitzen, die das „Vorbild" darstellen, und welche Arten „Nachahmer" sind. Begründe deine Überlegungen.
b) Berechne aus den Angaben der Abbildung 4 für jedes Jahr das Verhältnis von „Vorbildern" V zu „Nachahmern" N.

3. Ist Tarnung wirksam? Am Rand eines Wegs wurden Puppen des Kohlweißlings (Abb. 2), eines Schmetterlings, nach ihrer Sichtbarkeit im Pflanzenbewuchs in drei Gruppen eingeordnet: 1 = gut sichtbar, 2 = mittel und 3 = schlecht sichtbar. Nach einigen Tagen wurde kontrolliert, welche der Puppen gefressen waren und welche nicht (Abb. 3).

Gruppe	unversehrt	gefressen
1	14	9
2	18	11
3	23	7

3 *Versuchsergebnisse*

Begründe, warum viele Puppen der Gruppe 1 überlebten und manche der Gruppe 3 gefressen wurden.

	1950	1951	1952	1953
„Vorbilder"	193	220	236	257
„Nachahmer"	84	67	87	83

4 *Fangergebnisse bei Korallenschlangen*

5 *Korallenschlange*

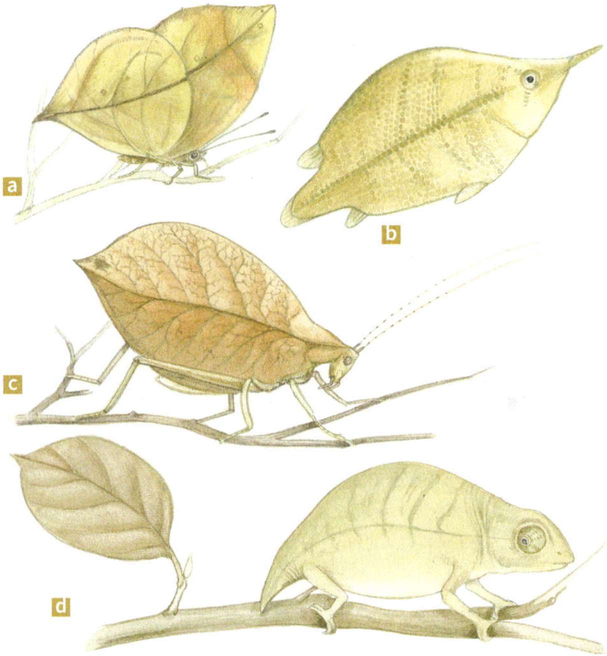

6 *Mimese bei unterschiedlichen Tieren*

1.2 Der Birkenspanner – Angepasstheit durch natürliche Auslese

1 *Luftverschmutzung durch Industrialisierung im 19. Jahrhundert*

2 *Dunkler und heller Birkenspanner auf heller Birkenborke*

Der Birkenspanner ist ein in Europa verbreiteter Schmetterling, der von Mai bis August vor allem in der Nacht aktiv ist. Tagsüber ruht er unbewegt an Ästen und Stämmen von Bäumen. Es gibt helle und dunkle Birkenspanner (Abb. 2). Die dunkle Färbung wird durch den Farbstoff Melanin hervorgerufen. Die Färbung ist ein Merkmal, das durch eine Erbanlage festgelegt ist. Dunkle und helle Birkenspanner können sich untereinander fortpflanzen. Deshalb gehören sie zu einer Art.

Fressfeinde des Birkenspanners sind Singvögel wie Rotkehlchen, Singdrosseln oder Goldammern. Auf hellem Untergrund wie zum Beispiel der Borke der Birke sind helle Birkenspanner besser getarnt als dunkle Birkenspanner. Auf einem hellen Untergrund sind helle Birkenspanner von ihren Fressfeinden kaum zu entdecken. Auf dunklem Untergrund ist dagegen die dunkle Färbung ein vorteilhaftes Merkmal.

Man nennt Merkmale eines Lebewesens, die in der Auseinandersetzung mit der Umwelt vorteilhaft sind, **Angepasstheiten**. Lebewesen mit vorteilhaften Merkmalen haben in der Regel bessere Chancen zu überleben und einen höheren Fortpflanzungserfolg als Lebewesen mit weniger vorteilhaften Merkmalen. Unter **Fortpflanzungserfolg** versteht man die Wahrscheinlichkeit eines Lebewesens, sich fortzupflanzen und seine Erbanlagen an die Nachkommen weiterzugeben. Man spricht von **natürlicher Auslese** oder **Selektion**. Damit ist gemeint, dass Individuen einer Art aufgrund unterschiedlicher Ausprägung erblicher Merkmale unterschiedlichen Fortpflanzungserfolg haben.

Im 19. Jahrhundert kam es infolge der Industrialisierung in Europa zu starker Luftverschmutzung durch Ruß und Staub (Abb. 1). Bei der Verbrennung von Steinkohle wurden giftige Schwefelverbindungen wie Schwefeldioxid in die Luft freigesetzt. In England führte die Luftverschmutzung in der zweiten Hälfte des 19. Jahrhunderts vor allem in den Industrieregionen dazu, dass die Borke der Bäume durch Ablagerung von Ruß und Staub dunkler wurde. Im Jahr 1848 wurden in der Nähe von Manchester (England) nur einige dunkle Exemplare des Birkenspanners gefunden. 1895 waren dort bereits 95 Prozent der Birkenspanner dunkel. Noch bis zur Mitte des 20. Jahrhunderts war in der Nähe der Industriegebiete der weitaus größte Teil der Birkenspanner dunkel, während in unbelasteten ländlichen Regionen helle Birkenspanner sehr häufig waren. In der zweiten Hälfte des 20. Jahrhunderts verbesserte sich die Luftqualität durch Umweltschutzmaßnahmen. Seitdem geht der Anteil der dunklen Birkenspanner in den Industrieregionen Englands zurück (Abb. 4).

1. Angepasstheit durch natürliche Auslese beim Birkenspanner.

a) Lies den Text auf der linken Seite. Erläutere folgende Begriffe: Angepasstheit, Fortpflanzungserfolg, natürliche Auslese (Selektion).

b) Beschreibe mithilfe der Grundwissenseite und der Abbildung 4 die wesentlichen Veränderungen in der Häufigkeit dunkler und heller Birkenspanner in den Industrieregionen um Liverpool von der Mitte des 19. Jahrhunderts bis zum Ende des 20. Jahrhunderts.

c) Erläutere die Veränderungen in der Häufigkeit des Birkenspanners (Abb. 4).

2. Gedanken-Modell zur natürlichen Auslese. Stelle deinen Mitschülerinnen und Mitschülern in einem Kurzreferat den Vorgang der natürlichen Auslese am Beispiel der Abbildung 5 dar. Berücksichtige dabei unter anderem folgende Begriffe: Art, erbliches Merkmal, Merkmalsunterschiede zwischen Individuen, Angepasstheit(en), Überlebenschancen, Fortpflanzungserfolg, natürliche Auslese (Selektion).

Baum	Standort 1		Standort 2	
	dunkle Birkenspanner	helle Birkenspanner	dunkle Birkenspanner	helle Birkenspanner
A	10	2	3	8
B	8	3	4	7
C	8	4	3	8
D	7	2	2	6
E	8	2	4	7
Summe				
Durchschnitt je Baum				

3 *Anzahl heller und dunkler Birkenspanner auf verschiedenen Bäumen*

3. Häufigkeit der hellen und dunklen Birkenspanner an zwei verschiedenen Standorten. Im Jahre 1956 wurde an einem Standort im ländlichen Raum und an einem innerstädtischen Standort einer Großstadt in England zeitgleich an je fünf Bäumen die Zahl der auf der Borke ruhenden Birkenspanner gezählt (Abb. 3). Präsentiere die Daten der Tabelle in einem geeigneten Diagramm. Werte das Diagramm in Hinblick auf die Frage aus, welcher der beiden Standorte innerstädtisch und welcher ländlich ist.

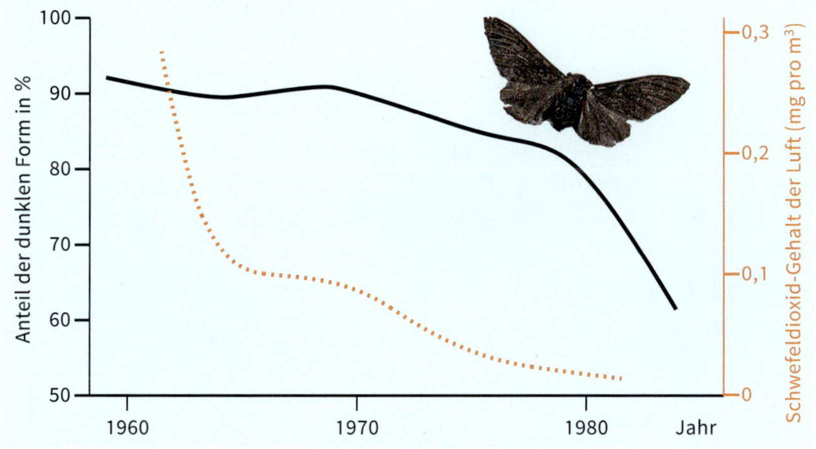

4 *Häufigkeit der dunklen Birkenspanner im Industriegebiet um Liverpool*

5 *Gedanken-Modell zur natürlichen Auslese*

1.3 Modelle zur natürlichen Auslese

1 *Modell I: Katze-Maus-Modell*

Die meisten Tiere und Pflanzen erzeugen Nachkommen durch geschlechtliche Fortpflanzung. Bei der Fortpflanzung von Lebewesen werden Erbanlagen weiter gegeben. Erbanlagen enthalten Informationen, die die Entwicklung und Ausbildung von Merkmalen eines Lebewesens beeinflussen. Für alle Arten von Lebewesen mit geschlechtlicher Fortpflanzung gilt, das kein Einzelwesen einem anderen Individuum der Art vollkommen gleicht. Zwar haben die Nachkommen eines Paares viele Gemeinsamkeiten, aber auch unterschiedlich ausgebildete Merkmale. So kann zum Beispiel die Tarnung oder die Größe eines Tieres unterschiedlich ausgeprägt sein. Man spricht in diesem Zusammenhang von **Vielfalt oder Variabilität**. Diese Vielfalt ist auch auf Unterschiede in den Erbanlagen der Individuen zurück zu führen.

Grundlage der **natürlichen Auslese (Selektion)** ist die Vielfalt der Erbanlagen, das wird **erbliche Vielfalt** genannt. Lebewesen mit vorteilhaften Merkmalen haben eine höhere Wahrscheinlichkeit, sich fortzupflanzen und ihre Erbanlagen an die Nachkommen weiter zu geben als Lebewesen mit weniger vorteilhaften Merkmalen. Natürliche Auslese ist ein anderer Ausdruck für den unterschiedlichen Fortpflanzungserfolg der Individuen einer Art.

Modelle stellen komplizierte Sachverhalte und Vorgänge in der Wirklichkeit in vereinfachter Form dar. Modelle dienen der Veranschaulichung und können (neue) Erkenntnisse fördern. Ein Modell berücksichtigt immer nur Teile der Wirklichkeit. Deshalb ist es beim Lernen mit Modellen wichtig aufzuzeigen, welche Entsprechungen das Modell in der Wirklichkeit hat. Auch die Modelle zur natürlichen Auslese in diesem Abschnitt berücksichtigen jeweils nur einen oder einige wenige Gesichtspunkte der Auslese, wie sie tatsächlich in der Natur stattfindet.

2 *Modell II: Modellversuch zur Selektion (siehe Aufgabe 2)*

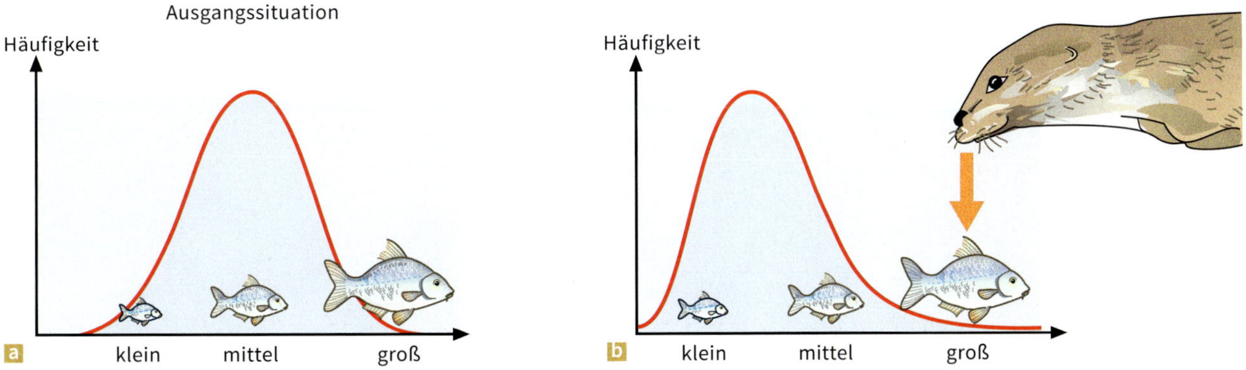

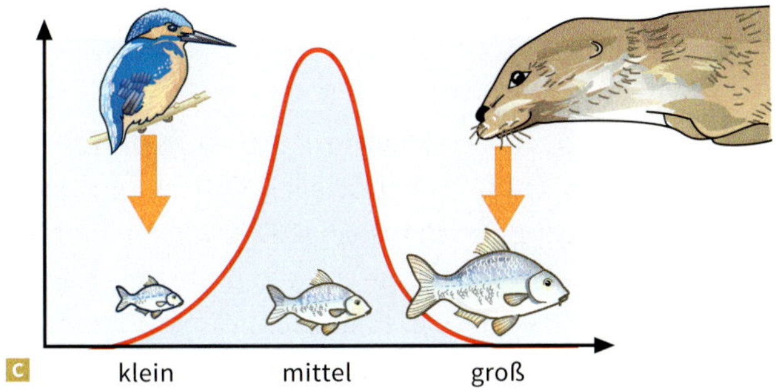

Grundannahmen des Modells III:
Bei III-a ist ein kleiner See mit nur einer Art von Fischen in drei Größenklassen: klein, mittel, groß. Bei III-b: nur Fischotter als Beutegreifer (fressen hauptsächlich große Fische),
bei III-c: Eisvögel (fressen kleine Fische) und Fischotter als Beutegreifer.

3 *Modell III: Auswirkung von Fischottern und Eisvögeln auf die Häufigkeit unterschiedlich großer Fische einer Art in einem Modell-See*

1. Modell I: Erläutere das Katze-Maus-Modell zur natürlichen Auslese. Benutze dabei Fachbegriffe.

4 *Spielzeug aus Kinderzeiten*

2. Modell II Modellversuch zur Selektion. Auf einem größeren Blatt (z. B. Tapetenrest) mit einem Muster, z. B. wie in Abbildung 2 gezeigt, befinden sich zufällig verteilt ausgestanzte farbige Sternchen (hier rote und grüne). Das sind im Modell die Beutetiere, die zu einer Art gehören. Ihr betrachtet als „Beutegreifer“ mit etwas Abstand im leicht abgedunkelten Raum das Blatt für 15 Sekunden und zählt die gesehenen roten und grünen Beutetiere.
Gebt das Verhältnis der gesehenen zur insgesamt vorhandenen Zahl roter und grüner Beutetiere an. Deutet das Ergebnis in Hinblick auf Selektion.
Erläutert, wie das Modell erweitert werden könnte, wenn man den Fortpflanzungserfolg mit einbringen will.

3. Modell III.
a) Erläutere die Abbildung 3 in Hinblick auf Variabilität, natürliche Auslese (Selektion) und unterschiedlichen Fortpflanzungserfolg.
b) Skizziere jeweils in einem Koordinatensystem wie in Abbildung 3 a den Verlauf der Kurve für folgende Gegebenheiten: Allein Möven sind als Beutegreifer am Modell-See. Sie fangen hauptsächlich mittelgroße Fische. Fischer arbeiten mit Netzen einer Maschenweite, die nur kleine Fische durchlassen.
c) Überprüfe die Aussagekraft des Modells III und ermittle seine Grenzen.

4. Spielzeug aus Kinderzeiten. Beurteile, ob das Spielzeug aus Abbildung 4 als Modell für natürliche Auslese geeignet ist.

1.4 Angepasstheit, Variabilität und Selektion

1 *Ausgewachsene Giraffen zeigen erblich bedingte Unterschiede in der Halslänge*

Im Jahre 1859 veröffentlichte der Engländer CHARLES DARWIN (1809 – 1882) sein Buch „Die Entstehung der Arten durch natürliche Zuchtwahl". Damit legte DARWIN die Grundlage für den Sachverhalt, dass alle Arten im Laufe langer Zeiträume aus anderen Formen hervorgegangen sind und sich während dieses Vorgangs veränderten. Diese Entwicklung wird **Evolution** genannt. So stammen zum Beispiel die heute lebenden Giraffen mit ihren langen Hälsen von Vorfahren ab, die einen kurzen Hals hatten (Abb.1).

Man bezeichnet eine Gruppe von Lebewesen, die zu einer Art gehören und die zur gleichen Zeit in einem bestimmten Gebiet leben als **Population** (lat. populus, Volk, Bevölkerung). Innerhalb einer Population gleichen sich die einzelnen **Individuen** nicht vollständig, sondern haben neben Gemeinsamkeiten auch unterschiedlich ausgeprägte Merkmale. So zeigen die Individuen einer Giraffen-Population Unterschiede in der Halslänge (Abb. 1). Weil die Halslänge erblich bedingt ist, spricht man von **erblicher Vielfalt** oder **erblicher Variabilität**.

Jedes Lebewesen setzt sich auf vielfältige Weise mit seiner Umwelt auseinander. Wind, Feuchtigkeit, Temperatur, Licht, Artgenossen, Feinde, Geschlechtspartner, Nahrung und vieles andere mehr gehören zu den Umweltfaktoren eines Lebewesens. In einer Population haben diejenigen Lebewesen eine höhere Wahrscheinlichkeit länger zu (über-) leben und sich fortzupflanzen, die erblich bedingte Merkmale und Verhaltensweisen besitzen, die in der Auseinandersetzung mit der Umwelt vorteilhaft sind. Solche erblich bedingten Merkmale und Verhaltensweisen nennt man **Angepasstheiten**. Giraffen mit langem Hals haben Vorteile gegenüber Giraffen mit einem kürzeren Hals in der Konkurrenz um Nahrung (Abb. 2).

Für die Individuen einer Population, die vorteilhafte Merkmale und Verhaltensweisen aufweisen, ist die Wahrscheinlichkeit groß, ihre Erbanlagen durch Fortpflanzung an die Nachkommen weiter zu geben. Man spricht von einer **natürlichen Auslese** oder Selektion. **Selektion** ist ein anderes Wort für "unterschiedlicher Fortpflanzungserfolg der Individuen einer Population". Angepasstheiten entwickeln sich in der Evolution auf der Grundlage von erblicher Variabilität und Selektion.

Die Individuen einer Art, zum Beispiel der Giraffen, sind häufig in der Länge ihrer Körperteile ein wenig verschieden, zeigen also Variabilität in der Körpergröße. Diese Variabilität ist durch Vererbung bedingt. Auch bei den kurzhalsigen Vorfahren der heutigen Giraffen gab es Individuen mit unterschiedlicher Halslänge. Die Konkurrenz um Nahrung mit Artgenossen und mit anderen Huftieren verschärfte sich besonders in Zeiten der Dürre. Im Wettbewerb um Nahrung und besonders bei Nahrungsmangel waren Giraffen mit etwas längeren Hälsen begünstigt. Diese Individuen konnten höher im Geäst der Bäume Nahrung finden als die Artgenossen mit kurzen Hälsen. Die Giraffen mit den etwas längeren Hälsen lebten durchschnittlich länger. Sie pflanzten sich im Allgemeinen häufiger fort und hatten mehr Nachkommen als die Artgenossen mit kürzeren Hälsen. Auch in der nächsten Generation gab es erblich bedingte Variabilität der Halslänge. Auch in dieser Generation wurden die Giraffen mit längerem Hals begünstigt. Der höhere Fortpflanzungserfolg der Giraffen mit längeren Hälsen führte im Laufe vieler Generationen durch natürliche Auslese (natürliche Selektion) zu einem deutlich längeren Hals. Der lange Hals der Giraffen ermöglicht das Abweiden hoher Baumzweige.

a

Die Hälse der ausgewachsenen männlichen Giraffen sind durchschnittlich einen Meter länger als die der ausgewachsenen weiblichen Giraffen. Der durchschnittliche tägliche Nahrungsbedarf beträgt 80 kg (Männchen) bzw. 50 kg (Weibchen). Wenn Männchen um ein Weibchen konkurrieren und Rivalenkämpfe durchführen, setzen sie ihren Hals und Kopf ein. Sie schlagen sich damit gegenseitig. Häufig gewinnt das Männchen mit dem längeren und kräftigeren Hals. Der Gewinner paart sich mit dem Weibchen. Weibliche Giraffen führen keine Kämpfe um Männchen durch.

b

2 *Evolution des langen Giraffenhalses durch natürliche Auslese nach a)* DARWIN *und b) Erweiterung dieser Erklärung durch neuere Forschungen an Giraffen.*

1. Worterklärungen von Fachbegriffen. Notiere in deinem Heft die nachfolgend genannten Fachbegriffe. Lies den Text auf der linken Seite. Schlage dann das Buch zu. Erläutert euch abwechselnd in Partnerarbeit am Beispiel der Giraffen folgende Fachbegriffe: Population; erbliche Variabilität; Umweltfaktoren; unterschiedlicher Fortpflanzungserfolg, Selektion; Angepasstheiten.

2. Unterschiede in der Selektion. Nenne anhand der Texte in Abbildung 2 a und 2 b die Unterschiede in der Selektion.

3. Vergleich zwischen natürlicher Auslese und künstlicher Auslese. Die Züchtung von Hunden, Tauben (Abb. 3) und anderen Tieren und Pflanzen durch Menschen bezeichnet man als Auslesezüchtung oder künstliche Auslese. Vergleiche natürliche Auslese und künstliche Auslese.

4. Concept-Map zur Evolution des langen Giraffenhalses. Erstellt mithilfe von Informationen in diesem Abschnitt eine Concept map unter der Überschrift „Beispiel langer Giraffenhals: Wie auf der Grundlage von Variabilität in Populationen und Selektion Angepasstheiten entstehen".

3 *CHARLES DARWIN (1809-1882) schaute sich seinerzeit auch bei Taubenzüchtern um. Dabei erhielt er wertvolle Anregungen für seine Überlegungen zur natürlichen Auslese.*

1.5 Artenvielfalt

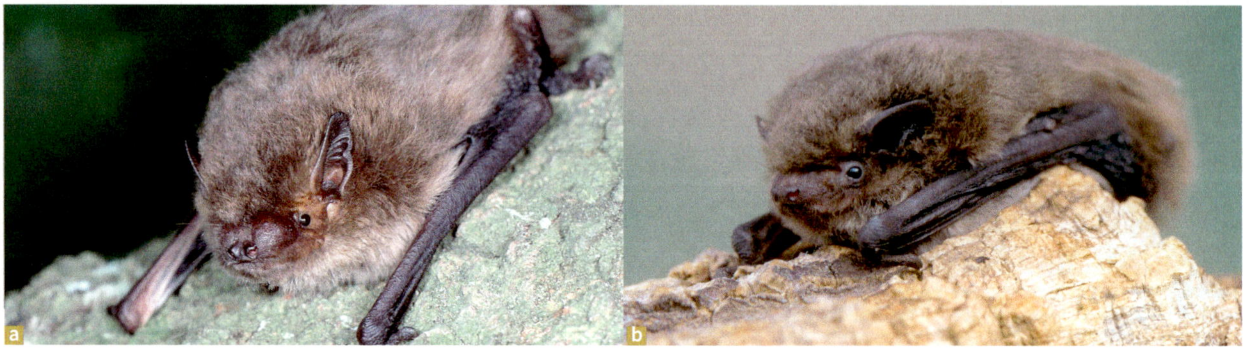

1 *Mückenfledermaus (a) und eigentliche Zwergfledermaus (b)*

Bei den europäischen Fledermäusen waren bis 1990 insgesamt 31 Arten beschrieben worden. Eine dieser Arten war die Zwergfledermaus. Bei den Zwergfledermäusen gibt es Färbungs- und Größenunterschiede sowie zwei unterschiedlichen Rufsequenzen (Abb. 2). Deshalb vermutete man schon länger, dass die Zwergfledermäuse in zwei verschiedene Arten eingeteilt werden müssen. Aufgrund der genetischen Untersuchungen weiß man heute, dass es sich bei den Zwergfledermäusen eindeutig um zwei verschiedene Arten handelt, die eigentliche Zwergfledermaus und die Mückenfledermaus (Abb. 1).

Früher hat man Lebewesen nach Übereinstimmungen im Körperbau zu gleichen Arten gezählt. Heute betrachtet man eine Art als **Fortpflanzungsgemeinschaft**. Zu den Mitgliedern einer Art zählen alle Lebewesen, die sich untereinander fruchtbar fortpflanzen können. Die eigentliche Zwergfledermaus und die Mückenfledermaus sind zwei eigenständige Arten. Sie können sich nicht untereinander fruchtbar fortpflanzen. Zwergfledermäuse und Mückenfledermäuse sind Beispiele für **Zwillingsarten**. Diese Arten sind im Laufe der Zeit durch eine **Artaufspaltung** aus einer Stammart hervorgegangen. Durch diesen Vorgang erhöht sich die Artenvielfalt.

Umweltfaktoren, die einen Einfluss auf das Überleben einer Population in einem bestimmten Lebensraum entwickeln, führen zu spezifischen Selektionsfaktoren. Diese Selektionsfaktoren wirken in ihrer Gesamtheit als Selektionsdruck auf eine Population. Der Flugapparat und die Ohren als Empfänger für die Ortungslaute stellen eine Angepasstheit an Lebensweise und Umwelt der Fledermäuse dar. Auf diese Organe wirkt ein erheblicher **Selektionsdruck**, dessen Wirkung vom jeweiligen Lebensraum abhängig ist. Daher sind Ohren und Flügel bei den fliegenden und sich mit Ultraschall orientierenden Fledermäusen oft an Lebensweise und Umwelt spezifisch angepasst. Sie sind gut geeignet, um verschiedene Arten zu unterscheiden. Wenn jedoch auf Zwillingsarten, die im gleichen Lebensraum leben, sehr ähnliche Selektionsdrücke wirken, so kann man diese zwei Arten im Körperbau nur schwer voneinander unterscheiden. Heute wendet man zur Arteinteilung auch Verfahren an, bei denen die Erbinformationen in den Genen zweier Arten verglichen werden.

Die Zeitdauer seit der Aufspaltung zweier Arten, ausgehend vom letzten gemeinsamen Vorfahren, ist durch eine vergleichende Untersuchung der Erbinformation zu ermitteln. Die Anhäufung von Unterschieden in den Genen ist von der Zeit abhängig. Je länger der Zeitpunkt der Artaufspaltung zurückliegt, desto mehr Unterschiede stellt man in der Erbinformation der Gene fest. Und umgekehrt: Je kürzer der Zeitpunkt der Artaufspaltung zurück liegt, desto geringere Unterschiede stellt man beim Vergleich der Erbinformationen in den Genen der beiden Arten fest.

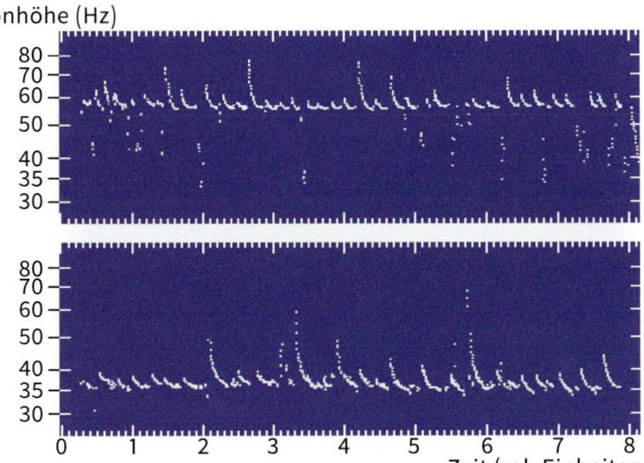

2 *Ruftypen und Ruffrequenzen bei Mückenfledermaus (oben) und Zwergfledermaus (unten)*

1. Zwillingsarten bei Fledermäusen

a) Beschreibe am Beispiel von Zwergfledermäusen und Mückenfledermäusen, was man unter Zwillingsarten versteht.

b) Vergleiche die Ruftypen bzw. Ruffrequenzen von Mückenfledermäusen und Zwergfledermäusen miteinander (Abb. 2).

c) Begründe, weshalb die Ruftypen bzw. Ruffrequenzen von Mückenfledermäusen und Zwergfledermäusen nur Indizien und keine Beweise für das Vorliegen von Zwillingsarten sind (Abb. 2).

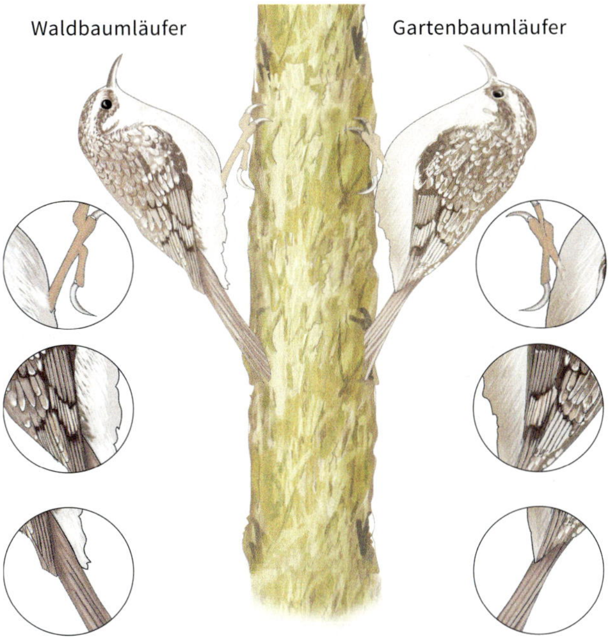

3 *Merkmale bei Waldbaumläufern und bei Gartenbaumläufern*

In Europa kommen Baumläufer als Zwillingsarten vor: Waldbaumläufer und Gartenbaumläufer. Beide Arten können im Freiland kaum unterschieden werden. Ihre Ruffrequenzen unterscheiden sich deutlich voneinander. Sie kommen in bewaldeten Gebieten vor und ernähren sich von kleinen Samen und Insekten, die in den Ritzen der Borke von Bäumen leben. Der Gartenbaumläufer ist im westlichen Europa und in Teilen Nordafrikas verbreitet, in England fehlt er. Der Waldbaumläufer ist in Teilen Mittel- und Osteuropas sowie in England verbreitet. In Deutschland überlappen sich die Verbreitungsgebiete. Der Gartenbaumläufer kommt in Spanien auch in Nadelwäldern vor. Der Waldbaumläufer besiedelt in England sogar Parks und Gärten. Beide Arten pflanzen sich auch im Überschneidungsgebiet, in dem beide gemeinsam vorkommen, untereinander nicht fort.

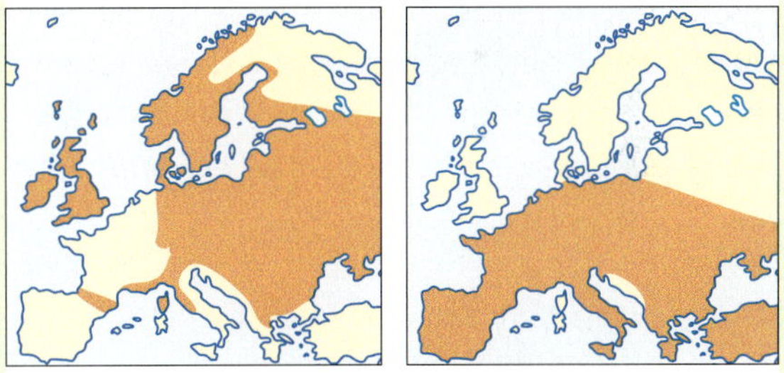

	Waldbaumläufer	Gartenbaumläufer
Lebensraum	dunkler Nadelwälder	Laubmischwälder, Parks und Gärten
Schnabel	relativ kurz	relativ lang
Hinterzehenkralle	relativ lang	relativ kurz

4 *Informationen über Zwillingsarten beim Baumläufer*

2. Artbildung bei Baumläufern. Gartenbaumläufer und Waldbaumläufer sind Zwillingsarten. Sie sind aus einer gemeinsamen Stammart entstanden, die vor der Eiszeit in Mitteleuropa vorkam. Erläutere mithilfe der Abbildungen 3 und 4, wie es zur Entstehung der beiden Baumläuferarten gekommen sein könnte.

1. Einige Fachbegriffe zum Thema.

a) Erstellt mithilfe der Worterklärungen am Ende des Buches ein Glossar für die im Begriffskasten genannten Begriffe (Abb. 1).

b) Erstellt eine Concept-map zum Thema „Der Birkenspanner – Angepasstheit durch natürliche Auslese“ Benutzt für die Concept-maps auch die Begriffe im Begriffskasten. Präsentiert und vergleicht eure Concept-maps.

Angepasstheit, Angepasstheiten,
Individuum, Population, biologische Art,
Art als Fortpflanzungsgemeinschaft,
Fortpflanzungserfolg,
natürliche Auslese, Selektion, künstliche Auslese, Züchtung,
genetische Vielfalt oder Variabilität.

1 *Begriffskasten*

2 *a) Dunkler und heller Birkenspanner auf heller Birkenborke, b) Giraffen mit unterschiedlich langen Hälsen*

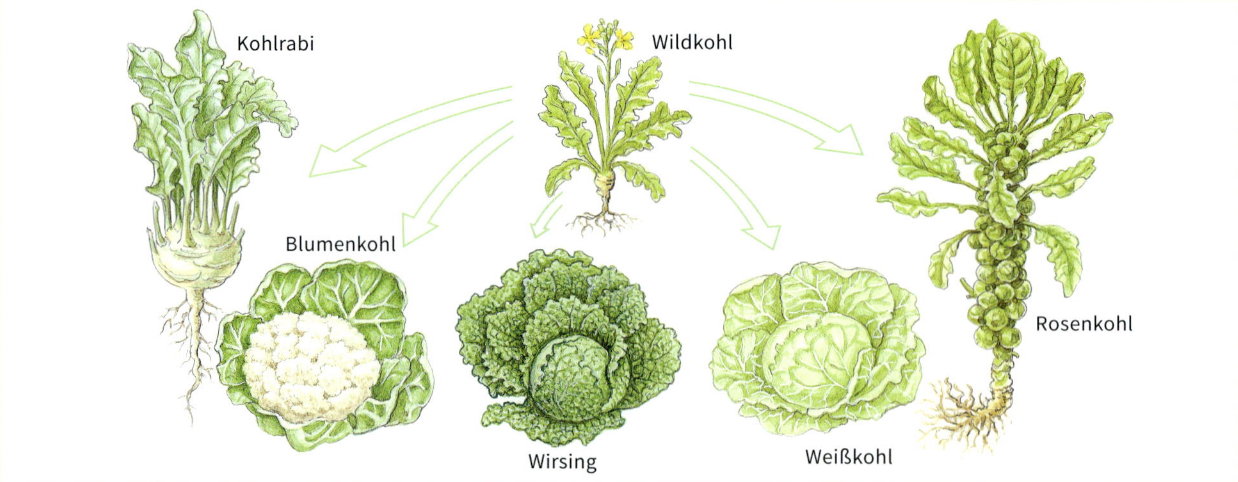

3 *Züchtung verschiedener Kohlsorten durch künstliche Auslese*

2. Gemeinsamkeiten und Unterschiede in der Evolution der Birkenspanner und der Giraffen. Erläutere Gemeinsamkeiten und Unterschiede in der Evolution der Birkenspanner und der Giraffen (Abb. 2a und b).

3. Bedeutung der genetischen Variabilität. Erläutere anhand der Abbildung 2 und 3 die Bedeutung der genetischen Variabilität für die Entstehung von Angepasstheiten durch natürliche oder durch künstliche Auslese.

4. Biologische Art. Grünspecht und Grauspecht sind nah verwandt (Abb. 4). Dort, wo sich ihre Verbreitungsgebiete überschneiden, haben sie keine gemeinsamen Nachkommen. Rabenkrähe und Nebelkrähe haben in ihrem gemeinsamen Verbreitungsgebiet fruchtbare Nachkommen untereinander. Erläutere mithilfe dieser Beispiele den Begriff der biologischen Art.

5. Basiskonzepte und das Thema „Wie entsteht Angepasstheit?“ In der Abbildung unten sind noch einmal die Basiskonzepte in Kurzform dargestellt. Ausführliche Erläuterungen zu den Basiskonzepten findest du vorne im Buch. Ordne den im Buch dargestellen Beispielen zum Thema „Wie entsteht Angepasstheit?“ einem Basiskonzept oder mehreren Basiskonzepten begründet zu.

4 *Vorkommen von Grauspecht (oben links) und Grünspecht sowie von Rabenkrähe (unten links) und Nebelkrähe*

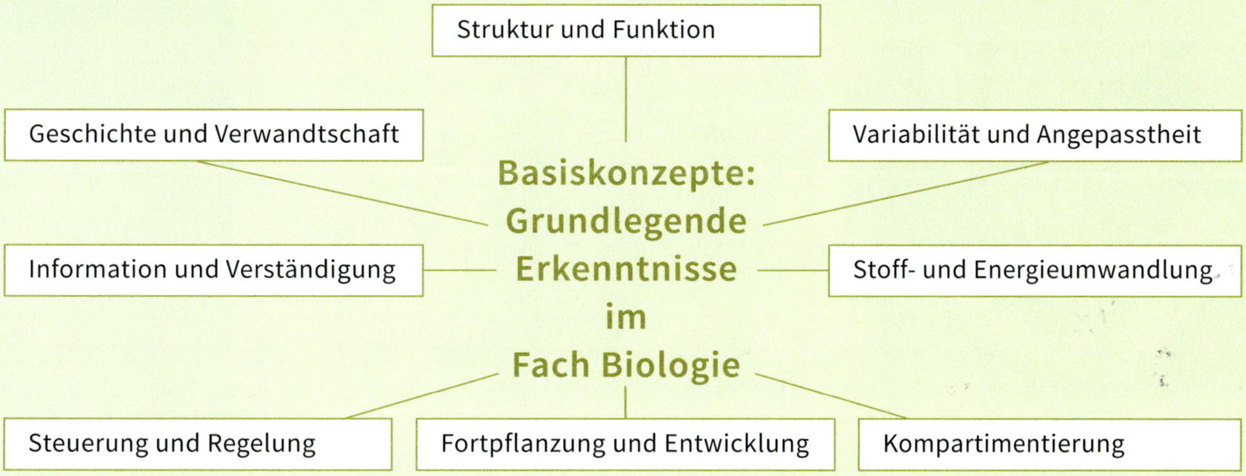

Sinnesorgane erschließen die Umwelt

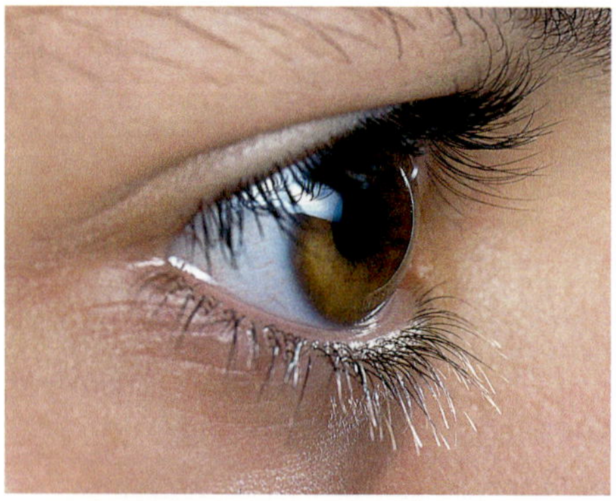

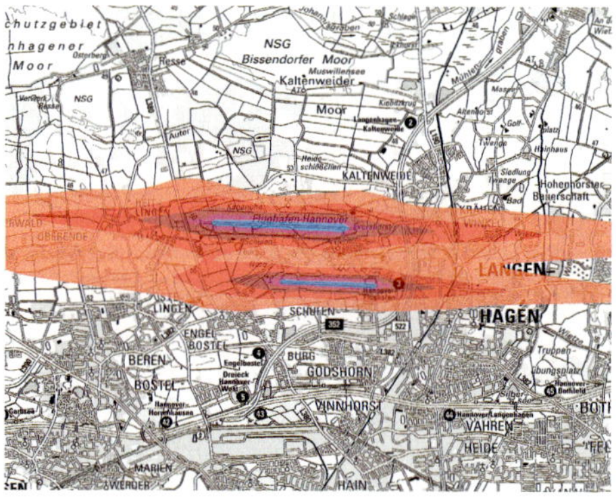

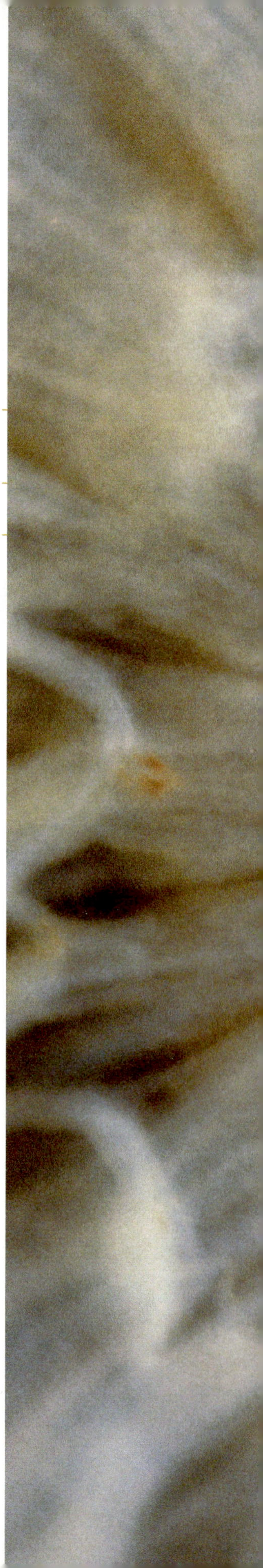

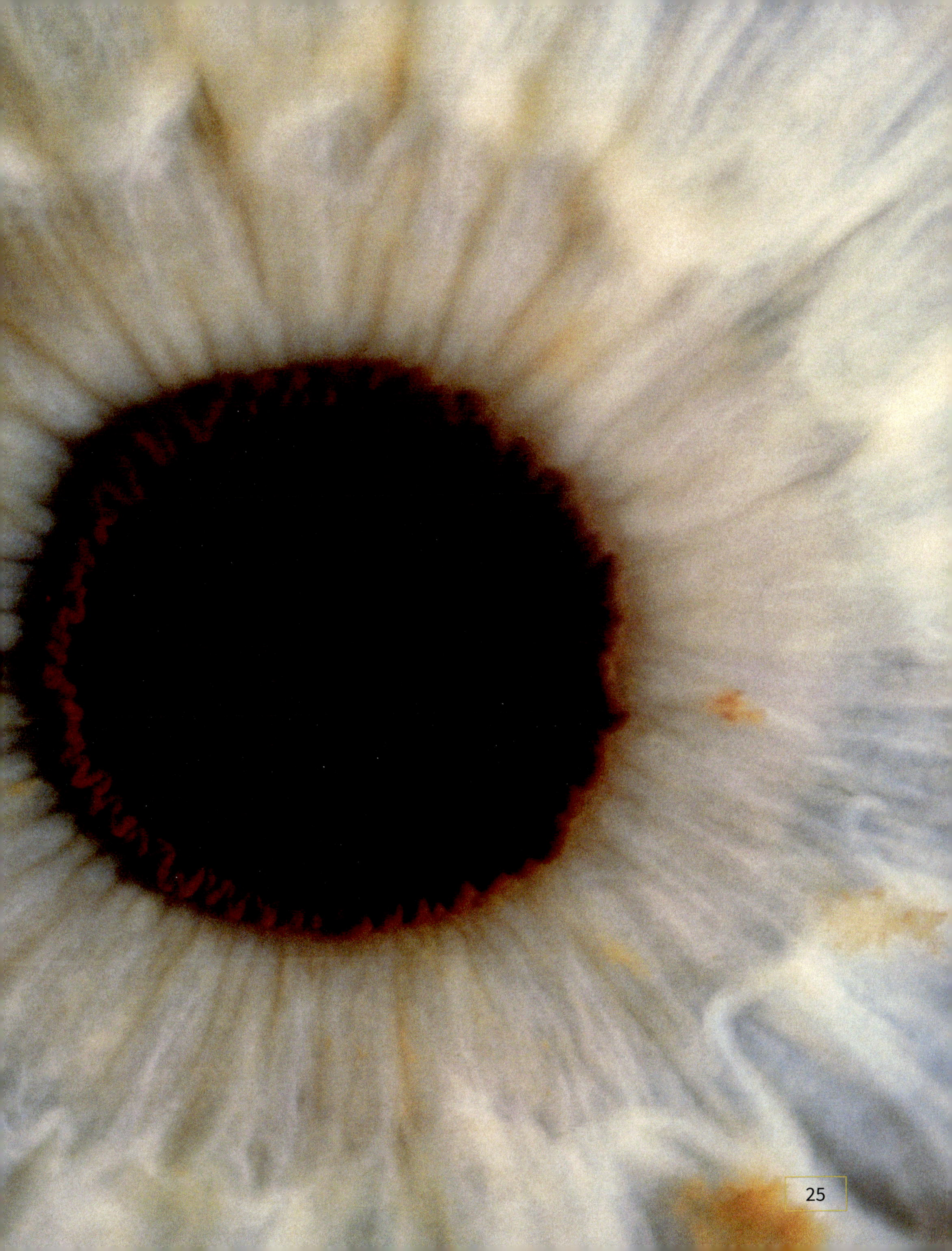

2.1 Kommunikation beim Menschen

1 *Menschen können sich auch ohne Wortsprache verständigen.*

Wenn zwischen zwei oder mehr Menschen Informationen übertragen werden, spricht man von Verständigung oder **Kommunikation**. Die Informationen werden von einem Menschen, dem Sender, auf einen Adressaten, den Empfänger übertragen (Abb. 2). Menschen verständigen sich hauptsächlich mit der **Wortsprache** (verbale Kommunikation). Wesentliche Informationen können aber auch ohne Wortsprache zwischen Menschen ausgetauscht werden. Das nennt man **nonverbale Kommunikation**. Nonverbale Kommunikation wird ausgedrückt durch Mimik (Gesichtsausdruck) und Gestik (Körperhaltung) (Abb. 1).

Im Gehirn aller Menschen sind schon bei der Geburt die Fähigkeit zum Verstehen und Sprechen von Sprache angelegt. Von der Wortsprache abgeleitet ist die **Schrift**. Der Wortschatz eines Erwachsenen beträgt mehrere zehntausend Wörter, die nach Regeln der Grammatik zu einer fast unbegrenzten Zahl von verständlichen Sätzen kombiniert werden können. Wortsprache ermöglicht Verständigung über Vergangenes und Zukünftiges und alles, was nicht unmittelbar wahrzunehmen ist. Zusammen mit dem umfassenden Vermögen des Menschen für Lernen und Erinnerung bildet die Wortsprache damit die Grundlage für vorausschauende Planungen und für die Kultur des Menschen.

Unter **Kultur** versteht man alles von Menschen und Menschengruppen Geschaffene. Man spricht von **Überlieferung**, wenn Erfahrungen mithilfe von Wortsprache von Generation zu Generation weitergegeben werden. Mithilfe der Wortsprache können sich Menschen über die Herstellung und Nutzung von Werkzeugen verständigen. Werkzeuge versetzen Menschen in die Lage, sehr vielseitige Aufgaben zu erledigen. Außerdem können mit Wortsprache Bindungen zwischen Menschen hergestellt werden. Man spricht dann von sozialen Bindungen. Die Wortsprache ist eine wesentliche Grundlage der **sozialen Intelligenz**. So nennt man die Fähigkeit, mit anderen Menschen in Wechselwirkung zu treten, sich zu verständigen, gemeinsam zu planen, Arbeitsteilung und Zusammenarbeit (Kooperation) zu vereinbaren, Beziehungen aufzubauen und zu pflegen und Konflikte zu lösen.

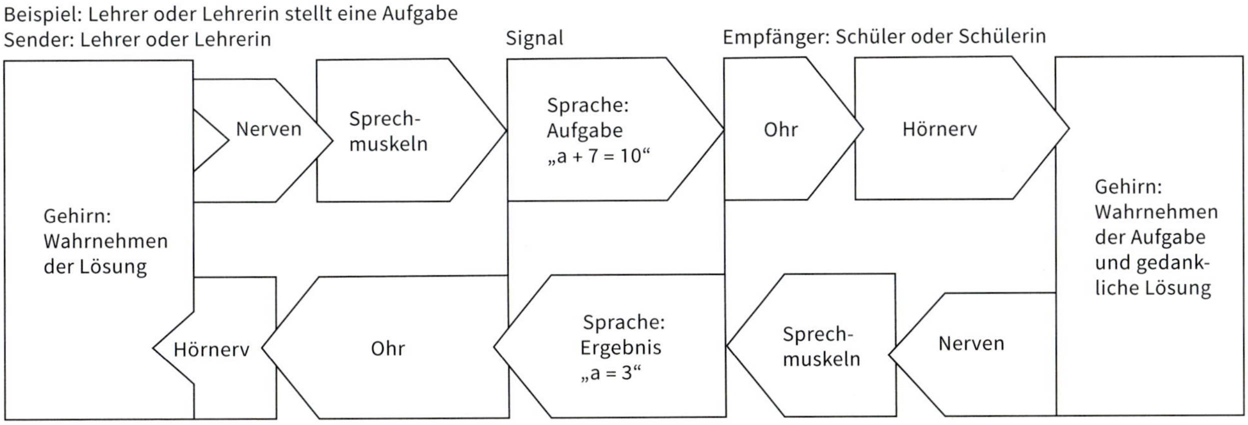

2 *Kommunikationsschema zwischen Sender und Empfänger am Beispiel einer Aufgabenstellung aus dem Mathematikunterricht. Beachte, dass mit dem Aussprechen der Lösung der Empfänger der Aufgabenstellung zum Sender wird und der vorherige Sender zum Empfänger wird.*

1. Eigenschaften und Bedeutung der Wortsprache des Menschen. Lege eine zweispaltige Tabelle an. Nenne in der linken Spalte wichtige Informationen der Grundwissenseite. Beschreibe diese Informationen in der rechten Spalte der Tabelle anhand von Beispielen aus deinem Erfahrungsbereich.

2. Kommunikationsschema zwischen Sender und Empfänger.
a) Erläutere die Abbildung 2.
b) Skizziere in Anlehnung an Abbildung 2 ein Kommunikationsschema für ein selbst gewähltes, konkretes Beispiel.

3. Verbale und nonverbale Kommunikation. Versuche folgenden Satz nonverbal, also nur mit Mimik und Gestik, jemandem mitzuteilen, der den Satz nicht kennt: „Ich werde nächsten Samstag in die Nachmittagsvorstellung des Kinos und dann Eis essen gehen“. Vergleiche verbale und nonverbale Kommunikation beim Menschen.

4. Kunstwerk von Norman Rockwell (1894-1978). Sucht einen möglichst gut passenden Titel zu dem Kunstwerk (Abb. 3). Erläutert, welche Eigenschaften zwischenmenschlicher Kommunikation besonders angesprochen werden.

3 *Kunstwerk von Norman Rockwell*

→ 3.1 Sucht ist vielfältig, 5.10 Partnerschaft und Verantwortung

2.2 Vom Reiz zur Wahrnehmung

1 *Beispiele von Einflüssen auf die Haut*

Lebewesen sind vielen Einflüssen ausgesetzt. Sie können aber nur solche Einflüsse als **Reize** wahrnehmen, für die sie Sinneszellen besitzen (Abb. 1). So können wir nur einen kleinen Ausschnitt der elektromagnetischen Wellen als Licht sehen, während wir andere Bereiche wie ultraviolettes Licht nicht wahrnehmen können. Wir haben keine Sinneszellen, die durch ultraviolettes Licht gereizt werden. Sinneszellen reagieren nur angemessen, wenn ein passender Reiz bei ihnen eintrifft. Solche Reize nennt man **adäquate Reize**. Das sichtbare Licht ist ein adäquater Reiz für die Sinneszellen im Auge. Druck auf das Auge, zum Beispiel durch einen Schlag, ist kein adäquater Reiz, obwohl die Sinneszellen im Auge reagieren: Der Betroffene sieht „Sterne". Bei einem adäquaten Reiz muss auch die **Reizstärke** passen. Fällt zu viel Licht in das Auge, ist man geblendet. Ist zu wenig Licht vorhanden, kann man nicht sehen.

Sinneszellen mit ähnlichen Aufgaben sind oft ähnlich gebaut und in Sinnesorganen zusammengefasst, zum Beispiel die Geruchssinneszellen in der Nasenschleimhaut oder die Lichtsinneszellen im Auge. Die Haut ist als Grenzfläche des Körpers gegen die Umgebung mit besonders vielen Sinneszellen ausgestattet (Abb. 3). Über sie erfolgt zum Beispiel die Informationsaufnahme für Wärme, Kälte und Schmerz. Druckunterschiede werden durch Sinneszellen in der Haut registriert und ermöglichen das Tasten. Andere Sinneszellen zeigen an, in welche Richtung die Haut gedehnt wird. Sie werden auch aktiv, wenn zum Beispiel Haare in der Haut von Luftströmungen bewegt werden.

Sinneszellen wandeln Reize in elektrische Signale um, die von den Nerven zum Gehirn geleitet und dort verarbeitet werden. Im Gehirn, dem Hauptteil des zentralen Nervensystems, entsteht dadurch eine **Wahrnehmung**.

Lebewesen verschiedener Tierarten haben unterschiedliche Wahrnehmungen. So sehen Bienen im Vergleich zu Menschen ultraviolettes Licht. Fledermäuse und Hunde hören sehr hohe Töne, die für uns Menschen unhörbar sind. Elefanten können sehr tiefe Töne hören, die außerhalb des menschlichen Hörvermögens liegen. Tierarten sind durch die spezielle Ausbildung ihrer Sinneszellen an ihre Lebensweise angepasst.

1. Sinneszellen. Erläutere mit Bezug auf den Grundwissentext Eigenschaften und Wirkungsweise von Sinneszellen.

2. Technische Hilfen. Recherchiere technische Geräte, mit deren Hilfe die Wahrnehmung von Menschen erweitert wird.

3. Haut.
a) Stelle die Sinneszellen, die in der Haut vorkommen, mit ihren adäquaten Reizen in einer Tabelle zusammen (Abb. 3). Füge eine Spalte mit Alltagssituationen hinzu, in denen die Sinneszellen reagieren.
b) Erläutere die Bedeutung der Wärme- und Kältesinneszellen für den Menschen.

4. Raumschwelle. Unter einer Raumschwelle versteht man den Abstand zweier gleich starker Druckreize, die gerade noch getrennt wahrgenommen werden. Werte die Abbildung 2 in Hinblick auf den Abstand der Sinneszellen für Druck in der Haut aus und stelle einen Bezug zur Lebensweise des Menschen her.

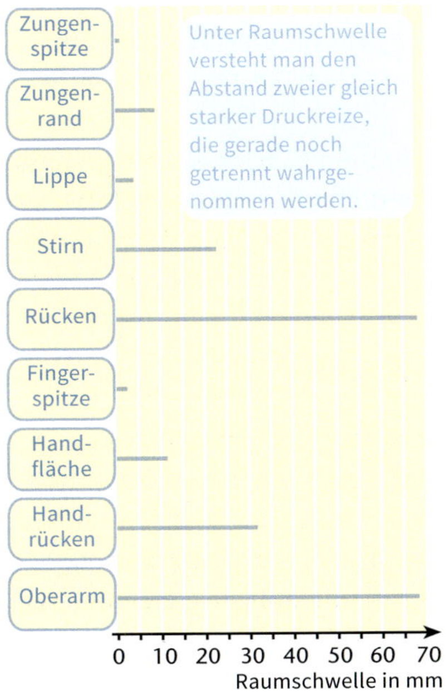

2 *Raumschwellenwerte*

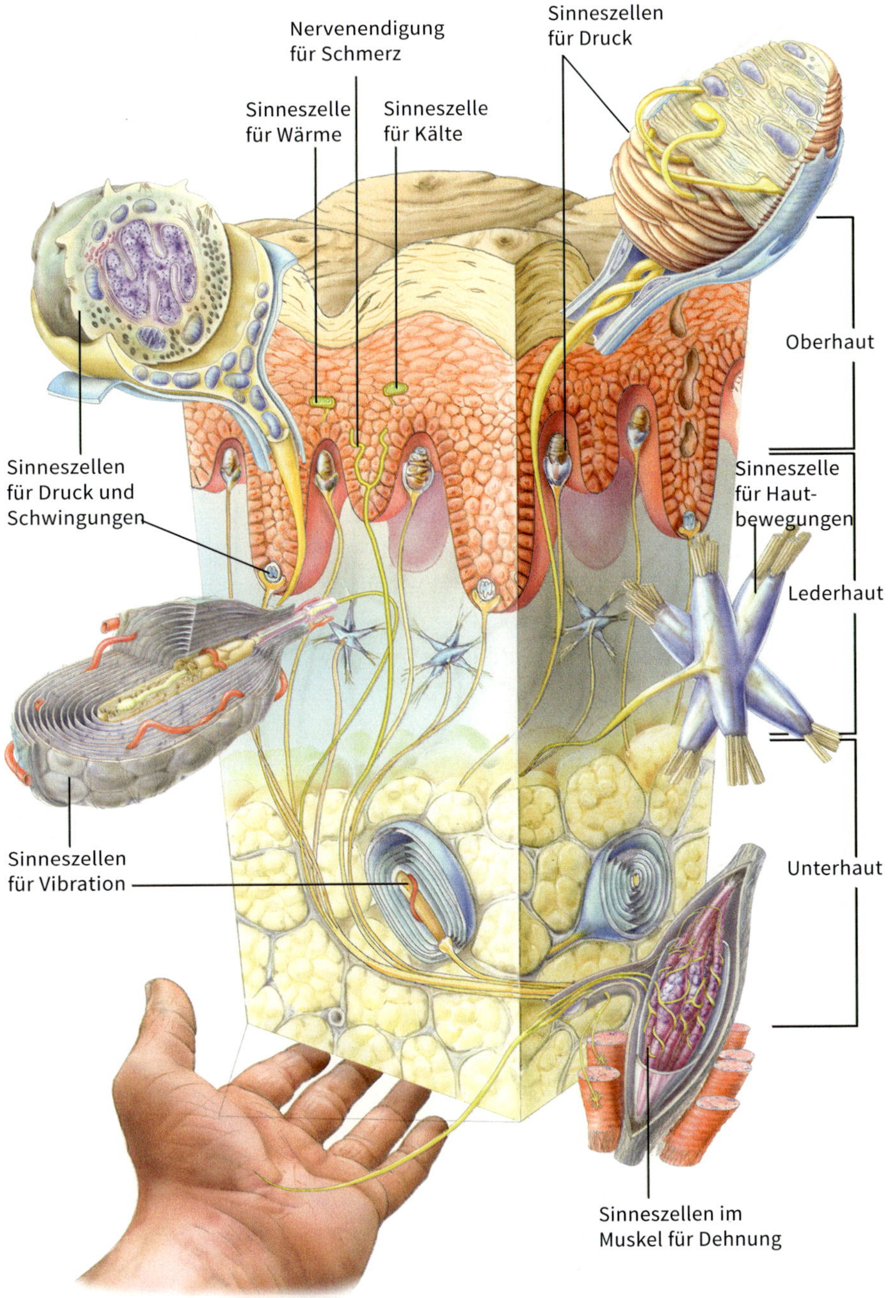

3 *Die Haut hat viele verschiedene Sinneszellen*

→ 2.5 Die optische Wahrnehmung, 2.9 Reiz-Reaktion

2.3 Das Auge

Die Augen sind die **Lichtsinnesorgane**. Sie liegen von Fettgewebe geschützt in den Augenhöhlen. Muskeln sorgen für die Beweglichkeit der Augen. Augenlider und Wimpern dienen dem Schutz vor Fremdkörpern. Die Augen werden durch Tränenflüssigkeit ständig feucht gehalten. Gelangen Fremdkörper auf das Auge, werden sie durch Tränenflüssigkeit herausgespült.

Das Auge ist von der Lederhaut umgeben (Abb. la). Es folgt nach innen die Aderhaut. Sie enthält viele Blutgefäße und dient der Versorgung des Auges. Auf der Aderhaut liegt innen eine lichtundurchlässige Pigmentschicht. Nur der Bereich um die Linse ist davon ausgespart. Auf die Pigmentschicht folgt zum Glaskörper hin die Netzhaut, die die **Lichtsinneszellen**, die Zapfen und Stäbchen, enthält. Der Innenraum des Auges ist vom Glaskörper, einer durchsichtigen, gallertartigen Flüssigkeit ausgefüllt. Das Licht gelangt durch die Hornhaut in das Auge. Die Iris dient als bewegliche Blende. Sie bestimmt die Pupillenweite und reguliert so die einfallende Lichtmenge. Die elastische Linse sorgt für eine scharfe Abbildung der einfallenden Lichtstrahlen auf der Netzhaut.

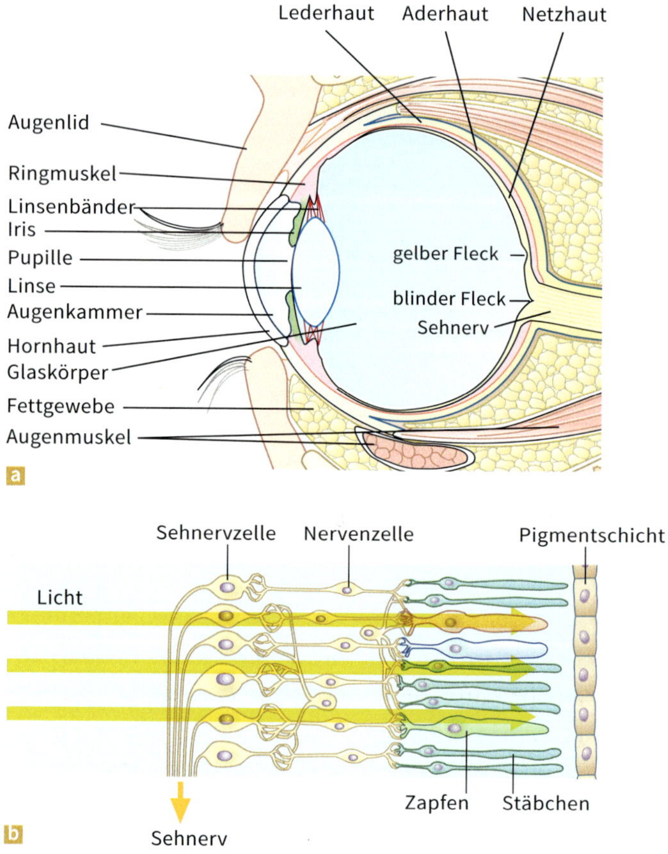

1 *a) Aufbau des Auges, b) Aufbau der Netzhaut*

Die Netzhaut ist schichtweise aufgebaut (Abb. lb). Die Lichtsinneszellen liegen an der Pigmentschicht an. Sie sind mit verschiedenen Nervenzellen verschaltet, die sich zum Augeninneren an die Lichtsinneszellen anschließen. Sehnervzellen bilden dann die Schicht zum Glaskörper hin. Das Licht muss erst die Schichten der Nervenzellen passieren und gelangt dann zu den Sinneszellen. In der Netzhaut gibt es zwei Typen von Sinneszellen, die **Zapfen** und die **Stäbchen**. Beide senden elektrische Signale aus, wenn Licht auf sie trifft.

Zapfen ermöglichen das Farbensehen. Sie benötigen mehr Licht als die Stäbchen. Es gibt drei verschiedene Zapfentypen. Sie reagieren unterschiedlich auf die Wellenlängen des Lichtes (Abb. 2). Ein Typ reagiert stärker auf rotes Licht, der zweite auf grünes und der dritte auf blaues Licht. Der Farbeindruck entsteht, indem die elektrischen Signale dieser Zapfentypen im Sehzentrum des Gehirns verarbeitet werden. Zapfen findet man hauptsächlich im Bereich des **gelben Flecks**. Dort stehen die Zapfen besonders dicht beieinander. Hier wird die größte Sehschärfe erreicht. Je größer die Entfernung vom gelben Fleck ist, umso weniger Zapfen findet man. Weit vom gelben Fleck entfernt gibt es in der Netzhaut nur Stäbchen.

Stäbchen findet man nicht im Bereich des gelben Flecks. Sie benötigen weniger Licht und können nur Helligkeitsunterschiede wahrnehmen. Die elektrischen Signale aller Lichtsinneszellen werden an die Sehnervzellen weitergeleitet. Ihre Ausläufer werden gebündelt und bilden den Sehnerv. Wo er das Auge verlässt, gibt es keine Sinneszellen. Diese Stelle bezeichnet man als **blinden Fleck**.

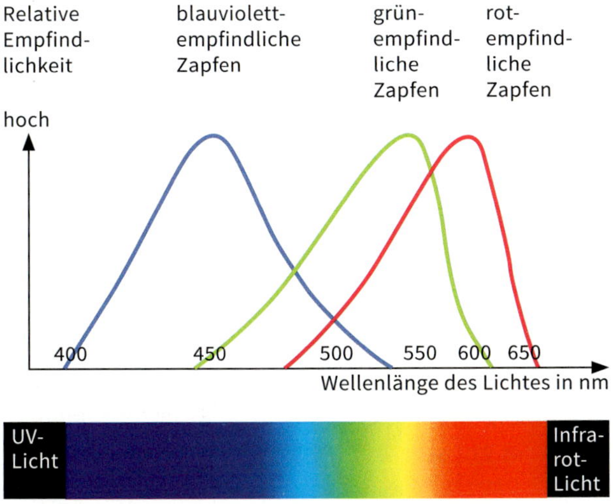

2 *Unterschiedliche Empfindlichkeit der Zapfen*

1. Stationen des Sehens. Skizziere ein Fließdiagramm , in dem die Stationen des Sehens vom einfallenden Licht bis zum Gehirn aufgeführt werden.

2. Versuch zum blinden Fleck. Halte Abbildung 3 mit ausgestrecktem Arm auf Augenhöhe. Führe das Buch nun langsam auf das Auge zu, wobei du mit dem rechten Auge das weiße Kreuz fixierst und das linke Auge mit der freien Hand abdeckst. Wiederhole den Versuch, indem du die Abbildung aus Augennähe langsam wieder entfernst.

a) Beschreibe deine Beobachtungen und erkläre sie. Beachte dabei die Aussagen des Grundwissentextes.

b) Fertige eine entsprechende Abbildung mit einer anderen Farbe und wiederhole den Versuch. Beschreibe die Beobachtungen und stelle eine Hypothese zur Erklärung auf.

3. Farbensehen.

a) Erläutere ausführlich, welche Zusammenhänge in Abbildung 2 dargestellt sind.

b) In den meisten Fällen einer Rot-Grün-Sehschwäche arbeitet der grün-empfindliche Zapfentyp nur eingeschränkt. Stelle Hypothesen auf, warum die Zahl 74 in der Abbildung 4 für Personen mit dieser Sehschwäche nicht erkennbar ist.

c) Begründe, warum Personen mit einer Rot-Grün-Sehschwäche trotzdem den Führerschein erwerben dürfen.

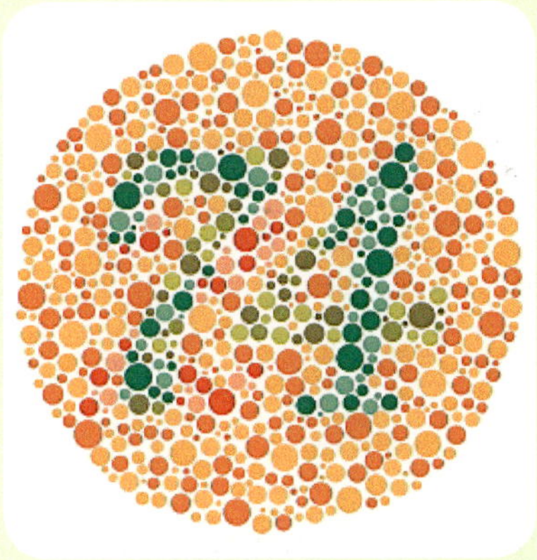

Ist die Funktion eines Zapfentyps gestört, können die betroffenen Menschen bestimmte Farbtöne nicht voneinander unterscheiden.

Man spricht, je nach Auswirkung, von einer Sehschwäche oder Farbenblindheit. Am häufigsten ist eine Sehschwäche, bei der Rot- und Grüntöne nicht unterschieden werden können. Sie ist vererbt und kommt bei circa 4 % der männlichen Bevölkerung vor. Man kann sie mit Testtafeln feststellen.

4 *Testtafel zum Rot-Grün-Sehen*

4. Dämmerungssehen. Liest man am Abend bei einsetzender Dämmerung einen Text, so kann man nach einiger Zeit die Buchstaben nicht mehr lesen. Die übrige Umgebung ist zu der Zeit noch gut zu erkennen, doch erscheinen alle Gegenstände nur noch in Grau. Erläutere diesen Sachverhalt.

3 *Versuchsbild zum blinden Fleck*

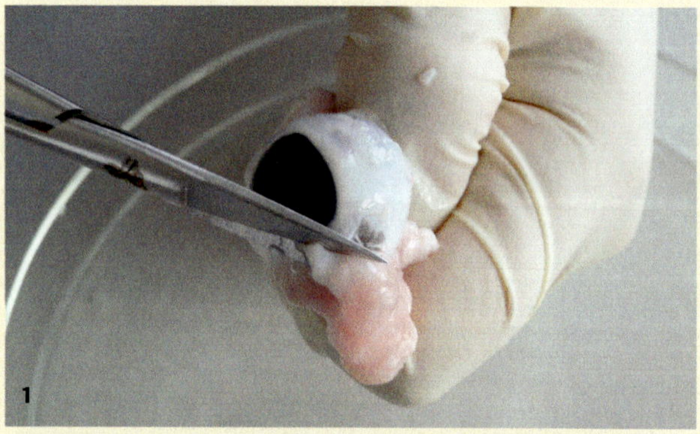

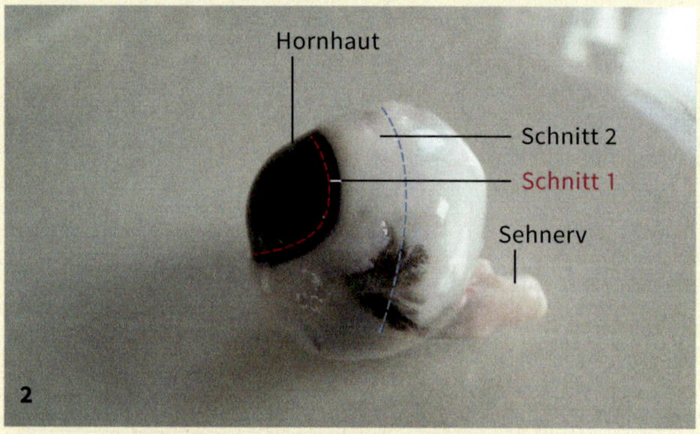

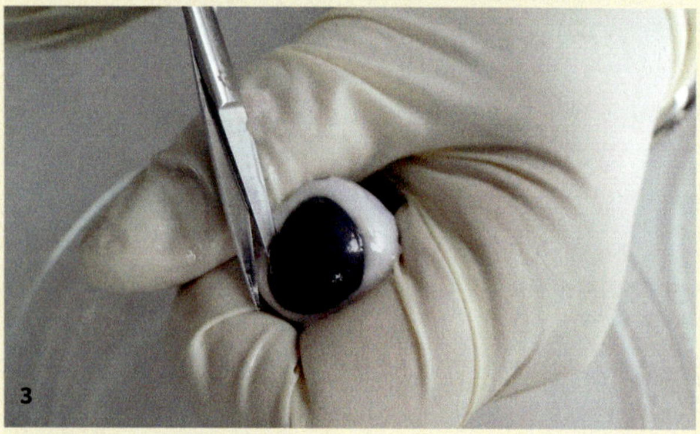

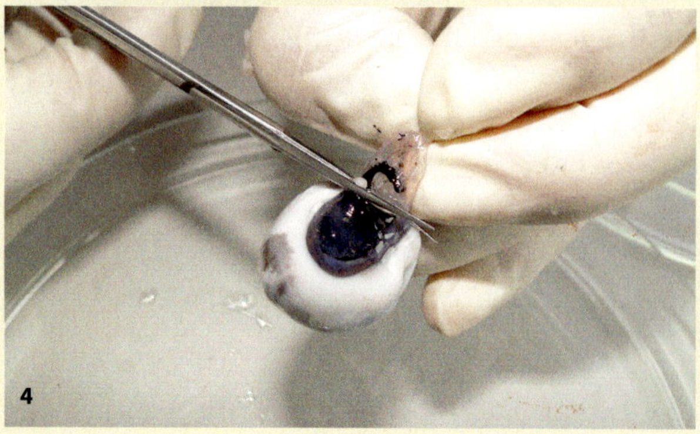

1-4 *Präparation I*

Material: Schweineaugen, Einweghandschuhe, Präparierschale, Skalpell, spitze Schere, Pinzette.

Lege das Auge in die Präparierschale. Du kannst die Hornhaut erkennen, die nach dem Tod des Tieres trübe wurde. Am Augapfel sitzen meist noch Reste der Augenmuskeln an. Entferne diese Muskelreste und das damit verbundene Bindegewebe mit einer Schere (Abb. 1). Nun ist der Stummel des Sehnervs gut sichtbar (Abb. 2).

Entferne mit einer spitzen Schere die Hornhaut (Schnitt 1 in Abb. 2, Abb. 3). Achte dabei darauf, dass du nicht zu tief in das Auge einstichst und damit den Glaskörper zerstörst. Etwas Flüssigkeit tritt beim Einstechen immer aus, auch wenn der Glaskörper nicht beschädigt ist. Sie kommt aus der vorderen Augenkammer. Wichtig ist, dass während des Schneidens möglichst wenig Druck beim Festhalten auf das Auge ausgeübt wird, weil sonst die Linse aus ihrer Verankerung gedrückt wird. Man kann jetzt die Iris und die Linse gut erkennen (Abb. 4). Manchmal bleiben Teile der Iris an der Hornhaut hängen. Lege die Hornhaut in eine Petrischale.

Setze nun ein scharfes Skalpell auf die als Schnitt 2 angegebene Linie und ritze vorsichtig die Lederhaut, bis eine Öffnung entsteht, durch die man eine Schere ansetzen kann (Abb. 5). Vorsicht, unter der Lederhaut befindet sich der empfindliche Glaskörper! Auch bei dieser Tätigkeit soll möglichst wenig Druck auf das Auge ausgeübt werden, weil sonst die Linse heraus gedrückt wird. Schneide nun mit einer spitzen Schere gemäß Schnitt 2 in der Abbildung 2 rund um das Auge (Abb. 6). Mit etwas Glück kann man anschließend das Auge aufklappen. Man erkennt in der vorderen Augenhälfte den Glaskörper und die Linse. Häufig fällt der Glaskörper aber von alleine aus dem Auge. Gib ihn dann in die Petrischale. Auch die Linse fällt leicht aus dem Auge. Lege sie neben den Glaskörper. Die Öffnung, durch die normalerweise das Licht ins Auge fällt, ist in der vorderen Augenhälfte deutlich zu sehen. Sie ist aber meist sehr unregelmäßig, weil durch das Entfernen der Hornhaut in der Regel die Iris beschädigt wird. In der hinteren Augenhälfte und zum Teil in der vorderen Augenhälfte sieht man eine in verschiedenen Farben schillernde Haut. Es ist die Pigmentschicht. Auf ihrer Rückseite ist sie schwarz. Meist bleiben Reste der Pigmentschicht am Glaskörper hängen. Zwischen Pigmentschicht und Lederhaut befindet sich die Aderhaut, die aber nur sehr schwer zu erkennen ist. Über der Pigmentschicht kann man eine fast durchsichtige Hautschicht erkennen. Es ist die Netzhaut, die sich leicht von der Pigmentschicht ablösen lässt. Nur an einer Stelle der hinteren Augenhälfte ist das nicht möglich. Es ist der blinde Fleck, die Stelle, an der die Ausläufer der Nervenzellen zum Sehnerv gebündelt werden.

Sollten Linse und Glaskörper sich noch in der vorderen Augenhälfte befinden, so kann man sie nun vorsichtig der Augenhälfte entnehmen und in eine Petrischale legen. An der Linse befinden sich dabei noch die Reste der Befestigung und der Iris. Die Linse ist fest, aber etwas elastisch. Abbildung 8 gibt einen Überblick über das zerlegte Auge. Gibt man anschließend den Glaskörper in ein mit Wasser gefülltes Glas, kann man ihn praktisch nicht erkennen, weil er die gleichen Lichtbrechungseigenschaften wie das Wasser hat.

Stelle die Petrischale mit der Linse über einen Text. Schaust du nun von oben auf die Linse, kannst du die Vergrößerung der Linse bei ein bis zwei Buchstaben erkennen (Abb. 7).

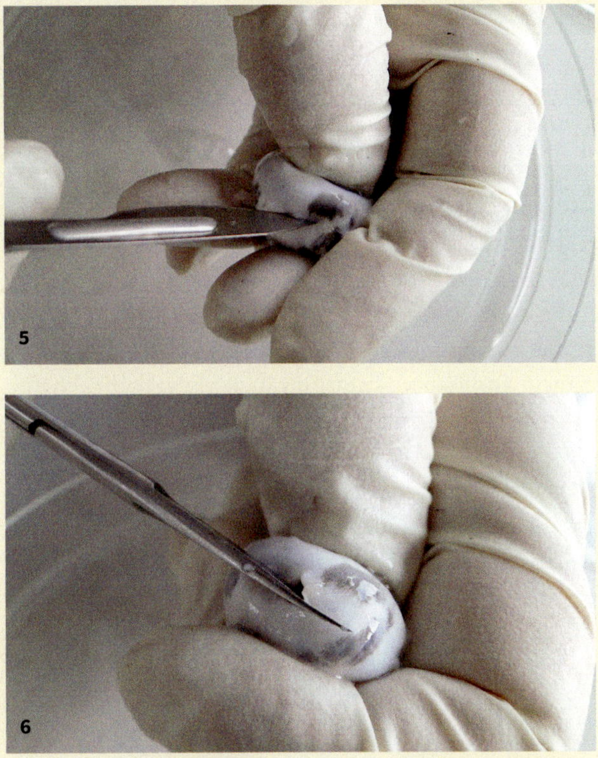

5-6 *Präparation II*

7 *Vergrößerung durch die Linse*

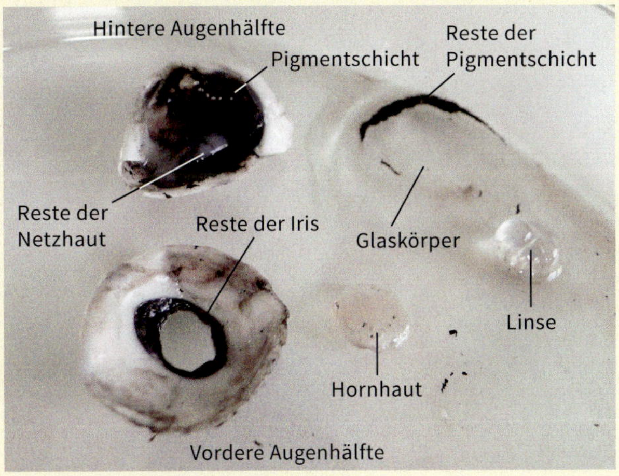

8 *Das zerlegte Auge*

2.4 Akkommodation

Treffen Lichtstrahlen auf die Netzhaut, werden die Sinneszellen an dieser Stelle gereizt. Um ein Bild scharf zu sehen, müssen die Lichtstrahlen, die von einem Punkt eines Gegenstandes ausgehen, auch in einem Punkt auf der Netzhaut zusammentreffen. Hornhaut und Linse brechen das Licht so, dass auch bei Gegenständen aus unterschiedlichen Entfernungen die Lichtstrahlen jeweils zusammengeführt werden. Die einfallenden Lichtstrahlen werden jeweils an den Grenzflächen zur Hornhaut und Linse gebrochen, sodass eine scharfe Abbildung möglich ist (Abb. 1). Die Brechung der Hornhaut ist dabei immer gleich, während die genaue Anpassung zum Scharfsehen durch die Linse erfolgt. In den Abbildungen wird die Brechung von Hornhaut und Linse als Vereinfachung zusammengefasst.

Man bezeichnet die Anpassung des Auges auf unterschiedliche Entfernungen als **Akkommodation**. Das im Auge entstehende Bild steht auf dem Kopf. Erst im Gehirn entsteht die Wahrnehmung des aufrechten Bildes. Wenn das Auge auf große Entfernungen eingestellt ist, ist der Ringmuskel nicht kontrahiert und die Linse wird durch die Linsenbänder flachgezogen (Abb. la). Ist das Auge auf kurze Entfernungen eingestellt, ist der Ringmuskel zusammengezogen. Die Linsenbänder erschlaffen so. Die elastische Linse nimmt dadurch automatisch eine kugelförmigere Gestalt an (Abb. 1b). Damit wird die Brechung der Linse erhöht. Man sieht in der Nähe scharf. Erschlafft der Ringmuskel wieder bei der Einstellung auf eine größere Entfernung, wird er durch die Befestigung an der Lederhaut nach außen gezogen. Die Linse wird wieder flacher, weil sie durch die wieder gespannten Linsenbänder auseinandergezogen wird.

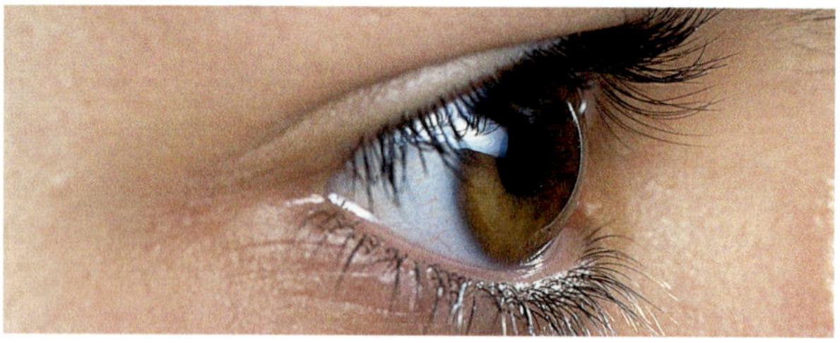

Bei manchen Menschen ist auch bei einem auf große Entfernung eingestellten Auge die Brechung der Linse noch so groß, dass das Bild nicht auf, sondern vor der Netzhaut scharf abgebildet wird. Diese Menschen können also weit entfernt liegende Gegenstände nicht scharf sehen. Sie sind **kurzsichtig**. Sind Menschen **weitsichtig**, würde das scharfe Bild bei nahen Gegenständen hinter der Netzhaut entstehen, auch wenn das Auge ganz auf Nähe eingestellt ist. Die Brechung der Linse reicht nicht aus. Diese Augenfehler lassen sich durch zusätzliche Linsen, in Form von Brillen oder Kontaktlinsen, korrigieren (Abb. 2). Heute kann auch durch eine operative Veränderung der Hornhaut die Brechkraft korrigiert werden.

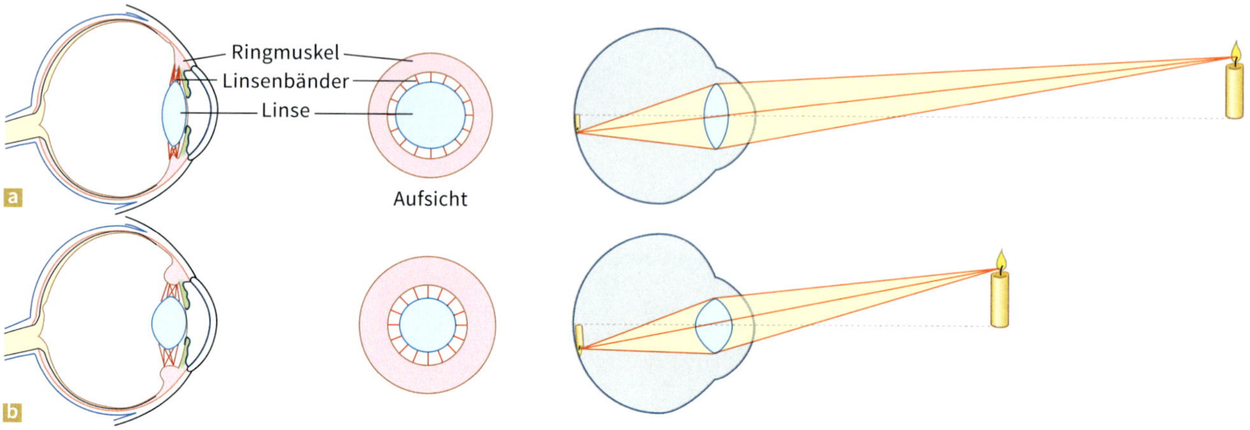

1 *Bildentstehung, Auge und Akkomodation, a) Sehen entfernter Gegenstände, b) Sehen naher Gegenstände*

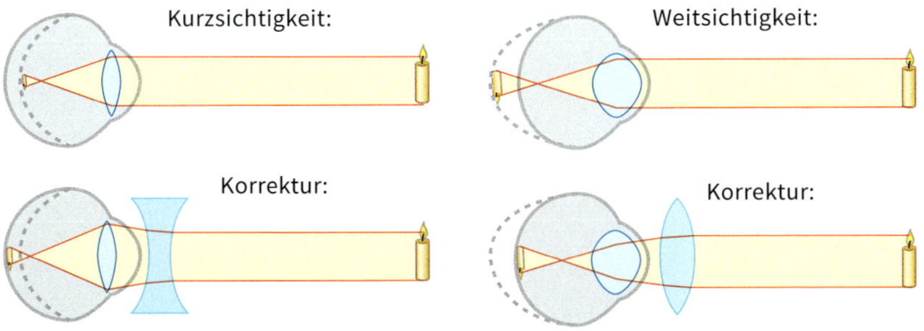

2 *Kurz- und Weitsichtigkeit und deren Korrektur*

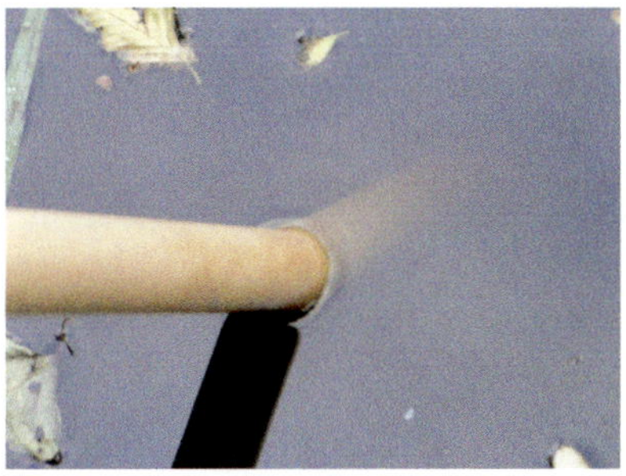

3 *Optische Hebung*

1. Akkommodation. Erläutere die in Abbildung 1 dargestellten Zusammenhänge zwischen Entfernung des Gegenstandes, Linsenform und Größe des Bildes.

2. Augenfehler. Beschreibe die Korrektur von Kurz- und Weitsichtigkeit anhand von Abbildung 2.

3. Nahpunktentfernung. Die Nahpunktentfernung gibt an, welcher Mindestabstand vom Auge vorhanden sein muss, um einen Gegenstand scharf zu sehen.
a) Entwickle ein Experiment, wie man die Nahpunktentfernung bestimmen kann. Führe eine solche Bestimmung mit einem Partner durch.
b) Sammle die Ergebnisse aller Gruppen. Berechne den Mittelwert.

4. Lichtbrechung. Will man mit einem Speer vom Uferrand Fische fangen, so geht der Stoß eines Ungeübten fast immer daneben. Beachte die Abbildungen 3, 4 und 5a. Begründe, wie der Stoß ausgeführt werden müsste, damit die Trefferwahrscheinlichkeit steigt.

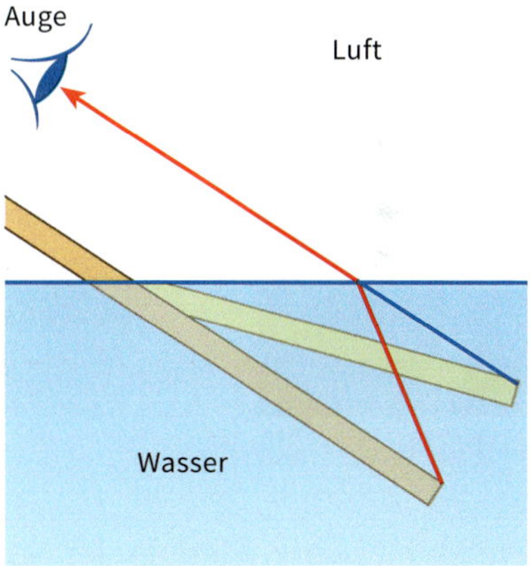

4 *Lichtbrechung im Wasser*

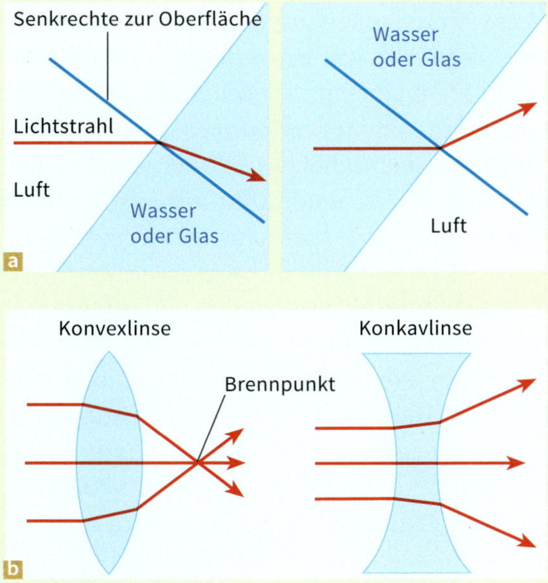

An der Grenzfläche zweier durchsichtiger Medien wird ein Lichtstrahl, der nicht senkrecht auftrifft, gebrochen (a). So erscheint ein Stab oder ein Strohhalm, der in Wasser getaucht wird, mit einem Knick an der Wasseroberfläche. Man spricht von der optischen Hebung (Abb. 3). Die Lichtbrechung erfolgt auch an den Grenzflächen einer Linse.

Strahlen, die durch den Mittelpunkt einer Linse fallen, werden nicht gebrochen. Konvexlinsen (Sammellinsen) führen parallel auftreffende Strahlen im Brennpunkt zusammen, Konkavlinsen (Zerstreuungslinsen) streuen das Licht (b). Je stärker die Krümmung einer Linse ist, umso stärker werden die Strahlen gebrochen. Ein Maß für die Brechkraft ist die Dioptrienzahl (dpt). Bei Konkavlinsen wird die Dioptrienzahl mit einem negativen Vorzeichen versehen. Die Brechkraft der Augenlinse liegt zwischen 18 und 32 dpt, die der Hornhaut bei 43 dpt.

5 *Informationen zur Lichtbrechung von Linsen*

→ 2.3 Das Auge, 2.5 Die optische Wahrnehmung

2.5 Die optische Wahrnehmung

1 *Unterschiedlicher Kontrast*

2 *Sehen mit dem linken und dem rechten Auge*

Die elektrischen Signale der Sinneszellen im Auge werden über Nerven zum Gehirn geleitet und dort verarbeitet. Die eigentliche Wahrnehmung geschieht also im Gehirn. Oft nehmen wir die Dinge anders wahr, als sie von den Augen aufgenommen werden.

Ein Gegenstand kann nur als solcher erkannt werden, wenn er sich vom Hintergrund durch seine Helligkeit oder Farbe abhebt. Je größer der Kontrast ist, umso besser können wir ihn sehen (Abb. 1). Bei der Verarbeitung der elektrischen Signale im Gehirn, die von den Sinneszellen kommen, werden vorhandene Kontraste deshalb verstärkt.

Beim Betrachten eines Gegenstandes nutzen wir normalerweise beide Augen. Da diese den Gegenstand aber von unterschiedlichen Positionen aus betrachten, entstehen in den beiden Augen unterschiedliche Signale (Abb. 2). Die Signale von beiden Augen gelangen zum Gehirn und werden dort zu einem Gesamtbild zusammengefügt. Dadurch erhalten wir einen **räumlichen Eindruck**. Menschen mit nur einem Auge können nicht räumlich sehen. Beim Auswerten der Signale vergleicht das Gehirn immer erst mit bekannten Erfahrungen aus unserem Gedächtnis. Sind sie vorhanden, werden sie bei der Verarbeitung mit herangezogen. So nehmen wir den Zeigefinger in Abbildung 3 größer wahr als die Windkraftanlage, doch wissen wir aus der Erfahrung, dass diese größer ist. Das Gehirn schließt daraus, dass die Windkraftanlage weiter entfernt ist. Dabei wird immer die sichtbare Umgebung mit einbezogen, und mit Erfahrungen verglichen. Auf diese Weise können wir auch auf zweidimensionalen Bildern Entfernungen einschätzen. Widersprechen die Erfahrungen einem neuen Bild, können wir nichts damit anfangen oder wir sind irritiert (Abb. 5).

Die Wahrnehmung wird zudem von inneren Stimmungslagen beeinflusst, die unsere Aufmerksamkeit steuern. Wenn wir uns zum Beispiel mit dem Kauf eines Handys beschäftigen, werden wir in unserer Umgebung plötzlich viel mehr Handys sehen als sonst. Unser Gehirn filtert gewissermaßen unser Sehen. Sind Bilder mehrdeutig, wie zum Beispiel Abbildung 4 (junge und alte Frau), sehen wir oft nur das, was unserer Erfahrung am nächsten ist.

3 *Größenverhältnisse*

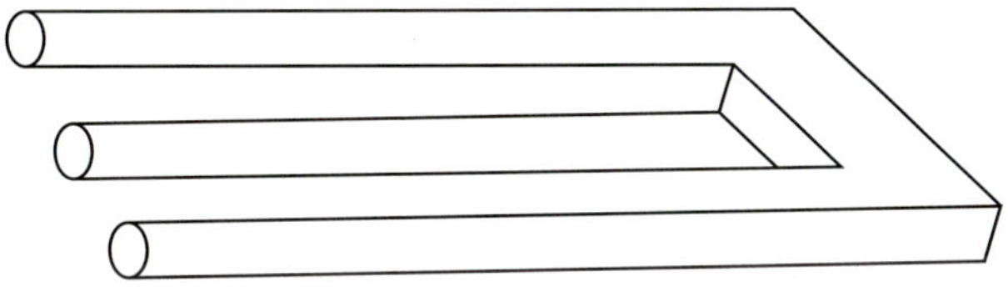

5 *Figur, die unseren Erfahrungen widerspricht*

1. Die Logik einer Abbildung. Beschreibe deine Wahrnehmung beim Betrachten der Abbildung 5. Lege anschließend einen Stift diagonal über die Abbildung und beschreibe nun deine Wahrnehmung. Begründe die veränderte Wahrnehmung.

2. Der Gemüsegärtner (Bild von GIUSEPPE ARCIMBOLDO, 1526 -1593).
a) Betrachte Abbildung 6. Beschreibe, was du siehst. Drehe anschließend das Bild um 180° und betrachte es erneut. Beschreibe, was du siehst.
b) Drehe das Bild in die Ausgangslage. Ist es möglich, ohne das Bild zu drehen, zwischen den Wahrnehmungen „umzuschalten"? Interpretiere das Ergebnis mithilfe des Grundwissentextes.

3. Menschen. Analysiere die Abbildung 7 und vergleiche die tatsächlichen Gegebenheiten mit deinen Eindrücken beim Betrachten der Abbildung. Begründe die Unterschiede.

4 *Mehrdeutiges Bild*

6 *„Der Gemüsegärtner"*

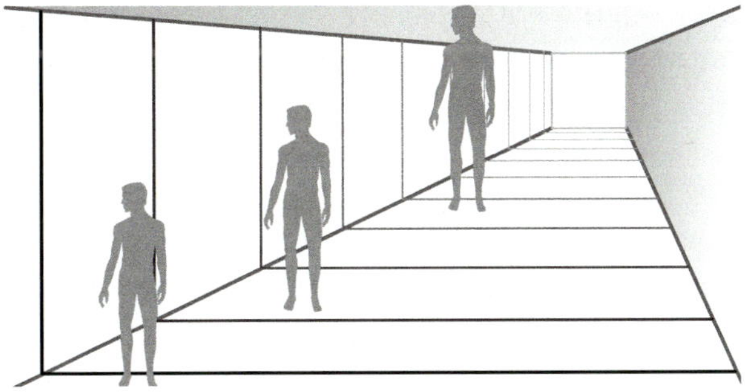

7 *Menschen*

→ 2.3 Das Auge

2.6 Das Ohr

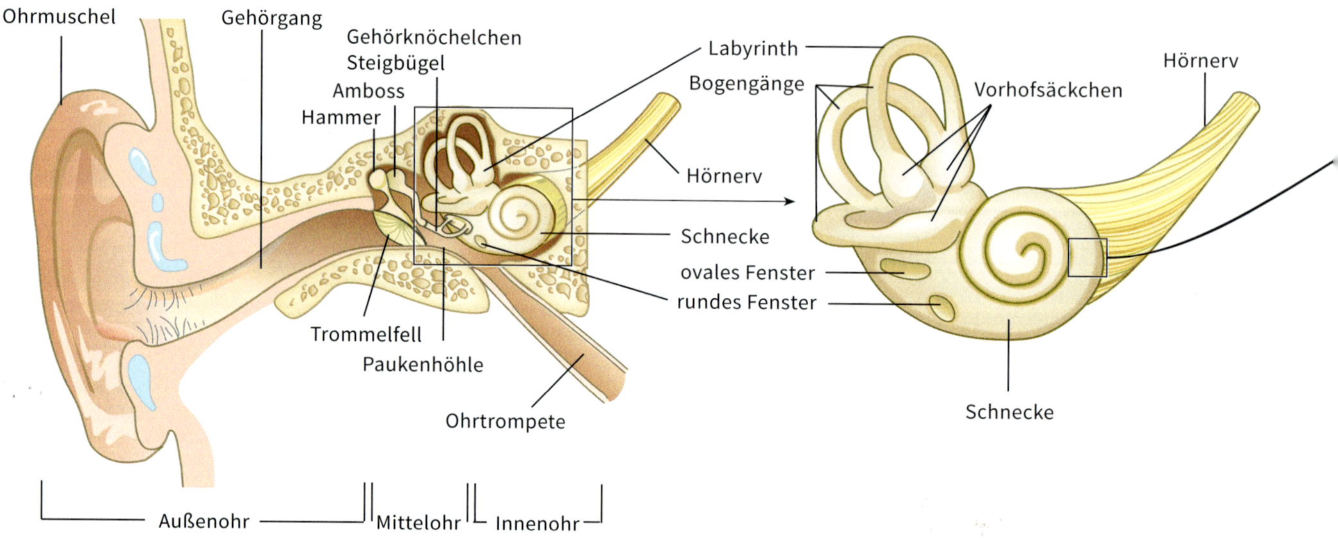

1 *Aufbau des Ohrs*

Bei der Erzeugung von Schall werden die Moleküle in der Luft in Schwingung versetzt. Diese Schwingungen breiten sich in Form von Schallwellen aus. Das menschliche Ohr kann Schwingungen mit einer Frequenz zwischen 16 Hz und 21 kHz wahrnehmen, wobei die Obergrenze mit dem Alter stark sinkt. Je größer die Amplitude der Schwingung ist, um so lauter erscheint der Ton (Abb. 6). Die Lautstärke wird in Dezibel (dB) angegeben. Sie beschreibt den Schalldruck. Eine Erhöhung um 20 dB bedeutet jeweils eine Zunahme des Schalldrucks um das Zehnfache. Ab 85 dB können Hörschäden entstehen, ab 130 dB droht Taubheit.

Beim Hörvorgang gelangen Schallwellen durch den äußeren Gehörgang zum Trommelfell. Das ist eine Membran, die den Gehörgang verschließt (Abb. 1). Die Schallwellen versetzen das Trommelfell in Schwingungen. Diese übertragen sich auf die Gehörknöchelchen. Die Gehörknöchelchen sind so angeordnet, dass sie die Schwingungen verstärken. Der Raum, in dem dies stattfindet, heißt Mittelohr. Dem Mittelohr schließt sich das Innenohr an. Zu ihm gehören die Schnecke und das Labyrinth, ein Organ mit Sinneszellen zur Wahrnehmung von Bewegungen und Schwerkraft.

Die Schnecke besteht aus drei nebeneinander liegenden Gängen, die mit Flüssigkeit gefüllt sind (Abb. 1). Der mittlere Gang, der Schneckengang, enthält die Sinneszellen, die für das Hören verantwortlich sind. Sie liegen unter einer Deckmembran. Bei einem Geräusch werden die Schwingungen durch den Steigbügel am ovalen Fenster auf die Flüssigkeit des Vorhofganges übertragen. Die wellenartigen Schwingungen des Schalls drücken je nach Tonhöhe in unterschiedlichen Bereichen der Schnecke auf die Haut zwischen Vorhofgang und Schneckengang. So entsteht eine Flüssigkeitsbewegung, die auf die Deckmembran drückt. Diese wiederum drückt auf die haarförmigen Fortsätze der Sinneszellen. Die Sinneszellen erzeugen daraufhin elektrische Signale, die über Nerven zum Gehirn geleitet werden. Die Flüssigkeitsbewegungen werden auch auf den Paukengang übertragen und von dort bis zum runden Fenster weitergeführt. Der Druckausgleich erfolgt über das Mittelohr und die Ohrtrompete, die mit dem Rachenraum in Verbindung steht.

Treffen die Schallwellen einer Geräuschquelle zeitlich versetzt an den beiden Ohren ein, ermittelt das Gehirn aus der Zeitdifferenz die Richtung, aus der das Geräusch kam.

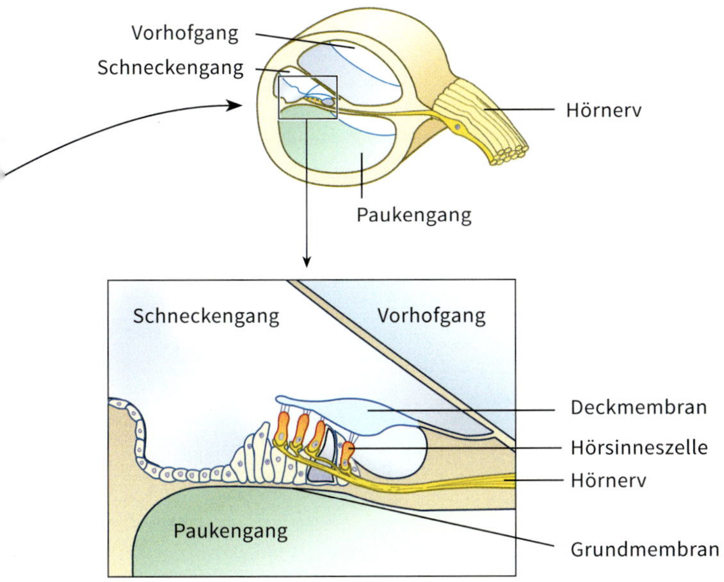

1. Richtungshören. In einem Versuch zum Richtungshören wurde festgestellt, dass die Person eindeutig die richtige Richtung erkannte, wenn der Schlag mit dem Stab mindestens jeweils 1 cm links oder rechts von der Schlauchmitte erfolgte Abb. 4). Berechne die Zeitdifferenz, mit der der Schall die Ohren bei diesem Abstand erreicht (Abb. 5).

2. Schalldruck.
a) Berechne, um welchen Faktor der Schalldruck bei einem Ereignis von 120 dB gegenüber einem lauten Gespräch zugenommen hat (Abb. 3).
b) Erläutere den in Abbildung 2 dargestellten Hörschaden.

3. Hören unter Wasser. Erläutere, warum Richtungshören unter Wasser bei Menschen nicht funktioniert.

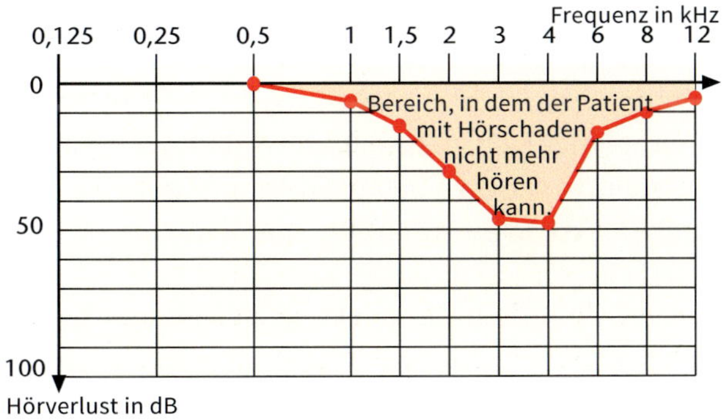

2 *Hörschaden*

Ereignis	Schalldruck (dB)
Flüstern	10–20
gedämpfte Unterhaltung	40
laute Unterhaltung	60
LKW – im Stadtverkehr	70–90
Walkman mit Kopfhörer	85–110
Rockkonzert	110–120
Düsenflugzeug Standlauf	105–130

3 *Schalldruck von Geräuschen*

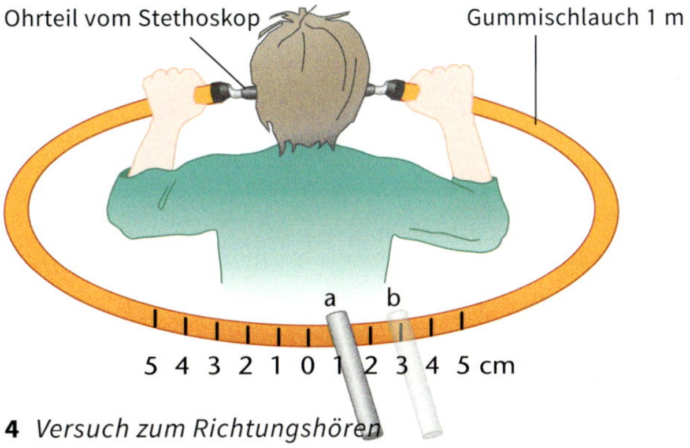

4 *Versuch zum Richtungshören*

Medium	Schallgeschwindigkeit
Luft	331 m/Sekunde
Wasser	1480 m/Sekunde

5 *Schallgeschwindigkeit*

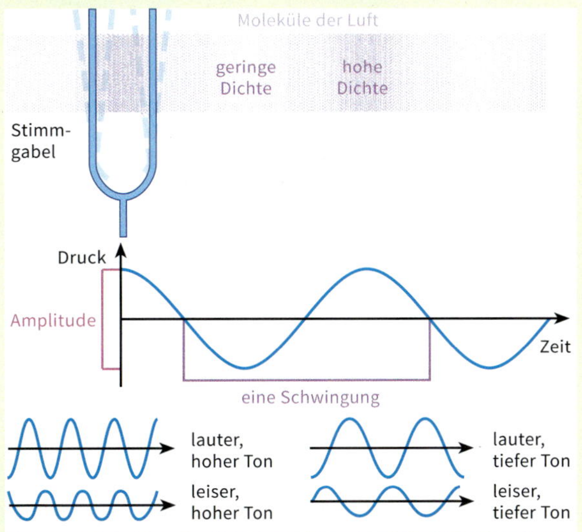

Die Frequenz (Anzahl der Schwingungen pro Sekunde) der Schallwellen wird in Herz angegeben. Ein Herz (Hz) bedeutet eine Schwingung pro Sekunde.

6 *Informationen zum Schall*

→ 2.8 Vergleich von Hör- und Sehleistungen

Arbeitsmaterial

2.7 Lärm und Stress

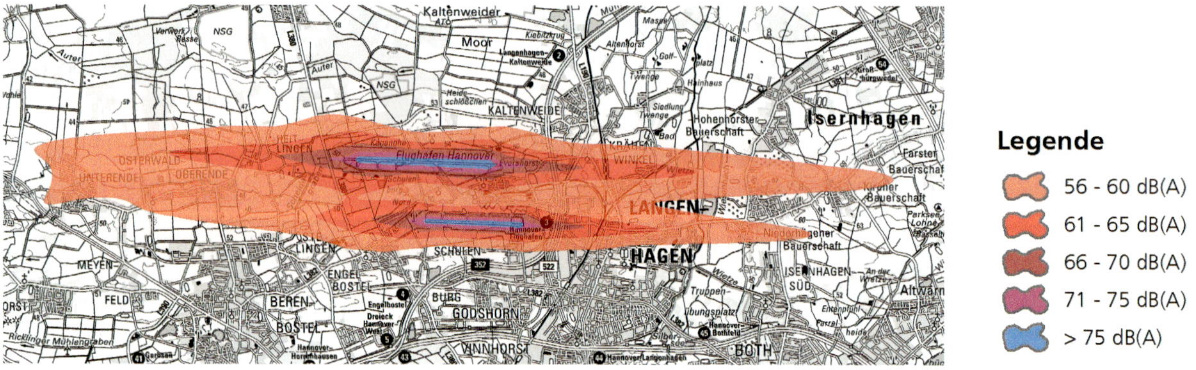

1 *Lärmkarte des Flughafens Hannover*

Geräusche können bei Menschen unterschiedliche Reaktionen erzeugen: Freude, Entspannung, Gleichgültigkeit, Anspannung oder Wut. Menschen empfinden die gleichen Geräusche sehr unterschiedlich. Sehr laute Geräusche werden häufig als Lärm wahrgenommen. Bei einem Rockkonzert lösen sehr laute Geräusche jedoch überwiegend Begeisterung aus. Sehr leise Geräusche werden selten als Lärm empfunden. Allerdings kann auch ein tropfender Wasserhahn als unangenehme Geräuschquelle wahrgenommen werden. Während man die Lautstärke objektiv messen und in der Einheit Dezibel (dB) angeben kann, wird **Lärm** subjektiv empfunden. Bewertet ein Mensch Geräusche seiner Umgebung negativ, so empfindet er sie als Lärm. Auf diese Bewertung können viele Faktoren Einfluss nehmen (Abb. 3).

Explosionen verursachen extrem laute Knallgeräusche. Diese können bei Menschen Trommelfell und Hörsinneszellen des Ohres schädigen und zu Taubheit führen. Aber auch das Hören sehr lauter Musik führt zur Schädigung der Hörsinneszellen, wenn es häufig und lang andauernd erfolgt. Die Folge ist eine nicht heilbare **Schwerhörigkeit**.

Der menschliche Körper kann auch durch mittelmäßig laute Geräusche gesundheitlich geschädigt werden. Autos, Lastwagen, Züge und Flugzeuge erzeugen Verkehrsgeräusche, die häufig als Lärm empfunden werden. Dieser Lärm bewirkt im Körper dann eine Kettenreaktion, die im Gehirn beginnt. Wird der Lärm dort wahrgenommen, veranlasst das Gehirn eine Ausschüttung von Stresshormonen wie Cortisol, Noradrenalin und Adrenalin. Dadurch steigt der Blutdruck, das Herz schlägt schneller und Energie wird vermehrt für die Muskeln bereitgestellt. Gleichzeitig arbeiten die Verdauung und das Immunsystem weniger intensiv. Dieser Vorgang im Körper wird als **Stressreaktion** bezeichnet. Treten Lärmbelastungen häufig wiederkehrend auf, verursachen sie – selbst wenn sie nicht als störend empfunden werden – einen ständigen Stresszustand mit gesundheitlichen Folgen. Schlaf- und Verdauungsstörungen, psychische Probleme, hoher Blutdruck sowie ein größeres Herzinfarktrisiko sind feststellbar.

Der durch Lärm ausgelöste Stress mindert Leistungen im Bereich der Konzentration und des Gedächtnisses. In einer Lernsituation kann durch Lärm verursachter Stress dazu führen, dass Kinder leichter abgelenkt sind und dem Lerninhalt weniger folgen können. Dadurch benötigen sie mehr Zeit, um zu lernen. Sind Kinder beim Spielen und Schlafen dauerhaftem Lärm ausgesetzt, lernen sie auch weniger. Ihre Sprachentwicklung und Lesefähigkeit verzögern sich, ihre mentale Leistungsfähigkeit ist beeinträchtigt. Die Belastung durch dauerhaften Lärm wirkt also auch zeitversetzt. Besonders nachteilig wirkt sich Lärm zudem in Situationen aus, in denen Erlerntes aus dem Gedächtnis abgerufen werden soll.

1. Lärmkarte des Flughafens Hannover. Auf der Lärmkarte des Flughafens Hannover findest du Angaben zur Lärmbelastung der Flughafenumgebung. Beschreibe die Karte und werte sie aus.

2. Leseleistung und Verkehrslärm an Schulen. An Schulen wurde der Einfluss von dauerhaftem Verkehrslärm auf die Leseleistung der Schüler untersucht. Dabei wurde die durchschnittliche Lautstärke des Lärms für jede Schule zugrunde gelegt.
a) Werte die Abbildung 2 aus.
b) Entwickle unter Berücksichtigung dieses Ergebnisses Anforderungen an eine lernförderliche Umgebung.

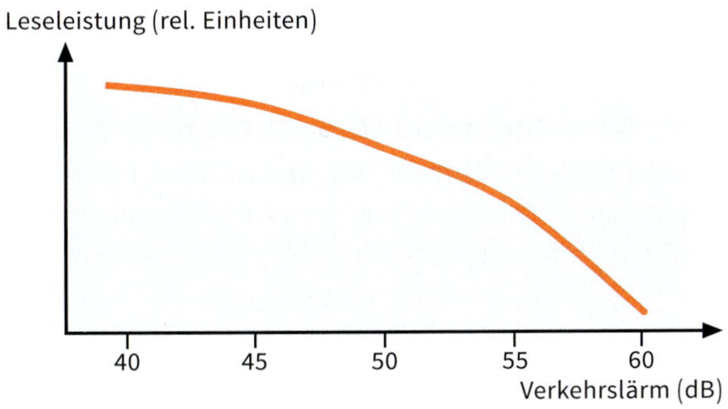

2 *Leseleistung und Verkehrslärm an Schulen*

3. Lärm als individuelle Wahrnehmung. Nimm Stellung zu dem Zitat von Kurt Tucholsky: „Lärm ist das Geräusch der anderen.“

4. Lärm ist vielfältig. Bestimme drei Situationen, in denen du Lärm wahrgenommen hast. Analysiere sie im Hinblick auf die unterschiedlichen Merkmale (Abb. 3).

Lesebeispiel:

Wahrgenommener Lärm	Das Bremsen eines Zuges
Art des Geräusches	Verkehrsgeräusch
Akustische Merkmale	laut, kreischend, zunehmend lauter werdend
Bedeutung des Geräusches	Gefahr eines Unfalls (nicht wahrgenommen: normales Abbremsen)
Ortsüblichkeit des Geräusches	nicht von Bedeutung (nicht wahrgenommen: ortsüblich)
Zeitpunkt des Geräusches	beim Betreten des Bahnsteigs

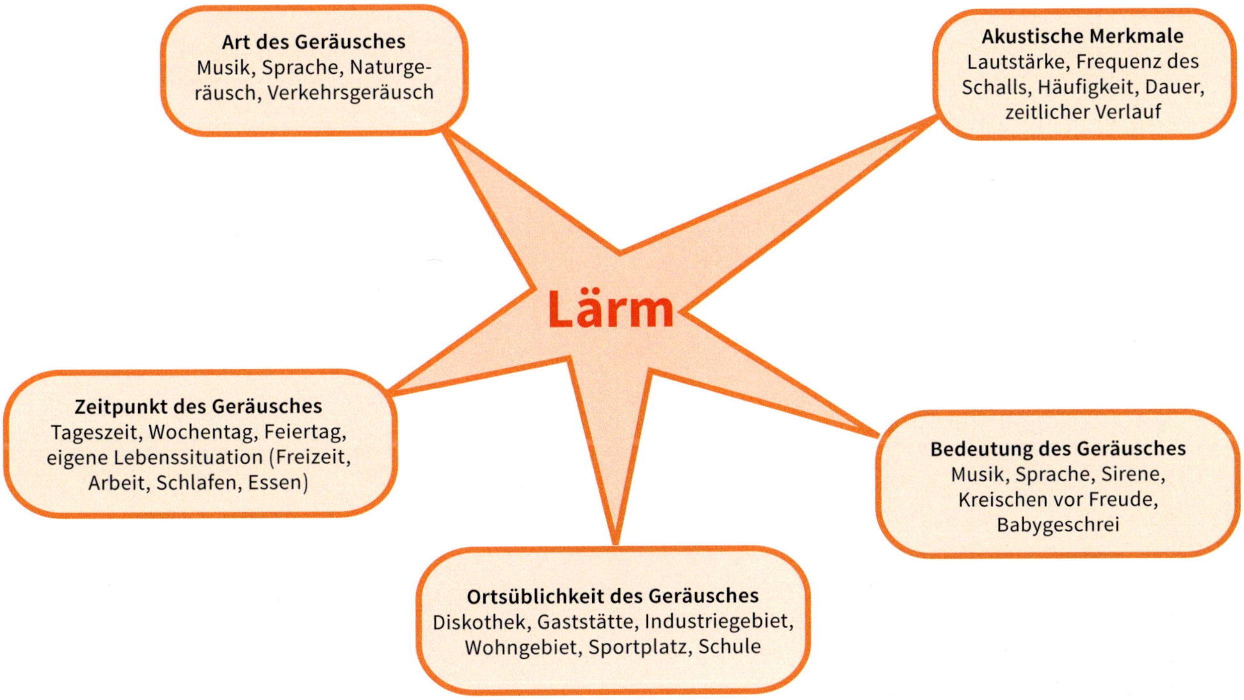

3 *Merkmale des Schalls, die zum Lärmeindruck führen*

→ 2.6 Das Ohr

2.8 Vergleich von Hör- und Sehleistungen

Die Leistungen der Sinnesorgane von Tieren verschiedener Tierarten unterscheiden sich. Bienen können im Gegensatz zum Menschen **ultraviolette Strahlung** sehen (Abb. 1). Mithilfe empfindlicher Messgeräte hat man festgestellt, dass Blüten ultraviolette Strahlung reflektieren. So wirken sie für Bienen auf der Suche nach Pollen und Nektar wie Hinweisschilder. Das Sehvermögen der Bienen und die Signale der Blütenpflanzen sind also aneinander angepasst.

Manche Schlangen, zum Beispiel die Grubenotter, besitzen vorne am Maul ein besonderes Sinnesorgan, das Grubenorgan. Es ermöglicht ihnen, **infrarote Strahlung** wahrzunehmen. Menschen können infrarote Strahlung nicht sehen, wohl aber als Wärme auf der Haut spüren. Man sagt zu infraroter Strahlung auch Wärmestrahlung. Schlangen können mithilfe des **Grubenorgans** die Wärmestrahlung ihrer Beutetiere auch in der Dunkelheit wahrnehmen. Auf diese Weise können sie auch in der Dunkelheit Beute fangen.

Auch im Hörvermögen unterscheiden sich Tiere verschiedener Arten (Abb. 2). Elefanten verständigen sich über Entfernungen von mehreren Kilometern mit sehr tiefen Tönen, die für uns nicht hörbar sind. Mäuse dagegen verständigen sich mit sehr hohen Tönen. Auch die können wir Menschen nicht hören – wohl aber Katzen. Für sie ist es vorteilhaft, ihre Beutetiere zu hören.

Durch diese unterschiedlichen Leistungen ihrer Sinnesorgane nehmen der Mensch und die verschiedenen Tierarten ihre Umwelt unterschiedlich wahr.

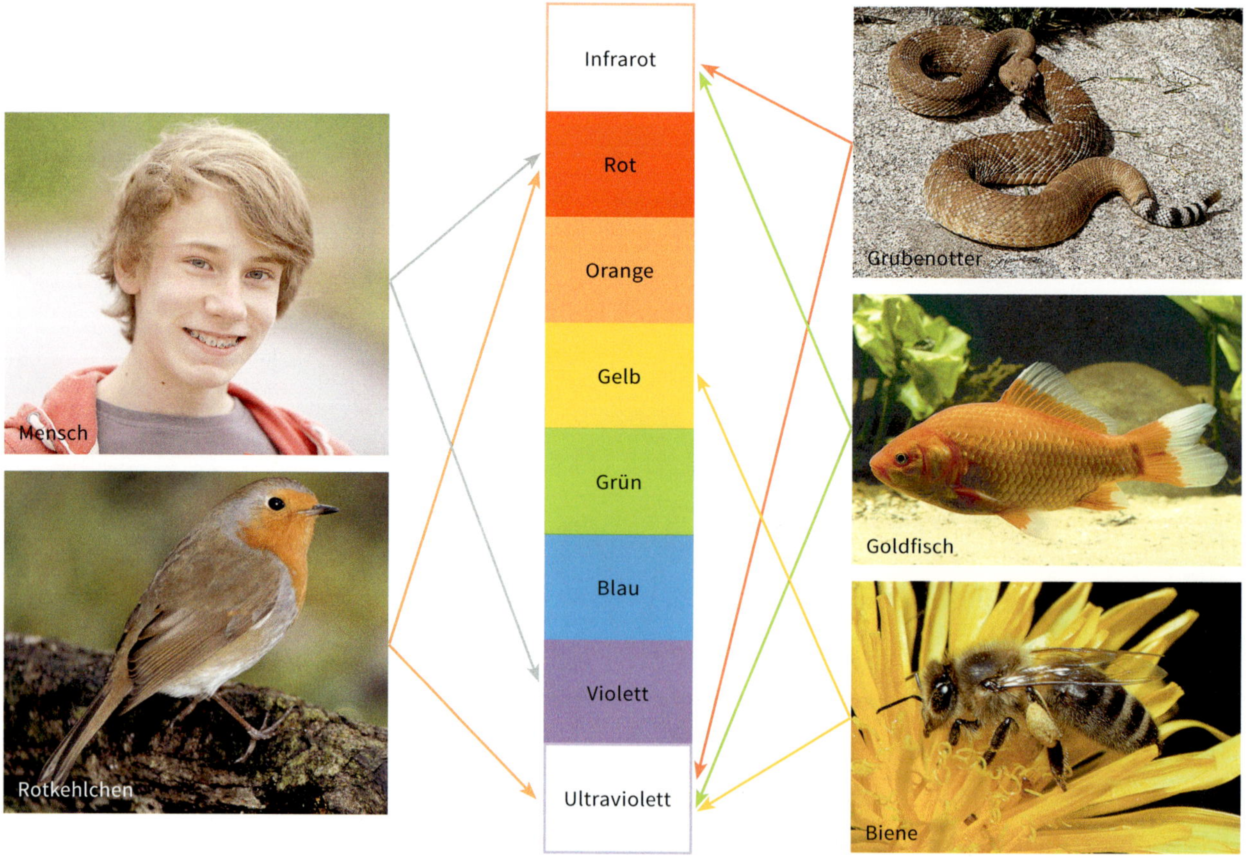

1 *Farbensehen des Menschen und verschiedener Tiere*

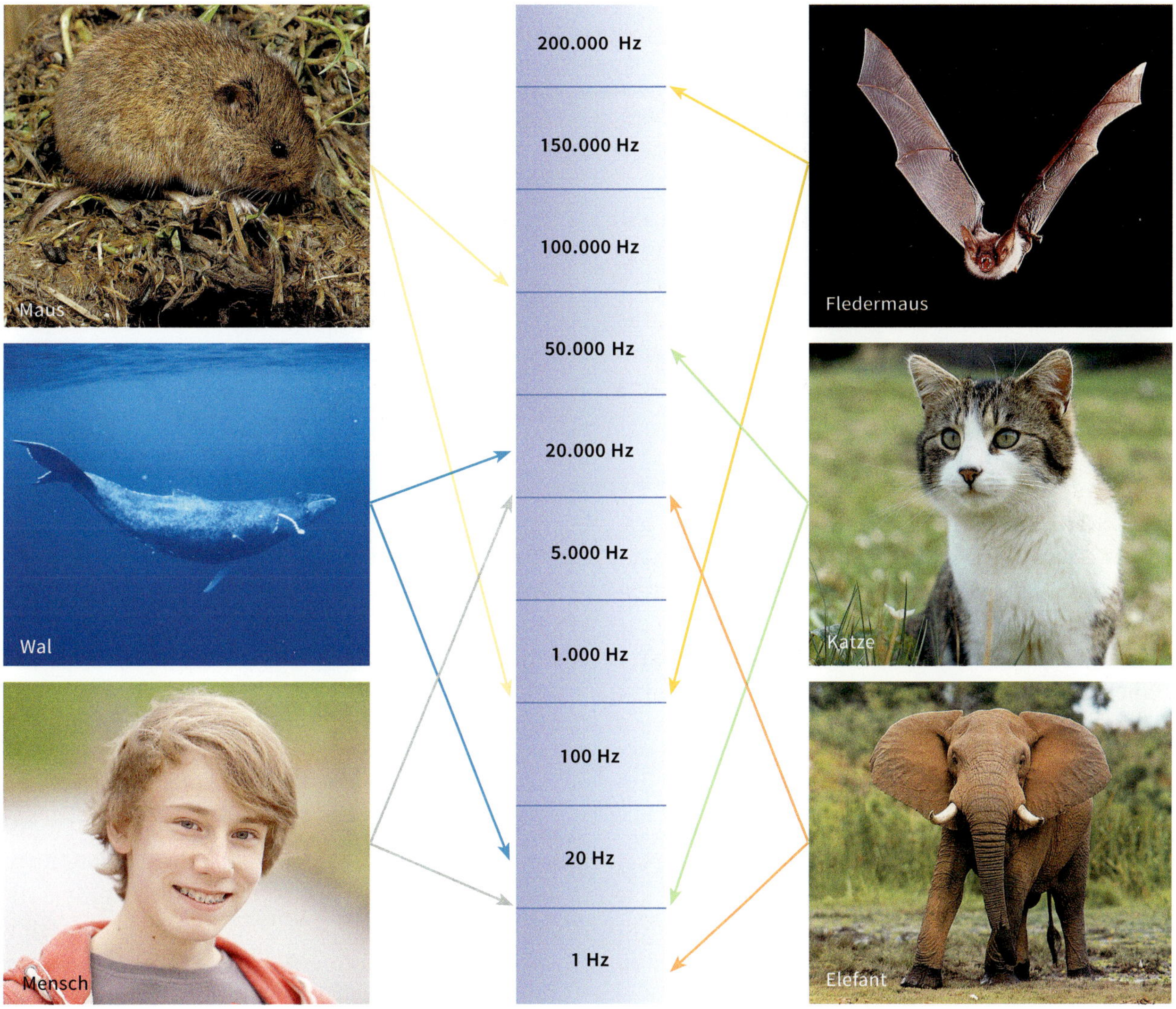

2 *Hörbereiche vom Menschen und verschiedenen Tieren*

1. Sinnesleistungen und Ernährungsweise.

Beschreibe Sinnesleistungen der Honigbiene, der Grubenotter und der Katze, die vorteilhaft für die jeweilige Ernährungsweise dieser Tiere sind.

2. Unterschiedliche Sinneswelten.

a) Betrachte die Abbildung 3 und erläutere sie. Begründe dann, inwiefern die Bildunterschrift „Ein Modell: Sinnesorgane sind wie Fenster" passt.
b) Zeichne für eine Katze ein Modell ähnlich der Abbildung 3. Erläutere deine Zeichnung.
c) Verdeutliche an dem Modell in Abbildung 3, dass Tiere verschiedener Arten in verschiedenen Sinneswelten leben.

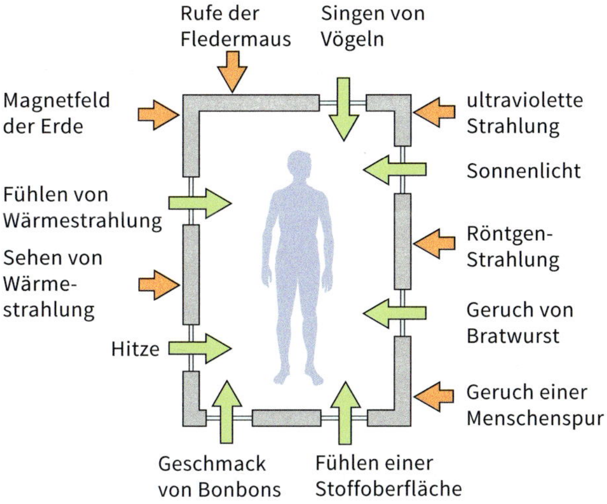

3 *Modell: Sinnesorgane als Fenster zur Umwelt*

→ 2.3 Das Auge, 2.6 Das Ohr

2.9 Reiz – Reaktion

1 *Tischtennis*

Computersysteme arbeiten nach dem **EVA-Prinzip**. Dabei stehen die Buchstaben für Eingabe, Verarbeitung und Ausgabe. Eingabegeräte geben Informationen an den Rechner. Dazu gehören zum Beispiel Tastatur, Scanner, Touchscreen, Digitalkameras und Maus. Im Rechner werden die Informationen entsprechend der eingegebenen Befehle verarbeitet. Die Ergebnisse werden über Ausgabegeräte wie Monitor und Drucker zugänglich gemacht. Eingabegeräte, Rechner und Ausgabegeräte müssen miteinander verbunden sein. Ein Verarbeitungsprozess umfasst meist viele Einzelschritte, wobei immer wieder neue Daten eingegeben, verrechnet und wieder ausgegeben werden. Das jeweilige Zwischenergebnis bestimmt dabei die nächste Eingabe. Es ist also eine ständige Rückkopplung vorhanden.

Die Vorgänge, die bei den Tischtennisspielern in Abbildung 1 ablaufen, lassen sich stark vereinfacht mit den Abläufen der Computertechnologie vergleichen. Wird ein **Reiz** durch ein Sinnesorgan, hier das Auge, aufgenommen, so wird er über **sensorische Nerven** zum zentralen Nervensystem geleitet. Unter sensorischen Nerven versteht man Nerven, die Signale von den Sinnesorganen zum zentralen Nervensystem, dem Rückenmark und dem Gehirn, leiten. Dort erfolgt die Verarbeitung. Die Signale aus der Netzhaut des Auges werden im Großhirn mit Gedächtnisinhalten verglichen. Dadurch wird die Situation erkannt. Erst danach wird im Großhirn eine Entscheidung über die **Reaktion** getroffen. Über **motorische Nerven** werden die Befehle an die entsprechenden Muskeln geleitet und von diesen ausgeführt. Während des Vorganges treffen laufend weitere Signale aus dem Auge und von anderen Sinnesorganen im Gehirn ein, sodass ständig auf Veränderungen der Situation reagiert werden kann. Durch ständiges Üben können solche Vorgänge beschleunigt werden, weil das Gehirn dadurch die Verschaltungen zwischen den beteiligten Nervenzellen verstärkt.

Nicht nur in den Situationen wie im Sport werden Signale aus der Umgebung aufgenommen. Ständig messen Sinnesorgane zum Beispiel die Temperatur der Umgebung. Auch diese Messwerte werden von sensorischen Nerven zum Gehirn geleitet, ohne dass wir das bewusst wahrnehmen. Der Körper ist auf diese Weise immer über Veränderungen in der Umgebung informiert und kann mithilfe des Gehirns darauf reagieren. Im Beispiel der Temperatur werden bei Hitze die Schweißdrüsen aktiviert, um den Körper zu kühlen. Dadurch bleibt die Körpertemperatur konstant. Allgemein sorgen **Regelungsvorgänge im Körper** dafür, bestimmte Zustände konstant zu halten.

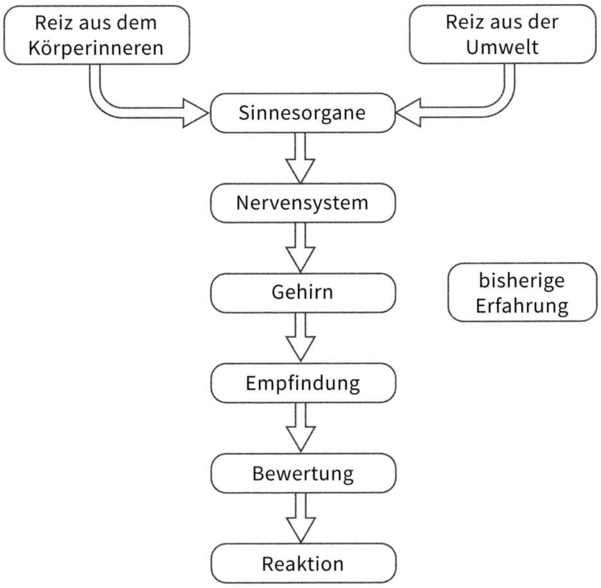

2 *Schema*

3 *Farben*

1. Vom Reiz zur Reaktion. Erläutere das Schema in Abbildung 2 und vergleiche seine Aussage mit dem Grundwissentext.

2. Bewegungsablauf. Stelle dir vor, eine Mitschülerin wirft dir einen Ball zu, den du fangen sollst. Erstelle für die Abläufe in deinem Körper ein Fließdiagramm. Vergleiche mit dem EVA-Prinzip von Computer-Systemen.

3. Versuch: Reaktionszeit. Mit dem „Linealversuch" lässt sich die Reaktionszeit eines Menschen bestimmen. Entwickelt in Partnerarbeit unter Bezug auf Abbildung 4 und 5 eine Versuchsvorschrift und führt den Versuch nach Rücksprache mit eurer Lehrerin oder eurem Lehrer durch. Wertet das Versuchsergebnis aus.

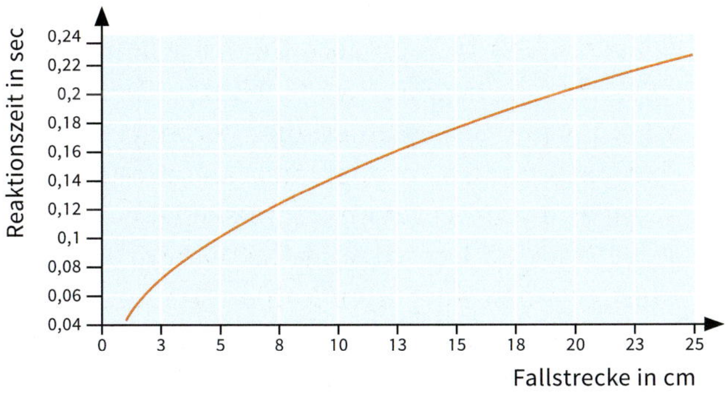

4 *Reaktionszeiten*

4. Farben. Nenne möglichst rasch die Farben in Reihe A der Abbildung 3 in der richtigen Reihenfolge. Nenne anschließend die Farben der Reihe B ebenfalls in der richtigen Reihenfolge. Vergleiche die Geschwindigkeit beim Nennen der Farben der beiden Reihen und stelle eine Hypothese auf, die das Ergebnis erklären kann.

5 *Linealversuch zur Ermittlung der Reaktionszeit*

→ 2.2 Vom Reiz zur Wahrnehmung

2.10 Die Pupillenreaktion ist ein Regelungsvorgang

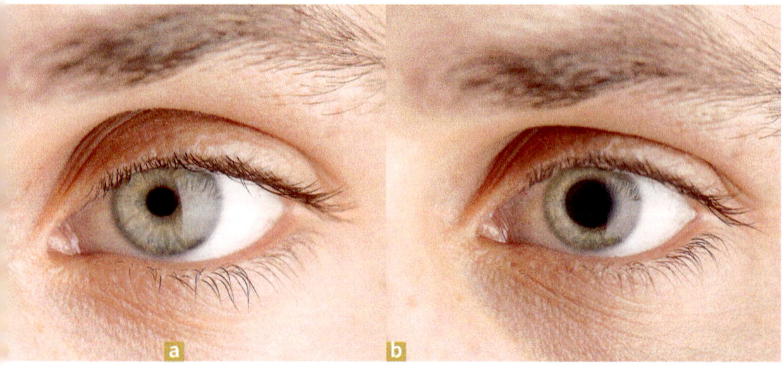

1 *Die Pupillengröße passt sich an die Lichtintensität an*

Wenn wir mit dem Fahrrad in einen Tunnel fahren oder aus einem hellen Raum ins Dunkle treten, müssen sich unsere Augen schnell an neue Lichtverhältnisse anpassen. Eine gewisse Lichtintensität im Auge wird benötigt, um die **Lichtsinneszellen** der Netzhaut zu reizen und überhaupt sehen zu können. Eine zu hohe Lichtintensität blendet jedoch und verhindert eine Bildentstehung.

Die **Pupille** ist eine kreisförmige Öffnung der Iris und lässt Lichtstrahlen durch den Glaskörper des Auges dringen. Die Größe der Pupille ist mit der **Pupillenreaktion** veränderbar (Abb. 1). Bei dieser Reaktion wird die Lichtintensität, die auf die Netzhaut gelangt, beeinflusst. Der Durchmesser der Pupille kann von 1,5 mm bei hoher Lichtintensität bis zu 8 mm in Dunkelheit variieren. Lichtsinneszellen registrieren ständig die Lichtintensität, die auf die Netzhaut trifft. Dieses Signal wird an das Gehirn geleitet. Dort wird diese mit der Lichtintensität verglichen, die im Auge optimal wäre. Stimmen diese Werte überein, werden über Nervenfasern gleichbleibende Signale an die Muskulatur der Iris gesendet. So bleiben Öffnung der Iris und damit Pupillengröße bestehen. Ist die Lichtintensität im Auge jedoch zu groß, werden andere Signale vom Gehirn übermittelt. Dadurch ziehen sich die Muskeln der Iris zusammen und die Pupille wird kleiner. Der Lichteinfall ins Auge wird dann reduziert (Abb. 3). Wurde die Lichtintensität im Auge als zu gering erkannt, führen Signale zur Erschlaffung der Irismuskulatur. Die Pupille vergrößert sich und mehr Licht kann ins Auge gelangen. Auf der Netzhaut wird nun eine andere Lichtintensität gemessen. Dieser Messwert wird als Information erneut an das Gehirn gesendet und dort überprüft.

Je höher die Lichtintensität auf der Netzhaut ist, umso weniger Licht wird durch die Pupillenreaktion in das Auge gelassen. Die Lichtintensität auf der Netzhaut nimmt in der Folge ab. Dabei wirkt eine veränderliche Größe (Lichtintensität im Auge) auf sich selbst zurück, wobei eine „Je mehr .... desto weniger“-Beziehung vorliegt (Abb. 2).

Außerdem kann die Größe der Pupillen durch Angst, Drogen oder Schäden im Nervensystem verändert werden. Dabei wird der Informationsfluss vom Auge zum Gehirn oder vom Gehirn zum Auge gestört. Die Kontrolle der Pupillenreaktion gehört zu den Standardverfahren in der medizinischen Notfalldiagnostik. Sie gibt Auskunft darüber, ob ein Mensch reaktions- und handlungsfähig ist. Erfolgt die Pupillenreaktion verlangsamt, deutet dies auf eine schwere Kopfverletzung oder schwere Gehirnerschütterung hin. Auch die Einnahme von Drogen kann dazu führen. Bleibt die Pupillenreaktion bei einem Menschen gänzlich aus, liegt eine schwere Schädigung des Gehirns vor. Die verlangsamte oder fehlende Pupillenreaktion ist für den Notarzt ein Warnsignal, das auf die Gefahr hinweist, dass die Atmung des Patienten jederzeit aussetzen kann und er schnell künstlich beatmet werden muss.

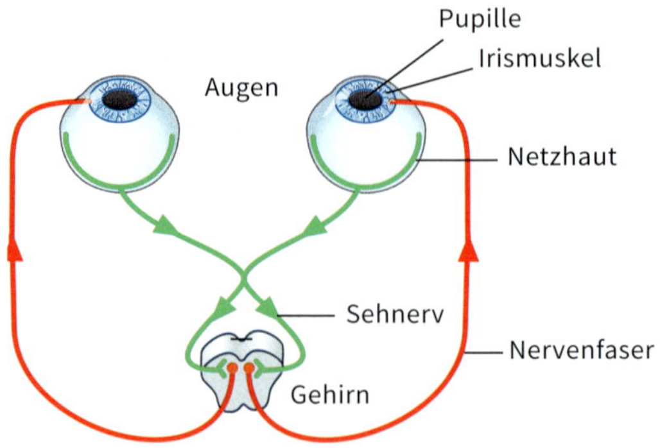

2 *Schema der Pupillenreaktion*

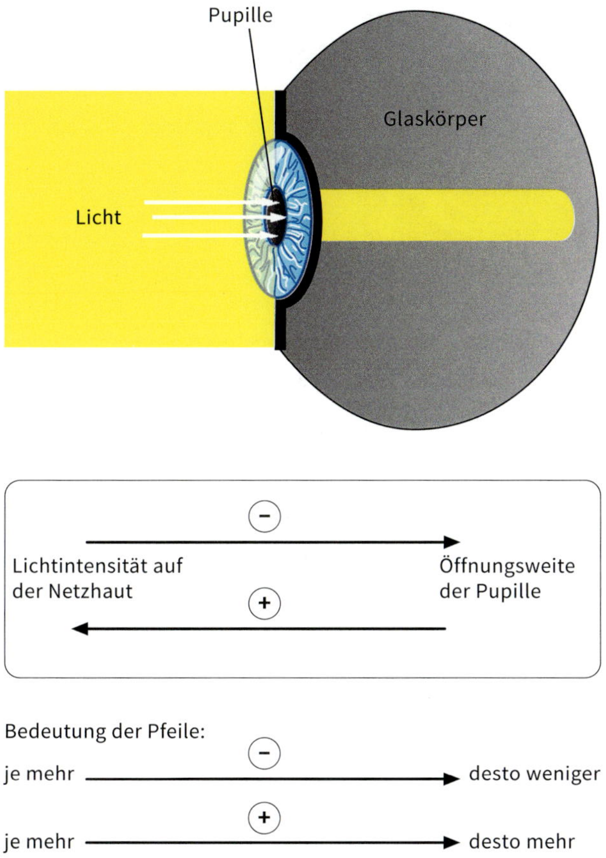

3 *Regelung der Pupillengröße*

1. Veränderung der Pupillengröße. Erläutere mithilfe der Abbildung 3 die Veränderung der Pupillengröße, wenn man aus einem hellen Raum in eine dunkle Umgebung tritt.

2. Sachverhalte mit Pfeildiagrammen darstellen. Stelle jeden der nachfolgenden Sachverhalte mithilfe eines Pfeildiagramms dar. Vergleicht eure Pfeildiagramme und erörtert die Vor- und Nachteile der jeweils gewählten Darstellung. Es kann hilfreich sein, vor der Anfertigung der einzelnen Pfeildiagramme den jeweiligen Sachverhalte in … je…desto-Sätze zu überführen. Für die Pfeildiagramme gelten folgende Übereinkünfte:

(+) → gleichsinnige Beziehung; je mehr … desto mehr, oder, je weniger, … desto weniger

(−) ← gegensinnige Beziehung: je mehr …..desto weniger, oder, je weniger …. desto mehr

- Jemand spart 1000 Euro auf einem Sparkonto mit einer jährlichen Verzinsung von zwei Prozent. Die jährlichen Zinsen werden dem Konto über eine vereinbarte Frist von 5 Jahren gutgeschrieben.
- Je höher der Gehalt an Kohlenstoffdioxid im Blut ist, desto intensiver erfolgt die Atmungsfrequenz (Häufigkeit des Ein- und Ausatmens pro Minute). Die Atemfrequenz beeinflusst wiederum den Kohlenstoffdioxid-Gehalt im Blut.
- Wassertrinken beeinflusst den Wassergehalt im Blut. Eine geringfügige Abnahme des Wassergehalts im Blut führt bei gesunden Menschen zu Durst bzw. zur Aufnahme von Flüssigkeit.
- Muskeln können sich aktiv nur zusammenziehen (kontrahieren), nicht aber aktiv strecken. Die meisten Muskeln arbeiten paarweise zusammen: z. B. Armbeuger und Armstrecker. Je stärker sich der Armbeuger (Armstrecker) kontrahiert, desto stärker wird der Armstrecker (Armbeuger) gestreckt.

3. Pupillenreaktion für beide Augen. Führe das Experiment durch und überprüfe, ob eine Kopplung der Pupillenreaktion vorliegt (Abb. 4).

Experiment

Hypothese:
1. Die Pupillenreaktion für beide Augen läuft gekoppelt ab

Durchführung:
Du benötigst ein blickdichtes Blatt Kartonpapier oder Pappe. Stich in die Mitte des Blattes ein Loch mit einer Nadel.
Blicke nun in einen hell erleuchteten Raum oder in den hellen Himmel. Halte dabei das Blatt mit dem Loch so vor ein Auge, dass bei diesem Auge nur Licht durch das Loch einfällt.
Decke nach kurzer Zeit das freie Auge mit einer Hand so ab, dass kein Licht mehr in das Auge gelangt.

Beobachtung:
Beobachte nun die Veränderung des Eindrucks bei dem Auge, das mit dem Blatt abgedeckt ist.

4 *Untersuchung der Kopplung der Pupillenreaktion*

3.1 Sucht ist vielfältig

1 *Verschiedene Suchtformen*

Unter **Abhängigkeit** oder **Sucht** versteht man den Zustand eines Menschen, in dem er kaum oder gar nicht fähig ist, auf Drogen oder bestimmte Verhaltensweisen zu verzichten. **Drogen** sind Stoffe, die im Gehirn wirken. Sie beeinflussen die Stimmung, die Gefühle, das Bewusstsein, die Wahrnehmung und das Verhalten eines Menschen. Wenn von Drogen die Rede ist, denken die meisten Menschen zunächst an den Konsum illegaler Drogen. Das sind Drogen, deren Erwerb, Verbreitung und Gebrauch unter Strafe steht. Beispiele hierfür sind Haschisch, Heroin, Kokain oder Ecstasy. Doch auch legale Drogen wie Alkohol, Tabak und bestimmte Arzneimittel machen abhängig und schädigen die Gesundheit. So stehen den jährlich etwa 1 000 deutschen Rauschgifttoten knapp 200 000 alkohol- und tabakbedingte Todesfälle gegenüber. Auch einige Medikamente können abhängig machen. Man spricht von Medikamentenabhängigkeit, wenn Medikamente nicht zur Heilung eingenommen werden, sondern weil man süchtig nach ihnen ist.

Eine Sucht entwickelt sich oft schleichend. Viele Jugendliche rauchen zunächst nur gelegentlich in ihrer Freizeit. Nach und nach gewöhnt sich ihr Körper an das Rauchen. Die Wirkung des Nikotins lässt nach und die Anzahl der Zigaretten muss erhöht werden, um keine Entzugserscheinungen zu bekommen. Dachte der Jugendliche am Anfang noch, er könne jederzeit aufhören, so muss er nun feststellen, dass er die Kontrolle über seinen Zigarettenkonsum verloren hat. Wenn eine süchtige Person ihre Droge nicht einnimmt, treten **Entzugserscheinungen** auf. Diese äußern sich als körperliche Reaktionen wie Unruhe, Zittern, Frieren, Erbrechen und Schmerzen. Von dieser körperlichen Abhängigkeit unterscheidet man die seelische Abhängigkeit als die Sehnsucht des Abhängigen nach der Wirkung der Droge. Manche Formen von Abhängigkeit sind nicht an Stoffe gebunden (Abb. 1). Zu diesen stoffungebundenen Verhaltenssüchten zählt man unter anderem Computerspielsucht, Internetsucht, Kaufsucht, Magersucht und Glücksspielsucht. Bei einer Verhaltenssucht verspüren die Betroffenen Personen einen unwiderstehlichen Drang, bestimmte Handlungen immer wieder auszuführen.

Jeder Mensch kann süchtig werden. Die Gründe dafür sind ebenso vielfältig wie die Suchtformen selbst. Beispielsweise gibt es Menschen, die Gefühle nur unvollkommen wahrnehmen und ausdrücken können oder Problemen und Konflikten aus dem Weg gehen. Dabei werden innere Spannungen aufgebaut, die schließlich unerträglich werden. Mithilfe der Sucht werden Spannungen eine Zeit lang ausgehalten und ertragen. Die Sucht legt über die Gefühle einen Schleier. Gefühle wie Trauer, Wut, Enttäuschung, Schmerz, Angst und Unsicherheit, aber auch Freude werden nur noch gedämpft und abgeschwächt wahrgenommen. Die Droge erleichtert jedoch nur scheinbar das Leben. Die Probleme werden mit ihr nicht gelöst.

1. Suchtbegriffe. Erläutere folgende Begriffe aus dem Grundwissentext: Abhängigkeit (Sucht), legale Drogen, illegale Drogen, stoffungebundene Sucht, Gewöhnung, Entzugserscheinungen.

2. Gewohnheiten. Viele tägliche Gewohnheiten prägen das Leben mancher Menschen: aus Langeweile essen, den Ärger herunterspülen, die Zeit mit dem Gameboy totschlagen, Kummer durch Arbeit unterdrücken, sich den Alltag mit einem Eis versüßen usw.

a) Beschreibe, was du machst, wenn dir langweilig ist, wenn du Kummer hast, wenn du enttäuscht bist oder wenn du dich geärgert hast.

b) Entwickle Vorschläge, was du alternativ machen könntest.

3. Ausweichendes Verhalten. Beschreibe alltägliche Probleme, wie zum Beispiel das Erledigen der Hausaufgaben. Entwickle verschiedene Möglichkeiten, sich damit auseinanderzusetzen. Berücksichtige dabei auch die Möglichkeit, sich ausweichend zu verhalten, also z. B. am Computer zu spielen statt die Hausaufgaben zu machen. Erörtere mögliche Zusammenhänge zwischen ausweichendem Verhalten und Sucht.

4. Der kleine Prinz. Der Franzose ANTOINE DE SAINT-EXUPÉRY lebte von 1900 bis 1944. Er schrieb die Geschichte vom kleinen Prinzen, der seinen Stern verlässt und eine lange Reise durch das Weltall unternimmt. Er landet auf verschiedenen Planeten. Auf dem dritten Planeten trifft er auf einen Alkoholkranken. Lies den Text in Abbildung 2. Erläutere das Hauptproblem eines Drogenabhängigen, das in dem Text angesprochen wird.

5. Vielfältigkeitsaspekt. Stelle in einer Mindmap dar, wie vielfältig Sucht ist. Verwende dazu die Erkenntnisse von dieser Doppelseite.

Der kleine Prinz und der Säufer

Den nächsten Planeten bewohnte ein Säufer. Dieser Besuch war sehr kurz, aber er tauchte den kleinen Prinzen in eine tiefe Schwermut.

„Was machst du da?“, fragte er den Säufer, den er stumm vor einer Reihe leerer und einer Reihe voller Flaschen sitzend antraf.

„Ich trinke“, antwortete der Säufer mit düsterer Miene.

„Warum trinkst du?“, fragte ihn der kleine Prinz.

„Um zu vergessen“, antwortete der Säufer.

„Um was zu vergessen?“, erkundigte sich der kleine Prinz, der ihn schon bedauerte.

„Um zu vergessen, dass ich mich schäme“, gestand der Säufer und senkte den Kopf.

„Weshalb schämst du dich?“, fragte der kleine Prinz, der den Wunsch hatte, ihm zu helfen.

„Weil ich saufe!“, endete der Säufer und verschloss sich endgültig in sein Schweigen.

Und der kleine Prinz verschwand bestürzt.

Die großen Leute sind entschieden sehr, sehr wunderlich, sagte er zu sich auf seiner Reise.

2 *Auszug aus „Der kleine Prinz“ von Antoine de Saint-Exupéry*

→ 3.2 Entstehung von Drogensucht

3.2 Entstehung von Drogensucht

Die Entstehung einer Drogensucht zu erklären ist nicht einfach. Man hat zu diesem Zweck verschiedene Modelle entwickelt. Eines davon ist das 4M-Modell, das verdeutlicht, dass die Wege, die in eine Sucht führen, vielfältig sein können (Abb. 1). Ein Vorteil dieses Modells ist, dass es die vier Bereiche Mensch, Milieu, Mittel und Markt vernetzt. So wird deutlich, dass man die Gründe für die Entstehung einer Sucht nicht allein in der Person finden kann. Auch ein aus Rauchern bestehender Freundeskreis macht aus einem Jugendlichen nicht automatisch einen Raucher. Wichtig ist auch, wie leicht der Jugendliche an die Zigaretten kommt und ob er sie überhaupt bezahlen kann.

1 *Das 4M-Modell zeigt, wie unterschiedlich die Wege in die Sucht sein können.*

1. Gedanken zum Foto. Betrachte das Hintergrundfoto in Abbildung 1. Erläutere mögliche Zusammenhänge zwischen dem Foto und dem Thema Sucht.

2. Analyse eines Fallbeispiels. Erkläre mithilfe des 4M-Modells die in Abbildung 2 dargestellte Entwicklung der Alkoholsucht von Peter.

3. Das 5-Faktoren-Modell. Neben dem 4M-Modell gibt es weitere Modelle, mit deren Hilfe man versucht, die Ursachen und Bedingungen einer Sucht zu ergründen. Das in Abbildung 3 dargestellte 5-Faktoren-Modell ist eines davon.
Vergleiche das 5-Faktoren-Modell mit dem 4M-Modell.

4. Das Eisberg-Modell. In Abbildung 4 ist das Eisberg-Modell zur Suchtentstehung dargestellt.
a) Übertrage das Modell in deine Mappe, erläutere und ergänze im unteren Teil weitere sinnvolle Begriffe.
b) Diskutiere Vor- und Nachteile des Modells bei der Erklärung der Entstehung einer Sucht.

5. Vermeintliche Verbesserungen. Nimm Stellung zu folgender Aussage: „Die Entstehung einer Sucht kann man gut nachvollziehen, wenn man sich in die Lage des Menschen hineinversetzt, der im Drogenrausch für sich eine Verbesserung seiner Lebensbedingungen wahrnimmt.“

„Alkohol zu trinken gehörte in meinem Freundeskreis einfach dazu. Also habe ich zusammen mit meinen Freunden bei Partys und anderen Gelegenheiten Alkohol getrunken. Hätte ich nein zum Alkohol gesagt, wäre ich ein Schwächling gewesen. Zunächst war es ganz einfach: Je mehr man vertragen konnte, desto angesehener war man. Nach und nach habe ich dann auch bereits etwas alleine getrunken, bevor ich zur Party gegangen bin. Irgendwie brauchte ich den Alkohol immer mehr. Meine Eltern haben das Trinken erst einmal nicht ernst genommen. Für sie war es völlig normal, mal einen zu trinken. Für meine Freunde war es lange Zeit auch kein Problem, weil sie ja auch selbst tranken. Aber eines Tages sagt einer zu mir, dass ich zu viel trinken würde. Also galt es auch wieder als Schwäche, wenn man die Kontrolle über das Trinken verlor. Deshalb begann ich immer häufiger heimlich zu trinken. Oft schon, bevor ich aus dem Haus ging. Ich fühlte mich dann sicherer und stärker, einfach besser. Sonst fehlte es mir an Selbstvertrauen. Ich war eher der unsichere Typ. In der Gruppe galt ich früher als Schwächling, keiner akzeptierte mich. Der Alkohol half, mich lockerer zu machen, cooler. Erst als ich meinen Job verloren hatte, wachte ich auf. Zum Glück bin ich dann zur Suchtberatungsstelle gegangen. Wer weiß, wo ich heute sonst sein würde …“

2 *Fallbeispiel: Peters Weg in die Alkoholabhängigkeit*

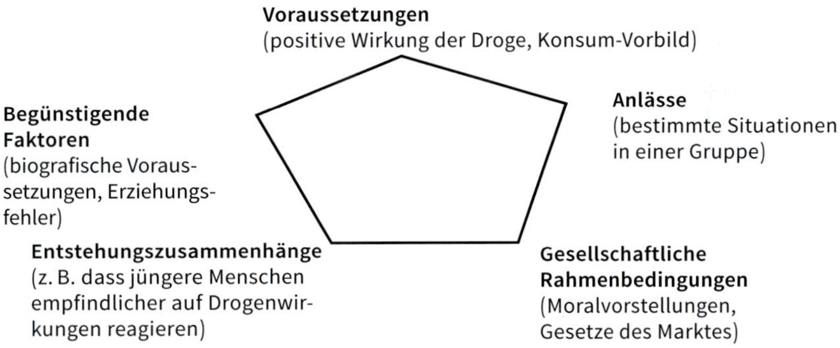

3 *Das 5-Faktoren-Modell zur Entstehung einer Drogensucht*

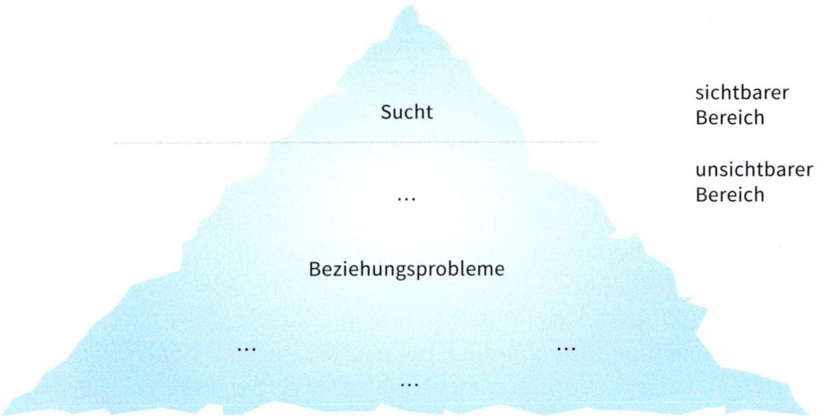

4 *Das Eisberg-Modell zur Entstehung einer Drogensucht*

→ 3.1 Sucht ist vielfältig

Ein Portfolio ist eine Mappe, in der du Materialien zu einem Thema sammelst. Begleitend zum Unterricht kannst du eigene Materialien anfertigen und sie gemeinsam mit weiteren Unterlagen aus dem Unterricht sinnvoll zusammenstellen. Was du zusammenträgst, hängt von deinem persönlichen Interesse, deiner Kreativität und deiner Fähigkeit ab, das Gelernte in einer Form zu präsentieren, die originell und überzeugend ist.

Überlege dir zunächst, welches Ziel du mit deinem Portfolio verfolgst. Wichtig ist, dass du die zur Verfügung stehende Zeit realistisch einschätzt. Wenn du vier Wochen Zeit hast, dann solltest du dir ein Ziel vornehmen, das auch in dieser Zeit zu verwirklichen ist. Zielformulierungen könnten z. B. lauten: „In den nächsten vier Wochen möchte ich zeigen, welche Möglichkeiten es gibt, mit täglichen Problemen und Konflikten umzugehen, ohne Drogen zu nehmen oder süchtiges Verhalten zu zeigen."

„Die Weltgesundheitsorganisation (WHO) versteht unter Gesundheit einen ‚Zustand vollkommenen körperlichen, sozialen und geistigen Wohlbefindens'. – In den nächsten vier Wochen möchte ich verschiedene Möglichkeiten erarbeiten, in diesem Sinne ein gesundes Leben zu führen."

Gestalte anschließend ein passendes Deckblatt und notiere darauf dein Ziel. In dein Portfolio kannst du alle „Dokumente" aufnehmen, die dem Erreichen deines Ziels dienen. Diese Dokumente können z. B. Textausschnitte aus Büchern, Zeitungsausschnitte, Beschreibungen von Unterrichtssituationen, Ergebnisse von Gruppen- oder Klassenarbeiten, ein Bericht über einen Ausflug sowie eine Fernsehsendung oder einen Film und natürlich auch eigene Überlegungen zum Thema sein. Entscheidend ist, dass nicht irgendetwas gesammelt wird, sondern eine begründete Auswahl getroffen wird. Damit du nicht zu viel Material zusammenstellst, prüfe jeweils, ob du mit dem Material deinem Ziel näher kommst (Abb. 1). Wenn dies nicht der Fall ist, nimmst du es nicht in deine Sammlung auf. Stellst du aber fest, dass das neue Material besser geeignet ist als das alte, tauscht du es aus. Diesen Austausch vermerkst du dann in einem „mitwachsenden" Inhaltsverzeichnis und begründest ihn.

In regelmäßigen Abständen, z. B. jede Woche, solltest du mit deinen Mitschülerinnen und Mitschülern oder deinem Lehrer betrachten, welches Ziel du dir gesetzt hast und was du bisher erreicht hast. Solltet ihr hierbei feststellen, dass die Zeit nicht ausreichen wird, denkt gemeinsam über eine neue Zielformulierung nach oder arbeite verstärkt an deinem Portfolio.

Am Ende deiner Arbeit kannst du in einem Schlusstext darstellen, was dir beim Anfertigen des Portfolios besonders viel Spaß gemacht hat und was dir schwer gefallen ist. Auch auf einzelne Materialien kannst du hier nochmals eingehen. Welches Material gefällt dir am besten? An welchem Material hast du am meisten gelernt?

- Was hat mich veranlasst, dieses Material anzufertigen bzw. auszuwählen?
- Welche neuen Erkenntnisse habe ich mit dem Material gewonnen?
- Wo gab es beim Anfertigen dieses Materials für mich Probleme? Was habe ich beim Lösen dieser Probleme gelernt?
- Weshalb passt das Material zu meinem Ziel?
- Welche Fragen sind für mich bei diesem Material noch offen?
- Wenn ich dieses Material noch einmal erstellen könnte, was würde ich anders machen?

1 *Diese Fragen können helfen, die Auswahl der Materialien zu begründen*

Seite 1

Portfolio zum Thema:
„Suchtgefahren und Gesundheit“ von ...

Mein Ziel

In den nächsten vier Wochen möchte ich zeigen, welche Möglichkeiten es gibt, mit täglichen Problemen und Konflikten umzugehen, ohne Drogen z

Seite 2

Inhaltsverzeichnis

Seite 7

Was kann ich dagegen tun, wenn mich meine Freunde zum Rauchen überreden wollen?

Bei meinen Freunden erfahre ich Anerkennung und Zuneigung. Gemeinsam etwas zu unternehmen macht viel Spaß. Mit ihnen fühle ich mich stark. Aber muss ich auch das mitmachen, was mir nicht gefällt? Muss ich z. B. auch rauchen, nur weil die meisten in der Gruppe auch rauchen?

Ich kann einfach mitmachen, rauchen und
– meine eigene Abneigung gegen das Rauchen verdrängen,

Seite 10

Probleme gehören zum Leben – Lösungen auch

Die folgenden Ratschläge können bei de
innerhalb einer Gruppe helfen:

1. Der Ort des Gesprächs sollte möglich
   Alle Beteiligten sollen sich gleich woh
2. Der Zeitpunkt muss geeignet sein. Je
   Zeit und Ruhe mitbringen, damit das
   geführt werden kann.
3. Das Problem muss genau benannt we
4. Jede und jeder spricht für sich. Wenn
   muss sie bzw. er die Möglichkeit zum
5. Die wenigsten Probleme haben nur ei
   Beteiligten zunächst alle möglichen L
   sammen. Die unterschiedlichen Vorsc
   bewertet oder abgelehnt werden.
6. Gemeinsam werden die Lösungsvorsc
   alle leben können.
7. Gemeinsam gefundene Lösungen sin
   zu werden. Also muss auch jede und j
   dem Gespräch auch Taten folgen. Daf
   am besten sofort die Aufgabenverteil
   weiß, was sie und er zu tun hat.

Rückmeldung

Meine Eindrücke zu deinem Portfolio
von ______________________
an ______________________

– Das hat mir an deinem Portfolio gut gefallen:

____

____

– Das hat mir nicht ganz so gut gefallen:

____

____

– Das habe ich anhand deines Portfolios gelernt:

____

____

– Außerdem ist mir an deinem Portfolio noch Folgendes aufgefallen:

____

____

2 *Beispielseiten*

3.3 Alkoholmissbrauch

1 *Verschiedene Gelegenheiten, in denen man im Alltag dem Alkohol begegnen kann*

In Deutschland konsumieren etwa 9,5 Millionen Menschen regelmäßig Alkohol. Durchschnittlich werden pro Kopf und Jahr knapp 10 Liter reinen Alkohols zu sich genommen (Abb.1). Gut 1,5 Millionen Deutsche gelten als alkoholabhängig. Von ihnen unterziehen sich allerdings nur etwa 10 Prozent einer Therapie und auch das erst sehr spät, nachdem sie bereits knapp 15 Jahre lang abhängig gewesen sind. Jedes Jahr sterben mehr als 70 000 Menschen an den direkten und indirekten Folgen von Alkoholmissbrauch. Auf deutschen Straßen gibt es alkoholbedingt jährlich etwa 350 Verkehrstote und über 5 000 Schwerverletzte. Zudem verursacht der Alkoholmissbrauch volkswirtschaftliche Kosten in Höhe von jährlich mehr als 25 Milliarden Euro, von denen allein gut 7 Milliarden Euro direkte Kosten für das Gesundheitssystem sind. Auf der anderen Seite nimmt der Staat jährlich über 3 Milliarden Euro aus der Alkoholsteuer ein.

Alkoholwerbung ist häufig direkt auf Jugendliche zugeschnitten. Die Werbung vermittelt den Eindruck, dass Alkohol einfach dazugehört, wenn man Spaß mit den Freunden, auf Partys oder im Urlaub haben möchte. Dafür gibt die Alkoholindustrie jährlich mehr als 550 Millionen Euro aus. Dass sie dabei sehr erfolgreich ist, zeigt allein die Tatsache, dass Jugendliche, die häufig in Kontakt mit Alkoholwerbung kommen, auch häufiger Alkohol trinken. Jugendliche trinken Alkohol meist in Gruppen Gleichaltriger. Gruppenzwang führt dazu, dass fast jeder mittrinkt, um nicht als Außenseiter zu gelten. Besonders gefährlich für Kinder und Jugendliche ist das Rauschtrinken, das auch als Komasaufen bekannt ist. Von den 100 000 Menschen, die jedes Jahr mit einer Alkoholvergiftung ins Krankenhaus kommen, sind 26 000 zwischen 10 und 20 Jahre alt. Doch auch ein bloßer Alkoholrausch kann lebensgefährlich sein. Beispielsweise nehmen Betrunkene die Kälte im Winter oft nicht wahr, erst recht nicht, wenn sie draußen eingeschlafen sind. In solchen gefährlichen Situationen sind sie dann auf aufmerksame Mitmenschen angewiesen, die sie nach Hause begleiten und auf sie aufpassen.

Übermäßiger Alkoholkonsum führt zu Gesundheitsschäden (Abb. 2). Doch bereits der einmalige Rausch kann Folgen haben. Denn jemand kann im Rausch z. B. einen Verkehrsunfall verursachen, ohne dass er süchtig ist. Ebenso leidet unter der Abhängigkeit nicht nur der Alkoholkranke selbst, sondern auch sein soziales Umfeld. Für seine Mitmenschen erhöht sich das Risiko von Konflikten und Gewalt. Besonders betroffen sind meist die Kinder von Alkoholkranken.

2 *Mögliche körperliche und geistige Folgen von Alkoholmissbrauch*

1. Mindmap. Entwickle mithilfe der Informationen auf dieser Doppelseite eine Mindmap zum Thema „Alkohol – zwar legal, aber dennoch gefährlich“.

2. Situation auf einer Party. Du gehst mit einem Freund auf eine Party. Auf früheren Partys hast du keinen Alkohol getrunken und du möchtest auch heute nicht damit anfangen. Dein Freund kommt von der Theke zurück und fordert dich auf, ein Bier zu trinken. Erläutere verschiedene Antworten, die du geben könntest. Verwende dabei Argumente dieser Doppelseite.

3. Alkohol und Jugendschutzgesetz. Der fünfzehnjährige Peter kauft für die Party am Abend im Supermarkt ein. Auf seiner Einkaufsliste stehen zwei Sixpacks Bier, eine Flasche Wodka, zwei Flaschen O-Saft, eine Flasche Bitter Lemon und Chips. Begründe mithilfe von Abbildung 3, wie sich die Kassiererin oder der Kassierer richtigerweise verhalten sollte.

4. Forderungen zum Umgang mit Alkohol. Erörtere die folgenden Forderungen hinsichtlich ihrer zu erwartenden Wirkungen.
- Die Preise für Alkohol sollten angehoben werden.
- Die Werbung für alkoholische Getränke sollte stark eingeschränkt werden.
- Die Promillegrenze für Radfahrer sollte auf 0,5 Promille wie bei Autofahrern gesenkt werden.
- Alkohol sollte in Unternehmen nicht ausgeschenkt werden.

§ 1 Begriffsbestimmungen (1) Im Sinne dieses Gesetzes
1. sind Kinder Personen, die noch nicht 14 Jahre alt sind,
2. sind Jugendliche Personen, die 14, aber noch nicht 18 Jahre alt sind, […]

§ 2 Prüfungs- und Nachweispflicht (2) Personen, bei denen nach diesem Gesetz Altersgrenzen zu beachten sind, haben ihr Lebensalter auf Verlangen in geeigneter Form nachzuweisen. Veranstalter und Gewerbetreibende haben in Zweifelsfällen das Lebensalter zu überprüfen. […]

§ 9 Alkoholische Getränke (1) In Gaststätten, Verkaufsstellen oder sonst in der Öffentlichkeit dürfen
1. Branntwein, branntweinhaltige Getränke oder Lebensmittel, die Branntwein in nicht nur geringfügiger Menge enthalten, an Kinder und Jugendliche,
2. andere alkoholische Getränke an Kinder und Jugendliche unter 16 Jahren weder abgegeben noch darf ihnen der Verzehr gestattet werden. […]

3 *Jugendschutzgesetz (Auszüge). Unter Branntwein versteht man ein alkoholisches Getränk, das aus gegorenen Flüssigkeiten durch Destillation (Brennen) gewonnen wird. Ausgangsstoffe für Branntwein sind u. a. vergorene Trauben (Cognac), vergorene Obstsäfte (z. B. Kirschwasser), Kartoffeln, Gersten-, Weizen-, Roggenmalz (Korn, Wodka, Whisky).*

→ 5.7 Die Plazenta

3.4 Essstörungen

1 *Magersüchtige*

Das gesellschaftliche Schönheitsideal ändert sich im Laufe der Geschichte immer wieder. Heute gilt als schön, wer schlank ist. Noch Mitte des letzten Jahrhunderts und z. B. auch im Barock-Zeitalter sah das anders aus (Abb. 5). Insbesondere Menschen mit geringem Selbstwertgefühl orientieren sich an dem aktuellen Schönheitsideal. Das Schönheitsideal beeinflusst unsere Körperwahrnehmung und stellt deshalb einen Risikofaktor für die Entwicklung einer Magersucht dar. Als **Magersucht** bezeichnet man eine krankhafte Essstörung, bei der eine Person dauerhaft ein Körpergewicht herbeiführt, das wesentlich unter dem Normalgewicht liegt (Abb. 1). Neben dem derzeit herrschenden Schlankheitsideal, das von Werbung und Filmen zusätzlich betont wird, spielen seelische Einflüsse, die Fähigkeit zur Konfliktlösung und die psychischen Bedingungen in der Familie eine große Rolle bei der Entwicklung einer Magersucht. Hinzu kommen möglicherweise auch biologische Ursachen, z. B. genetisch bedingte Veranlagungen. Die Kontrolle über das Körpergewicht vermittelt den Betroffenen offenbar Selbstwertgefühl, Sicherheit und Anerkennung.

Magersucht tritt besonders bei 15- bis 25-jährigen Frauen auf. In dieser Gruppe ist etwa ein Prozent magersüchtig. Magersüchtige versuchen, so wenig wie möglich zu essen. Außerdem unterstützen viele Magersüchtige den Gewichtsverlust durch Erbrechen, übertriebene körperliche Aktivität oder Medikamente wie Appetitzügler und Abführmittel. Magersüchtige leiden an einer Störung der Wahrnehmung des eigenen Körpers, einer sogenannten Körperschema-Störung (Abb. 3). Obwohl sie bereits extrem an Gewicht verloren haben, halten sie sich für zu dick. Deshalb bemühen sie sich weiter abzunehmen. Das Vermeiden von Essen, die extreme Kontrolle des Körpergewichts und die Kontrolle von Hungergefühlen nehmen den zentralen Stellenwert in ihrem Leben ein. Der Gewichtsverlust und die Mangelernährung können schwerwiegende körperliche Veränderungen nach sich ziehen. Die Menstruation bleibt aufgrund hormoneller Störungen aus. Niedriger Blutdruck, verlangsamter Herzschlag, sinkende Körpertemperatur, Hautprobleme, Muskelschwäche und Haarausfall sowie Erkrankungen durch Vitamin- und Mineralsalzmangel begleiten häufig eine Magersucht. Magersüchtige sind in einem Teufelskreis gefangen: Schon eine Zunahme von wenigen Gramm kann Panik auslösen, was wiederum zu noch strengerer Kontrolle des Essverhaltens führt.

Im Gegensatz zur Magersucht haben von **Bulimie** (Ess-Brech-Sucht) Betroffene in der Regel ein normales Gewicht. Bei dieser Form der Essstörung folgen auf Heißhungerattacken mit Essanfällen und dem Verzehr großer Mengen an Nahrung selbst ausgelöstes Erbrechen oder Missbrauch von Medikamenten, um Gewichtszunahme zu verhindern. Die häufigste Essstörung in der Bevölkerung ist die **Binge-Eating-Störung** (binge-eating, engl. Heißhungeressen). Bei dieser Erkrankung leiden die übergewichtigen Patienten unter regelmäßigen Essanfällen, allerdings ohne anschließend zu erbrechen. Die Betroffenen essen in kurzer Zeit große Mengen bis zu einem unangenehmen Völlegefühl, auch wenn sie sich körperlich nicht hungrig fühlen. Nach dem Essanfall empfinden sie oft Ekelgefühle gegenüber sich selbst. Menschen mit einer Essstörung benötigen ärztliche und psychologische Hilfe.

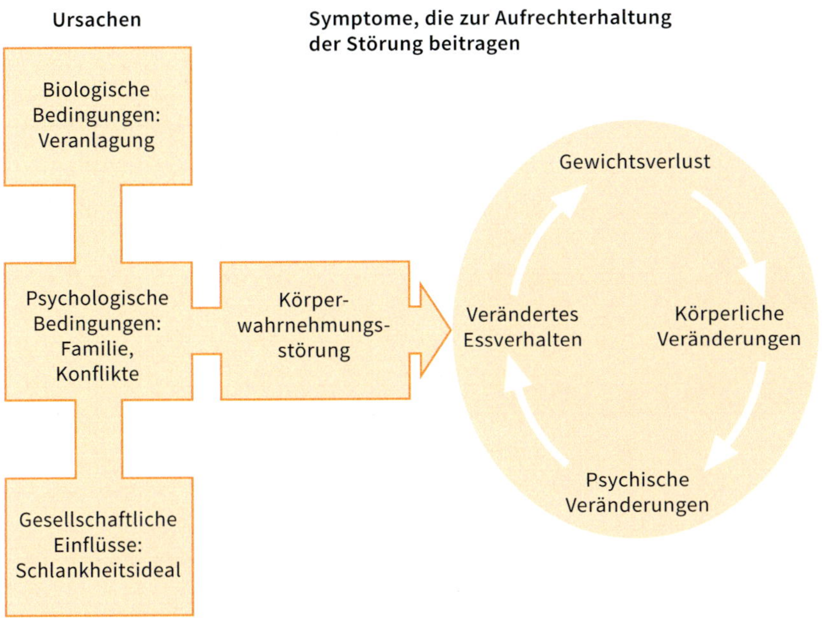

2 *Ursachen und Symptome der Magersucht*

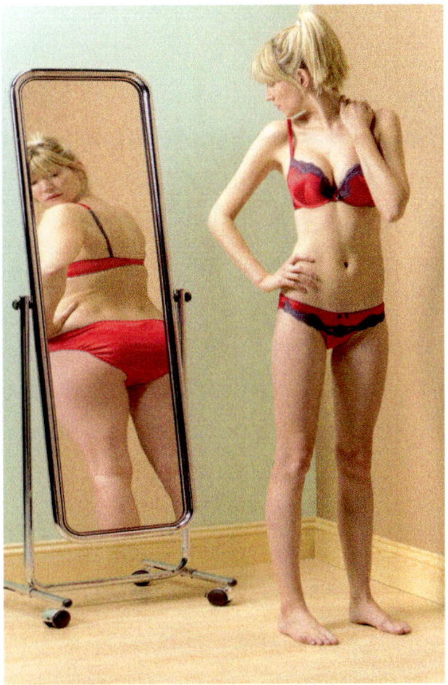

3 *Eine Frau mit einer Körperschema-Störung nimmt sich im Spiegel dicker wahr, als sie in Wirklichkeit ist*

1. Ursachen und Symptome der Magersucht. Erläutere die Abbildung 2 mithilfe der Informationen aus dem Grundwissentext.

2. Teufelskreis der Magersucht. Skizziere mithilfe der Informationen aus dem Grundwissentext den Teufelskreis der Magersucht. Berücksichtige dabei folgende Aspekte: Diät, Idealgewicht, Untergewicht, Bewunderung, Anerkennung, Hilflosigkeit, Unverständnis, Probleme, Aufmerksamkeit, Selbstwertgefühlt, Hunger, Müdigkeit, Konzentrationsschwäche, Schuldgefühle, Versagensängste.

3. Schlankheitsideal. Erörtere unter Bezug auf die Abbildungen 2, 4 und 5 und den Grundwissentext die Bedeutung des gesellschaftlichen Schlankheitsideals für die Entstehung der Essstörungen Magersucht, Bulimie und Binge-Eating-Störung.

„In der heutigen Gesellschaft gilt ein Schönheitsideal, das insbesondere für Frauen einen schlanken und sportlichen Körper fordert. Dieses Ideal begegnet Frauen unter anderem in der Werbung oder in Zeitschriften. Etwa 20 Prozent der Frauen führen regelmäßig Schlankheitsdiäten durch. Nach einer erfolgreichen Diät erhält die Person zunächst positive Rückmeldungen (Komplimente, Stolz auf ihre Willensstärke). So kann es geschehen, dass Gewichtskontrolle und Schlanksein zu einer wichtigen Quelle für das Selbstbewusstsein werden. Gerade junge Frauen, die während der Pubertät bezüglich ihres Körpers sehr unsicher sind, sind besonders anfällig für Essstörungen."

4 *Schlankheitsideal*

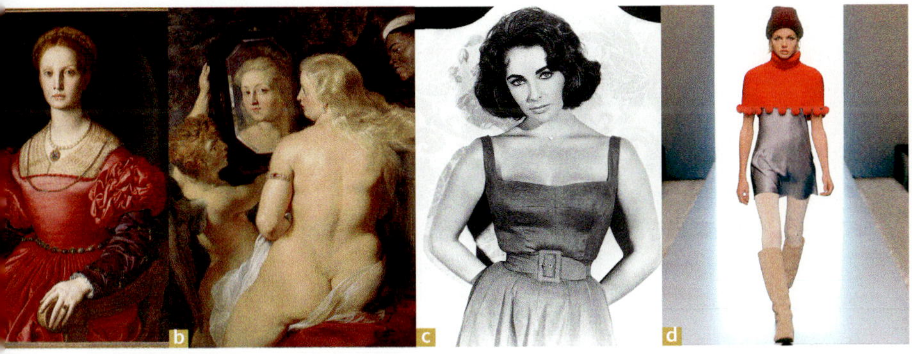

5 *Schönheitsideale in der Renaissance (um 1540), im Barock (um 1614), in den 1950er-Jahren und 2015*

→ 3.1 Sucht ist vielfältig, 3.2 Entstehung von Drogensucht

1. Einige Fachbegriffe zum Thema.

a) Erstellt mithilfe der Worterklärungen am Ende des Buches ein Glossar für die im Begriffskasten genannten Begriffe (Abb. 1).

b) Erstellt eine Concept-map zum Thema „Die Funktion des Auges – wichtig bei der Kommunikation“ Benutzt für die Concept-maps auch die Begriffe im Begriffskasten. Präsentiert und vergleicht eure Concept-maps.

Kommunikation, nonverbale Kommunikation, Überlieferung, Kultur, adäquater Reiz, ultraviolette Strahlung, infrarote Strahlung, Pupille, Akkommodation, blinder Fleck, gelber Fleck , weitsichtig, kurzsichtig, Wahrnehmung, Stressreaktion, Sucht, Drogen.

1 *Begriffskasten*

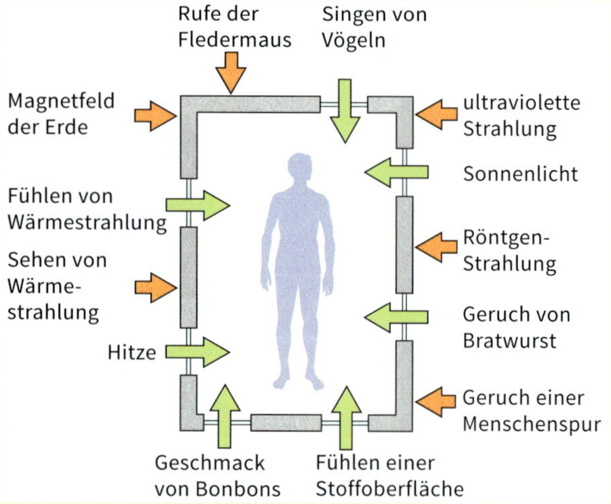

2 *Modell: Sinnesorgane zur Umwelt*

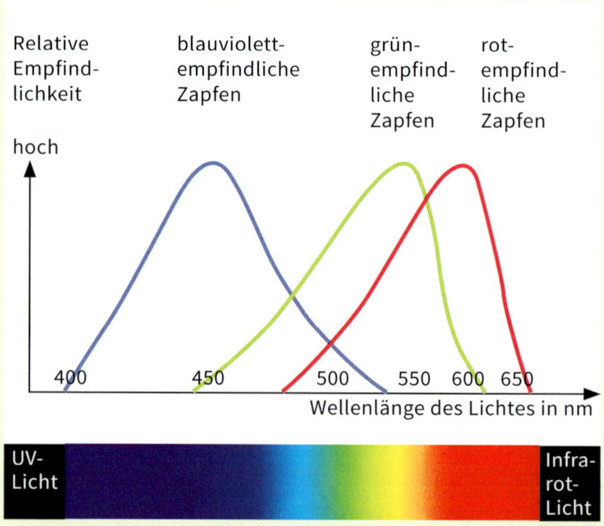

3 *Unterschiedliche Empfindlichkeit der Zapfen*

4 *„Der Gemüsegärtner“*

2. Von der Umwelt zur Wahrnehmung. Erläutere anhand der Abbildung 2 die Voraussetzungen und die Art und Weise unserer Wahrnehmung der Umwelt.

3. Sinnesorgane.

a) Beschreibe mithilfe der Abbildung 3, wie der Farbeindruck bei Menschen zustande kommt. Vergleiche dabei das Farbsehen des Menschen mit dem Farbensehen bei Bienen.

b) Beschreibe die Einschränkungen des Patienten in Abbildung 7. Nenne mögliche Gründe.

c) Erläutere anhand der Abbildung 5 Kurz- und Weitsichtigkeit und ihre Korrektur durch Sehhilfen.

4. Wahrnehmung und Wirklichkeit. Erläutere anhand der Abbildung 4 und 6, wie unsere Wahrnehmung beeinflusst wird.

5. Schönheitsideal.
a) Beschreibe die unterschiedlichen Schönheitsideale in Abbildung 8.
b) Erläutere, den Einfluss der Mode auf die Wahrnehmung. Erörtere in diesem Zusammenhang das Phänomen "Magersucht".

6. Basiskonzepte und das Thema „Sinnesorgane erschließen die Umwelt“ In der Abbildung unten sind noch einmal die Basiskonzepte in Kurzform dargestellt. Ausführliche Erläuterungen zu den Basiskonzepten findest du vorne im Buch. Ordne den im Buch dargestellen Beispielen zum Thema „Sinnesorgane erschließen die Umwelt“ einem Basiskonzept oder mehreren Basiskonzepten begründet zu.

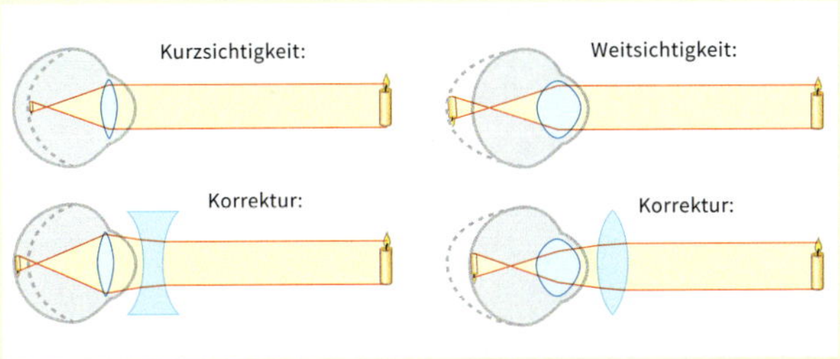

5 *Kurz- und Weitsichtigkeit*

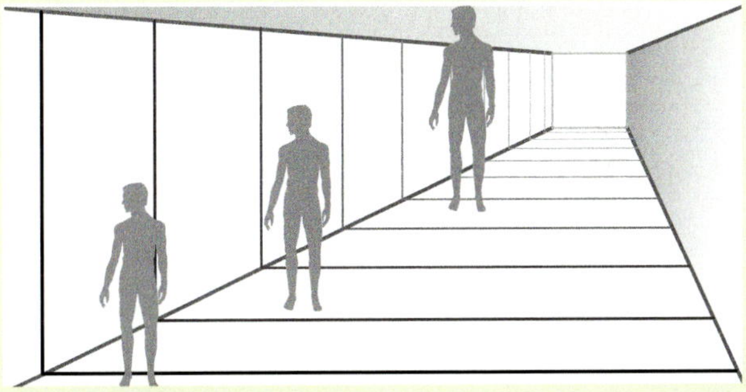

6 *Sinnestäuschung?*

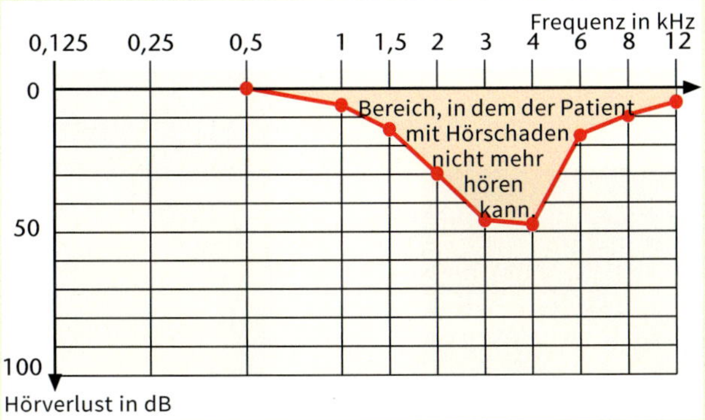

7 *Ein Hörschaden*

8 *Schönheitsideal von Frauen im Laufe der Zeit: a: um 1540, b: um 1614, c: um 1955, d: 2015*

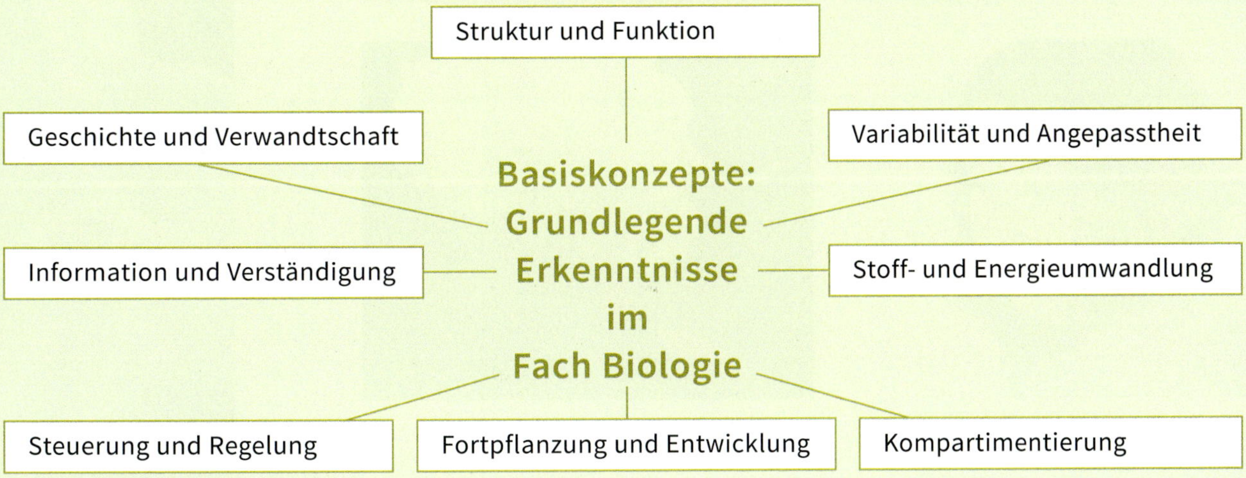

Gesundheit und Krankheit

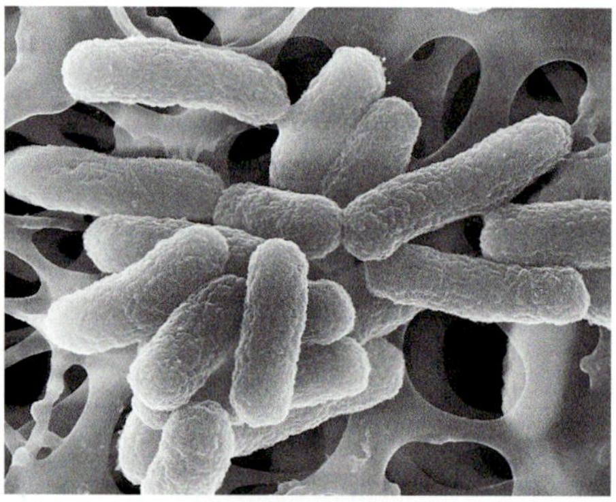

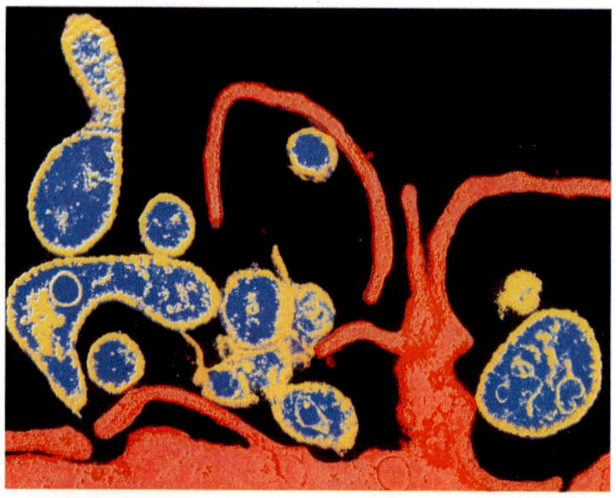

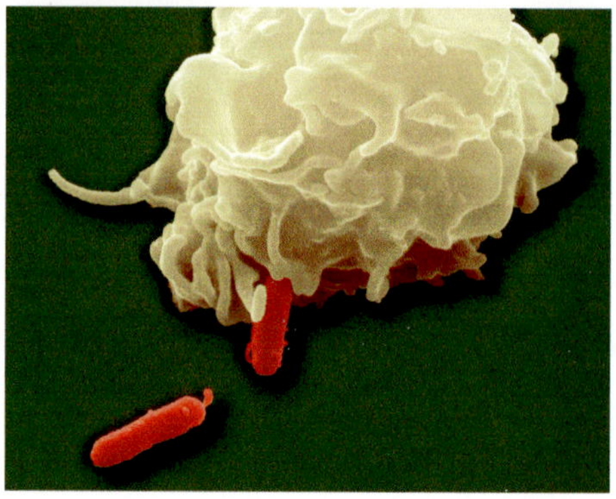

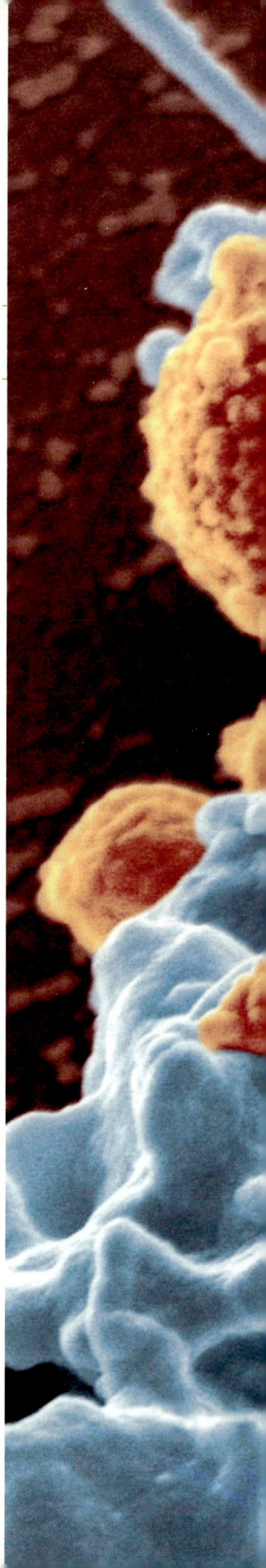

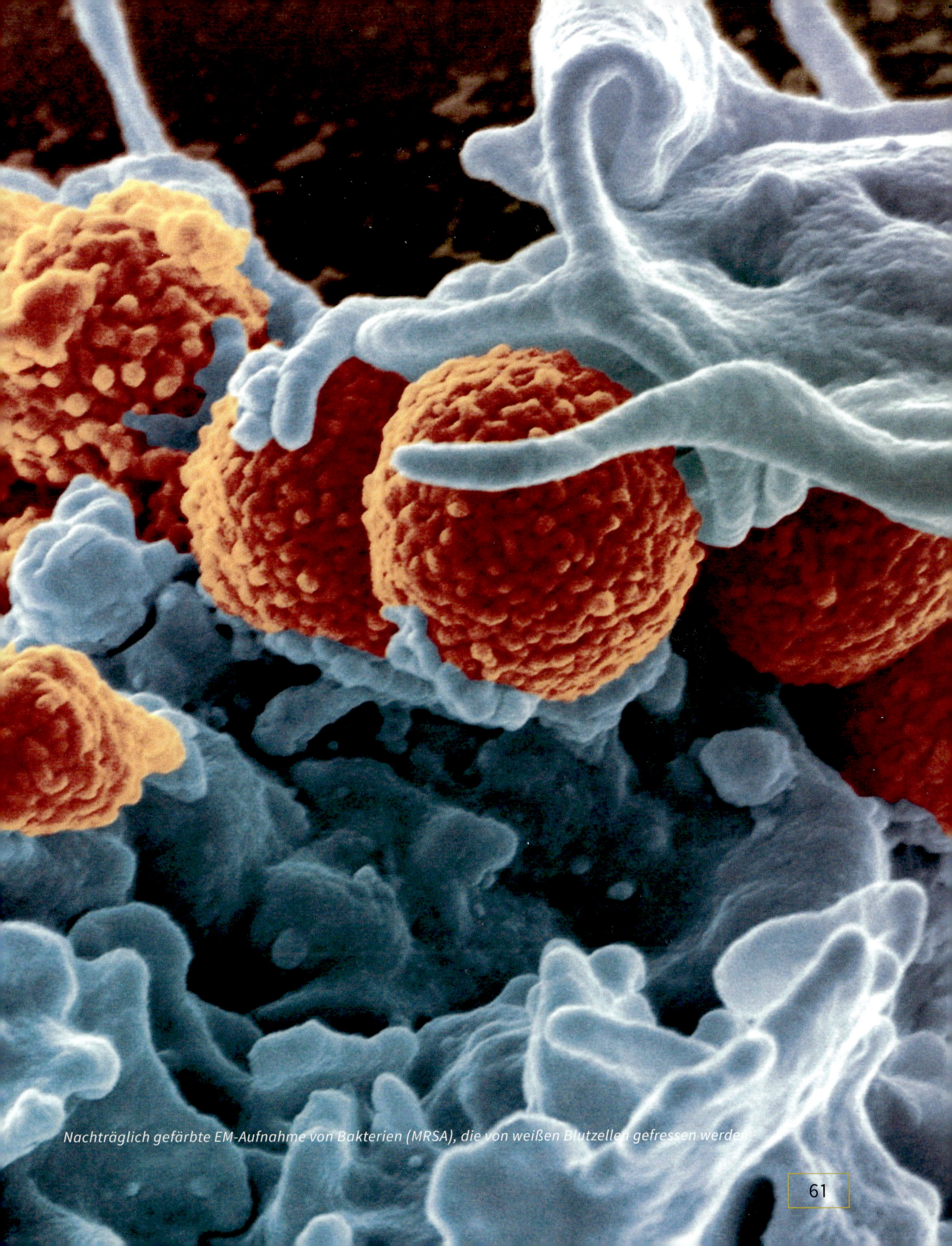

Nachträglich gefärbte EM-Aufnahme von Bakterien (MRSA), die von weißen Blutzellen gefressen werden

4.1 Der Mensch als Lebensraum

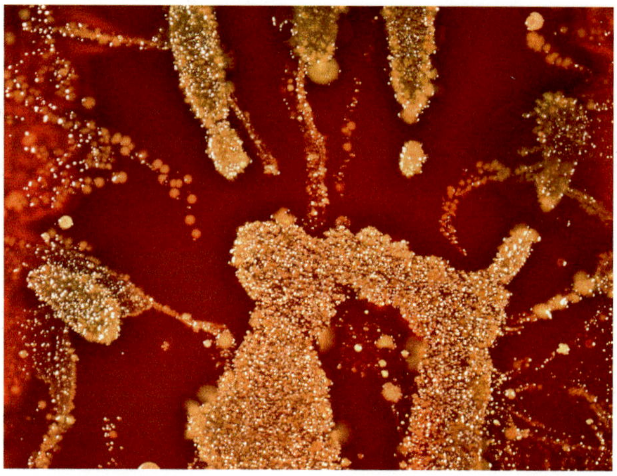

1 *Handabdruck auf einem zuvor keimfreien Nährboden in einer Petrischale (nach drei Tagen bei 30 °C)*

Der menschliche Körper wird von Billionen mikroskopisch kleiner Lebewesen besiedelt, den Mikroorganismen. Das sind viel mehr **Mikroorganismen** als der menschliche Körper an Zellen aufweist. Bakterien bilden den Großteil dieser Lebensgemeinschaft von Mikroorganismen in einem bestimmten Lebensraum, dem **Mikrobiom**.

Die Haut des Menschen ist von zahlreichen Bakterien besiedelt (Abb. 1). Das sind unter anderem Milchsäurebakterien und Staphylokokken. *Staphylococcus aureus* kann bei verminderter Immunabwehr Entzündungen verursachen. Milchsäurebakterien können Stoffe abgeben, durch welche die Vermehrung krankheitserregender Bakterien, unter ihnen *Staphylococcus aureus*, gehemmt werden kann. Die Stoffe haben keine Wirkung auf das Milchsäurebakterium, das die Stoffe abgibt.

Auch im Mikrobiom des Darms haben Bakterien eine große Bedeutung. Sie bilden dort eine Masse von zwei Kilogramm. Zahlreiche Bakterienarten unterstützen die Nahrungsverwertung, indem sie Kohlenhydrate wie Zellulose oder einige Ballaststoffe zerlegen, die für den Menschen ohne die Bakterien unverdaulich wären. Die Zerlegungsprodukte stehen anschließend für den Energiestoffwechsel zur Verfügung. Bei einer lange andauernden Ernährungsweise mit besonders energiehaltiger Nahrung verändert sich die Zusammensetzung des Mikrobioms des Darms und es wird mehr Energie aus der Nahrung aufgenommen als vorher. Je vielseitiger die Ernährungsweise ist, desto artenreicher ist das Mikrobiom des Darms. Darmbakterien bilden Vitamine, unter anderem das Vitamin B_{12} und das Vitamin K. **Vitamine** sind Stoffe, die vom menschlichen Körper nicht selbst hergestellt werden können, aber überlebensnotwenig sind. Einige Medikamente werden erst durch Bakterien des Mikrobioms des Darms in ihre wirksame Form überführt. Die Besiedlung der Darmoberfläche mit Bakterien des Mikrobioms erschwert die Ansiedlung krankheitsauslösender Bakterien. Hierdurch kann die Entstehung von Infektionskrankheiten verhindert werden. Darmbakterien stimulieren das Immunsystem im gesamten Körper. Der Entstehung entzündlicher Erkrankungen wird dadurch entgegengewirkt. Darmbakterien hemmen die lokale Immunabwehr im Darm und werden dadurch nicht vom Immunsystem angegriffen.

Jede lebende Zelle des menschlichen Körpers ist von einer Zellmembran umgeben, durch die sie gegen die Umgebung abgegrenzt wird. Im Inneren befindet sich das Zellplasma und der membranumgrenzte Zellkern. Der Zellkern enthält die Chromosomen (Erbinformationen). Auch tierische und pflanzliche Zellen haben einen Zellkern. Pflanzliche Zellen besitzen darüber hinaus eine Zellwand und grüne Pflanzenzellen haben Chloroplasten, in denen Fotosynthese stattfindet. Lebewesen mit Zellen, die einen Zellkern und andere Zellorganellen besitzen, bezeichnet man als **Eukaryoten**.

Lebewesen ohne Zellkern und ohne Zellorganellen werden unter dem Begriff **Prokaryoten** zusammengefasst. Dazu zählen vor allem Bakterien. Das ringförmige Bakterienchromosom liegt frei im Cytoplasma. Die Zellwand der Bakterien ist allerdings anders zusammengesetzt und aufgebaut als die Zellwand der Pflanzen.

2 *Eukaryoten und Prokaryoten*

1. Prokaryoten und Eukaryoten. Skizziere und beschrifte eine typische menschliche (tierische) Zelle, eine typische grüne Pflanzenzelle und nach den Angaben in Abbildung 2 eine typische Bakterienzelle.

2. Nützliche Wirkungen von Bakterien

a) Erläutere die nützliche Wirkung von Milchsäurebakterien auf der Haut anhand des Grundwissentextes.

b) Fasse die nützlichen Wirkungen von Darmbakterien mithilfe des Grundwissentextes zusammen.

Experiment

Sicherheitshinweise:
Die Kunststoffschalen sind möglichst mit speziellem luftdurchlässigem Klebeband zu verschließen und anschließend geschlossen zu halten.

Frage:
Sind die Oberflächen von Fingerkuppen und Münzen unterschiedlich dicht mit Bakterien und Pilzen besiedelt?

Hypothesen:
1. Die Oberflächen der Fingerkuppen sind dichter besiedelt als diejenigen der Münzen.
2. Die Oberflächen der Münzen sind dichter besiedelt als diejenigen der Fingerkuppen.
3. Die Oberflächen von Fingerkuppen und Münzen sind gleich dicht besiedelt.

Material:
Eine runde Kunststoffschale mit sterilem, festem Nährboden, spezielles luftdurchlässiges Klebeband, wasser- und lichtbeständige Folienstifte, Brutschrank, Münzen, Desinfektionsmittel (z. B. siebzigprozentiges Ethanol), Pinzette.

Durchführung:
Die Münzen werden mit der unmittelbar zuvor desinfizierten Pinzette kurz auf den Nährboden gehalten. Die Fingerkuppe wird an einer anderen Stelle kurz auf den Nährboden gedrückt. Die Kunststoffschale wird anschließend mit Klebeband verschlossen, beschriftet und bei 30 °C in einem Brutschrank aufbewahrt.

Nach zwei oder drei Tagen wird die Besiedlung des Nährbodens beobachtet.

3 *Experiment zu Fingerkuppen und Münzen*

3. Mikroorganismen auf Fingerkuppen und Münzen. Die Anzahl der Bakterien und Pilze auf einer Oberfläche lässt sich experimentell bestimmen. Die Bakterien und Pilze werden dazu durch Abdruck auf einen zuvor sterilen, festen Nährboden übertragen und auf diesem vermehrt (Abb. 3). Nach zwei bis drei Tagen lassen sich auf dem Nährboden häufig Bakterien und Pilze erkennen.

a) Führe das Experiment durch, protokolliere deine Beobachtungen und überprüfe die genannten Hypothesen.

b) Erkläre, weshalb in dem Experiment die Pinzette desinfiziert wird.

c) Ermittle mögliche Ursachen für deine experimentellen Befunde mithilfe einer Internet-Recherche.

4. Auf der Haut lebende Bakterien. Die Gemeinschaft der Bakterien, die auf der Haut leben, kann als „Mikrobiom der Haut“ bezeichnet werden. Werte die experimentellen Befunde aus (Abb. 4) .

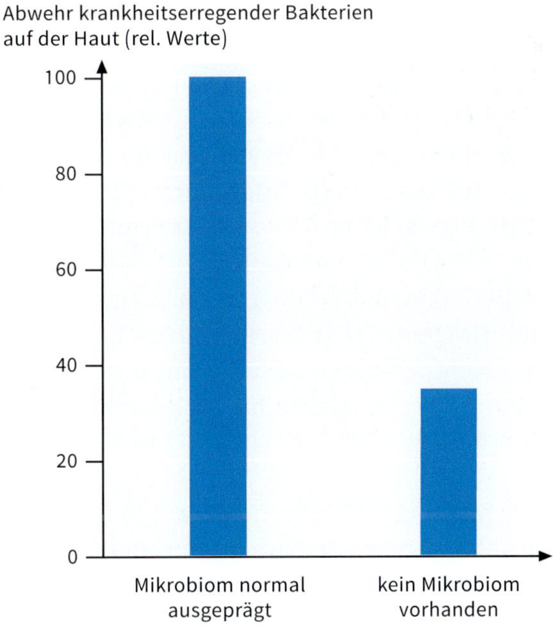

4 *Abwehr krankheitserregender Bakterien auf der Haut in Abhängigkeit von der Ausprägung des Mikrobioms der Haut.*

→ 4.2 Bakterien als Krankheitserreger

4.2 Bakterien als Krankheitserreger

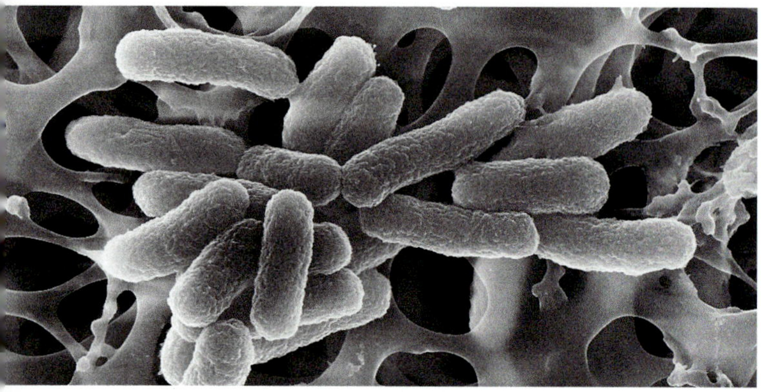

1 *Bakterien (länglich, oval)*

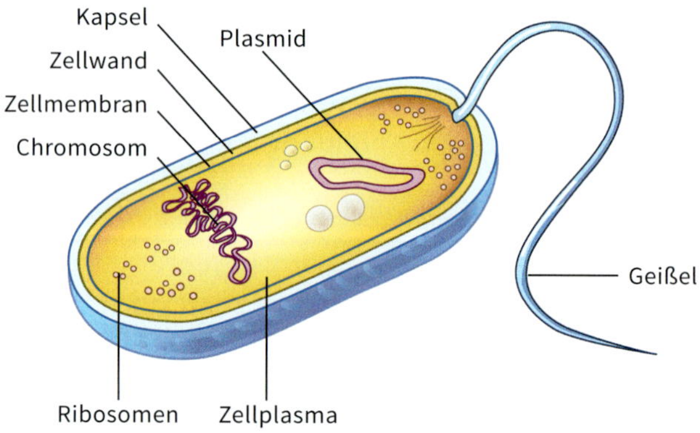

2 *Bau eines Bakteriums*

Bakterien sind einzellige Lebewesen ohne Zellkern. Die Erbinformation liegt als ringförmiges Chromosom im Zellplasma vor. Auch Plasmide enthalten Erbinformationen. Die einfach gebaute Bakterienzelle wird von einer Membran umschlossen (Abb. 1, 2). Nach außen schließt sich eine Zellwand an, die jedoch anders aufgebaut ist als die Zellwand der Pflanzen. Aufgrund dieser Baumerkmale gehören Bakterien zur Gruppe der Prokaryoten. Manche Bakterien sind zusätzlich von einer klebrigen Schleimschicht umgeben, die man Kapsel nennt. Nach ihrer Form unterscheidet man stäbchenförmige Bakterien (Bazillen), kugelförmige (Kokken) und spiralig geformte Bakterien (Spirillen, Spirochäten). Viele Bakterienarten bewegen sich mithilfe von Geißeln oder Wimpern fort. Alle Bakterien benötigen zum Leben eine feuchte Umgebung. Bakterien vermehren sich ungeschlechtlich durch Teilung. Unter günstigen Bedingungen kann eine Teilung alle 20 bis 30 Minuten erfolgen.

Bakterien nehmen Nährstoffe über ihre Zelloberfläche auf und geben Stoffwechselprodukte an ihre Umgebung ab. Unter ungünstigen Bedingungen bilden viele Bakterienarten Endosporen aus. Das sind umgewandelte Bakterienzellen in einer Art Ruhephase, die unempfindlich gegen Wasser- und Nährstoffmangel sind. Sie können große Kälte und Hitze bis über 100 °C sowie viele Gifte überstehen und auf diese Weise Jahrhunderte überdauern. Bei günstigen Bedingungen wandeln sie sich wieder in eine normale Bakterienzelle um. Bakterien können untereinander Plasmide, in denen Erbinformation gespeichert ist, austauschen. Dazu bauen sie für eine kurze Zeit durch Pili eine Plasmabrücke zwischen zwei Zellen auf.

Ein erwachsener Mensch besteht aus ca. 100 Billionen Zellen. Mund, Verdauungstrakt und Haut sind dabei der Lebensraum für eine Billiarde Mikroorganismen, hauptsächlich Bakterien. Man kann dabei den Verdauungstrakt als Schlauch auffassen, der sich durch den Körper zieht. Die Bakterien leben gewissermaßen als Untermieter darin und befinden sich doch außerhalb des eigentlichen Körpers. Sie helfen zum Beispiel bei der Verdauung und beeinflussen das Immunsystem. Dabei tragen sie erheblich zu unserem Wohlbefinden bei.

Gelangen bestimmte Bakterienarten in den Körper, lösen sie oder ihre Stoffwechselprodukte Entzündungen oder Krankheiten aus, von denen einige tödlich verlaufen können. Viele Krankheiten werden durch winzige Speicheltröpfchen, die Bakterien enthalten, übertragen. Man nennt diese Art der Übertragung **Tröpfcheninfektion**. Bei der Krankheitsbekämpfung spielt Hygiene deshalb eine große Rolle. Die Zeit zwischen der Infektion und dem Ausbruch der Krankheit heißt **Inkubationszeit**. Sie kann sehr unterschiedlich lang sein (Abb. 3).

Krankheit	Inkubationszeit	Übertragung und Symptome
Tetanus (Wundstarrkrampf)	4–14 Tage	Verschmutzung von Wunden durch Erde oder Kot; Schmerzen, Krämpfe, hohes Fieber
Keuchhusten	7–14 Tage	Tröpfcheninfektion; starke Hustenanfälle
Cholera	2–3 Tage	verunreinigtes Trinkwasser oder Nahrungsmittel, Kot; schwere Durchfälle
Scharlach	2–6 Tage	Tröpfcheninfektion; hohes Fieber, Hautausschläge, Ausschlag auf der Zunge
Typhus	2–3 Wochen	verunreinigtes Trinkwasser oder Nahrungsmittel, Kot; steigendes Fieber, erst Verstopfung, dann starke Durchfälle, Hautausschläge

3 *Krankheiten, die von Bakterien ausgelöst werden*

1. Borreliose. Begründe, warum Borreliose so schwierig zu bekämpfen ist (Abb. 4).

2. Krankheiten. Cholera und Typhus sind nach großen Naturkatastrophen gefürchtete Seuchen, Tetanus,Scharlach und Keuchhusten treten dagegen meist nur sporadisch auf. Erläutere diesen Sachverhalt (Abb. 3).

3. Vermehrung von Bakterien.
a) Berechne in einer Bakterienkolonie bei optimalen Vermehrungsbedingungen zu jeder vollen Stunde innerhalb von 12 Stunden die Anzahl der Bakterien, wenn zur Startzeit (0 Uhr) ein Bakterium in die Kultur eingebracht wird und alle 30 Minuten eine Teilung erfolgt. Stelle die Ergebnisse für die ersten sechs Stunden in einem Diagramm dar.
b) Ein Mitschüler klagt in der dritten Stunde plötzlich über Kopfschmerzen und Übelkeit. Dabei schien er kurz vorher noch völlig gesund zu sein. Erläutere diese Entwicklung.

4. Wachstumskurve von Bakterien. Betrachtet man das Wachstum von Bakterien über längere Zeit, erhält man eine typische Wachstumskurve (Abb. 5). Entwickle eine Hypothese, die den Verlauf erklären kann.

Borreliose wird von der Spirochätenart *Borrelia* ausgelöst. Diese Bakterien werden bei einem Zeckenbiss übertragen. Nach dem Biss entsteht häufig eine meist schmerzlose großflächige Rötung der Haut, die sogenannte Wanderröte. Es kann bis zu einem Monat dauern, bis die Rötung auftritt. Dieses Stadium der Infektion kann von grippeähnlichen Symptomen wie Fieber und Abgeschlagenheit begleitet werden. Wochen oder sogar Monate später kann es zu starken Nervenschmerzen im ganzen Körper oder zu Entzüngen zum Beispiel des Herzmuskels kommen. Im Spätstadium der Infektion, oft erst Jahre nach dem Zeckenbiss, treten Gelenkentzündungen mit starken Schmerzen auf. Während sich Borreliose im Frühstadium leicht medikamentös behandeln lässt, ist die Krankheit im Spätstadium nur schwer präzise nachzuweisen und zu bekämpfen.

4 *Borreliose wird durch Zecken übertragen*

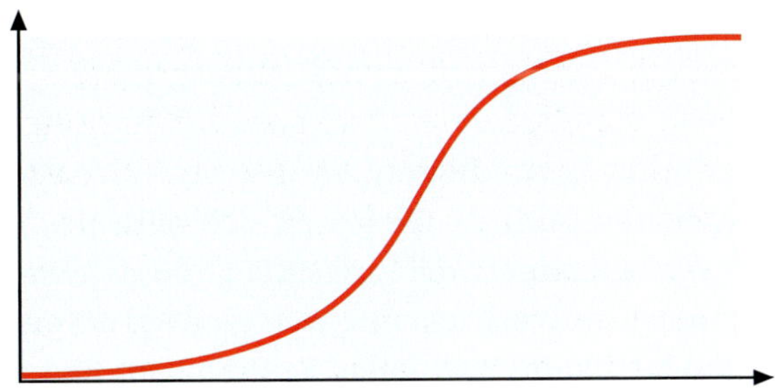

5 *Wachstumskurve von Bakterien*

→ 4.7 Multiresistente Bakterien und Antibiotika

Arbeitsmaterial

4.3 Viren als Krankheitserreger

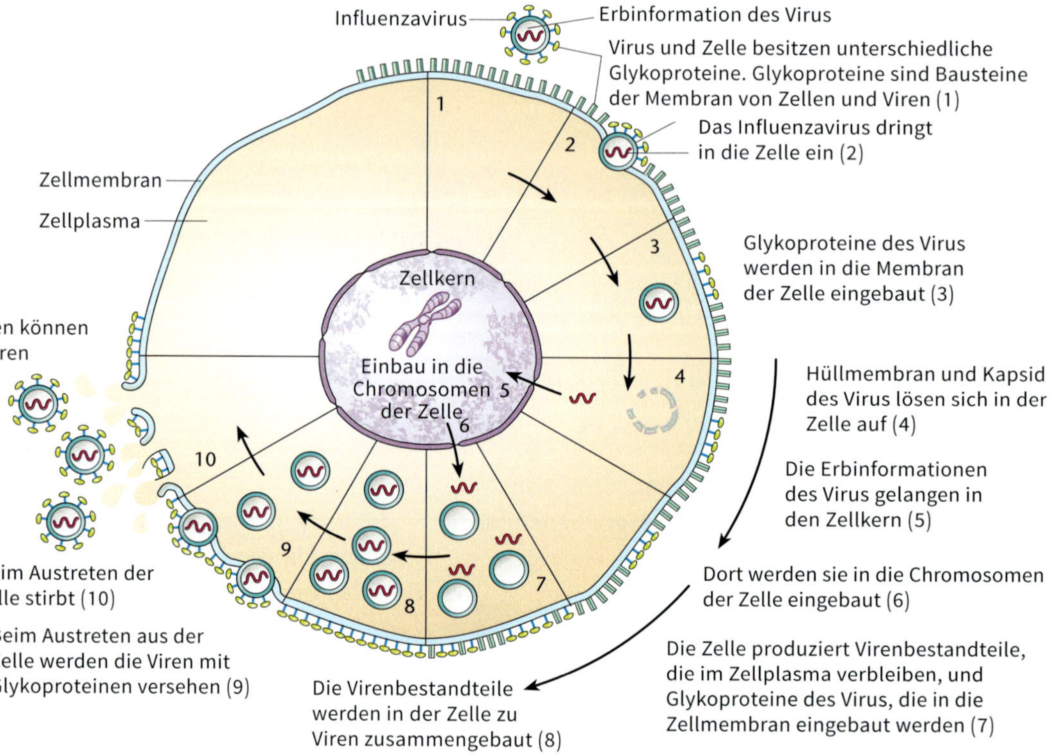

1 *Vermehrung des Influenzavirus*

Viren sind nur im Elektronenmikroskop sichtbar. Sie bestehen aus Erbinformation und einer Kapsel, die man Kapsid nennt. Viele Viren, z. B. das Influenzavirus, das die Grippe auslöst, sind zusätzlich von einer Hüllmembran umgeben (Abb. 2). Viren haben keinen Stoffwechsel und können sich nicht aktiv fortbewegen. Die Vermehrung von Viren erfolgt nur in Wirtszellen (Abb. 1). Das sind Zellen von Menschen, Tieren oder Pflanzen, die vom Virus befallen werden. Das Virus programmiert die befallene Zelle so um, dass sie neue Viren produziert. Die befallene Zelle stirbt ab, wenn die Viren die Zelle verlassen.

Bestimmte Krankheiten werden von Viren hervorgerufen (Abb. 3). Sie lassen sich teilweise nur schwer behandeln, weil Viren infolge des fehlenden eigenen Stoffwechsels nur wenige Angriffspunkte für Medikamente bieten. Krankheiten, die von Viren hervorgerufen werden, deren Membranoberfläche über lange Zeit konstant bleibt, lassen sich meist gut durch **Impfen** vorbeugend bekämpfen. Bei manchen Viren treten häufig Mutationen auf, sodass sie von Generation zu Generation unterschiedliche Membranoberflächen aufweisen. Dies erschwert die Bekämpfung durch das Immunsystem und die Wirksamkeit einer Impfung. Das HI-Virus und das Influenzavirus gehören zu diesen Viren.

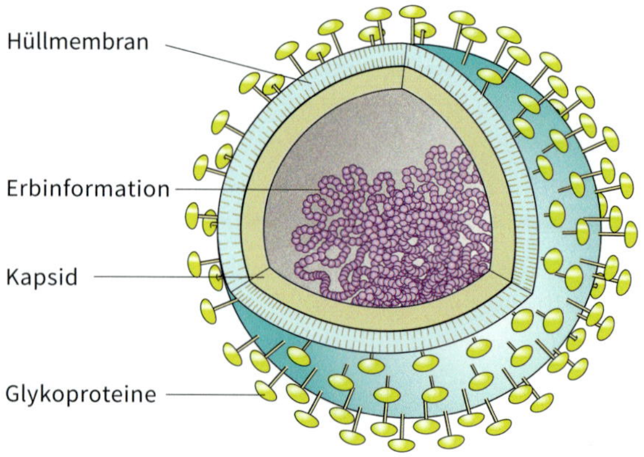

2 *Schema des Influenzavirus*

Krankheit	Inkubationszeit	Übertragung und Symptome
Röteln	1–3 Wochen	Tröpfcheninfektion; kleine rötliche Flecken am Körper
Masern	9–11 Tage	Tröpfcheninfektion; Husten, Fieber, rote Flecken am ganzen Körper
Polio (Kinderlähmung)	3–20 Tage	Tröpfcheninfektion, Urin, Kot; hohes Fieber, Kopfschmerzen, steifer Nacken, Empfindlichkeit der Haut, Gliederschmerzen
Windpocken	2–3 Wochen	Tröpfcheninfektion; bläschenartiger Ausschlag, manchmal Fieber
Influenza (Grippe)	wenige Stunden bis 3 Tage	Tröpfcheninfektion; Gliederschmerzen, Mattigkeit, Kopfschmerzen, Entzündung der Atemwege, häufig hohes Fieber, kann besonders bei Menschen mit geschwächtem Immunsystem zum Tod durch Herz-Kreislauf-Versagen führen

3 *Krankheiten, die von Viren hervorgerufen werden*

1. Virenvermehrung. Stelle die Vermehrung der Viren anhand der Abbildung 1 in einem Fließdiagramm dar.

2. Viren als Lebewesen. „Viren sind keine Lebewesen." Diskutiere diese Aussage anhand von Argumenten für und gegen diese These.

3. Vermischung von Viren. Abbildung 5 zeigt schematisch die Vermischung zweier Viren in einem dritten Wirt.
a) Beschreibe in eigenen Worten die Aussagen der Abbildung 5.
b) Zeichne ein Schaubild für die in Abbildung 4 beschriebenen Vorgänge. Vergleiche sie mit dem in Abbildung 5 dargestellten Vorgang.

4. Viren als Krankheitserreger. Erkläre, warum Antibiotika bei Scharlach und Keuchhusten sinnvoll eingesetzt werden, bei Windpocken und Masern aber nicht wirksam sind.

Grippeviren existieren nicht nur bei Menschen, sondern auch bei Vögeln und Säugetieren. Da die Viren auf die Oberfläche ihrer Wirtszellen spezialisiert sind, erkranken in der Regel nur Tiere der gleichen Artengruppe. Erkrankt einmal ein Mensch an einer „Tiergrippe", kann die Krankheit nicht ohne weiteres an andere Menschen weitergegeben werden. Durch Mutationen oder durch Vermischung mit einem auf den Menschen spezialisierten Grippevirus kann es dennoch vorkommen, dass ein solches tierisches Virus von Mensch zu Mensch überspringen kann. Dann droht Gefahr, da das menschliche Immunsystem auf das Virus nicht vorbereitet ist. Die Erkrankung verläuft deshalb oft sehr schwer und die Entwicklung eines Impfstoffes dauert viele Monate. Meist hat sich die Krankheit dann bereits weit ausgebreitet.

4 *Grippe bei Tieren und ihre Gefahren für Menschen*

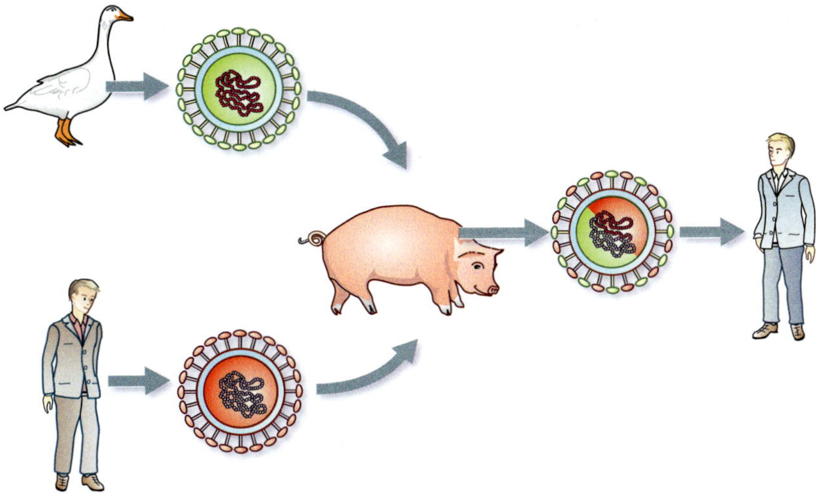

5 *Gefährliche Neukombination der Erbinformation von zwei Virenstämmen*

→ 4.10 Aids

4.4 Immunsystem

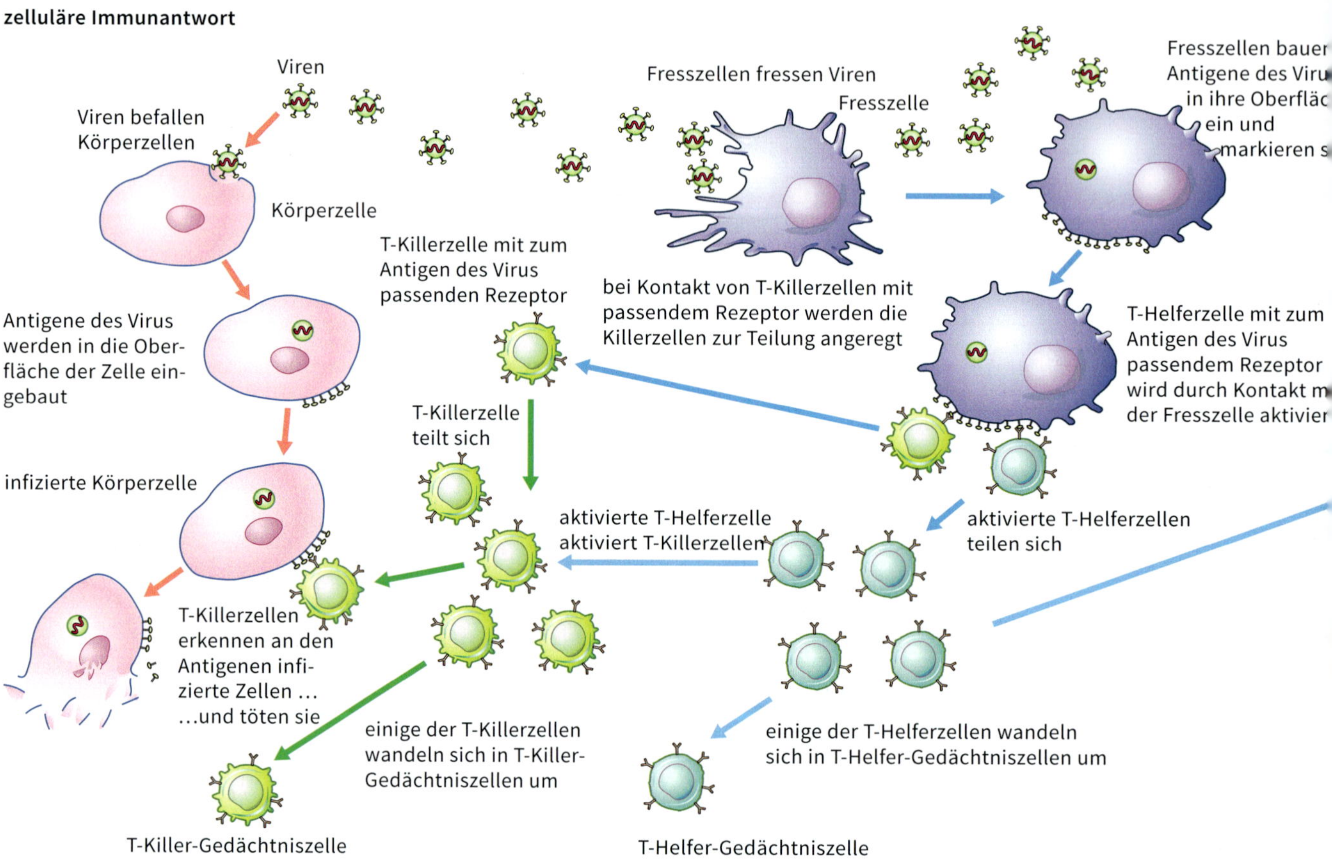

1 *So bekämpft das Immunsystem Influenzaviren*

Die meisten Zellen des Immunsystems werden im Knochenmark gebildet. Sie werden als Weiße Blutkörperchen oder **Leukozyten** bezeichnet. Zu den Leukozyten gehören Fresszellen, T-Zellen und B-Zellen. Bei ihrer Reifung „lernen" Leukozyten, Fremdkörper von körpereigenen Stoffen zu unterscheiden. Die Unterscheidung erfolgt durch Proteine auf der Oberfläche. Jede körpereigene Zelle enthält bestimmte Proteine, die man MHC-Marker nennt. Alle Zellen oder Stoffe, die auf ihrer Oberfläche diese Proteine nicht tragen, werden als körperfremd erkannt und bekämpft. Solche Zellen oder Stoffe bezeichnet man als **Antigene**. Die Reifung erfolgt bei den B-Zellen im Knochenmark und bei den T-Zellen in der Thymusdrüse, einer Drüse hinter dem Brustbein. Bei der Reifung werden **Rezeptoren** in die Oberfläche der B- und T-Zellen eingebaut, die auf Antigene passen. Jede Zelle entwickelt nur eine Sorte der Rezeptoren. B- und T- Zellen, deren Rezeptoren zu Oberflächenmolekülen körpereigener Zellen passen, werden getötet, damit sie sich nicht gegen den eigenen Körper wenden können. T-Zellen und B-Zellen reagieren spezifisch nur auf solche Antigene, die nach dem Schlüssel-Schloss-Prinzip zu den Rezeptoren auf ihrer Oberfläche passen (Abb. 2). Sie bilden daher die Grundlage der **spezifischen Abwehr** von Krankheitserregern, die in den Körper eingedrungen sind. Es gibt hunderttausende von T- und B-Zellen, die sich in ihren Rezeptoren für Antigene unterscheiden.

Fresszellen können sich amöbenartig zwischen den Zellen im Gewebe fortbewegen. Sie fressen eingedrungene Erreger, Fremdkörper, aber auch abgestorbene Körperzellen. Die Bekämpfung

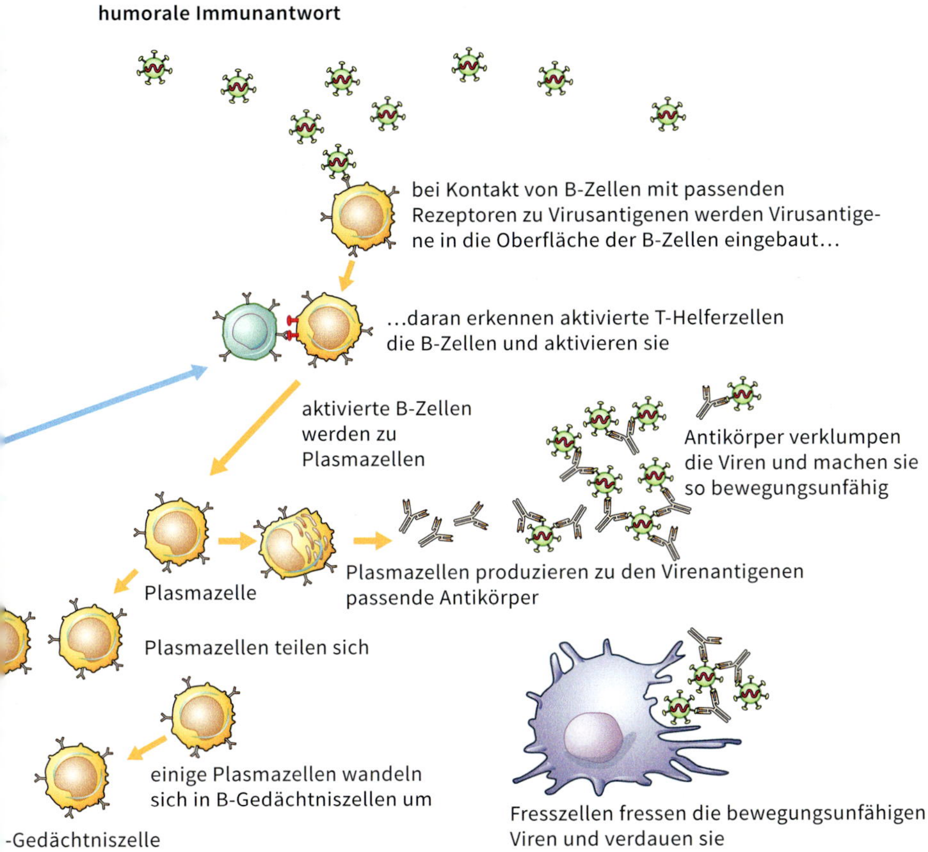

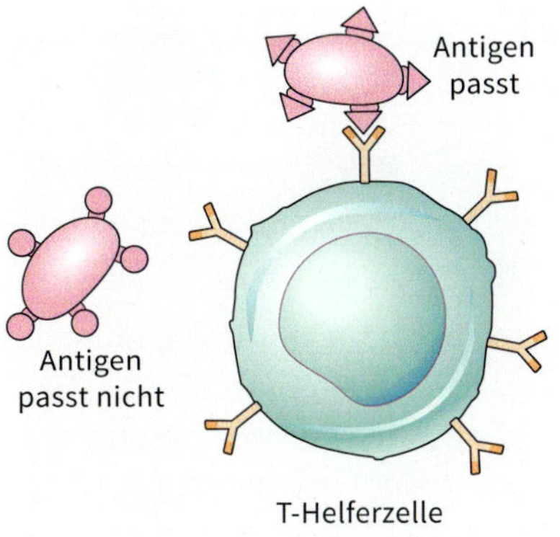

2 *Schlüssel-Schloss-Prinzip*

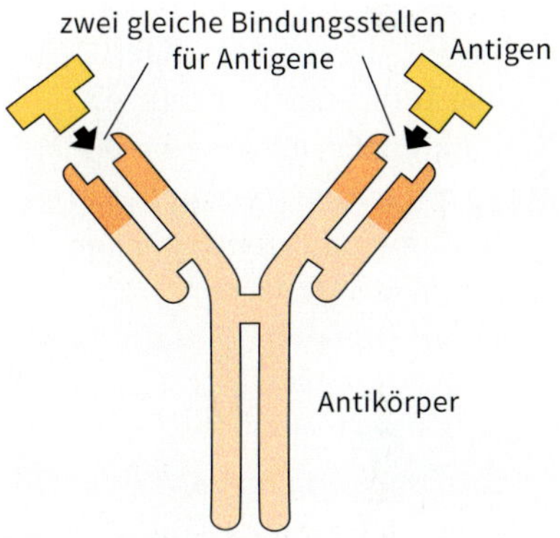

3 *Antikörper*

durch Fresszellen bezeichnet man als **unspezifische Abwehr**, weil sie sich gegen alle körperfremden Stoffe richtet. Dabei bauen die Fresszellen nach dem Verzehr Teile der Antigene in ihre eigene Oberfläche ein und kennzeichnen sie mit speziellen Molekülen. Die Kennzeichnung verhindert, dass die Fresszelle als infiziert angesehen wird. Trifft eine Fresszelle mit markierten Antigenteilen auf eine T-Zelle mit passendem Rezeptor, wird diese zur Teilung angeregt.

Bei den T-Zellen gibt es zwei Gruppen, die **T-Helferzellen** und die **T-Killerzellen**. T-Helferzellen, die Kontakt mit einer Fresszelle mit passendem Antigen hatten, aktivieren die T-Killerzellen sowie die B-Zellen und regulieren durch abgegebene Stoffe die Immunaktivität. T-Killerzellen töten nach ihrer Aktivierung alle Zellen, in die ein Virus eingedrungen ist. Dadurch wird die Virusvermehrung gestoppt. Diese Art der Bekämpfung bezeichnet man als **zelluläre Immunantwort**.

Aktivierte **B-Zellen** wandeln sich in Plasmazellen um. Diese Plasmazellen teilen sich dann häufig und geben große Mengen **Antikörper** an die Umgebung ab. Antikörper sind Proteine (Abb. 3). Ihre Bindungsstellen weisen die gleiche Form auf wie die Rezeptoren auf der Oberfläche der B-Zelle, die sie gebildet hat. Antikörper verklumpen Antigene und machen Erreger dadurch bewegungsunfähig. Diese Art der Bekämpfung bezeichnet man als **humorale Immunantwort**. Ein Teil der aktivierten Zellen wandelt sich in langlebige Gedächtniszellen um. Sie werden bei einer erneuten Infektion mit den gleichen Krankheitserregern sofort aktiv.

→ 4.2 Bakterien als Krankheitserreger, 4.3 Viren als Krankheitserreger

4.5 Immunisierung

Edward Jenner (1749–1823)

Im Jahr 1796 führte der englische Arzt EDWARD JENNER die erste aktive Schutzimpfung durch. Ihm war aufgefallen, dass Menschen, die sich im Umgang mit Tieren an den harmlosen Kuhpocken infizierten, später nicht an den Pocken, die zur damaligen Zeit viele Todesfälle forderte, erkrankten. Er ritzte einem Jungen mit einem Messer, das er mit Blut eines an Kuhpocken erkrankten Menschen „verunreinigt" hatte, in die Haut. Der Junge erkrankte später nicht an den Pocken.
Diese Behandlung wurde von seinen Kollegen missbilligt. JENNER erhielt Berufsverbot. Dank der Impfung gelten die Pocken heute weltweit als ausgestorben.

1 *Zur Geschichte der Impfung*

Bei einer **aktiven Immunisierung** werden Impfstoffe zum Schutz vor Infektionen durch Bakterien oder Viren verwendet (Abb. 2). **Lebendimpfstoffe** sind abgeschwächte Erreger, die normalerweise keine Infektion mehr auslösen können. **Totimpfstoffe** enthalten abgetötete Erreger oder deren Oberflächenbruchstücke. Diese Impfstoffe werden dem Menschen verabreicht. Sie lösen im Körper eine Immunreaktion aus, bei der Gedächtniszellen gegen diese Antigene produziert werden. Diese Gedächtniszellen leben sehr lang, meist mehrere Jahre. Bei erneutem Kontakt mit den Antigenen teilen sich die Gedächtniszellen sehr rasch, wobei die B-Zellen in sehr großer Anzahl Antikörper produzieren. Die Infektion kann dadurch schnell wirkungsvoll bekämpft werden, der Mensch erkrankt nicht oder nur schwach. Aktive **Immunisierungen** bieten einen mehrjährigen, manchmal sogar lebenslangen Schutz vor der Erkrankung.

Die Impfstoffe für die **passive Immunisierung** werden aus dem Blut zuvor infizierter Tiere oder aus dem Blut von Menschen gewonnen, die bereits erkrankt waren (Abb. 2). Diese Impfstoffe enthalten die Antikörper gegen das betreffende Antigen. Sie werden erkrankten Menschen verabreicht. Die Antikörper verklumpen die Antigene, die so besser von den Fresszellen beseitigt werden können. Zudem verhindert das Verklumpen das Eindringen von Viren in Wirtszellen. Die passive Immunisierung bewirkt einen schnellen Schutz. Das ist vor allem dann notwendig, wenn ein Mensch mit Krankheitserregern infiziert ist und kein Impfschutz besteht. Sie wirkt aber nur, so lange die Antikörper noch nicht abgebaut wurden, meist nur wenige Wochen. Ein dauerhafter Schutz wird nicht erreicht.

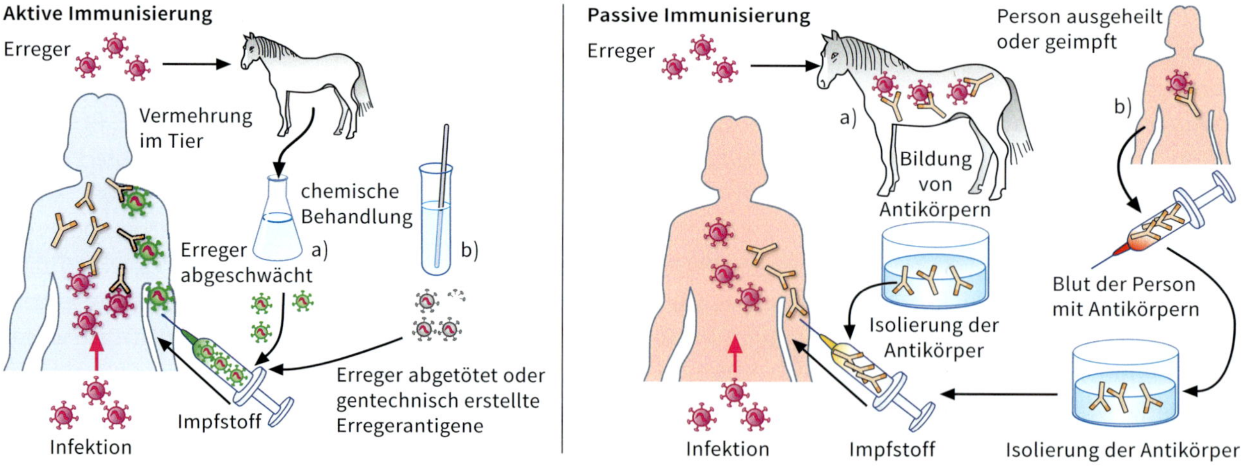

2 *Immunisierung*

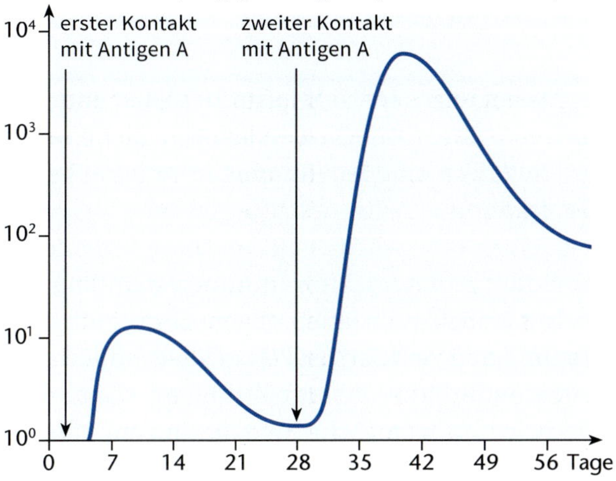

3 *Immunreaktion bei einer Infektion*

1. Impfung.
a) Vergleiche aktive und passive Immunisierung.
b) Begründe, warum bei vielen Impfungen nach einiger Zeit eine erneute Impfung nötig ist. Was passiert bei der erneuten Impfung?

2. Immunantwort.
a) Beschreibe die Vorgänge, die während des in Abbildung 3 dargestellten Zeitraums ablaufen.
b) Skizziere, wie die Kurve bei einer aktiven Immunisierung und anschließendem Antigenkontakt aussehen würde.

3. Versuche von PASTEUR.
a) Stelle die Versuche PASTEURS in einem Verlaufsdiagramm dar (Abb. 4).
b) Stelle eine Hypothese über den Ausgang des Experimentes auf und begründe sie.

4. Kinderlähmung.
a) Fasse die Informationen aus der Abbildung 5 kurz in eigenen Worten zusammen.
b) Manche Mediziner beklagen, dass sich heute zu wenig Menschen in Deutschland gegen Kinderlähmung impfen lassen. Begründe die Bedenken der Mediziner.

5. Passivimpfstoffe. Gegen Schlangengifte werden Impfstoffe für passive Immunisierung produziert. Erkläre, wie die Gewinnung eines solchen Impfstoffes vor sich gehen könnte.

Ende des 19. Jahrhunderts brach in Frankreich unter den Hühnern eine Cholera-Epidemie aus, die der Hühnerindustrie erhebliche Verluste brachte. LOUIS PASTEUR, einer der berühmtesten Forscher seiner Zeit, wurde um Hilfe gebeten. PASTEUR isolierte aus dem Kot erkrankter Hühner die Cholera-Bakterien und züchtete sie für Versuchszwecke in Kulturen.

Mit den Bakterien infizierte er Brot, das er an Hühner verfütterte. Alle diese Hühner erkrankten an der Cholera und starben. Eines Tages nahm PASTEUR versehentlich eine alte Kultur mit geschwächten Bakterien für diese Versuche. Überrascht stellte er fest, dass die Hühner nicht erkrankten. Weitere Versuche mit überalterten Bakterienkulturen brachten das gleiche Ergebnis. Nun verfütterte PASTEUR Brot, das mit Bakterien aus jungen Kulturen infiziert wurde, an eine Gruppe Hühner, die vorher mit Bakterien der alten Kultur Kontakt hatten und an eine zweite Gruppe von Hühnern, die noch nicht mit den Bakterien in Berührung gekommen waren.

4 *Versuche von Pasteur*

Die Kinderlähmung ist eine Viruserkrankung, die zu Lähmungen und Dauerschäden, häufig sogar zum Tode führt. Medikamente gibt es nicht, nur die Impfung bietet Schutz. 1962 wurde die Schluckimpfung in Deutschland eingeführt. Kinderlähmung tritt heute noch in Südasien und in vielen afrikanischen Ländern auf.

Jahr	Erkrankte	Todesfälle
1955	3109	234
1956	4159	258
1957	2402	193
1958	1698	131
1959	2118	127
1960	4236	281
1961	4661	305
1962	234	31
1963	234	17
1964	44	5
1965	45	6
1966	15	0
1967–2004	367	14

5 *Kinderlähmung in Deutschland*

→ 4.6 Impfung am Beispiel der Masern

4.6 Impfung am Beispiel der Masern

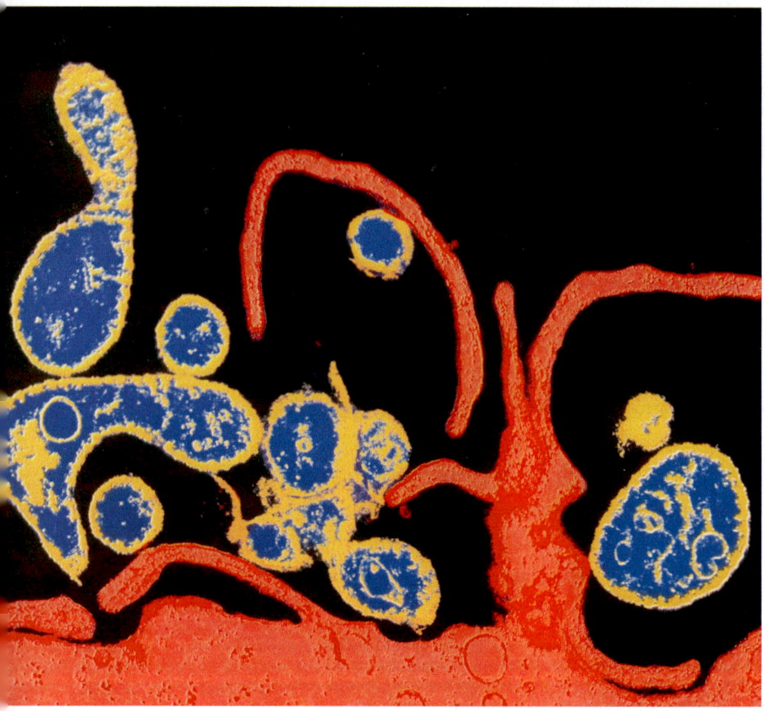

1 *Zerstören von Zellen durch Masernviren*

Die Masern sind eine Erkrankung, die durch ein Virus hervorgerufen wird (Abb.1). Beim Sprechen, Husten oder Niesen werden Masernviren auch über mehrere Meter hinweg von Mensch zu Mensch übertragen. Kommt es zu einem Kontakt mit dem Virus, bricht die Krankheit bei nicht geimpften Menschen fast immer aus. Die Masern gehören zu den ansteckendsten Krankheiten überhaupt.

Etwa zehn Tage nach dem Kontakt mit dem Masernvirus treten die ersten **Krankheitssymptome** auf. Hohes Fieber, Husten, Schnupfen und Bindehautentzündung zeigen sich. Im weiteren Verlauf kommt es zudem zu einem Hautausschlag mit bräunlich-rosafarbenen Flecken am ganzen Körper. Bei einem intakten Immunsystem erfolgt durch die **zelluläre Immunantwort** eine vollständige Genesung. Gebildete T-Helfer-Gedächtniszellen und T-Killer-Gedächtniszellen ermöglichen es dem Immunsystem zukünftig, schnell auf einen erneuten Kontakt mit Masernviren zu reagieren. Da sich das Masernvirus im Gegensatz zu vielen anderen Viren in seiner Oberflächenstruktur nicht verändert, liegt nun eine lebenslange Immunität gegen Masern vor.

Bei einem geschwächten Immunsystem können Masern jedoch auch eine Lungen- oder Gehirnentzündung hervorrufen und lebensbedrohlich sein. Auftretende Mittelohrentzündungen können zu Hörverlust führen. Gehirnentzündungen können schwere geistige Schäden bewirken, die das weitere Leben dauerhaft verändern.

Durch eine **aktive Immunisierung** kann man sich jedoch wirksam vor einer Masernerkrankung schützen. Dafür werden abgeschwächte Masernviren als Lebendimpfstoff eingesetzt. Nach zwei aufeinanderfolgenden Impfungen sind etwa 99 % aller Menschen immun. In Deutschland versucht man, neue Masernerkrankungen durch Impfmaßnahmen zu verhindern. Dazu müsste im Idealfall jeder Einwohner gegen Masern geimpft sein. Wenn 95 % der Bevölkerung immun sind, können Ausbrüche der Krankheit örtlich isoliert und gezielt bekämpft werden. Das Virus kann dann nicht mehr frei in der Bevölkerung zirkulieren. Viele Länder in Nord- und Südamerika, Skandinavien und Osteuropa sind bereits masernfrei.

Das seltene Auftreten von Masern hat in Deutschland dazu geführt, dass die Gefahr einer Erkrankung nicht mehr bewusst wahrgenommen wird. Viele Menschen vernachlässigen deshalb ihren Impfschutz. Eine „Impfmüdigkeit“ hat eingesetzt. Aus Überzeugung lassen sich einige Menschen nicht impfen. Sie sind Impfgegner.

In Deutschland treten stark schwankend zwischen 150 und 2600 Masernerkrankungen pro Jahr auf. Eine Tendenz ist nicht erkennbar. Weltweit konnte die Zahl der Erkrankungen durch gezielte Impfmaßnahmen von 4,2 Mio. Erkrankungen im Jahr (1980) auf 200 000 (2013) gesenkt werden.

Symptome	bei einer Erkrankung an Masern	als Folge auf eine Impfung gegen Masern
Fieber	98 % überwiegend sehr hoch	7 % selten hoch
Fieberkrämpfe	8 %	0,018 %
Gehirnentzündung	0,1 %	0,000001 %
Mittelohrentzündung	5 %	0,0025 %
schwere, bakterielle Infektion	7 %	0 %
verminderte Anzahl von Blutplättchen	0,0004 %	0,000027 %
tödlicher Ausgang	0,1 % bis 30 %	0 %

2 *Krankheitssymptome mit und ohne Impfung*

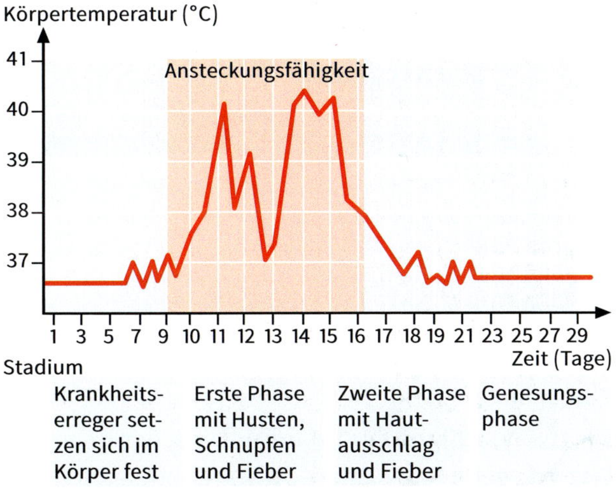

3 *Verlauf einer Masernerkrankung*

1. Verlauf einer Masernerkrankung. Beschreibe den Krankheitsverlauf einer Infektion mit Masern anhand von Abbildung 3.

2. Krankheitssymptome mit und ohne Impfung. Werte die Tabelle in Abbildung 2 aus und gib die wesentlichen Ergebnisse in eigenen Worten wieder.

3. Für und Wider der Masern-Impfung. Führt unter Bezug auf Abbildung 4 eine Bewertung mit abschließender Entscheidung hinsichtlich der Frage durch, ob Säuglinge und Kleinkinder gegen Masern geimpft werden sollen oder nicht.

Bewerten: Wenn du als Schüler oder Schülerin im Biologieunterricht etwas bewerten sollst, geht es oftmals um Anwendungsgebiete der Biologie, in denen Menschen verantwortliche Handlungsentscheidungen treffen müssen. Es geht also um die Verantwortung des Menschen für sich selbst, für andere Menschen, für andere Lebewesen und für die Umwelt. Beispiele aus dem Biologieunterricht sind unter anderem Gesundheit (gesunde Ernährung, Gefahren des Rauchens), Verhütung, sexuelle Selbstbestimmung und Toleranz sowie Nachhaltige Entwicklung (Schutz der Biosphäre und Verantwortung für biologische Vielfalt). Auch das Thema „Impfen am Beispiel von Masern – Pro und Contra“ kann einer Bewertung unterzogen werden, geht es doch um Verantwortung für sich selbst und für andere.

Folgende Schritte können für einen Bewertungsprozess mit abschließender Entscheidung sinnvoll sein:

1. Die Handlungsmöglichkeiten in der Entscheidungssituation werden herausgearbeitet.
2. Pro-Argumente und Contra-Argumente werden gesammelt. Dabei wird zwischen der Sachebene („so ist es“) und der Werteebene* unterschieden. Dabei können verschiedene Menschen unterschiedliche Wertvorstellungen haben und ihre Wertvorstellungen unterschiedlich gewichten.
3. Die Argumente werden gewichtet. Manche Argumente können wichtiger/unwichtiger als andere sein.
4. Eine Entscheidung wird getroffen.

*Unter Wertvorstellungen oder Werten versteht man Dinge, Ideen oder Handlungen, die einem Menschen als wertvoll erscheinen (einem anderen vielleicht nicht). Hier eine Auswahl von Werten: Menschlichkeit, Freiheit, Gesundheit, Vertrauen, Wohlstand, Schutz des Lebens, Gerechtigkeit, Wahrheit, Toleranz, Meinungsfreiheit, Hilfsbereitschaft, Sicherheit, Nachhaltigkeit, Selbstbestimmtheit und Rücksichtnahme.

4 *Bewertung*

→ 4.5 Immunisierung

4.7 Multiresistente Bakterien und Antibiotika

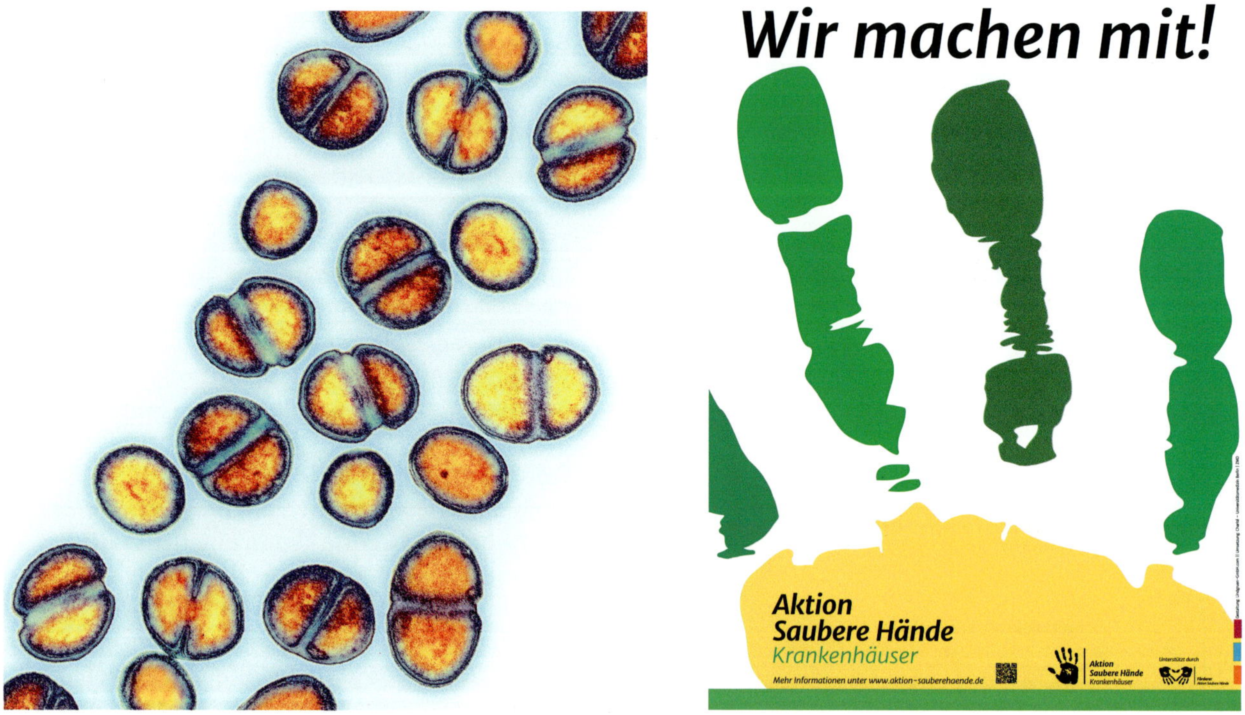

1 *In etwa 15 000-facher Vergrößerung Varianten der Bakterienart Staphylococcus aureus, die gegen mehrere Antibiotika resistent sind (MRSA: Multi-resistente Staphylococcus aureus). Manche der abgebildeten Bakterien befinden sich im Teilungsstadium. Gelangen MRSA durch eine Verletzung oder Operationswunde in die Blutbahn, kann das unter bestimmten Umständen zu Erkrankungen führen (Wundinfektion, Lungenentzündung, Blutvergiftung), manchmal sogar mit lebensbedrohlichen Folgen. Die Behandlung wird durch die Resistenz (Unempfindlichkeit) der Bakterien gegenüber Antibiotika erschwert. Durch Hygiene-Maßnahmen, wie die „Aktion Saubere Hände“, versucht man in vielen Krankenhäusern solchen Infektionen zu begegnen.*

Antibiotika sind in vielen Fällen ein geeignetes Medikament, um gegen Infektionen durch bakterielle Krankheitserreger vorzugehen. Sowohl in der (Massen-)Tierhaltung als auch in der Humanmedizin wurden in den letzten Jahrzehnten mit steigender Tendenz Antibiotika gegen bakterielle Krankheitserreger eingesetzt. Die Kehrseite dieser Entwicklung ist, dass durch den übermäßigen Einsatz von Antibiotika, aber auch durch falsche Medikamenteneinnahme, solche Erreger ausgelesen (selektiert) werden, die durch zufällige **Mutationen** ihrer Gene eine **Resistenz** (Unempfindlichkeit) gegen ein Antibiotikum oder gegen mehrere verschiedene Antibiotika entwickelt haben. Im letztgenannten Fall spricht man von **multiresistenten Bakterien** (Abb. 2). Die Resistenz kann darin bestehen, dass die Hüllen des Bakteriums für das Antibiotikum undurchlässig werden oder Enzyme gebildet werden, die Antibiotika abbauen. Resistente Bakterien können sich unbeeinflusst durch Antibiotika vermehren und durch Teilung ihre Gene für die Antibiotikaresistenz von Generation zu Generation weiter geben (Abb. 2).

Das medizinische Problem resistenter oder multiresistenter Bakterien wird dadurch verschärft, dass antibiotikaresistene Bakterien nicht dort verbleiben, wo sie entstanden sind, sondern auf verschiedenen **Übertragungswegen** zum Menschen gelangen können (Abb. 3). Weil Bakterien untereinander **Erbinformation über Plasmide austauschen**, können Bakterien-Resistenz-Gene an bisher nicht resistente Bakterien weiter gegeben werden (Abb. 2).

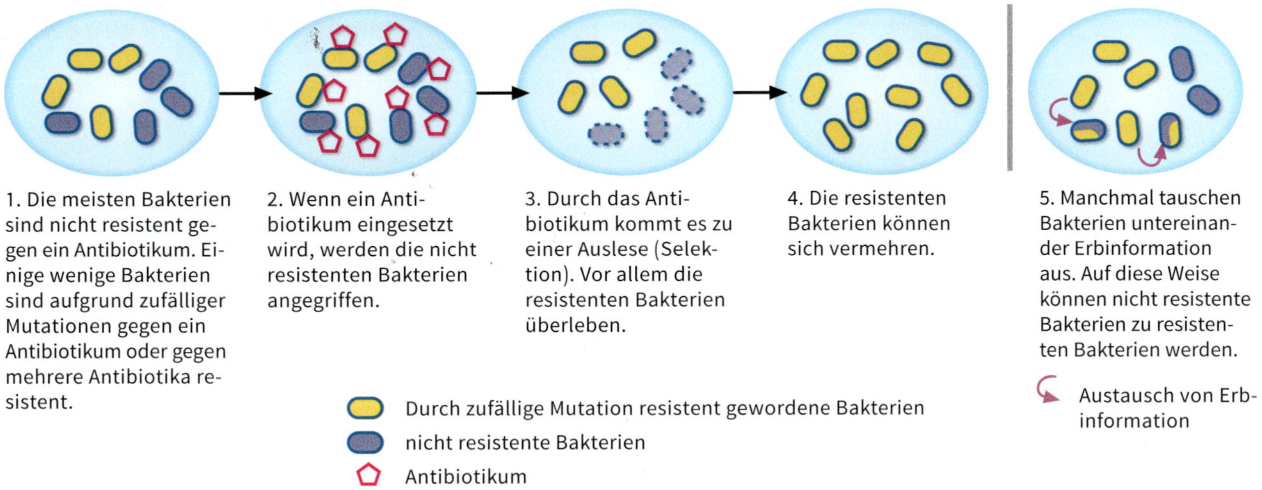

2 *Entwicklung von antibiotikaresistenten Bakterien*

1. Problem multiresistente Bakterien. Erläutere in einem Kurzvortrag (mit Stichwortzettel) die medizinische Problematik multiresistenter bakterieller Krankheitserreger.

2. Übertragungswege antibiotikaresistenter Bakterien. Beschreibe anhand der Abbildung 3 mögliche Übertragungswege von antibiotikaresistenten Bakterien.

3. Vorbeugende (Hygiene-)Maßnahmen. Entwickelt unter Bezug auf Informationen in diesem Abschnitt, insbesondere auch Abbildung 3, begründete Handlungsempfehlungen für folgende Situationen: a) Besuch einer operierten Person auf einer Krankenstation; b) Zubereitung von rohem Fleisch und rohem Gemüse für eine Mahlzeit; c) Vorbeugende Nutzung von Antibiotika, die einem Verwandten verschrieben wurden; d) Vorzeitiger Abbruch der Einnahme der ärztlich verschriebenen Antibiotika, weil es einem schon viel besser geht.

4. Aktion saubere Hände. Beurteile, ob Plakate wie in Abbildung 1 nicht nur in Krankenhäusern, sondern auch andernorts aufgehängt werden sollten.

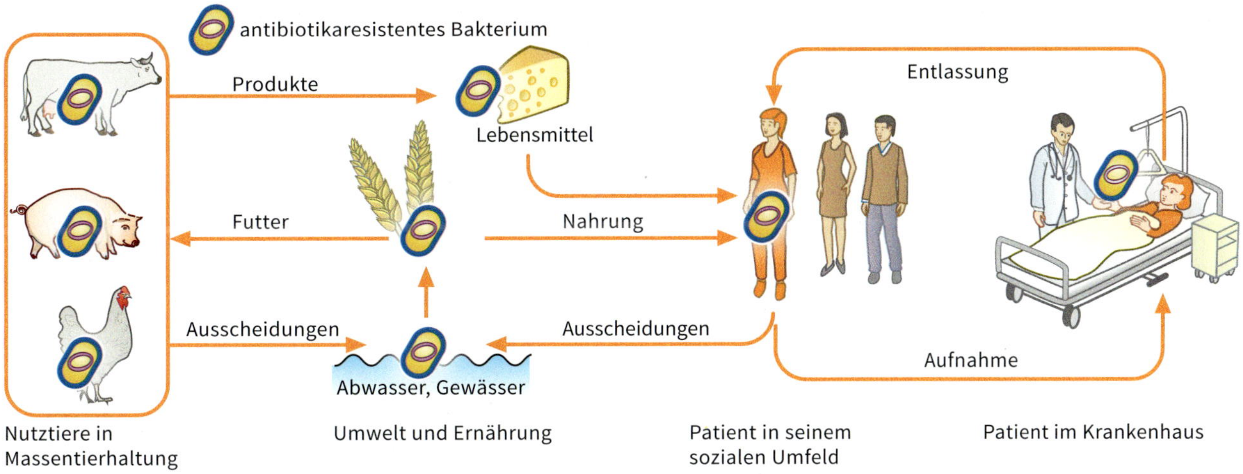

3 *Übertragungswege von Bakterien, die gegen Antibiotika resistent sind*

4.8 Marie hat eine Lungenentzündung – ein Fallbeispiel

1 *Marie ist erkrankt*

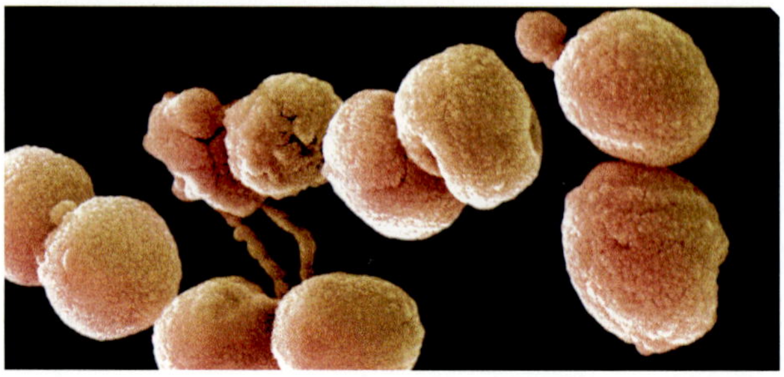

2 *Pneumokokken, die Erreger der Lungenentzündung*

Maries Erlebnisse	Vorgänge in Maries Körper
06.10.: Nach der Schule trifft sich Marie mit ihren Freundinnen im Kino. Ihre Mutter ist damit zunächst nicht einverstanden, weil Marie erkältet ist. Doch endlich lässt sich die Mutter erweichen und Marie läuft freudestrahlend los. Im Kinosaal ist es brechend voll, schließlich läuft der Film erst seit zwei Tagen und jeder will ihn sehen. Aber nicht nur Marie ist erkältet. Viele Kinobesucher husten und niesen. Der Junge hinter Marie niest besonders häufig und so laut, dass Marie einiges vom Film kaum verstehen kann.	Maries Körper ist durch ihre Erkältung geschwächt. Der Junge hinter Marie hustet winzige Tröpfchen aus seinem Rachenraum in Maries Richtung. Sie atmet diese unbemerkt ein. In diesen Tröpfchen befinden sich kugelförmige Bakterien, sogenannte Pneumokokken (Abb.2). Sie sind die Erreger einer Lungenentzündung. Über die Luftröhre gelangen sie in Maries Lunge.
06.10.: Als sie wieder zuhause ist, berichtet Marie ihrer Mutter lange und ausführlich über den Film. Nach dem Abendessen liest Marie noch ein wenig in ihrem neuen Lieblingsbuch. Doch bald ist sie müde und geht zu Bett.	Die Luftröhre und die Lunge besitzen eine Schleimhaut mit Flimmerhärchen, die mit Schleim Staubteilchen und Bakterien in den Mundraum befördern. Dieser Abtransport ist eingeschränkt, sodass sich Staubteilchen und Bakterien in ihren Lungenbläschen ablagern können. Dies bietet den Bakterien einen idealen Nährboden, um sich zu vermehren. Fresszellen reagieren zwar auf die Bakterien, beseitigen diese und starten die zelluläre Immunantwort. Jedoch ist Maries Immunsystem geschwächt, sodass die Reaktion zu langsam erfolgt und die Bakterienanzahl in der Lunge steigt.
07.10.: Am nächsten Morgen hustet Marie in der Schule immer häufiger. Sie kann sich kaum konzentrieren und sehnt das Ende des Schultages herbei. Als Marie zuhause ankommt, geht es ihr plötzlich viel schlechter. Marie bekommt Schüttelfrost und hohes Fieber.	Die Anzahl der Bakterien hat sich enorm erhöht und bewirkt eine Immunantwort des Körpers. Dabei erhöht der Körper durch Muskelzucken (Schüttelfrost) und Fieber die Körpertemperatur, sodass der Infekt leichter abgewehrt werden kann.
07.10.: Marie schleppt sich mithilfe ihrer Mutter zum Arzt. Dieser hört Marie mit dem Stethoskop ab und vernimmt rasselnde Atemgeräusche. Ein Röntgenbild der Lunge gibt anschließend die Gewissheit, dass Marie eine Lungenentzündung hat. Sofort bekommt sie das Antibiotikum Penicillin verschrieben, das gegen viele Bakterienstämme wirkt. Um den Erreger genauer bestimmen zu können, wird aus dem abgehusteten Schleim eine Probe genommen und im Labor untersucht.	Die Bakterien haben in den Lungenbläschen sehr viel Schleim produziert. Da sie zudem durch die Schleimhaut mit ihren Flimmerhärchen nicht abtransportiert werden, ist dieser Schleim sehr zähflüssig geworden. Die Wände der Lungenbläschen sind verdickt und Flüssigkeit sammelt sich in ihnen. Diese schlecht durchlüfteten Lungenbereiche können im Röntgenbild gut erkannt werden.
07.10.-09.10.: Die Hälfte aller an einer Lungenentzündung Erkrankten müssen zur Genesung in ein Krankenhaus aufgenommen werden. Da Marie als junger Mensch aber noch ein starkes Immunsystem besitzt, kann sie sich zuhause erholen. Sie muss Bettruhe halten und viel trinken. Die nächsten zwei Tage fühlt sich Marie noch schlechter, bevor sie schrittweise wieder zu Kräften kommt.	Die zelluläre Immunantwort reduziert im Zusammenspiel mit der Bakterien abtötenden Wirkung des Penicillins nach und nach die Zahl der Bakterien.
13.10.: Obwohl sich Marie nach sechs Tagen schon gut fühlt, bekommt sie plötzlich Durchfall. Glücklicherweise verschwindet dieser wieder, nachdem Marie ihre Ration an Penicillin aufgebraucht hat.	Das Penicillin besitzt Nebenwirkungen, die Maries Verdauungssystem beeinträchtigen.
24.11.: Nach sechs Wochen ist die Lungenentzündung endlich vollständig ausgeheilt.	Maries Körper befindet sich wieder in einem Gleichgewicht. Die Immunantwort ist abgeschlossen.

1. Abwehr von Pneumokokken.
a) Skizziere die Vorgänge zur Abwehr der Pneumokokken in Maries Körper vor und nach dem Arztbesuch. Verwende die Fachbegriffe zur Immunantwort.
b) Präsentiert eure Skizzen und beurteilt ihre Aussagekraft und Übersichtlichkeit.

2. Anzahl der Pneumokokken. Bakterien vermehren sich bei günstigen Bedingungen sehr schnell durch Teilung. Pneumokokken teilen sich etwa alle 25 Minuten. Berechne, wie viele Pneumokokken innerhalb von 15 Stunden aus einer Zelle entstanden sind.

3. Vorgänge im Darm bei einer Penicillinbehandlung. Im Darm jedes Menschen leben Milliarden von Bakterien. Sie sind nützlich, da sie Nahrungsbestandteile für den Menschen zugänglich machen. Ihre große Anzahl sowie von ihnen abgegebene Abwehrstoffe verhindern, dass sich krankheitserregende Bakterien im Darm ansiedeln.
a) Werte die Kurve aus der Abbildung 3 aus.
b) Erkläre das Auftreten des Durchfalls, den Marie am sechsten Tag nach der Penicillineinnahme bekommt (Abb. 3).

4. Verwendung eines Antibiotikums. Bewerte den Einsatz des Antiobiotikums Penicillin in Maries Krankheitsfall.

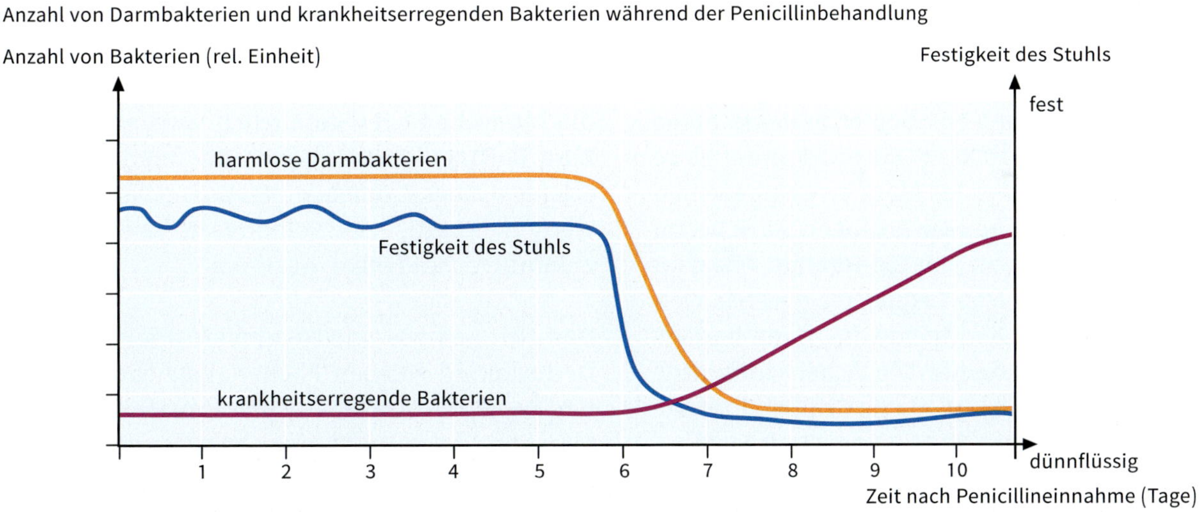

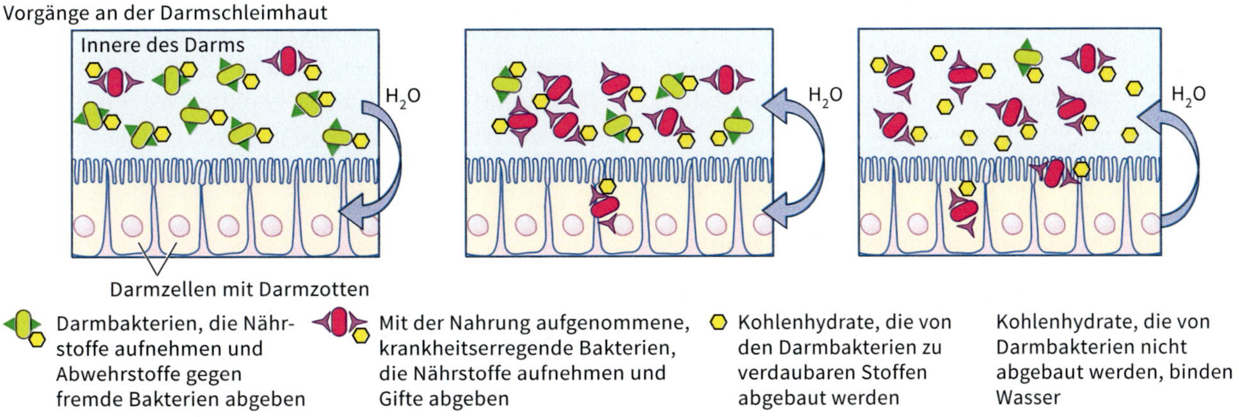

3 *Vorgänge im Darm bei einer Penicillinbehandlung*

→ 4.3 Viren als Krankheitserreger, 4.4 Immunsystem

4.9 Pandemien

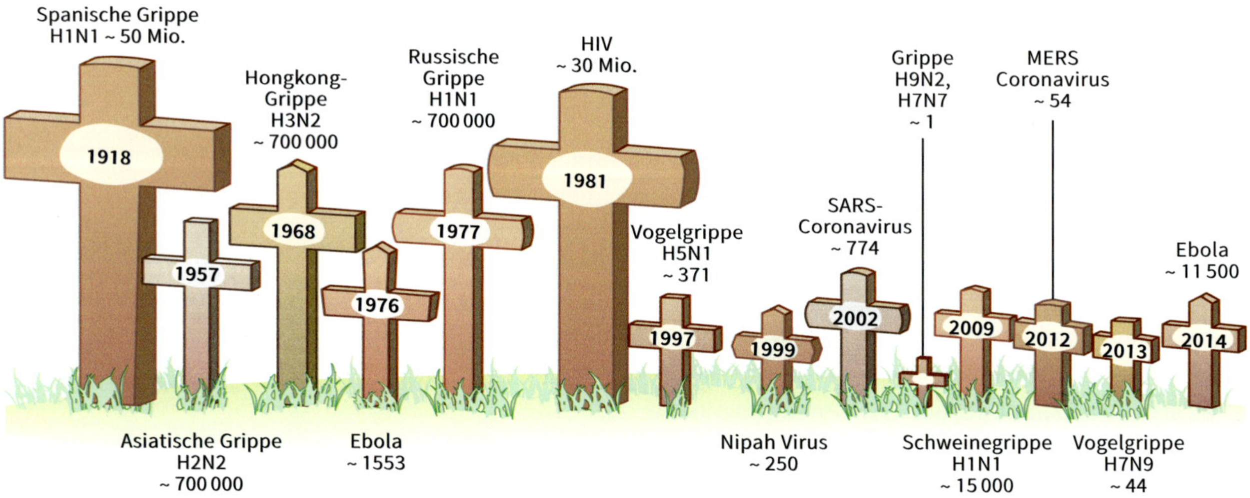

1 *Pandemien und Epidemien*

Die echte Grippe, **Influenza**, ist die am meisten unterschätzte Infektionskrankheit. Auch heute noch fordert die Influenza weltweit jährlich etwa drei bis fünf Millionen Todesopfer, in Deutschland durchschnittlich 20 000. In Europa kommt es regelmäßig von Oktober bis März zu Grippewellen. Meistens sind nur einzelne Regionen stark betroffen. Dann spricht man von **Epidemien**. Alle paar Jahrzehnte breiten sich Grippeerreger aber weltweit über mehrere Kontinente aus, dann handelt es sich um eine **Pandemie**. Die bisher schlimmste Grippepandemie, die „Spanische Grippe“, forderte 1918/19 weltweit etwa 50 Millionen Todesopfer.

Das Grippevirus ist variabel. Veränderungen in der Erbinformation durch Mutationen bewirken Veränderungen der Virusoberfläche. Dabei können gefährliche neue Virustypen entstehen. Besonders aufmerksam werden Ausbrüche von Tierseuchen, vor allem der Vogel- und Schweinegrippe, beobachtet. Im Jahr 2015 hat sich zunächst in China unter Wildvögeln und Hühnern der aggressive Virustyp H_7N_9 stark ausgebreitet. Dieser Virustyp kann über Wildvögel verbreitet werden und ist in der Lage, auch Menschen zu infizieren. Eine große Gefahr besteht dann, wenn Virustypen, die Menschen infizieren, und Tierviren gleichzeitig einen Wirt infizieren. Das ist vor allem bei Schweinen möglich. Es kann dann zu einer Neukombination des Viruserbinformation und damit zu stark veränderten Viren kommen, die Menschen sehr gefährlich werden können. Zum Beispiel könnten Viren die neue Fähigkeit erlangen, über Tröpfcheninfektionen verbreitet zu werden. Derartige neu kombinierte Viren könnten zukünftige Pandemien auslösen.

Das Grippevirus wird weltweit überwacht. In Deutschland werden Rachenabstriche betroffener Patienten von staatlichen Einrichtungen untersucht. Dort wird eine exakte Bestimmung des Virustyps vorgenommen, der der WHO-Zentrale in Genf gemeldet wird. Aufgrund der Häufung bestimmter Virustypen oder aufgrund neu auftretender Virustypen wird der Impfstoff für die kommende Grippesaison geplant. Wegen der großen Variabilität und schnellen Veränderbarkeit des Virus ist aber kein vollständig sicherer Impfschutz zu erreichen.

Mobilität erhöht das Risiko von Pandemien. Während Schiffspassagen Wochen dauern, sind heute alle Kontinente über regen Flugverkehr miteinander verbunden. So kann ein Krankheitserreger innerhalb weniger Stunden von einem auf einen anderen Kontinent gelangen.

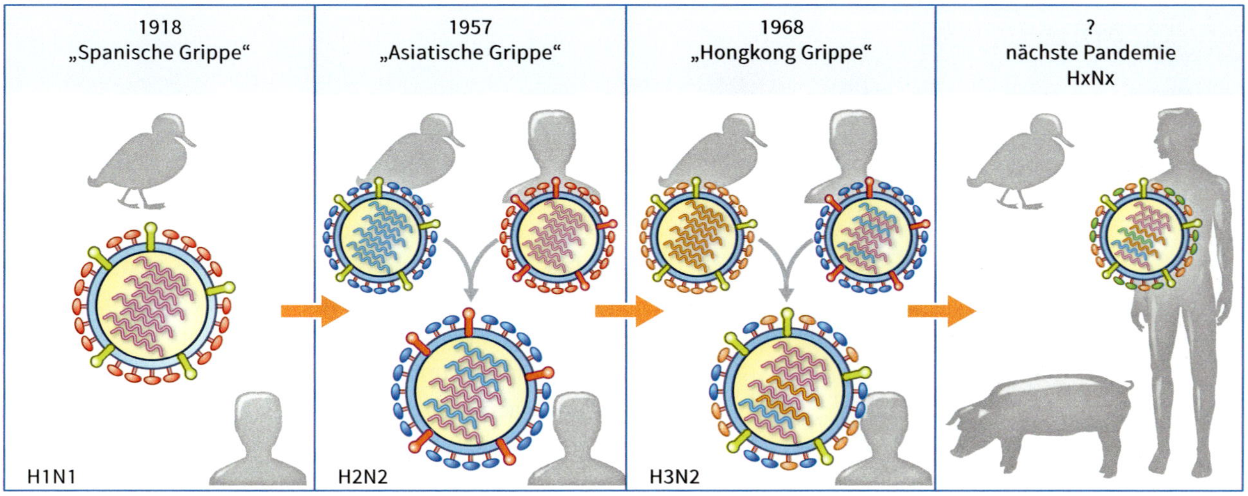

2 *Pandemien und Evolution*

1. Pandemien und Epidemien.

a) Während in den Nachrichten im Zusammenhang mit HIV- und SARS-Infektionen von einer Pandemie gesprochen wird, wird seit 2014 von einer Ebolaepidemie berichtet. Recherchiere notwendige Fakten und beurteile die fachliche Richtigkeit der Wortwahl.

b) Recherchiere zu den in Abbildung 1 genannten Krankheitsfällen und erläutere, ob es sich um Epidemien oder Pandemien handelt.

2. Grippepandemien und Evolution. Das Grippevirus enthält Erbinformation, die verantwortlich ist für die Virusvermehrung und den Zusammenbau der Viruspartikel. Auf der Oberfläche der Virushülle befinden sich die Eiweiße Hämagglutinin (H) und Neuraminidase (N). Diese Eiweiße fungieren als Antigene. Es sind derzeit 16 Hämagglutinin- und 9 Neuraminidase-Typen bekannt.
JEFFERY K. TAUBENBERGER, amerikanischer Virologe, machte folgende Aussage. „Daher könnte man sagen, dass wir in einer Pandemie-Ära leben, die bereits 1918 begann.“
Erkläre diese Aussage mithilfe der Abbildung 2.

3. Entstehung von Pandemien. Nenne mögliche Faktoren, die das Entstehen einer Pandemie begünstigen können. Begründe deine Annahmen jeweils.

4. Grippevirus und Wirte. Erläutere im Zusammenhang mit Abbildung 3, ob und inwiefern das Auftreten der Vogelgrippe mit dem Erreger H_7N_9 im Jahr 2015 ein Risiko für Menschen bedeuten kann.

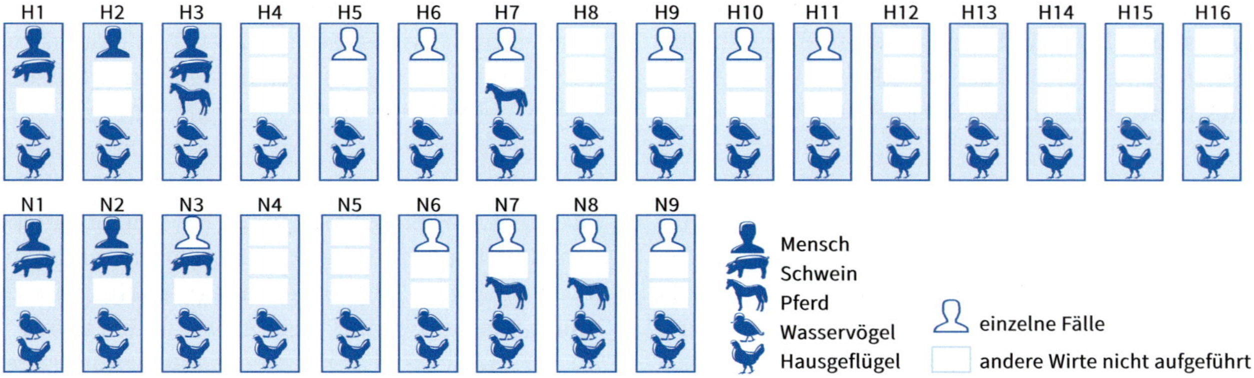

3 *Grippeviren und Wirte*

4.10 Aids

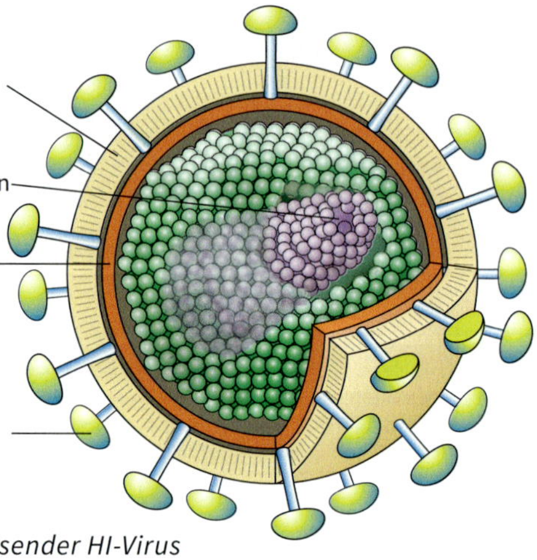

1 *Aids auslösender HI-Virus*

Aids: acquired immune deficiency syndrome = erworbenes Immunschwächesyndrom (Unter dem Begriff Syndrom versteht man eine Krankheit mit vielen Symptomen.)

HIV: human immunodeficiency virus = menschliches Immunschwächevirus

2 *Namenserklärung*

HIV ist ein Virus, das hauptsächlich die T-Helferzellen befällt (Abb.1). Diese sind notwendig, um das Immunsystem zu aktivieren. Das Virus dringt in die T-Helferzellen ein und vermehrt sich. Es kann aber auch für lange Zeit in der T-Helferzelle ruhen. Bei jeder Zellteilung wird seine Erbinformation an die neu entstandenen T-Helferzellen weitergegeben. In diesem Zustand kann das Virus nicht vom Immunsystem erkannt werden. Erst wenn irgendwann die massenhafte Vermehrung beginnt, die zum Tod der T-Helferzelle führt, kann das Immunsystem die Viren bekämpfen.

Am Anfang einer HIV-Infektion treten grippeähnliche Symptome auf. Die Viren in der Körperflüssigkeit werden vom Immunsystem bekämpft, doch können nicht alle Viren vernichtet werden. Mit der Zeit nimmt die Zahl der T-Helferzellen aufgrund der Vernichtung durch die Viren immer mehr ab, die Zahl der Viren in der Körperflüssigkeit dagegen zu. Durch die geringe Anzahl der T-Helferzellen verliert das Immunsystem an Wirksamkeit, bis es schließlich ganz zusammenbricht (Abb. 6). Das Endstadium der Krankheit bezeichnet man als Aids. Dann werden sonst harmlose Infekte zur tödlichen Bedrohung für den Patienten. Es treten seltene von Parasiten hervorgerufene Krankheiten und Krebsarten auf. Das Aids-Stadium kann ohne Medikamente zwischen wenigen Wochen und über zehn Jahren nach der Infektion eintreten. Medikamente können den Ausbruch von Aids heute sehr lange hinauszögern. Aids führt schließlich immer zum Tod.

In allen Körperflüssigkeiten infizierter Personen findet man HIV, zum Beispiel in Blut, Lymphe, Spermaflüssigkeit, Scheidenflüssigkeit, Speichel, Tränenflüssigkeit. Eine Ansteckung erfolgt, wenn eine genügend große Anzahl von Viren in den Körper einer Person gelangen. HIV wird hauptsächlich durch Geschlechtsverkehr und durch Mehrfachverwendung von Spritzen in der Drogenszene übertragen. Beim Geschlechtsverkehr dringen Viren durch kleine Hautbeschädigungen, die meist unbemerkt bleiben, in den Körper ein. Die **Verwendung von Kondomen** bietet einen großen Schutz, aber keine absolute Sicherheit. Eine Übertragung von HIV durch Speichel, Schweiß oder Tränenflüssigkeit konnte bis heute nicht nachgewiesen werden.

Eine HIV-Infektion kann festgestellt werden, indem ein **Test auf Antikörper** gegen das HIV durchgeführt wird. Einen solchen Test kann man auch mit dem Partner gemeinsam durchführen lassen. Bei HIV treten sehr häufig Mutationen auf. Bei jedem Vermehrungszyklus haben die meisten neu gebildeten Viren eine andere Oberfläche als das Virus, das die Zelle befallen hat. Die Bekämpfungsmaßnahmen des Immunsystems werden dadurch unterlaufen. Alle bisher entwickelten Medikamente können den Verlauf einer HIV-Infektion zwar verzögern, aber nicht heilen. Eine vorbeugende Impfung existiert zurzeit noch nicht.

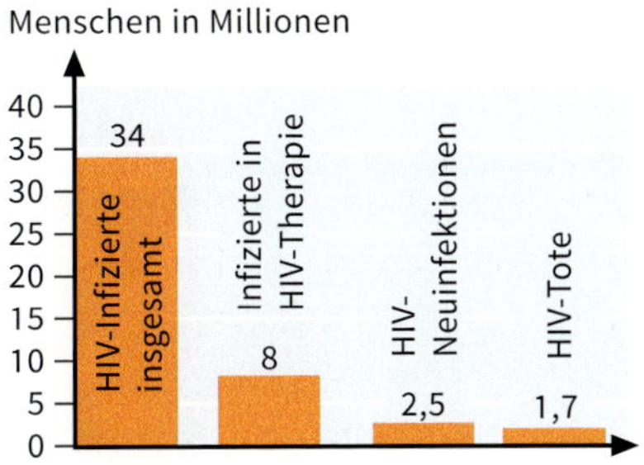

3 *Aids weltweit im Jahr 2011*

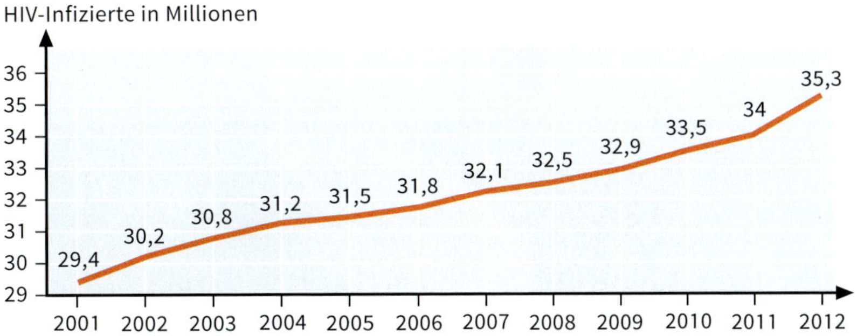

4 *Weltweite Anzahl der HIV-Infizierten*

1. Persönliche Aspekte.

a) Immer wieder kommt es dazu, dass HIV-infizierte Menschen gemieden werden, sobald die Diagnose bekannt wird. Erkläre, warum Mitmenschen auf diese Weise reagieren.

b) Stelle Verhaltensweisen zusammen, die das Risiko für eine Ansteckung mit dem HIV verringern.

2. Gesellschaftliche Aspekte. Werte die Abbildungen 3, 4 und 5 aus. Vergleiche dabei West- und Mitteleuropa mit den anderen Regionen.

3. Weitere sexuell übertragbare Krankheiten. Recherchiert arbeitsteilig für je einen Kurzvortrag zu folgenden sexuell übertragbaren Krankheiten: Chlamydien, Gonorrhö, Syphilis, Herpes, Hepatitis B, Candidose. Berücksichtigt bei euren Recherchen die Bundeszentrale für gesundheitliche Aufklärung (BzgA).

4. Medizinische Aspekte. Erkläre anhand von Abbildung 6 die eingeschränkte Zuverlässigkeit von HIV-Tests.

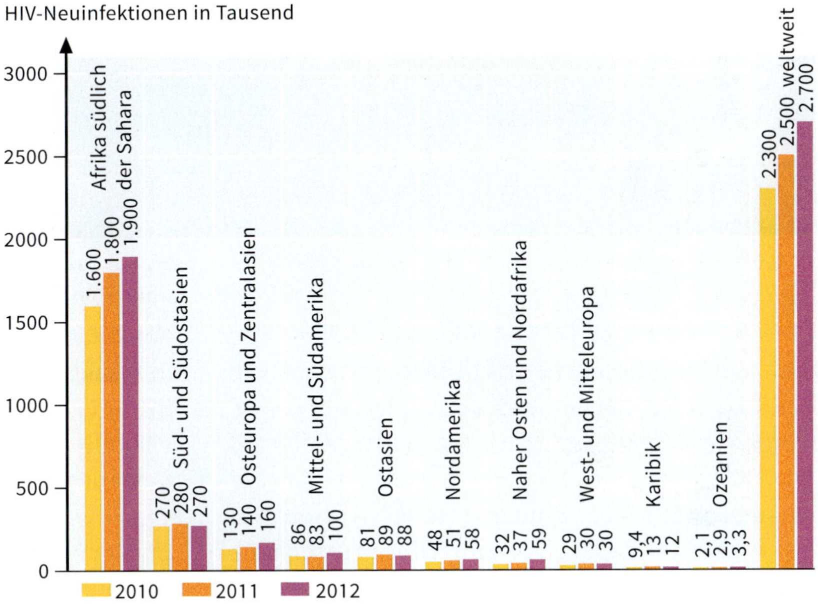

5 *HIV in den Weltregionen*

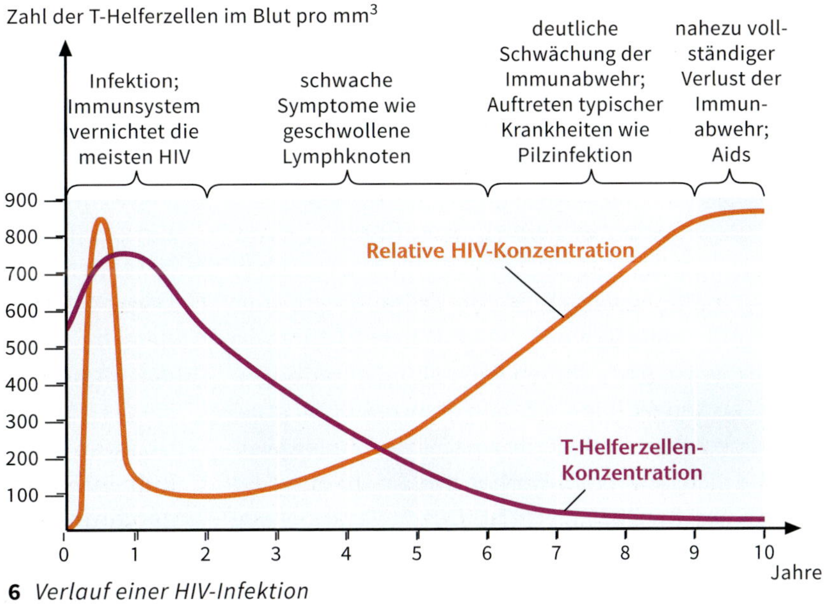

6 *Verlauf einer HIV-Infektion*

→ 4.3 Viren als Krankheitserreger, 4.4 Immunsystem

4.11 Zelluläre Krankheitsursachen

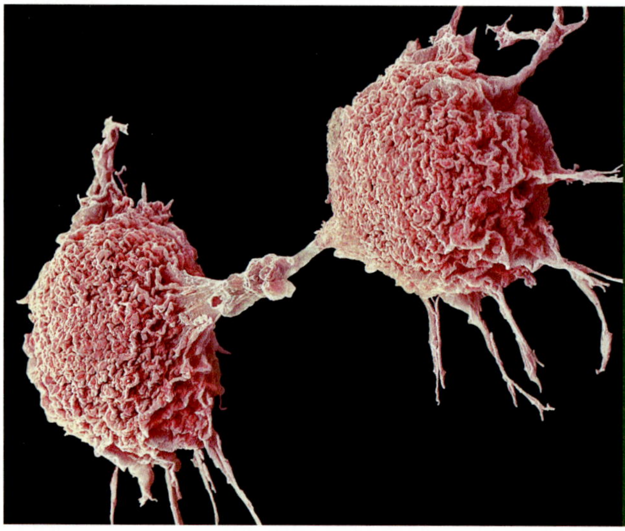

1 *Sich teilende Tumorzelle*

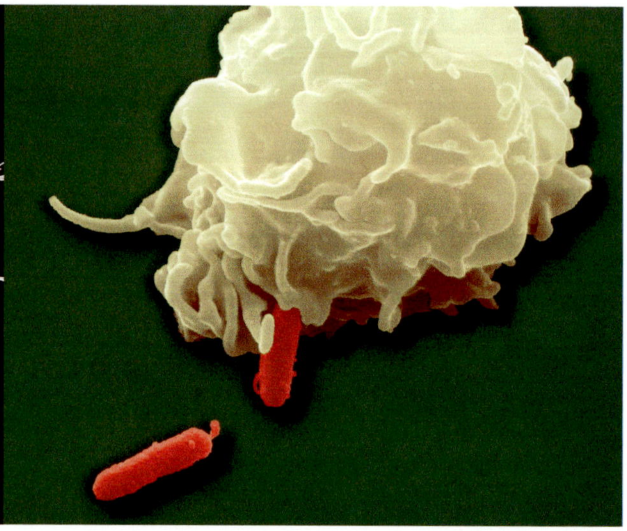

2 *Fresszellen (weiß) beim Aufsammeln und Fressen von Bakterien (rot)*

RUDOLF VIRCHOW (1821-1902) begründete 1858 die sogenannte **Zelltheorie**, unter anderem mit den folgenden Kernaussagen: 1. Alle Lebewesen werden aus einer oder mehreren Zellen gebildet. 2. Alle Zellen entstehen aus vorher existierenden Zellen (lat. kurz: „*Omnis cellula e cellula*"). Tatsächlich lassen sich alle Zellen, aus denen der menschliche Körper besteht, auf eine befruchtete Eizelle zurückführen. Verschiedene Zelltypen, zum Beispiel Hautzellen, Muskelzellen und Nervenzellen, weisen einen gemeinsamen Grundbauplan und einen ähnlichen Stoffwechsel auf. Krankheiten haben oftmals zelluläre Ursachen. Die Kenntnis dieser zellulären Ursachen ist Voraussetzung für eine gezielte und wirksame Therapie von Krankheiten. Die Zelltheorie Virchows hat die Entwicklung der Medizin deshalb maßgeblich beeinflusst.

Wenn Organe wachsen, finden Zellteilungen statt, die zur Vermehrung der Zellen führen. Ist das Organ ausgewachsen, finden weiterhin Zellteilungen statt. Die neugebildeten Zellen ersetzen dann abgestorbene Zellen, sodass die Anzahl der Zellen weitgehend gleich bleibt. Absterben und Neubildung der Zellen sind im Gleichgewicht. Durch Veränderung der Erbinformation im Zellkern können sich Zellen unkontrolliert häufig teilen. Dadurch wird die Zahl der Zellen in einem Gewebe erhöht. Übermäßig teilungsaktive Zellen werden **Tumorzellen** genannt (Abb. 1). Wenn Tumorzellen Zellverbände bilden, entsteht ein **Tumor**. Tumore können umliegendes Gewebe verdrängen und zerstören.

Im Normalfall richtet sich das Immunsystem nur gegen fremde Zellen. Beispielsweise werden Bakterienzellen von Fresszellen getötet (Abb. 2). Körpereigene Zellen werden als solche erkannt und nicht angegriffen. Diese Toleranz des Immunsystems gegenüber den Zellen des eigenen Körpers schützt den Organismus vor Schädigungen durch das Immunsystem und wird **Immuntoleranz** genannt. Das Bestehen einer Immuntoleranz ist jedoch nicht immer von Vorteil: Körpereigene Tumorzellen werden dadurch ebenfalls vor der Zerstörung bewahrt. Menschen können im Laufe ihres Lebens Autoimmunerkrankungen entwickeln. Bei Bestehen einer Autoimmunerkrankung erkennt das Immunsystem körpereigene Zellen nicht, sieht sie als körperfremd an und bildet gegen diese Antikörper. Die Antikörper können Gewebe zerstören und die Funktion des betroffenen Organs kann eingeschränkt werden. Eine genetische Veranlagung und Umweltfaktoren begünstigen die Entstehung einer Autoimmunerkrankung.

1. Tumorerkrankungen. Beschreibe anhand des Grundwissentextes die Entstehung einer Tumorerkrankung.

2. Krankheiten mit zellulären Ursachen. Erläutere anhand einer Recherche in verschiedenen Quellen die zellulären Ursachen und die wichtigsten Symptome der in der Abbildung 3 dargestellten Erkrankungen.

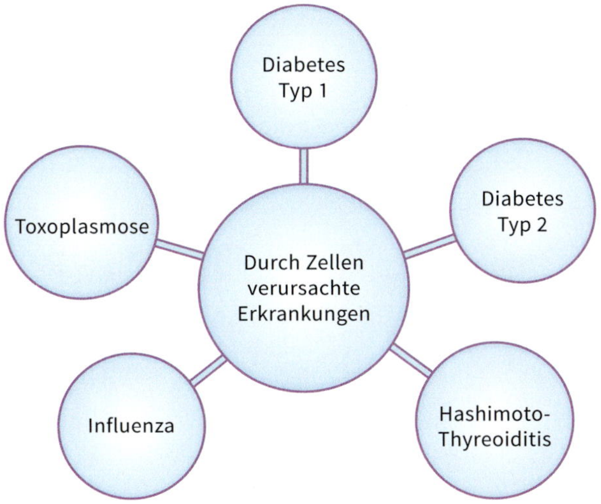

3 *Verschiedene, durch Zellen verursachte Erkrankungen.*

3. PAUL EHRLICHS Versuche zur Hämolyse. PAUL EHRLICH (1854-1915) veröffentlichte im Jahr 1901 Versuchsergebnisse, die ihn weltberühmt machten. Einer Ziege (Ziege 1) wurde Blut eines „Spendertiers“ injiziert. Einige Zeit danach wurde untersucht, ob sich im Blut der Ziege Antikörper gegen rote Blutkörperchen des Spendertiers gebildet haben und ob sich rote Blutkörperchen des Spendertiers im Blut der Ziege auflösen (so genannte Hämolyse). Als Spendertiere wurden ein Schaf, eine andere Ziege (Ziege 2) und dieselbe Ziege (Ziege 1) verwendet. Überprüfe, ob die in Abbildung 4 dargestellten Versuchsergebnisse PAUL EHRLICHS ein Beleg für das Bestehen von „Immuntoleranz" sind.

Spendertier	Empfängertier	Antikörperbildung	Hämolyse
Schaf	Ziege 1	erfolgt	erfolgt
Ziege 2	Ziege 1	erfolgt	erfolgt
Ziege 1	Ziege 1	unterbleibt	unterbleibt

4 *Ergebnisse der Versuche von PAUL EHRLICH*

4. Immuntherapie von Tumorerkrankungen. Tumorzellen werden vom Immunsystem als körpereigene Zellen erkannt und nicht zerstört. Bei einer bestimmten Form der Immuntherapie werden dem erkrankten Organismus T-Zellen entnommen. Diese werden im Labor so verändert, dass sie mithilfe zusätzlicher Rezeptoren an Oberflächenbestandteile bestimmter Tumorzellen binden können. Nach der Rückführung in den Körper sollen die veränderten T-Zellen die Tumorzellen erkennen und zerstören. Die Immuntherapie wird an Tieren erprobt. Werte die in den Abbildungen 5 und 6 dargestellten experimentellen Befunde im Hinblick auf die Wirksamkeit der Immuntherapie aus.

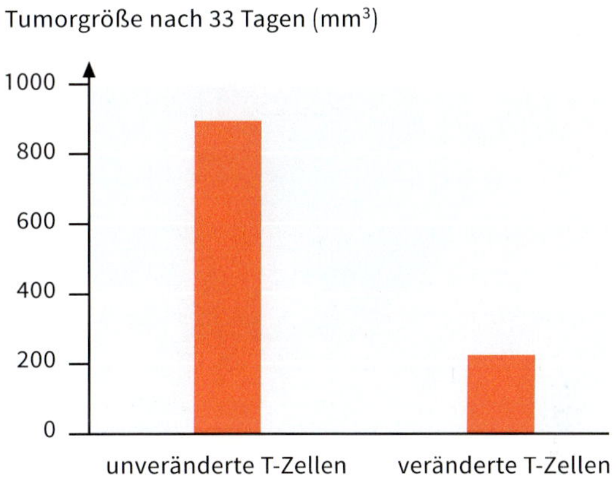

5 *Bei Mäusen wurde die Bildung eines Tumors in der Haut hervorgerufen. Dargestellt ist die Tumor-Größe nach 33 Tagen bei Behandlung mit unveränderten und veränderten T-Zellen.*

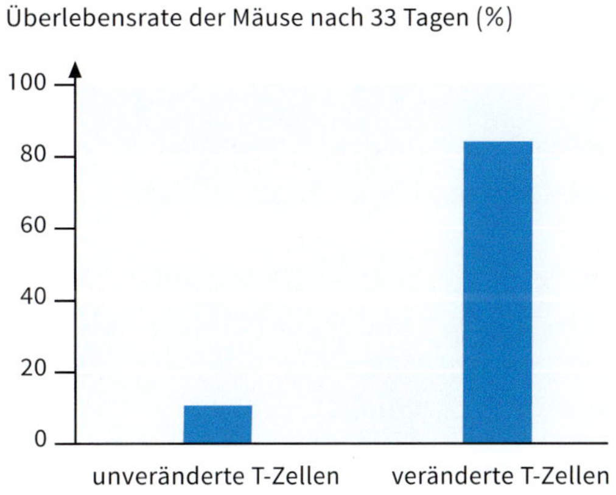

6 *Überlebensrate von Mäusen 33 Tage nach Hervorrufen des Tumors bei Behandlung mit unveränderten und veränderten T-Zellen.*

→ 6.4 Mitose – erbgleiche Zellteilung, 4.4 Immunsystem

1. Einige Schlüsselbegriffe zum Thema.

a) Erläutert euch in Partnerarbeit abwechselnd die im Begriffskasten genannten Begriffe (Abb. 1).

b) Erstellt ein Fließdiagramm zum Thema „So bekämpft das Immunsystem Influenzaviren“. Benutzt hierfür die Informationen des Grundwissentextes sowie der Abbildung 1 auf den Seiten 68 und 69. Präsentiert und vergleicht eure Fließdiagramme.

Bakterien, Viren, Tröpfcheninfektion, Impfen, Fresszellen, Inkubationszeit, unspezifische Abwehr, Antikörper, spezifische Abwehr, Epidemie, T-Helferzellen, Antigene, T-Killerzellen, passive Immunisierung, aktive Immunisierung, Pandemie, Fresszellen, Gedächtniszelle.

1 *Begriffskasten*

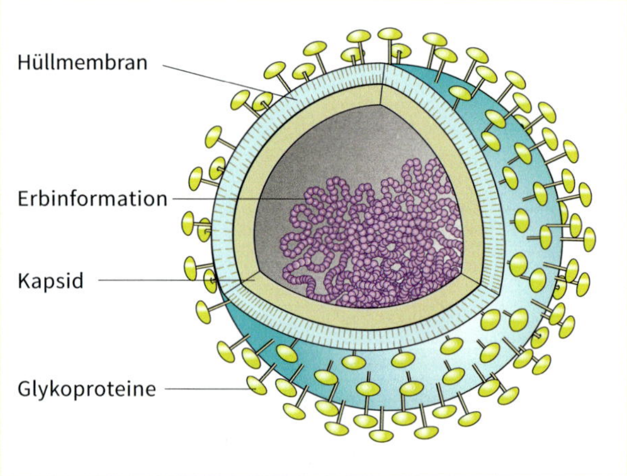

2 *Schema des Influenzavirus*

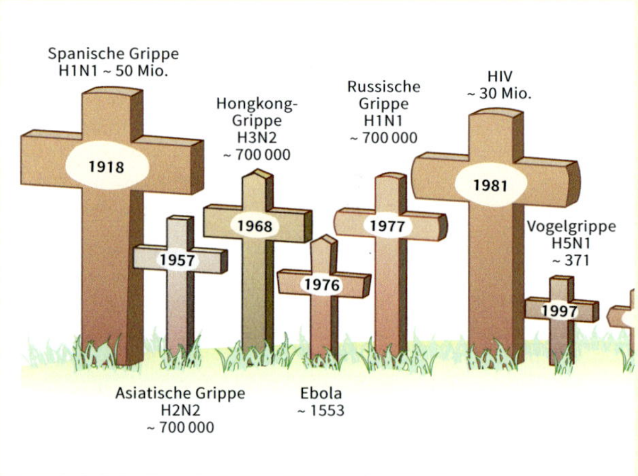

3 *Pandemien und Epidemien*

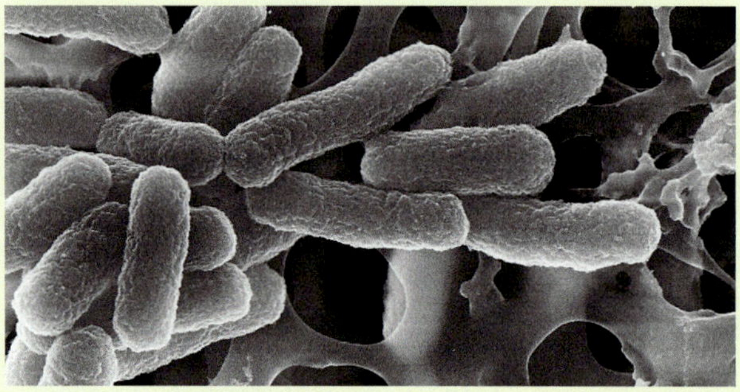

4 *Bakterien (länglich, oval)*

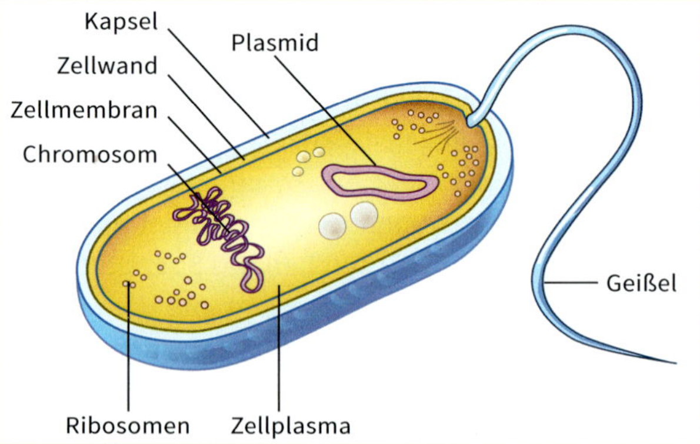

5 *Bau eines Bakteriums*

2. Grippeviren.

a) Vergleiche den Bau und die Fortpflanzung eines Bakteriums und eines Influenzavirus (Grippevirus) miteinander (Abb. 2, 4 und 5).

b) Erkläre die Bedeutung der kurzen Inkubationszeit (wenige Stunden bis 3 Tage) bei der Ausbreitung und der Bekämpfung des Grippevirus (Abb. 3).

c) Begründe den Verlauf des Fiebers bei einer Grippeerkrankung (Abb. 6)

Tag im Verlauf d. Grippeerkrankung	0	2	4	6	8	10
Körpertemperatur in °C	36,8	37,0	39,7	38,6	37,3	36,8

6 *Fieber bei einer Grippeerkrankung, Infektion am Tag 0*

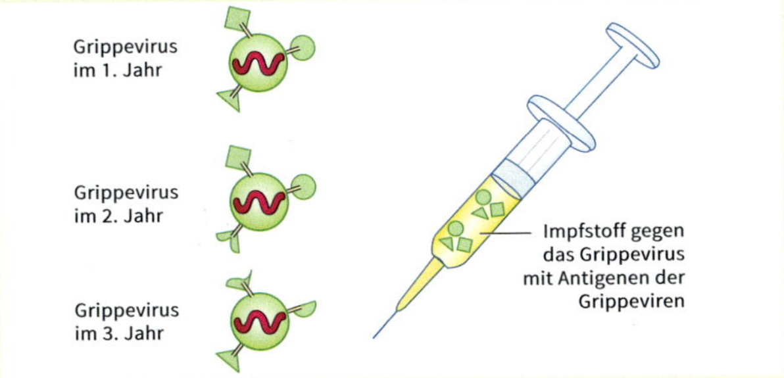

7 *Veränderung von Oberflächenstrukturen bei Grippeviren*

Die **Pest** wird durch Bakterien hervorgerufen. Sie wird durch den direkten Kontakt mit Nagetieren oder den Biss des Rattenflohs, der auch Menschen befällt, oder durch Tröpfcheninfektion von Mensch zu Mensch übertragen. Die Inkubationszeit beträgt zwei bis acht Tage. Bei der Beulenpest sind besonders die Haut und die darunter liegenden Lymphknoten erkrankt sind. Daran sterben zwischen 30-75 % der unbehandelten Kranken.
Im Mittelalter wurden durch die Pest, die wegen der dunklen Hautstellen bei der Beulenpest der schwarze Tod genannt wurde, große Teile der Bevölkerung getötet. In Wien kam zum Beispiel 1679/80 ein Viertel der Bevölkerung ums Leben. Eine sinnvolle Behandlung und die eigentliche Ursache der Krankheit waren nicht bekannt. Durch panikartige Flucht wurde die Krankheit immer weiter verbreitet.

8 *Informationen zur Pest*

3. Grippeschutzimpfungen. In jedem Jahr treten neue Variationen von Grippeviren auf, die sich in ihren Antigenen unterscheiden und große Pandemien auslösen können (Abb. 7). Es muss jeweils entschieden werden, ob eine teure Impfkampagne zur Eindämmung der Grippe durchgeführt werden soll.
a) Begründe, weshalb man sich im 2. Jahr gegen eine Impfkampagne entschieden hat.
b) Stelle eine Hypothese auf, ob man sich im 3. Jahr für eine Impfkampagne entscheiden wird.

9 *Ausleeren eines Nachttopfes*

5. Basiskonzepte. Ordne die im Buch dargestellten Beispiele zum Thema „Gesundheit und Krankheit" einem Basiskonzept oder mehreren Basiskonzepten begründet zu.

Basiskonzepte: Grundlegende Erkenntnisse im Fach Biologie

- Struktur und Funktion
- Geschichte und Verwandtschaft
- Variabilität und Angepasstheit
- Information und Verständigung
- Stoff- und Energieumwandlung
- Steuerung und Regelung
- Fortpflanzung und Entwicklung
- Kompartimentierung

Hormone und Sexualität

5 Hormone und Sexualität

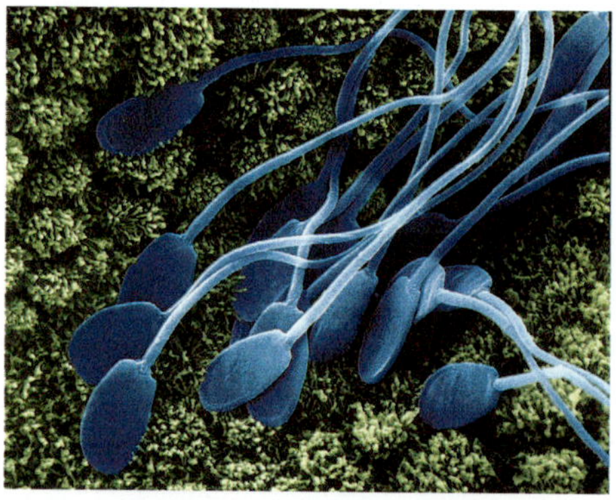

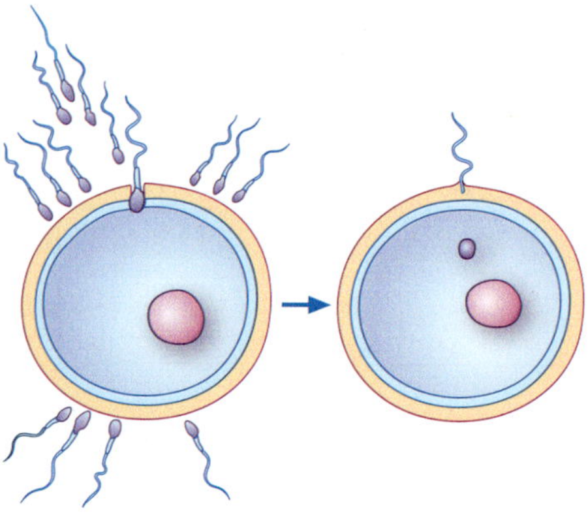

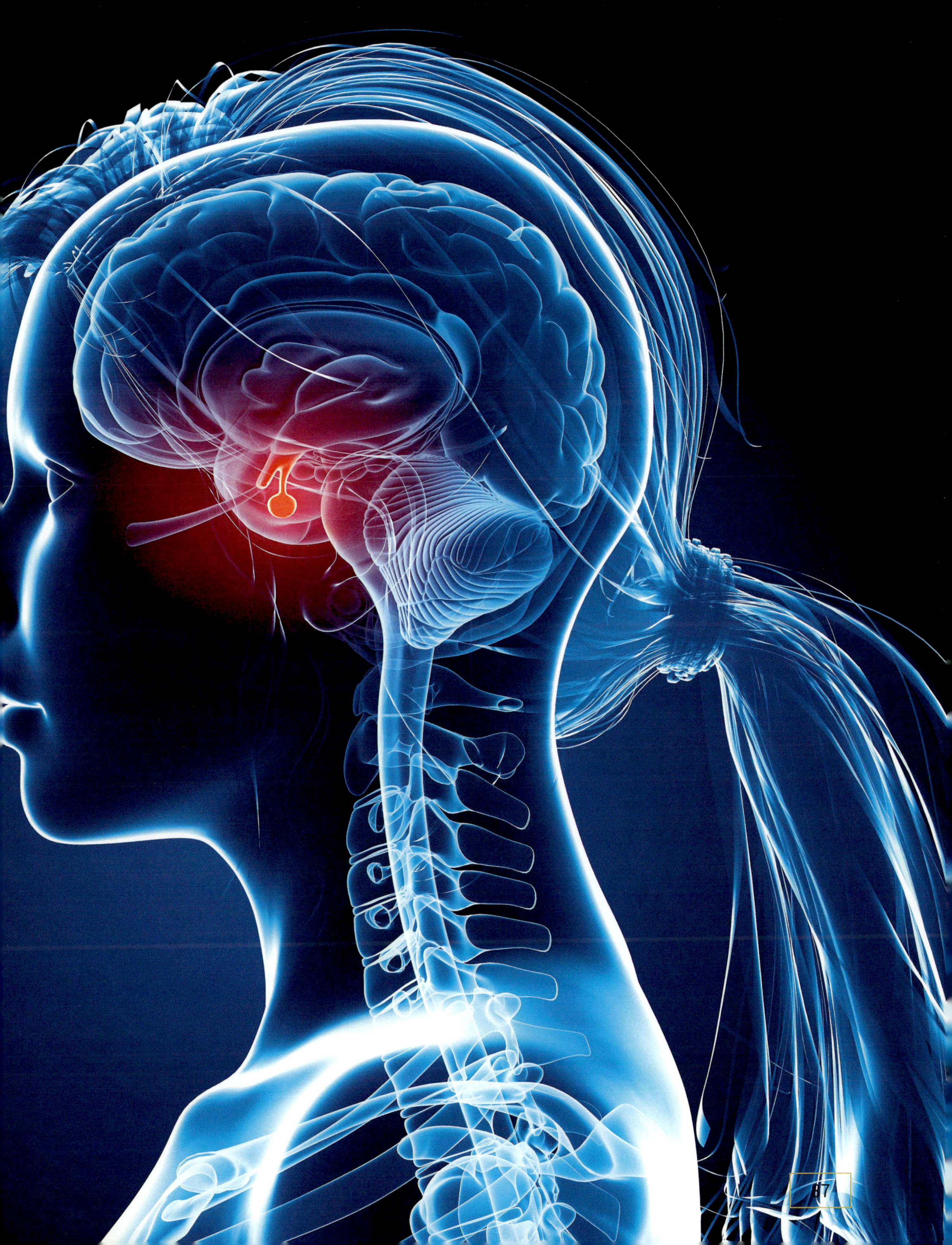

5.1 Pubertät

1 *Pubertät – Zeit der Veränderung*

Die **Pubertät** beginnt bei Mädchen zwischen dem 8. und 14. Lebensjahr, bei Jungen zwischen dem 10. und 16. Lebensjahr. Der Beginn der Pubertät ist abhängig sowohl von genetischen Voraussetzungen als auch von Umweltbedingungen, zum Beispiel dem Ernährungszustand.

Die Pubertät ist die Zeit, in der sich Mädchen zur Frauen und Jungen zu Männern entwickeln. Während dieser Zeit finden große körperliche Veränderungen statt. Die Veränderungen führen dazu, dass sich die Menschen nicht mehr als Kind fühlen, aber auch noch nicht als Erwachsene. Die Gefühle sind stark schwankend zwischen himmelhoch jauchzend und zu Tode betrübt. Der zunehmende Wunsch nach Eigenständigkeit und Unabhängigkeit führt zu zahlreichen Konflikten mit Eltern, Lehrern und anderen Erwachsenen.

Während der Pubertät wird das Gehirn umgebaut. Das Gehirn ist ein verzweigtes Netzwerk aus vielen Nervenzellen, die miteinander verbunden sind. Kurz vor Beginn der Pubertät wächst es stark. Mit Beginn der Pubertät werden Milliarden von Nervenzellen abgebaut und Nervenverbindungen gekappt. Vor allem die Bereiche im Gehirn, die wenig gebraucht werden, werden abgebaut. Der Gehirnumbau läuft je nach Hirnbereich unterschiedlich schnell ab. Zunächst entwickeln sich die Bereiche für die Wahrnehmungs- und Bewegungssteuerung. Es folgt der Teil, der die Sprache steuert. Zum Schluss der Umbauphase wird der Teil des Gehirns ausgebildet, der als Kontrollzentrum für Verhalten und planvolles Handeln zuständig ist. Solange dieser Teil nicht gereift ist, wird quasi als Umleitung das Verhalten über einen weiteren Hirnbereich gesteuert, wo normalerweise Emotionen wie Wut und Angst reguliert werden. Wenn sich Jugendliche mit ihren Eltern in der Pubertät nicht so gut verstehen, kann das daran liegen, dass beide tatsächlich unterschiedlich denken. Man kann sagen, dass mit dem Umbau im Gehirn die Grundvoraussetzung des Denkens für den Erwachsenen gelegt ist.

Pubertät: Der nervige Umbau im Gehirn

Hirnforscher fanden eine überraschende Begründung dafür, warum Teenies manchmal unausstehlich sein können.

Im einen Moment sind sie lieb und zuvorkommend, im nächsten völlig gereizt und mies gelaunt. Bei Kindern, die gerade die Pubertät durchmachen, kann die Stimmung sehr schnell wechseln. Bislang dachte man, dass Hormone schuld daran seien. Hirnforscher haben herausgefunden, dass nicht nur Hormone, sondern auch der Umbau von Nervenverbindungen im Gehirn für die unterschiedlichen Gemütslagen verantwortlich sind. Vor allem im Stirnhirn würden in diesem Alter etliche neue Verbindungen zwischen den Nervenzellen geknüpft.
Die Folge: Jugendliche verlieren in dieser Umbauphase viel von ihrer Fähigkeit, die Gefühle ihrer Mitmenschen richtig einzuschätzen. Ungefähr ab dem elften Lebensjahr büßen die Kinder ihr Gespür für mitmenschliche Situationen geradezu „im Sturzflug" ein. Die sich daraus ergebende Unsicherheit und Verwirrung in gefühlsbeladenen Situationen sei ein Grund dafür, dass Teenager gereizt reagieren und das Leben oft als „unfair" empfinden. Nach einiger Zeit legen sich die plötzlichen Stimmungsschwankungen.

Erläuterungen:
Nervenzellen: Milliarden von ihnen sind im Gehirn unter anderem am Verhalten, an der Informationsverarbeitung, an Lernen und Gedächtnis, Willenshandlungen, Sprache und an der Entstehung von Gefühlen beteiligt. Im Durchschnitt hat jede Nervenzelle über tausend Verbindungen zu anderen Nervenzellen.
Stirnhirn: Der Bereich des Großhirns über den Augen.

2 *Stimmungsschwankungen in der Pubertät*

1. Mind-map. Erstelle eine Mind-map zum Thema Pubertät. Berücksichtige dabei sowohl die körperlichen als auch die geistig-seelischen Veränderungen, die im Grundwissentext sowie in Abbildung 1 dargestellt sind.

2. Pubertät – Der nervige Umbau im Gehirn. Lies den Text in Abbildung 2. Schließe dann das Buch. Halte einen freien Kurzvortrag zum Thema „Der nervige Umbau im Gehirn".

3. Suche Partner/Partnerin. Gib für jede Bekanntschaftsanzeige aus Abbildung 3 an, ob sie von einem Mann oder einer Frau stammt. Begründe deine Zuordnung.

Bin 23, 174, blond, mag verrückte Ideen, schätze gute Gespräche, große und kleine Kunst, Kneipen, mitreißende Kinofilme u. Theaterstücke. Suche lebendiges, unternehmungslustiges „Gegenstück". Bin begeisterungsfähig, auch gern sportlich u. mag die Natur.
Schreib trotz aller Wenn und Aber! Chiffre ...

Ich, 23, suche gefühlsbetontes, aber auch energisches „Gegenstück" zum Verlieben. Du solltest an einer echten Beziehung und an mir interessiert sein und trotzdem du selbst sein. Eher flippig als durchschnittlich, selbstbewusst und offen. Ich bin ein bisschen kompliziert, mag Musik, über alles reden und suche noch nach meinem Weg. Bild wäre toll. Chiffre ...

Ich, 22, Zwilling, suche nervenstarkes „Gegenstück", mit dem man lachen, reden, träumen und weggehen kann, das weiß, dass das Wir auch aus zwei Ichs besteht. Chiffre ...

Ich, 22/176, schlank, sportlich, attraktiv, mag die Natur, Bücher, Skifahren, Musik von Klassik bis Liedermacher, gemütliche Kneipen, Zärtlichkeit und vieles mehr. Suche passendes „Gegenstück"! Bitte Brief mit Bild. Chiffre ...

3 *Bekanntschaftsanzeigen*

→ 5.2 Geschlechtsreife bei Jungen, 5.3 Geschlechtsreife bei Mädchen

5.2 Geschlechtsreife bei Jungen

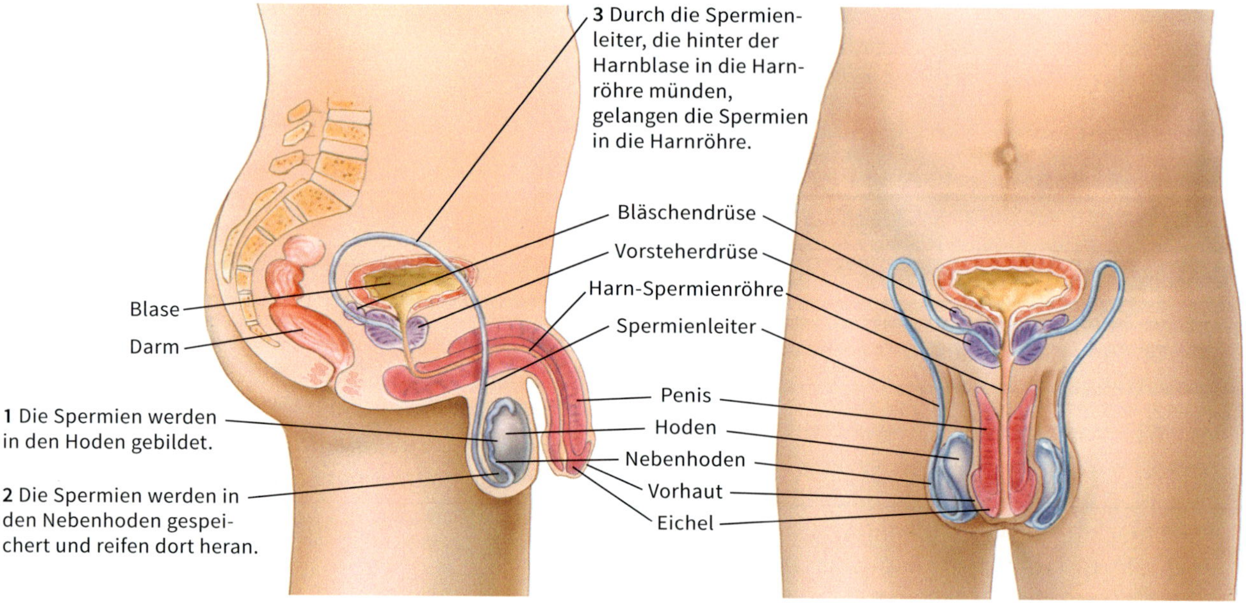

1 *Lage und Bau der männlichen Geschlechtsorgane und Entwicklung der Spermien*

Zu den **primären Geschlechtsmerkmalen** des Mannes gehören der Penis und der Hodensack. Sie sind bereits von Geburt an vorhanden. Die **sekundären Geschlechtsmerkmale** (z. B. Bartwuchs) werden erst während der Pubertät ausgebildet und sind zusätzliche Zeichen sexueller Reife.

Die Pubertät beginnt beim Jungen mit dem Wachstum der männlichen Geschlechtsorgane. Sie wachsen zu ihrer endgültigen Größe heran und werden voll funktionsfähig. Gleichzeitig setzt auch die Entwicklung der **Spermien** ein (Abb. 1). In den Hoden liegen viele gewundene Hodenkanälchen. In ihnen entwickeln sich während des ganzen Lebens eines Mannes aus den Spermienmutterzellen die Spermien (Abb. 2). Täglich werden insgesamt etwa 300 - 500 Millionen Spermien gebildet. Sie werden in den Nebenhoden gespeichert und reifen dort heran. Um heranzureifen, benötigen Spermien eine etwas geringere Temperatur als die Körpertemperatur. Die Hoden liegen außerhalb des Körpers im Hodensack. So wird die Temperatur für die Reifung der Spermien stets optimal gehalten. In den Nebenhoden lagern die Spermien einige Wochen lang, dann werden sie wieder abgebaut.

Ein reifes Spermium ist etwa 0,06 Millimeter lang und kann sich aktiv bewegen. Im ovalen Kopfteil befindet sich der Zellkern, der mit den Chromosomen die Erbinformation enthält (Abb. 2). Im Mittelteil wird durch die Zellatmung aus Glucose Energie frei gesetzt, die die Bewegung des Spermiums ermöglicht. Die aktive Bewegung des Spermiums erfolgt durch seinen Schwanzteil.

Beim Höhepunkt der geschlechtlichen Erregung werden die Spermien durch heftige Muskelbewegungen aus den Nebenhoden in den Spermienleiter gedrückt und dort weiterbefördert. Die Bläschendrüse, die Vorsteherdrüse (Prostata) und weitere Drüsen geben dabei Sekrete ab, die sich mit den Spermien vermischen und zusammen das weißliche Sperma bilden. Im Bereich der Prostata vereinigen sich Spermienleiter und Harnröhre zur Harn-Spermien-Röhre (Abb. 1). Beim Spermienerguss, der Ejakulation genannt wird, wird das Sperma herausgeschleudert. Die damit verbundene starke gefühlsmäßige Erregung wird als Orgasmus bezeichnet. Ein Junge kann den Orgasmus auch selbst durch Berührungen des Penis auslösen.

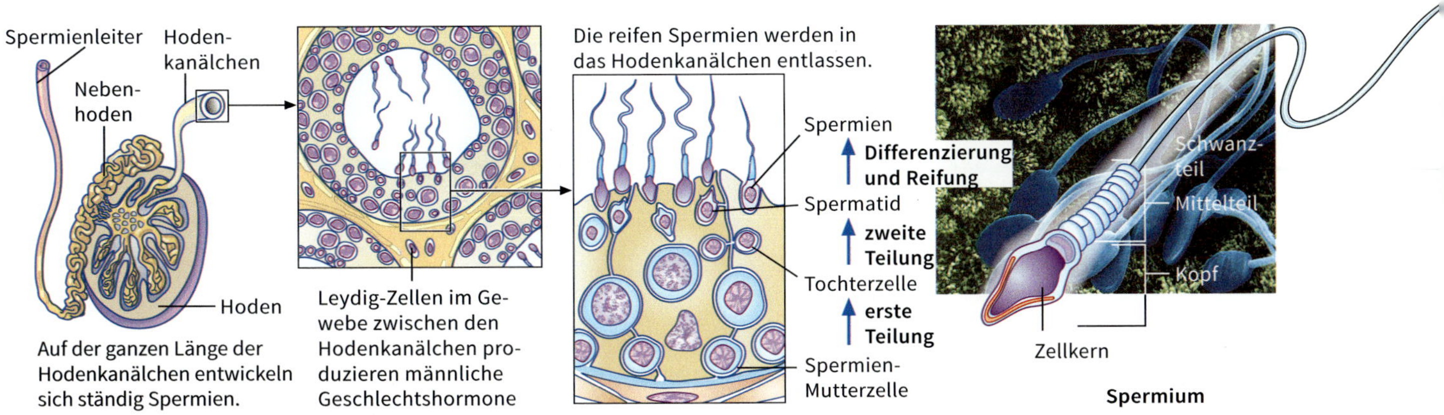

2 *Bau der Spermien und ihre Bildung in Hodenkanälchen und elektronenmikroskopisches Bild*

Mit Beginn der Pubertät beginnen viele durch Hormone gesteuerte Vorgänge. Die Hirnanhangsdrüse (Hypophyse) gibt zwei wichtige Hormone an das Blut ab: das FSH (Follikel stimulierendes Hormon) und das LH (luteinisierendes Hormon). Diese wirken auf die Hoden ein. Das Hormon Testosteron ist für die Muskelbildung und die Ausbildung der männlichen Geschlechtsmerkmale wichtig.

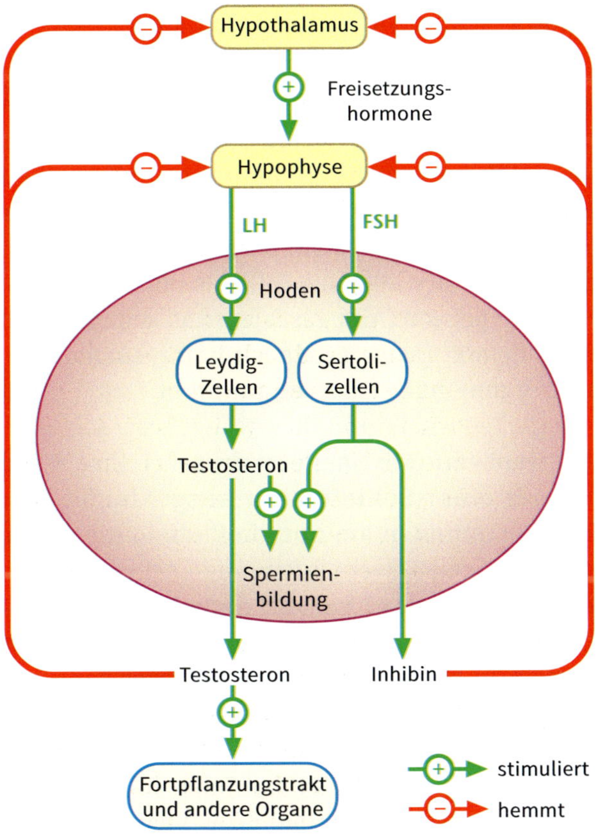

3 *Geschlechtshormone beim Mann*

1. Der Weg der Spermien. Entwickle mithilfe der Abbildungen 1 und 2 sowie des Grundwissentextes ein Fließdiagramm, das sämtliche Stationen von der Bildung der Spermien bis zum Verlassen des Körpers enthält.

2. Wirkung der Geschlechtshormone beim Mann. Die Spermienbildung wird durch den Einfluss verschiedener Hormone kontrolliert (Abb. 2, 3 und 4). Mit Beginn der Pubertät werden vom Hypothalamus im Gehirn verstärkt Freisetzungshormone gebildet. Werte die Abbildung 3 im Hinblick auf die hormonelle Kontrolle des männlichen Fortpflanzungssystems aus.

3. Same und Spermium: zwei Fachbegriffe im Widerstreit. Früher wurde anstelle des Begriffes „Spermium“ der Begriff „Samen“ verwendet. Begründe, warum der Begriff „Samen“ heute nicht mehr verwendet werden sollte.

Vorgeburtlich: Entwicklung der Hoden und der äußeren Geschlechtsorgane, geschlechtliche Differenzierung des Gehirns

In der Pubertät: Entwicklung der äußeren Geschlechtsorgane, Bildung von Spermazellen, Wachstum der Körper-, Gesichts- und Achselbehaarung, Veränderung der Stimmlage, Veränderungen des Skeletts, Veränderungen im Stoffwechsel (proteinaufbauende Wirkung), Beeinflussung der Psyche und des Verhaltens.

4 *Vorgänge beim Mann, die durch Testosteron beeinflusst werden (Beispiele)*

→ 5.3 Geschlechtsreife bei Mädchen

5.3 Geschlechtsreife bei Mädchen

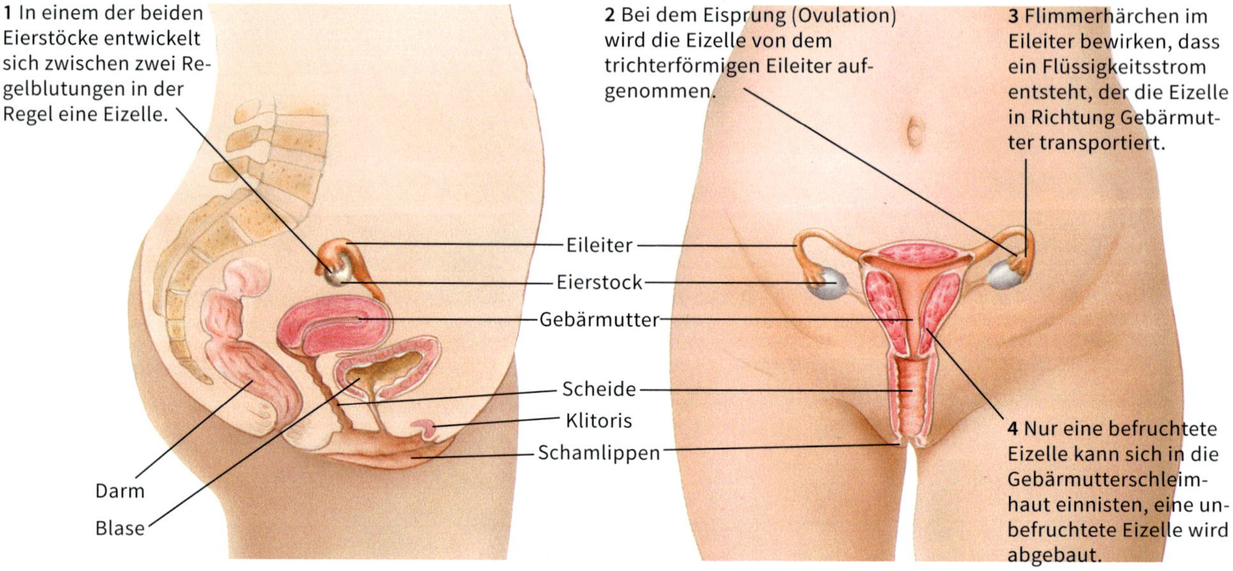

1 *Lage und Bau der weiblichen Geschlechtsorgane*

Der Beginn der Geschlechtsreife wird durch die erste Regelblutung oder **Menstruation** deutlich (Abb. 3). Sie ist die Folge des Heranreifens der Eizellen. Anders als bei den Hoden des Mannes enthalten die Eierstöcke bereits bei der Geburt sämtliche der etwa 400 000 **Eimutterzellen**, die sich zu **Eizellen** entwickeln können. In etwa jedem Monat entwickelt sich zwischen zwei Regelblutungen in der Regel nur eine Eizelle in einem der Eierstöcke. Im Leben einer Frau können daher etwa 400 bis 500 Eizellen ausgebildet werden.

Die Eizelle reift unter Einfluss des **Follikel stimulierenden Hormons** (FSH) in einem mit Flüssigkeit gefüllten Bläschen, dem **Follikel**, heran (Abb. 2). Der Follikel wird dabei etwa 2 cm groß und wandert an die Oberfläche des Eierstocks. Der Follikel hat eine kugelförmige Gestalt. Im Follikel befinden sich bestimmte Zellen. Diese bilden weibliche Geschlechtshormone und betten eine Eizelle ein. Während der Follikel heranreift, entsteht in ihm ein flüssigkeitsgefüllter Hohlraum, die Follikelhöhle. Die Eizelle liegt am Ende der Follikelreifung am Follikelrand. Ist der Follikel ausgereift, wandert er an den Rand des Eierstocks und platzt auf. Diesen Vorgang nennt man **Eisprung (Ovulation)**. Dabei wird die Eizelle mit der Follikelflüssigkeit ausgeschwemmt und vom Eileiter aufgenommen (Abb. 1, 2).

Die menschliche Eizelle hat einen Durchmesser von etwa 0,2 mm und ist nach dem Eisprung nur wenige Stunden befruchtungsfähig. In ihrem Zellkern befinden sich, wie auch im Zellkern des Spermiums, die Chromosomen als Träger der Erbinformation. Der Rest des Follikels bildet sich zum **Gelbkörper** um (Abb. 2). Er wird so genannt, weil nach dem Eisprung Fettzellen in ihn einwandern und er eine gelbe Färbung annimmt.

Die **Gebärmutter** ist ein Hohlmuskel. Ihre Wand ist mit einer Schleimhaut ausgekleidet. Die Eileiter münden am oberen Ende in die Gebärmutter. Sie sind wenige Millimeter dick und von einer Schicht aus Flimmerhärchen ausgekleidet. Durch die Bewegung der Flimmerhärchen wird die Eizelle, die sich selbst nicht fortbewegen kann, mit dem entstehenden Flüssigkeitsstrom in Richtung der Gebärmutter transportiert. Nur eine befruchtete Eizelle kann sich in die Gebärmutter einnisten. Eine nicht befruchtete Eizelle wird abgebaut (Abb. 3).

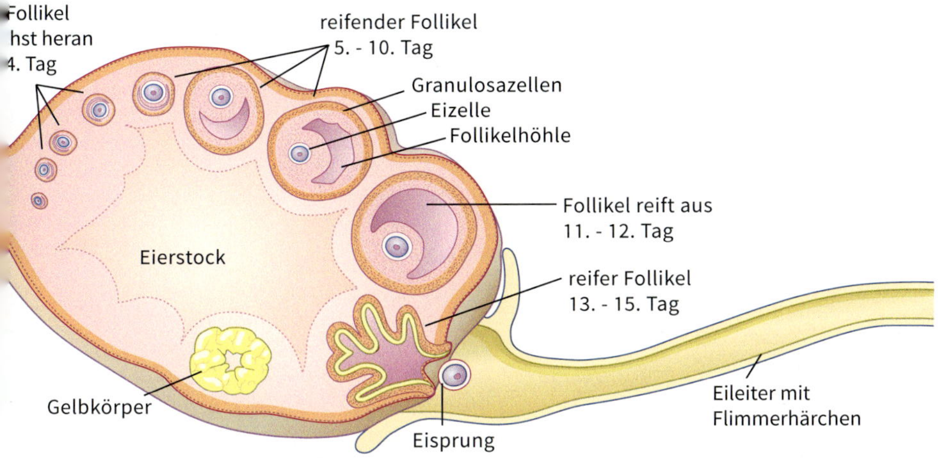

2 *Follikelreifung und Eisprung*

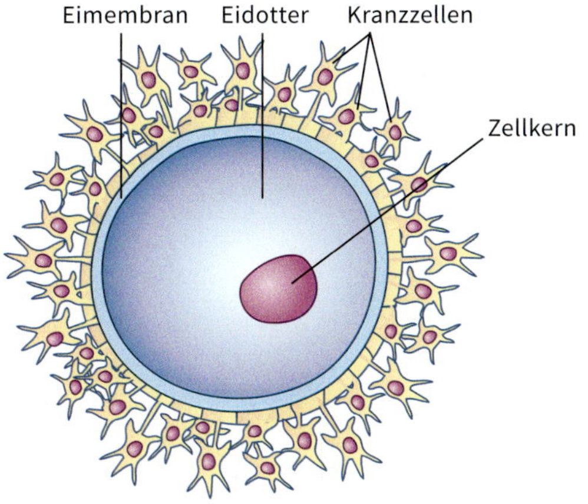

4 *Bau der menschlichen Eizelle*

1. Follikelreifung, Eisprung und Zyklus.

a) Erläutere die Follikelreifung und den Eisprung anhand der Abbildung 2.

b) Werte die Abbildung 3 hinsichtlich der Veränderungen im Menstruationszyklus aus. Erstelle dazu einen zusammenhängenden Text und beginne mit Tag 1.

2. Vergleich der Eizelle mit der Spermienzelle. Vergleiche den Bau der Eizelle mit dem Bau einer Spermienzelle (Abb. 4).

3. Unterschiedliche Größe von Eizellen. Hühnereier haben einen Durchmesser von etwa 4,5 cm und ein Gewicht von etwa 50–70 Gramm. Das menschliche Ei hat einen Durchmesser von 0,2 mm und ein Gewicht von $9 \cdot 10^{-4}$ Milligramm. Begründe die unterschiedliche Größe von menschlicher Eizelle und dem Ei des Haushuhns.

Hühner-Ei

Menschen-Ei •

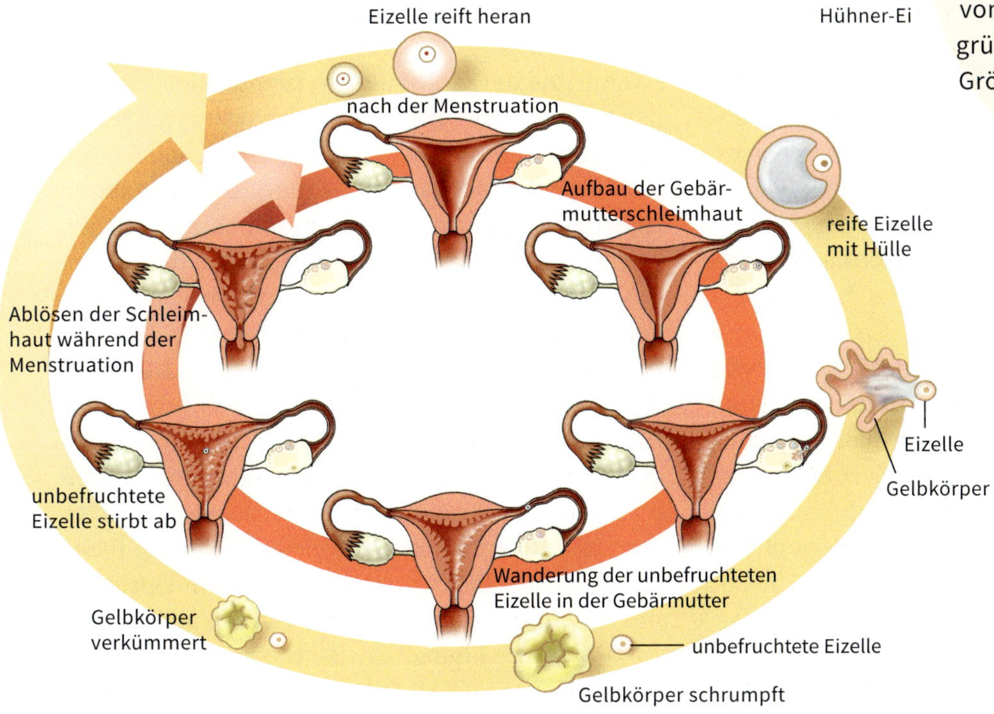

3 *Veränderungen im Menstruationszyklus*

→ 5.2 Geschlechtsreife bei Jungen

5.4 Das Hormonsystem des Menschen im Überblick

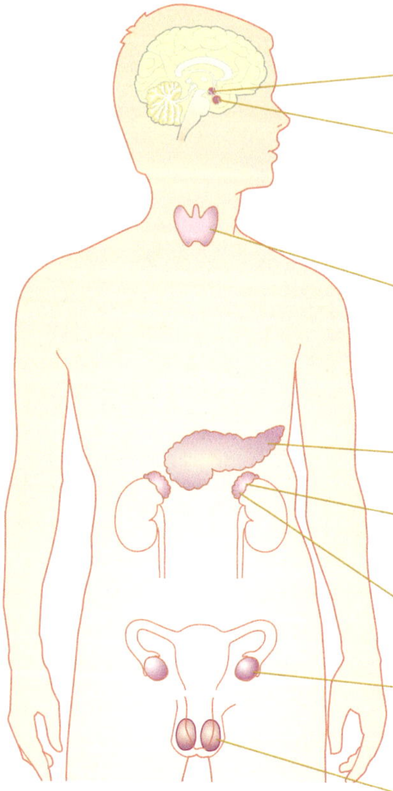

Drüse	Hormon	Wirkung
Hypothalamus	Freisetzungs-hormone	beeinflussen die Freisetzung von Hormonen in der Hypophyse
Hypophyse	Somatotropin, FSH, LH	Wachstum Follikelreifung in den Eierstöcken, Bildung der Muttermilch, Bildung der Spermazellen, Steuerung weiterer Hormone
Schilddrüse	Thyroxin	Förderung der Sauerstoffaufnahme und der Energieumwandlung in der Zelle, Förderung des Wachstums in der Jugend, erhöhte Aufnahme von Glucose aus dem Darm in das Blut
Bauchspeicheldrüse	Insulin, Glukagon	Senkung und Erhöhung des Blutzuckerspiegels
Nebennierenmark	Adrenalin, Noradrenalin	Erhöhung des Blutzuckerspiegels, Steigerung des Grundumsatzes, Glykogenabbau
Nebennierenrinde	Cortisol	Hemmung und Heilung von Entzündungen
Eierstöcke	Östrogene, Progesteron	Ausbildung weiblicher Sexualorgane, Regelung des Menstruationszyklus, Erhaltung der Schwangerschaft
Hoden	Testosteron	Ausbildung der männlichen Geschlechtsmerkmale, Muskelzunahme

1 *Wichtige Hormondrüsen, einige Hormone und ihre Wirkung*

Hormone sind Signalstoffe. Sie werden in Hormondrüsen gebildet und von dort in das Blut abgegeben. Mit dem Blut werden sie im ganzen Körper verteilt. Sie werden schon in kleinsten Mengen wirksam. Jedes Hormon wirkt nur auf bestimmte Organe oder Zellen. Diese Zellen nennt man die **Zielzellen** eines Hormons.

Der Hypothalamus ist die Verbindungsstelle zwischen Nervensystem und Hormonsystem. Er hat für die meisten Hormondrüsen eine übergeordnete Funktion. Der Hypothalamus produziert Hormone, die die Freisetzung von Hormonen aus der **Hypophyse** beeinflussen. Die Hormone der Hypophyse regen andere Hormondrüsen im Körper an, ihrerseits Hormone zu bilden. Zum Beispiel regt das Hypophysenhormon Thyreotropin die Schilddrüse an, das Hormon Thyroxin zu bilden und in das Blut abzugeben. **Thyroxin** fördert die Sauerstoffaufnahme und die Zellatmung in allen Zellen des Körpers. Hormonsystem und Nervensystem arbeiten eng zusammen (Abb. 2). Wenn ein neugeborenes Kind an der Brust der Mutter saugt, gelangen diese Informationen zum Gehirn (I) und zum Hypothalamus (II). Von der Hypophyse (III) wird daraufhin das Hormon Prolactin in das Blut abgegeben. Es gelangt an die Zellen der Brustdrüsen (V). Daraufhin produzieren die Brustdrüsenzellen Milch.

Hormone besitzen eine räumliche Struktur. Manche Zellen, die Zielzellen, haben Rezeptoren auf ihren Zellmembranen, an die Hormone andocken können. **Rezeptoren** sind Moleküle, deren Struktur wie ein Schloss zum Schlüssel, dem Hormon, passt. Nur in diesen Zielzellen mit den passgenauen Rezeptoren können die Hormone ihre Wirkung entfalten.

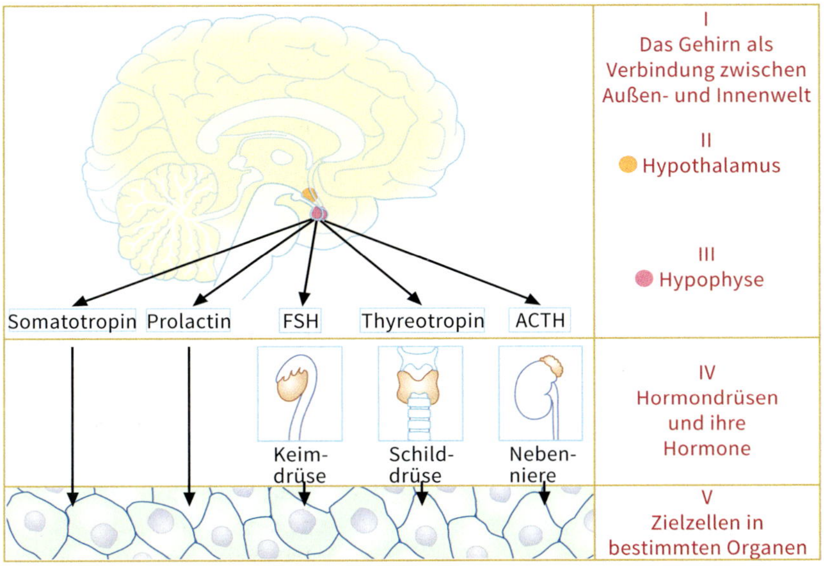

2 *Die fünf Ebenen der Hormonwirkung*

3 *Leonid Stadnik war 2,53 m groß*

1. Die Ebenen des hormonellen Systems. Beschreibe die fünf Ebenen des hormonellen Systems in Abbildung 2.

2. Schlüssel-Schloss-Prinzip. Erläutere das Schlüssel-Schloss-Prinzip von Hormon und Rezeptor auf der Membran von Zielzellen anhand der Abbildung 4.

3. Regulation durch Wachstumshormone. 2014 verstarb der aus der Ukraine stammende Leonid Stadnik mit einer Körpergröße von 2,53 Meter (Abb. 3). Im Alter von 14 Jahren hatte er eine Gehirnoperation, die durch einen Tumor an der Hypophyse notwendig wurde. Stelle eine Hypothese auf, wie sich ein solches Riesenwachstum erklären lässt.

4. Körperlänge und Wachstumshormone. Erläutere die im Diagramm dargestellten Versuchsergebnisse anhand von Abbildung 5.

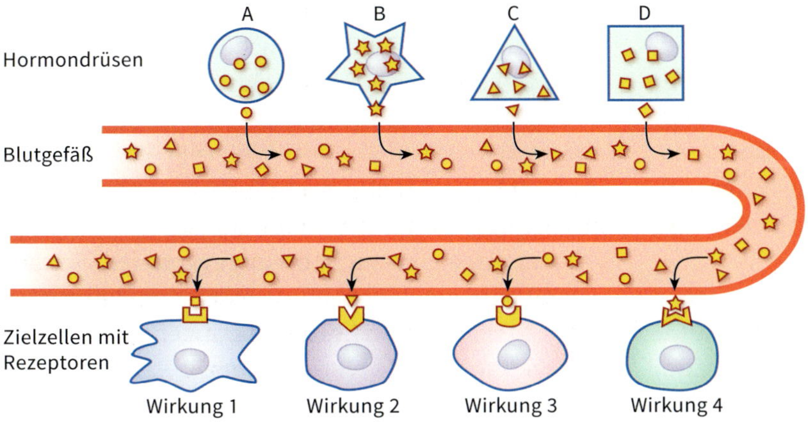

4 *Hormone und Zielzellen*

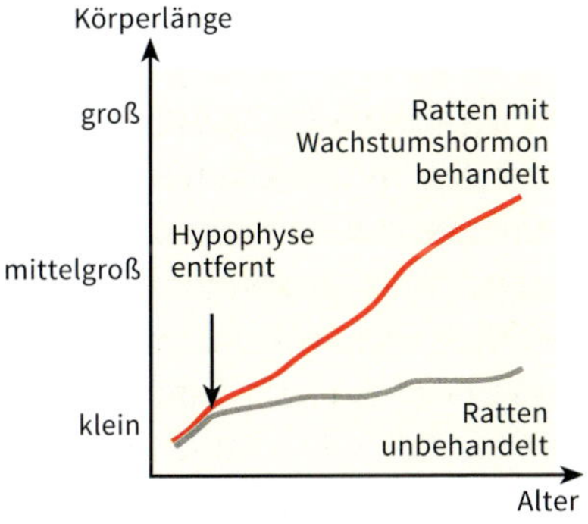

5 *Die Auswirkung von Wachstumshormonen auf die Körperlänge von Ratten*

→ 5.5 Hormonelle Regulation des weiblichen Zyklus

5.5 Hormonelle Regulation des weiblichen Zyklus

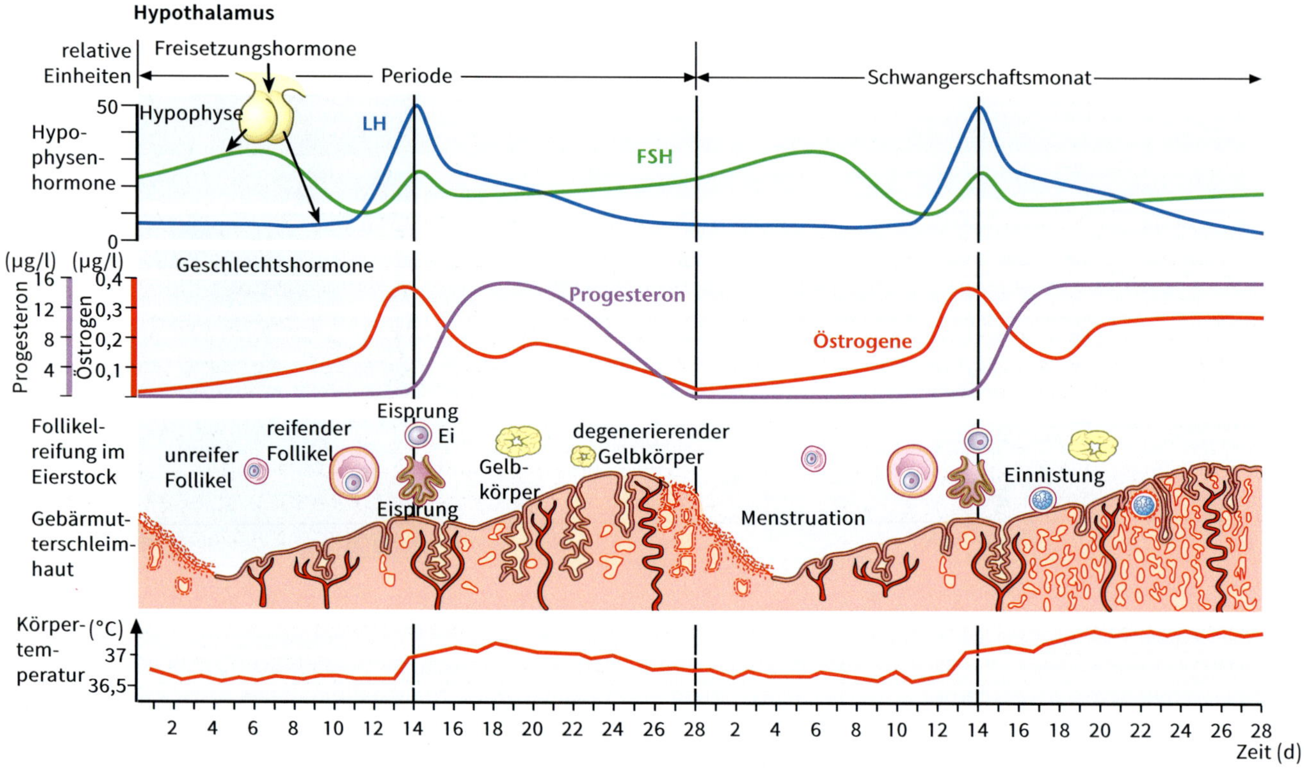

1 *Hormonelle Regulation des weiblichen Zyklus*

Das Heranreifen einer Eizelle im Eierstock und die gleichzeitige Veränderung der Gebärmutterschleimhaut werden durch Hormone gesteuert. Zuerst gibt die Hypophyse verstärkt das **Follikel stimulierende Hormon FSH** ab. Dieses Hormon bewirkt das Wachstum und die Reifung eines Follikels im Eierstock im Zeitraum von etwa 14 Tagen. Die endgültige Reifung des Follikels, der Eisprung und die Gelbkörperbildung werden durch das **luteinisierende Hormon (LH)** gesteuert. Der heranreifende Follikel bildet seinerseits ebenfalls bestimmte Hormone, die **Östrogene**. Durch sie wächst die Gebärmutterschleimhaut innerhalb von ca. zwei Wochen auf ungefähr die vierfache Dicke (von 1,5 auf 6 mm) an.

Bei einem bestimmten Verhältnis von FSH und LH im Körper platzt der Follikel und es kommt zum Eisprung. Der Rest des Follikels bildet sich zum Gelbkörper um (Abb. 1). Der Gelbkörper bildet das Hormon **Progesteron,** das die Einnistung einer befruchteten Eizelle vorbereitet. Weiterhin bewirkt das Progesteron, dass die Ausschüttung von FSH und LH nahezu unterbunden wird. So kann im Eierstock kein weiterer Follikel heranreifen (Abb. 1).

Bleibt die Eizelle unbefruchtet, bildet sich der Gelbkörper zurück. Die Konzentration des Progesterons sinkt. Dadurch wird die Gebärmutterschleimhaut abgebaut und durch die beginnende **Menstruation** abgestoßen. Blut und Schleimhautreste fließen ab. Im Falle einer Befruchtung teilt sich die Eizelle mehrfach. Es entsteht ein mehrzelliger **Embryo,** der sich in die Gebärmutter einnistet und das **Schwangerschaftshormon (HCG)** wird gebildet (Abb. 4). HCG sorgt dafür, dass der Gelbkörper sich nicht abbaut. Das gebildete Progesteron sorgt weiterhin für die Erhaltung der Gebärmutterschleimhaut, welche kontinuierlich mit Nährstoffen versorgt wird.

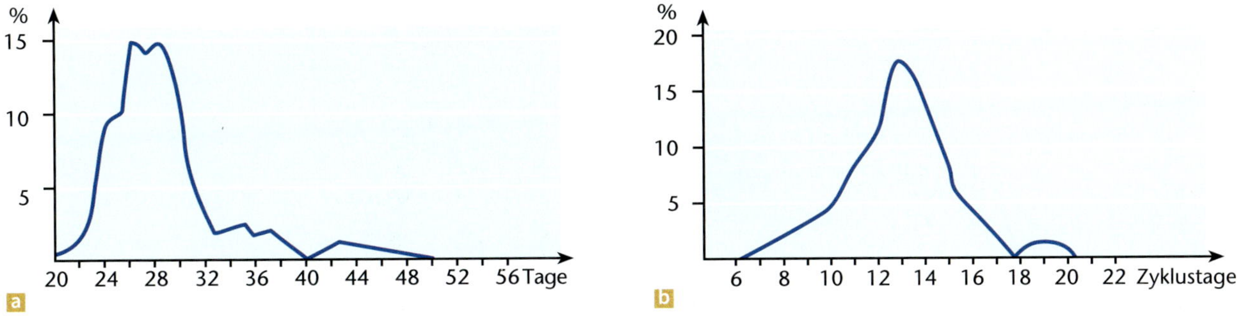

2 *Verteilung der Häufigkeit von a) Zykluslänge und b) Tag des Eisprungs bei geschlechtsreifen Frauen*

1. Hormonelle Vorgänge beim weiblichen Zyklus.
a) Trage für jedes der in Abbildung 1 dargestellten Hormone den Produktionsort und die jeweilige Wirkung auf den Körper in eine Tabelle ein.
b) Mit der Befruchtung der Eizelle verändern sich die Vorgänge beim weiblichen Zyklus. Vergleiche die Vorgänge für den Fall, dass es zu einer Befruchtung der Eizelle kommt mit den Vorgängen, wenn es zu keiner Befruchtung kommt. Berücksichtige dabei folgende Aspekte: Gelbkörper, Gebärmutter, Menstruationszyklus, FSH, LH, Progesteron, Östrogen.

2. Wirkung von FSH und LH bei Mann und Frau.
a) Erläutere die unterschiedliche Funktion der Hormone FSH und LH beim Mann und bei der Frau mit Hilfe von Informationen in diesem Kapitel.
b) Erkläre, welche Auswirkungen das Fehlen von 1) FSH und 2) Progesteron auf den weiblichen Zyklus hat.

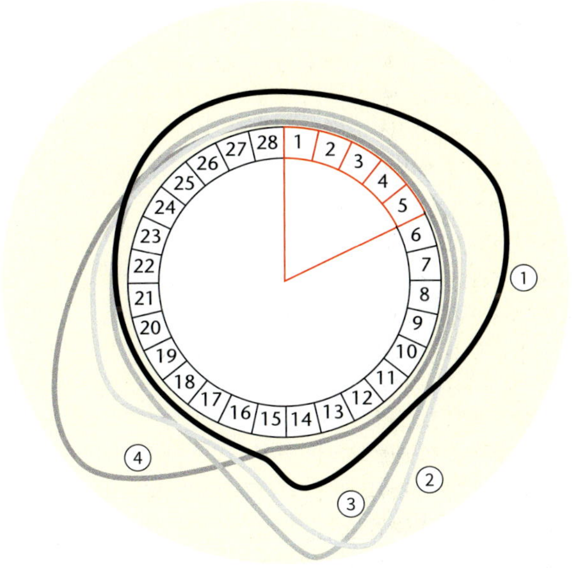

3 *Hormonelle Regulation des Zyklus in Kreisdarstellung*

3. Häufigkeit der Zykluslänge und des Eisprungs. Werte die Diagramme in Abbildung 2 im Hinblick auf die unterschiedlichen Häufigkeiten aus. Leite dabei für jedes Diagramm eine zentrale Aussage ab.

4. Körpertemperatur und Zyklus. Schwankungen der Körpertemperatur sind ein Hinweis auf veränderte Stoffwechselvorgänge beim Menschen. Auch beim weiblichen Zyklus kommt es zu charakteristischen Veränderungen bei der Körpertemperatur (Abb. 1). Diese Methode hilft bei einem Vergleich der Temperaturkurven über mehrere Monate hinweg auch, die individuelle Zykluslänge zu ermitteln. Werte die Temperaturkurve in Abbildung 1 im Hinblick auf den Zusammenhang von Körpertemperatur, hormonellen Veränderungen und Zeitpunkt der Ovulation aus.

5. Hormonelle Regulation des weiblichen Zyklus. Begründe, welches Hormon den verschiedenen Kurven 1 bis 4 in Abbildung 3 entspricht.

Im Verlauf einer Schwangerschaft steigt das Schwangerschaftshormon HCG ab dem 60. Tag an. Das Maximum ist etwa am 80. Tag erreicht. Danach fällt seine Konzentration im Blut erst rasch und dann immer langsamer bis zum Ende der Schwangerschaft ab. Die HCG-Konzentration wird daher im 1. Drittel der Schwangerschaft für Schwangerschaftstests genutzt. Droht eine Fehlgeburt, kann ein absinkender HCG-Gehalt frühe Hinweise darauf geben. Zur Diagnose einer (drohenden) Fehlgeburt wird heute jedoch in erster Linie die Ultraschalldiagnostik eingesetzt.

4 *Das Schwangerschaftshormon HCG*

→ 5.4 Das Hormonsystem des Menschen im Überblick, 5.9 Hormonelle Empfängnisverhütung

5.6 Befruchtung und Einnistung

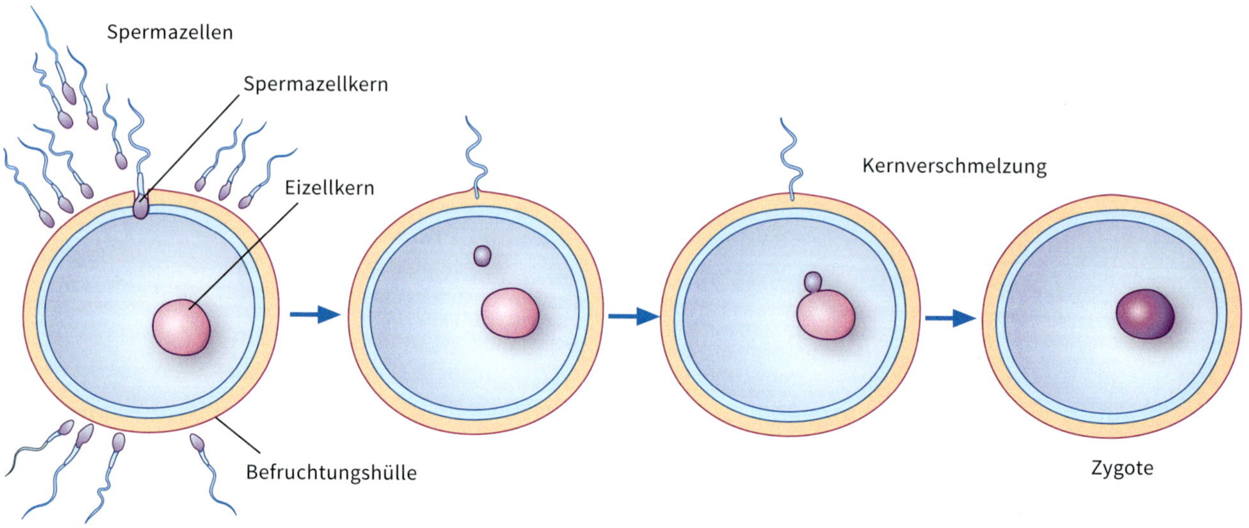

1 *Befruchtung einer Eizelle (Schema)*

Nach dem Eisprung wird die Eizelle im Eileiter mithilfe von Flimmerhärchen zur Gebärmutter transportiert. Kommt es in diesem Zeitraum zum Geschlechtsverkehr, so kann dies zu einer Schwangerschaft führen. Die nach einer Ejakulation ausgestoßenen 300 bis 400 Millionen Spermien wandern mit einer Geschwindigkeit von etwa drei bis fünf Millimeter pro Minute durch die Gebärmutter in die Eileiter (Abb. 2). Zur Befruchtung kommt es jedoch nur, wenn die Spermien die Eizelle etwa innerhalb von 24 Stunden nach dem Eisprung erreichen. Sie bleiben im Eileiter bis zu sieben Tage lang lebensfähig. Viele Spermien sterben auf dem Weg zur Eizelle jedoch ab.

Befindet sich im Eileiter eine befruchtungsfähige Eizelle, so bewegen sich die Spermien durch chemische Botenstoffe geführt auf diese zu. Nur einem Spermium gelingt es, in das Plasma der Eizelle vorzudringen (Abb. 1). Aus dem Kopfteil des Spermiums wird dann die Erbinformation väterlicherseits freigesetzt. Nach deren Verschmelzung mit der in der Eizelle enthaltenen Erbinformation mütterlicherseits ist die **Befruchtung** abgeschlossen. Es bildet sich eine Befruchtungshülle. Etwa 30 Stunden nach der Befruchtung hat sich die befruchtete Eizelle, die **Zygote**, geteilt und das 2-Zell-Stadium gebildet (Abb. 2). Nach mehreren Teilungen ist nach etwa weiteren 30 Stunden das 8-Zell-Stadium erreicht. Alle acht Zellen sind identisch. Aus jeder von ihnen kann zu diesem Zeitpunkt noch ein Mensch entstehen. Drei Tage nach der Befruchtung haben weitere Zellteilungen stattgefunden und es hat sich eine Hohlkugel, der **Bläschenkeim**, gebildet. Dieser erreicht nun durch die Bewegung der Flimmerhärchen im Eileiter die Gebärmutter.

Sechs bis sieben Tage nach der Befruchtung kommt es zur **Einnistung** (Abb. 2). Der Bläschenkeim legt sich an die Gebärmutterschleimhaut an. Die Schleimhaut bildet um den Bläschenkeim herum eine Schicht aus Zellen, sodass dieser von der Gebärmutterschleimhaut vollständig umgeben wird. Der Keim selbst bildet Fortsätze aus, mit denen er sich in der Gebärmutterschleimhaut verankert und wird nun **Embryo** genannt. Bereits zwei Wochen nach der Befruchtung haben sich drei Gruppen unterschiedlicher Zellen gebildet, aus denen erstens Haut und Nervensystem, dann zweitens Skelett, Muskeln, Herz- und Blutgefäßsystem sowie drittens die Verdauungs- und Ausscheidungsorgane hervorgehen.

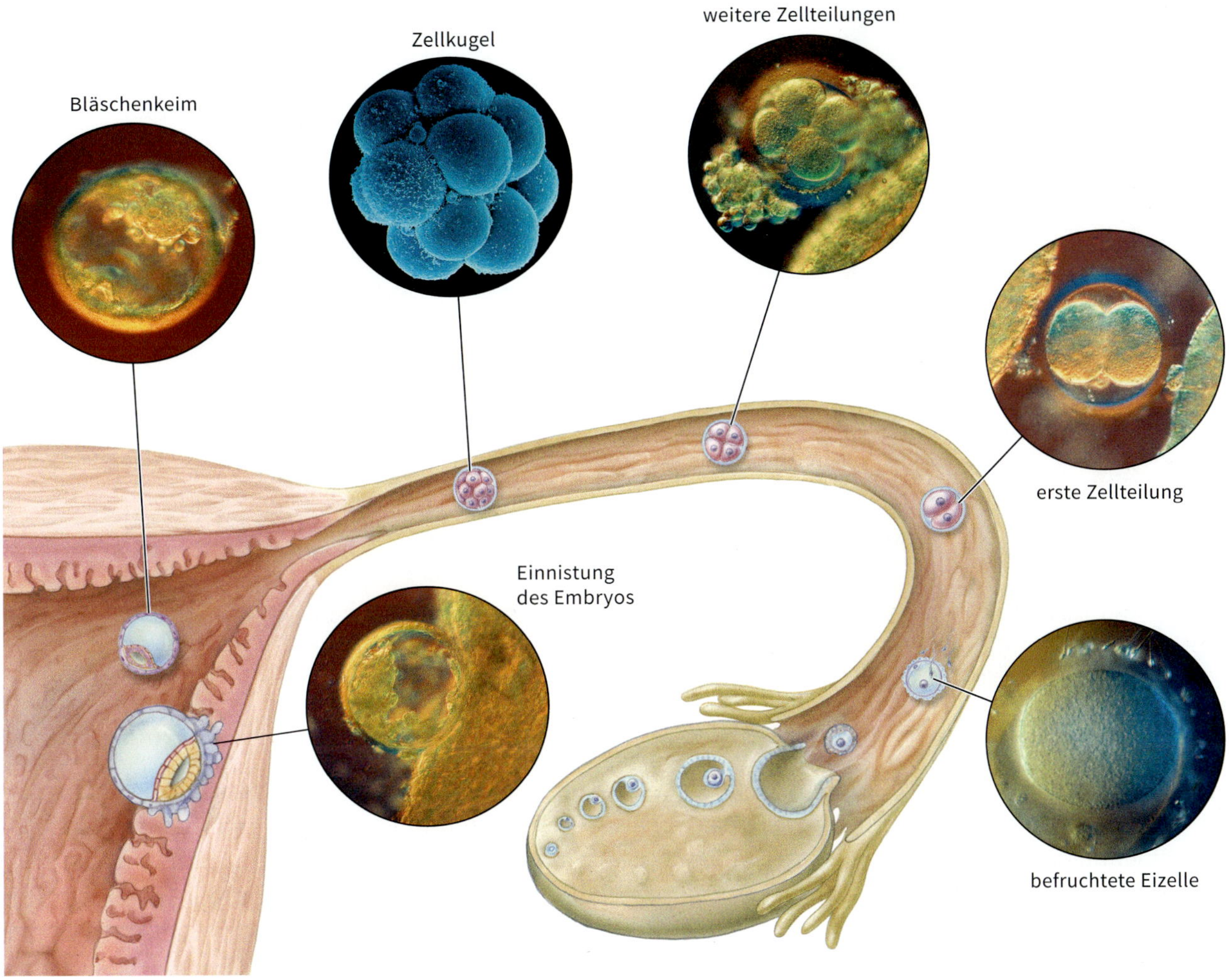

2 *Einnistung und Entwicklung des frühen Embryos*

Durchschnittlich ist jede vierzigste Geburt eine Zwillingsgeburt. Dabei unterscheidet man im Wesentlichen zwei verschiedene Entstehungsweisen von Zwillingen:

Bei **eineiigen Zwillingen** teilt sich die Zygote im Verlauf der Entwicklung in zwei Embryos. Sie entstehen aus einer einzigen befruchteten Eizelle, haben die gleichen Erbanlagen.

Zweieiige Zwillinge entstehen, wenn zwei innerhalb eines Zyklus gereifte Eizellen von zwei Spermien befruchtet werden.

3 *Unterschiedliche Entstehung von Zwillingen*

1. Zeitleiste vom Eisprung bis zur Einnistung.
Zeichne eine Zeitleiste, in der die Orte und die jeweiligen Vorgänge vom Eisprung bis zur Einnistung dargestellt sind.

2. Schemata zur Entstehung von Zwillingen.
Gelegentlich kommt es zur Entstehung von Zwillingen. Dabei unterscheidet man im Wesentlichen zwischen eineiigen und zweieiigen Zwillingen (Abb. 3).
Entwickle jeweils eine Skizze zur Entstehung von a) eineiigen und b) zweieiigen Zwillingen bis zur Einnistung. Erläutere die jeweilige Skizze.

→ 8.2 Genetische Vielfalt durch Neukombination in der Meiose

5.7 Die Plazenta

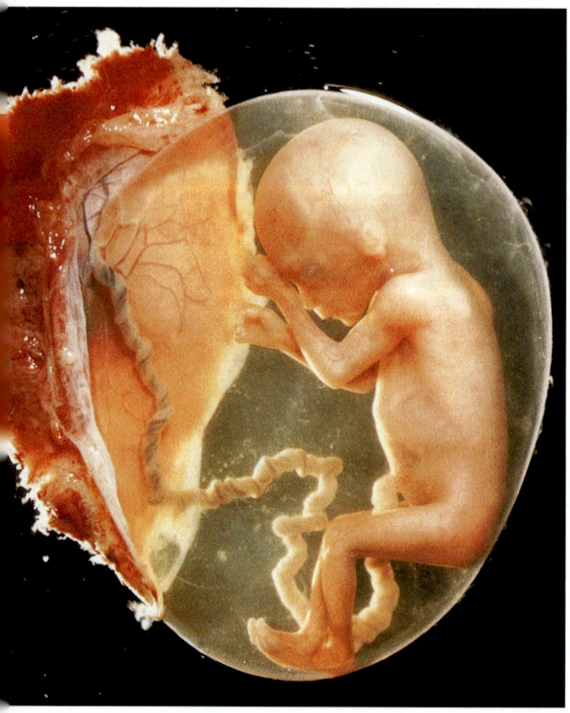

1 *Fetus mit Plazenta*

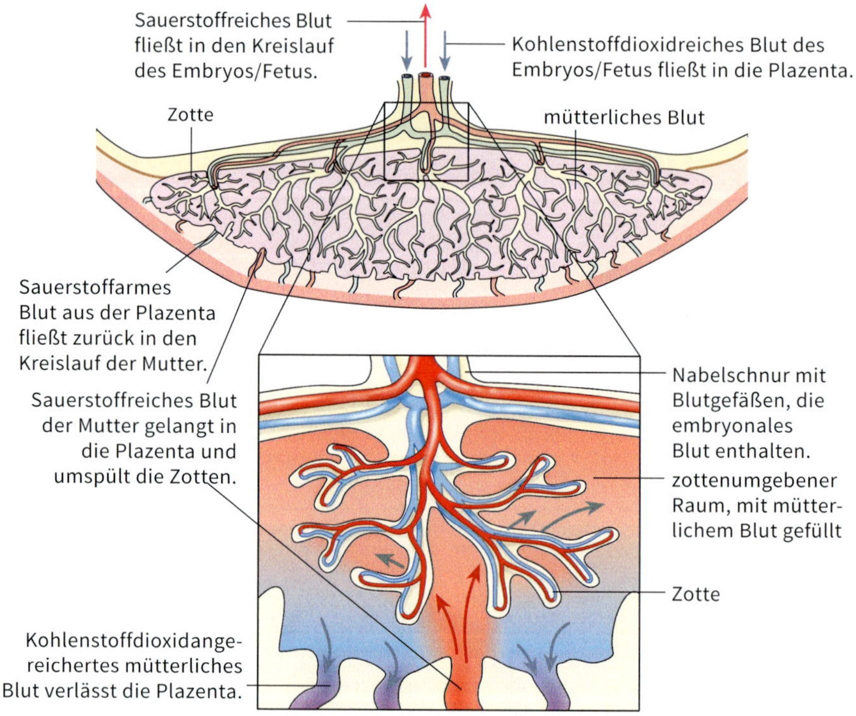

2 *Aufbau der Plazenta*

Der Embryo nistet sich durchschnittlich am siebten Tag nach der Befruchtung in die Gebärmutterschleimhaut ein. Die Gebärmutterschleimhaut ist zu diesem Zeitpunkt bereits gut durchblutet und reich an Nährstoffen. Die äußeren Zellen des Bläschenkeims bilden jetzt kleine Fortsätze aus, die **Zotten**. Diese wachsen in die Gebärmutterschleimhaut ein und verzweigen sich dabei stark. Aus den Zotten und dem von ihnen durchdrungenem Bereich der Gebärmutterschleimhaut entsteht in der dritten Woche die **Plazenta** (Abb. 1). Nach der zehnten Woche wird der Embryo als **Fetus** bezeichnet. Er ist über die **Nabelschnur** mit der Plazenta verbunden.

Pro Minute pumpt das Herz des Fetus sein gesamtes Blut einmal durch die Plazenta. In der Plazenta befinden sich kleine Hohlräume, die mit mütterlichem Blut gefüllt sind. In diese Räume ragen die Zotten des Fetus hinein, sodass sie vom mütterlichen Blut umspült werden. Die sehr dünnen Wände der Zotten trennen das Blut der Mutter vom Blut des Fetus, sodass es nicht zu einer Durchmischung kommt. Durch diese dünne Plazentaschranke erfolgt ein Stoffaustausch. Wasser, Sauerstoff und Nährstoffe gelangen durch Diffusion in das Blut des Fetus. Die Arterien der Nabelschnur transportieren das Blut zum Fetus. Vitamine und bestimmte andere Stoffe werden durch spezielle Transportvorgänge aufgenommen Umgekehrt gelangen Kohlenstoffdioxid, Harnstoff und andere Stoffwechselprodukte, die über die Venen der Nabelschnur vom Fetus zur Plazenta transportiert werden, aus dem Blut des Fetus in das Blut der Mutter.

Die **Plazentaschranke** hält zwar die Blutzellen und die Blutplättchen der Mutter zurück, manche Krankheitserreger sowie Alkohol, Medikamente oder Drogen können die Plazentaschranke jedoch passieren und so in den Blutkreislauf des Fetus gelangen. Alkohol zum Beispiel kann zu schwerwiegenden Fehlbildungen beim Ungeborenen führen (Abb. 3).

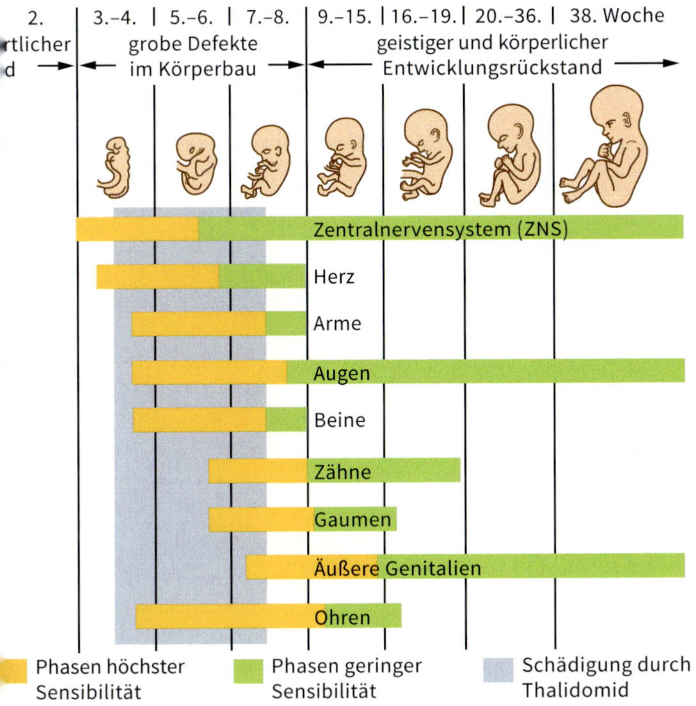

3 *Einfluss schädigender Substanzen auf Embryo und Fetus*

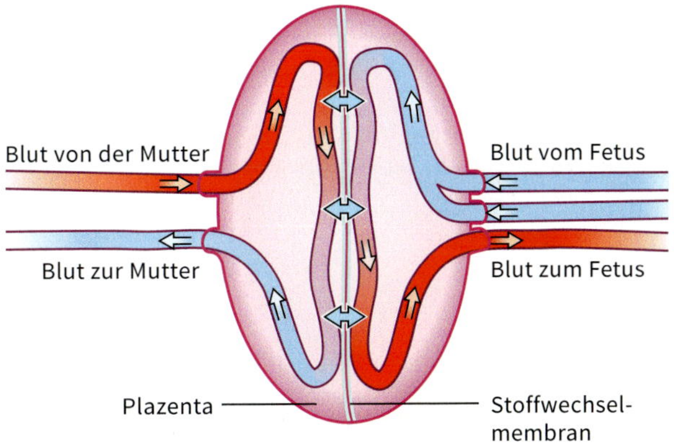

4 *Vorgänge an der Plazentaschranke*

Im Oktober 1957 kam das Medikament **„Contergan"**, ein Beruhigungs- und Schlafmittel, in den Handel. Es galt als gut verträglich. In den Jahren 1958 bis 1961 wurden allein in Deutschland etwa 4000 Kinder geboren, die besonders durch Fehlbildungen an Armen und Beinen auffielen, die aber häufig auch an Fehlbildungen der Ohren und inneren Organe litten. Der Verdacht kam auf, dass „Contergan" für die Fehlbildungen bei den Kindern verantwortlich war. Im November 1961 wurde „Contergan" aufgrund massiven Drucks durch die Presse und Öffentlichkeit vom Markt genommen. Der Wirkstoff von „Contergan" heißt **Thalidomid**. Zwischenzeitliche Untersuchungen haben gezeigt, dass Thalidomid eine stark entzündungshemmende Wirkung hat. Daher wird dieses Medikament aktuell in Deutschland zum Beispiel bei schmerzhaften Geschwüren und Krebserkrankungen eingesetzt. Thalidomid wird in Deutschland kostenlos abgegeben, aber nur an den behandelnden Arzt, der die Verwendung schriftlich begründen muss.

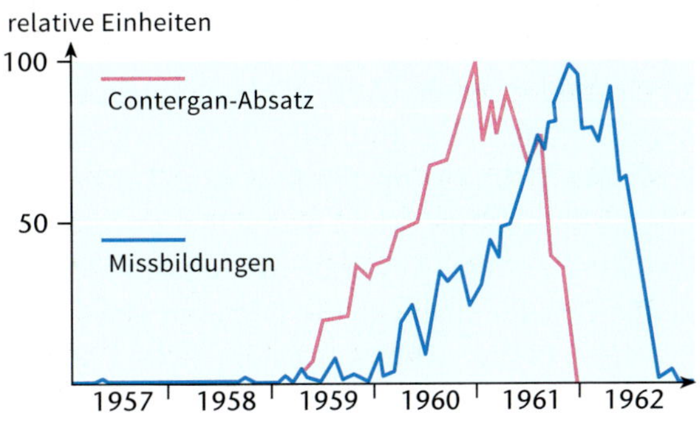

5 *Informationen zu Contergan*

1. Stoffaustausch in der Plazenta. Beschreibe auch mithilfe der Abbildung 2 den Weg des mütterlichen und des fetalen Blutes sowie die Vorgänge an der Plazentaschranke, an der der Stoff- und Gasaustausch stattfindet.

2. Wirkung von Contergan. Werte die Abbildungen 3 und 5 im Hinblick auf die schädigende Wirkung von Contergan in den verschiedenen Entwicklungsstadien des Fetus aus.

3. Thalidomid und Missbildungen. Begründe mithilfe von Abbildung 5, warum diese Kurven einen Zusammenhang zwischen Thalidomid-Einnahme und der schädigenden Wirkung des Stoffes darstellen.

4. Versorgung von Embryo und Fetus. Die Abbildung 4 zeigt ein bedeutendes biologisches Prinzip. Die blaue Farbe stellt dabei das sauerstoffarme Blut und die rote Farbe das sauerstoff- und nährstoffreiche Blut dar. Erläutere die besondere Bedeutung dieses Prinzips für die Versorgung von Embryo und Fetus unter Bezug auf das Basiskonzept „Struktur und Funktion" (Abb. 2, 4).

→ 3.3 Alkoholmissbrauch, 5.5 Hormonelle Regulation des weiblichen Zyklus

5.8 Schwangerschaft und Geburt

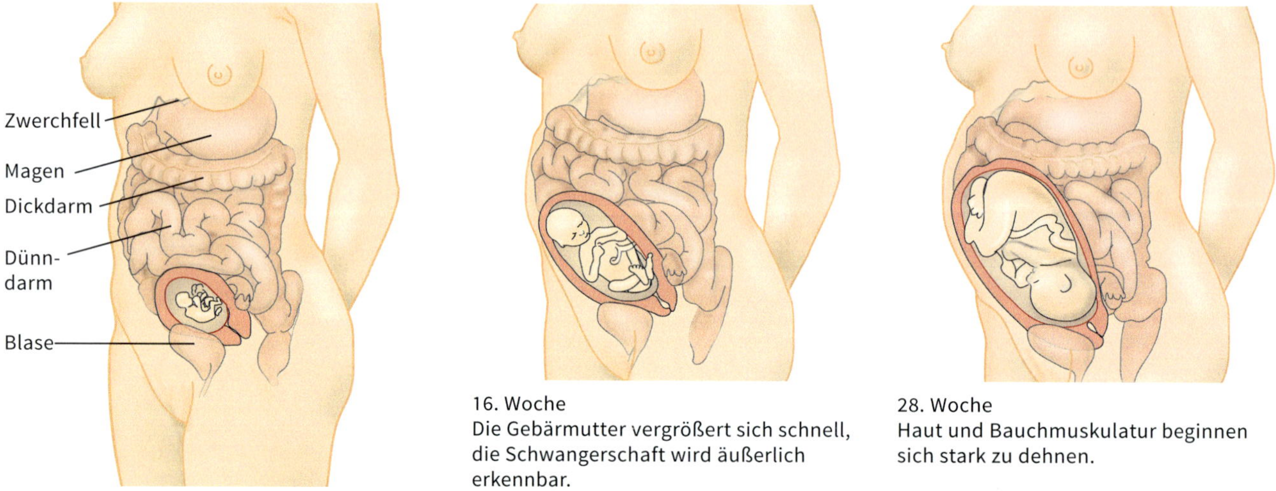

1 *Veränderungen während der Schwangerschaft*

Die Schwangerschaft beginnt mit der Befruchtung der Eizelle und dauert bis zur Geburt im Durchschnitt etwa 266 Tage. Da der Zeitpunkt der Befruchtung in vielen Fällen nicht bekannt ist, nimmt man den Beginn der letzten Menstruation als Beginn der Schwangerschaft. So gerechnet dauert eine Schwangerschaft durchschnittlich 40 Wochen. Nach der Einnistung in der Gebärmutterschleimhaut wächst der Embryo schnell heran. In der Gebärmutter liegt der **Embryo** geschützt in der mit Fruchtwasser gefüllten **Fruchtblase**.

Schon im ersten Monat bilden sich der Kopf und die Anlage des Nervensystems heraus. Am Anfang des zweiten Monats ist der Embryo etwa einen Zentimeter groß. Jetzt werden die Gliedmaßen, das Herz und die Lunge angelegt. Am Ende des zweiten Monats hat der Embryo eine Größe von etwa vier Zentimetern und ein Gewicht von etwa zehn Gramm erreicht (Abb. 2). Jetzt sind bereits das Gehirn, die Leber und die Nieren erkennbar, ebenso die Ansätze von Fingern und Zehen. Im Ultraschallbild kann schon das schlagende Herz beobachtet werden. Am Ende des dritten Monats sind alle Organe angelegt, die auch ein erwachsener Mensch besitzt (Abb. 3). Ab dem dritten Monat der Schwangerschaft wird der in der Gebärmutter heranwachsende Mensch als **Fetus** bezeichnet. Auf Ultraschallbildern kann man bereits erkennen, ob es ein Mädchen oder Junge ist.

Nach dem dritten Monat reifen die angelegten Organe weiter heran. Das Kind führt bereits Atembewegungen aus, obwohl die Luftatmung erst mit der Geburt beginnt. Im vierten Monat treten auch schon erste spontane Bewegungen von Kopf, Armen und Beinen auf, die von der Mutter gespürt werden. Das Gehör ist im fünften Monat bereits voll funktionsfähig. Das Ungeborene hört nun die Stimme der Mutter und das Schlagen ihres Herzens, aber auch fremde Geräusche. Angenehme Musik kann beim Fetus kräftige Bewegungen auslösen. Zu laute Geräusche können Stress erzeugen und das Herz schneller schlagen lassen.

In der 34. Woche dreht sich der Kopf des Fetus durch sanfte Bewegungen der Gebärmuttermuskulatur weiter in Richtung des Gebärmutterausgangs (Abb. 1). Am Ende der Schwangerschaft werden durch bestimmte Hormone immer stärkere Kontraktionen der Gebärmuttermuskulatur ausgelöst. Durch diese **Wehen** wird der Fetus in den Gebärmutterhals gedrückt. Der Gebärmutterhals weitet sich, die Fruchtblase platzt und das Fruchtwasser läuft ab. Die Wehen drücken den Kopf des Kindes weiter nach unten und aus der Scheide heraus.

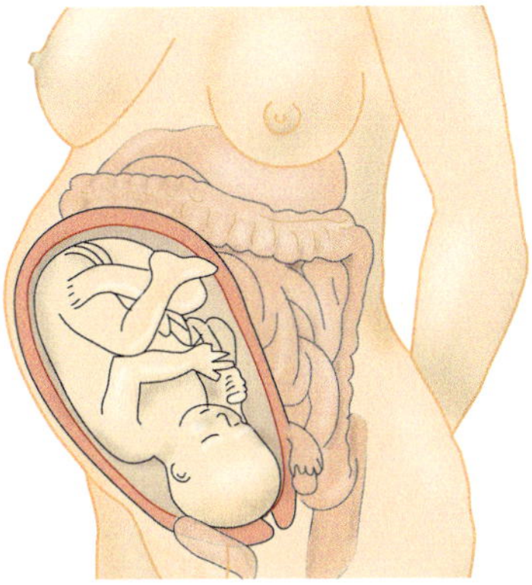

36. Woche
Die Gebärmutter drückt das Zwerchfell nach oben.

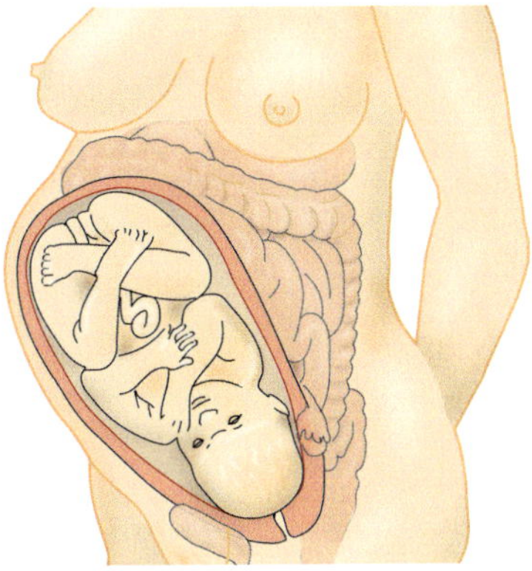

40. Woche
Der Kopf des Babys rutscht tiefer ins Becken.

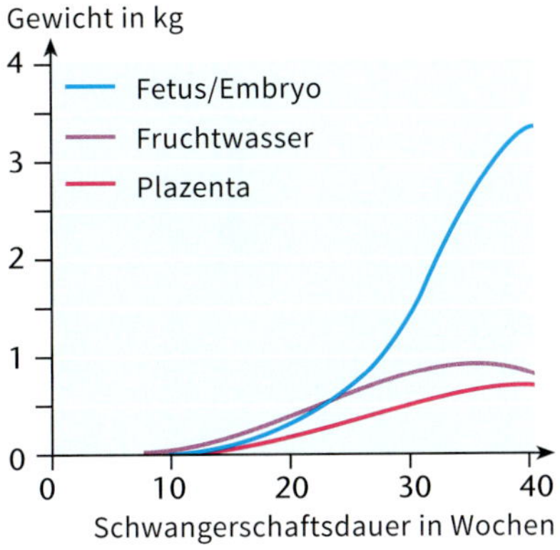

2 *Gewichtsveränderungen des Ungeborenen während der Schwangerschaft*

1. Schwangerschaftsverlauf.

a) Beschreibe mithilfe der Abbildungen 1 und 3 den zeitlichen Verlauf der Schwangerschaft und der Entwicklung der Organe des Fetus.

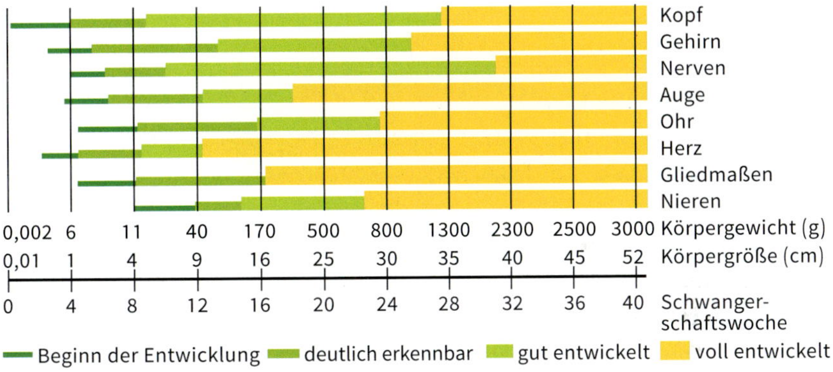

3 *Entwicklung der Organe*

2. Gewichtszunahme.

Beschreibe die Abbildung 3 und ermittle für die 20., 30. und 40. Woche der Schwangerschaft das Gesamtgewicht von Fetus, Fruchtwasser und Plazenta.

3. Frühgeburten.

Zwischen der 23. und der 25. Schwangerschaftswoche liegt ungefähr die Grenze zur Lebensfähigkeit des Neugeborenen bei einer Frühgeburt. Begründe dies anhand der Informationen auf dieser Doppelseite.

4. Umstellung des Blutkreislaufs.

Vergleiche die in Abbildung 4 dargestellten Blutkreisläufe miteinander und erläutere den Blutfluss in den Blutkreisläufen von Fetus und Neugeborenem.

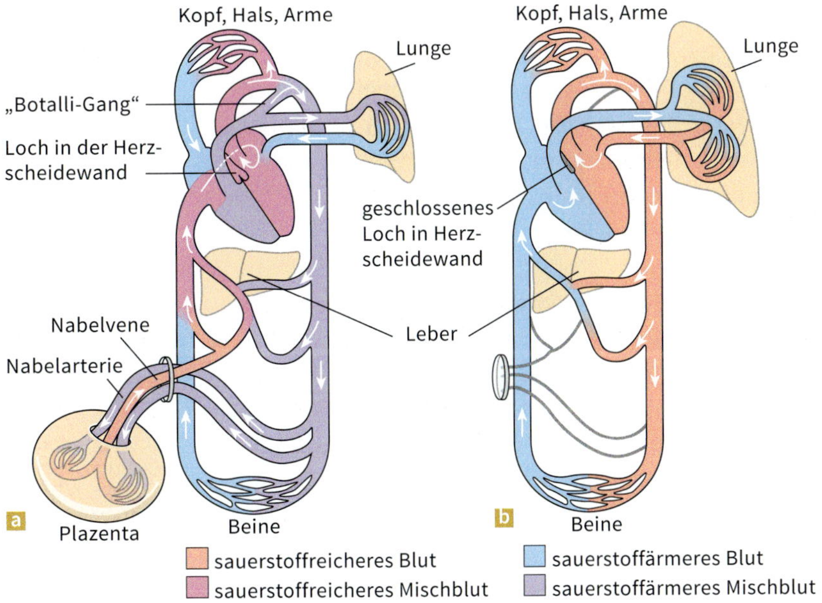

4 *Blutkreislauf von a) Fetus und b) Neugeborenem*

→ 5.5 Hormonelle Regulation des weiblichen Zyklus, 6.4 Mitose – erbgleiche Zellteilung

5.9 Hormonelle Empfängnisverhütung

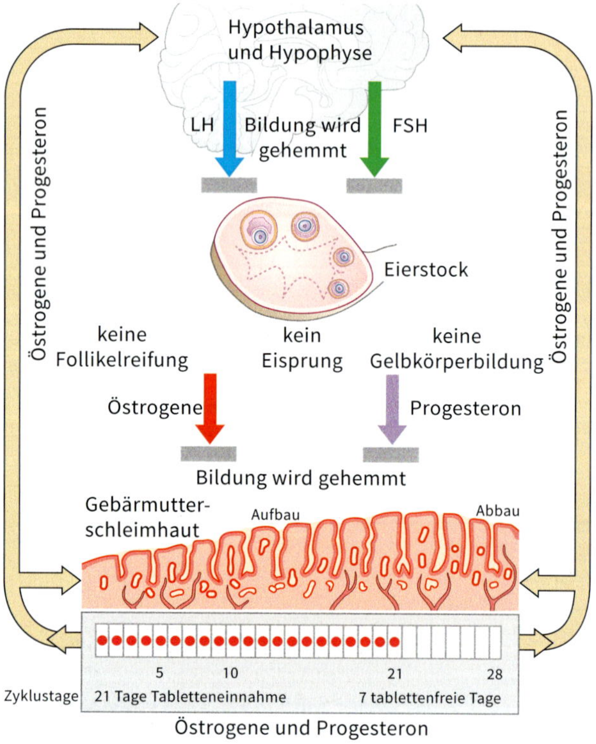

1 *Die Wirkung der Pille (Einphasenpräparat)*

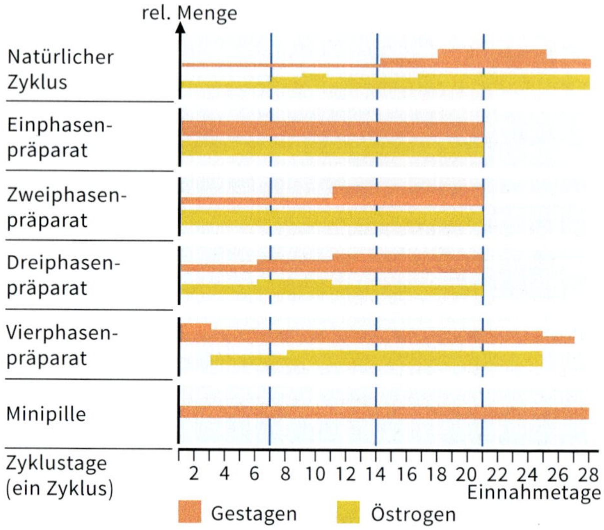

2 *Hormonelle Zusammensetzung verschiedener Pillentypen*

Die hormonelle Empfängnisverhütung ist eine sehr zuverlässige Methode zur Empfängnisverhütung. Sie erfolgt durch die Einnahme der „Pille". Dieses Verhütungsmittel greift in den natürlichen Hormonzyklus der Frau ein, sodass auf diese Weise ungewollte Schwangerschaften vermieden werden. Unter dem Begriff „Pille" werden verschiedene Medikamente zusammengefasst. Sie enthalten Hormone, die auf unterschiedliche Weise in den weiblichen Zyklus eingreifen (Abb. 3).

Zumeist werden Medikamente eingenommen, die Hormone mit grundsätzlich den gleichen Wirkungen wie die am weiblichen Zyklus beteiligten **Östrogene** und **Progesteron** (ein Gestagen) beinhalten (Abb. 2). Hauptbestandteil ist ein Gestagen, das bei regelmäßiger Einnahme die Eireifung und den Eisprung unterdrückt. Die Wirkung besteht darin, dass die Ausschüttung von FSH und LH aus der Hypophyse gehemmt wird. Somit werden Follikelreifung und Eisprung verhindert (Abb. 1).

Mit der Einnahme der Pille sollte am ersten Tag der Menstruation begonnen werden, damit ein nahezu vollständiger Empfängnisschutz ab dem ersten Einnahmetag und auch während der Einnahmepause gewährleistet ist. Die mit der Pille eingenommenen Östrogene und Gestagene bewirken nun anstelle der körpereigenen Hormone den Aufbau der Gebärmutterschleimhaut. Durch ihre Dosierung wird der Aufbau der Schleimhaut abgebrochen. Die bestehende Schleimhaut wird abgestoßen und in einer schwach ausgeprägten Blutung ausgeschieden.

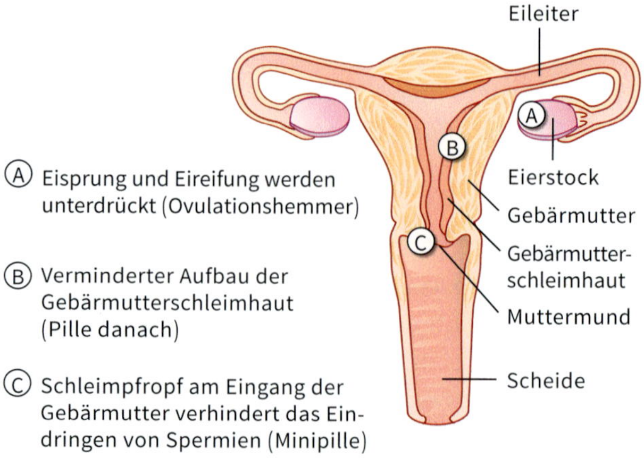

3 *Wirkungsweisen hormoneller Empfängnisverhütung*

1. Wirkungsweise der „Pille“. Erläutere anhand von Abbildung 1 die Wirkungsweise der „Pille“.

2. Verschiedene Pillentypen. Die „Pille“ wurde in den letzten Jahren stetig weiter entwickelt. So konnten die anfangs noch recht hohen Hormonkonzentrationen mit der Entwicklung neuer Gestagene gesenkt werden. Bei gleich bleibendem Schutz traten dadurch immer weniger Nebenwirkungen auf. Weiterhin konnte nun eine „Pille“ verschrieben werden, deren Wirkung individuell abgestimmt war. Vergleiche anhand der Abbildung 2 die verschiedenen Pillentypen miteinander.

3. Auszug aus dem Beipackzettel einer „Pille“. In Abbildung 5 ist der Beipackzettel einer „Pille“ abgedruckt. Levonorgestrel gehört zu den Gestagenen und Ethylestradiol ist ein Östrogen.

a) Leite anhand der Informationen aus dem Beipackzettel (Abb. 5) begründet ab, um welchen Pillentyp (Abb. 2) es sich handelt.

b) Fasse auch anhand des Beipackzettels in Abbildung 5 die Probleme bei der Einnahme von hormonellen Verhütungsmitteln und die Empfehlungen der Hersteller zusammen.

4. Aus der Geschichte der hormonellen Empfängnisverhütung. Um die Wirkungsweise der im Eierstock produzierten Hormone zu erforschen, führte der Innsbrucker Arzt LUDWIG HABERLANDT (1885–1932) in den Jahren 1919–1921 verschiedene Versuche an Kaninchen durch. Der Eisprung findet bei Kaninchen etwa 10 Stunden nach der Begattung statt. Die Tragezeit beträgt 28 bis 30 Tage. Unter anderem führte HABERLANDT folgenden mehrtägigen Versuch durch (Abb. 4): Einem geschlechtsreifen Kaninchen (B), das bereits Junge geworfen hatte, wurde die Rückenhaut aufgeschnitten. Nun pflanzte man den Eierstock eines trächtigen Kaninchens A unter die Rückenhaut von Kaninchen B und verschloss die Wunde. Dann wurde Kaninchen B isoliert gehalten und anschließend mehrfach zur Paarung gebracht. Erst am 22.06. wirft Kaninchen B drei Junge (Abb. 4).
Werte das Experiment im Hinblick auf die Auswirkungen der Transplantation aus.

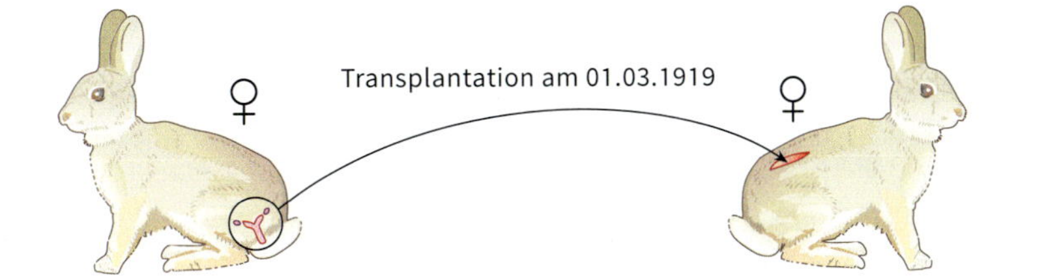

4 *Kaninchen im Transplantationsversuch*

Zusammensetzung
Arzneilich wirksame Bestandteile
1 Dragee enthält 0,1 mg Levonorgestrel und 0,02 mg Ethinylestradiol
Anwendungsgebiete
Hormonale Empfängnisverhütung
Gegenanzeigen
Sie dürfen die Pille nicht anwenden bei:
- Schwangerschaft
- Lebererkrankungen
- Gefäß- und Stoffwechselerkrankungen
- Raucherinnen.

Vorsichtsmaßnahmen für die Anwendung und Nebenwirkungen
Vor Beginn der Anwendung hormonaler Empfängnisverhütungsmittel soll eine gründliche allgemeine sowie gynäkologische Untersuchung durchgeführt werden. Bei Raucherinnen, die hormonhaltige Arzneimittel zur Schwangerschaftsverhütung anwenden, besteht ein erhöhtes Risiko, an zum Teil schwerwiegenden Folgen von Gefäßveränderungen (z. B. Herzinfarkt, Schlaganfall) zu erkranken. Das Risiko nimmt mit zunehmendem Alter und steigendem Zigarettenkonsum zu.
Wodurch kann die empfängnisverhütende Wirkung herabgesetzt werden?
Einnahmefehler, Erbrechen oder Darmkrankheiten mit Durchfall, die gleichzeitige längere Einnahme bestimmter Medikamente sowie sehr seltene individuelle Stoffwechselstörungen können die schwangerschaftsverhindernde Wirkung beeinträchtigen.
Eigenschaften
Die Hormonpille bietet bei vorschriftsgemäßer Anwendung auf mehrfache Weise Schutz vor einer Schwangerschaft. Ein befruchtungsfähiges Ei kann im Allgemeinen nicht heranreifen; der Schleim im Gebärmutterhals verändert sich, sodass der männliche Samen nicht weit genug vordringen kann.

5 *Beipackzettelausschnitt einer Hormonpille*

5.10 Partnerschaft und Verantwortung

1 *Paare in verschiedenen Lebensabschnitten und Zitat von A. Comfort*

Liebe zwischen zwei Menschen kann Bestand haben, wenn die beiden Achtung und Vertrauen zueinander entwickeln und Verständnis für Wünsche und Bedürfnisse des anderen haben. Wichtig für eine dauerhafte Partnerschaft ist, dass Probleme offen und ehrlich angesprochen und nicht unter den Tisch gekehrt werden. Bei Streit bleiben die Partner fair zueinander, verletzen und erniedrigen sich nicht.

In einer Partnerschaft versucht jeder der beiden, sich über seine eigenen Gefühle klar zu werden und diese auch mitzuteilen. Dann können beide einander besser verstehen. Der Wunsch nach einer dauerhaften Partnerschaft ist sehr ausgeprägt. Viele Männer und Frauen wollen in ihrem Leben heiraten und eine Familie gründen. Wenn zwei Menschen **Verantwortung füreinander** übernehmen, setzen sie sich gemeinsam für das Bestehen der Partnerschaft und für die Bewältigung von Problemen ein. Jeder von beiden muss sich für das Gelingen der Partnerschaft verantwortlich fühlen. Man sagt, eine Partnerschaft muss von beiden Seiten gepflegt werden (Abb. 1).

Eine dauerhafte Bindung wird durch Zärtlichkeiten und Sexualität gestärkt. In einer Partnerschaft übernehmen beide Verantwortung für sich selbst und füreinander. Zur Verantwortung in einer heterosexuellen Partnerschaft gehört auch, dass man bedenkt, dass Geschlechtsverkehr unter bestimmten Umständen zu einer Schwangerschaft führen kann.

Viele persönliche Überlegungen und Gedanken spielen bei der **Familienplanung** eines Paares eine Rolle. Unter Familienplanung versteht man Maßnahmen eines Paares, die Anzahl der Kinder und die Geburt nach persönlichen Gesichtspunkten zu planen. Daher ist die **Empfängnisverhütung** ein ganz wesentlicher Aspekt des verantwortlichen Umgangs mit Sexualität (Abb. 2). Informationen zur Verhütung oder Beratungen geben Frauenärzte und -ärztinnen in ihrer Praxis und in Beratungsstellen. Die Gespräche unterliegen der Schweigepflicht. Untersuchung und Beratung werden von der Krankenkasse bezahlt, ebenso für Jugendliche verschiedene Verhütungsmittel. Die Entscheidung, welches Verhütungsmittel angewendet wird, sollten sich beide Partner genau überlegen. Das gewählte Verhütungsmittel muss entsprechend den Anweisungen des Herstellers eingesetzt werden.

Zum verantwortlichen Umgang mit Sexualität gehört auch der Schutz vor der Übertragung von krankmachenden Viren und Bakterien. Aids wird durch das HI-Virus hervorgerufen, das bei infizierten Menschen in Körperflüssigkeiten wie im Sperma und in der Scheidenflüssigkeit vorkommt. Bestimmte Bakterien verursachen Erkrankungen wie Tripper und Syphilis. Diese Bakterien werden beim Geschlechtsverkehr übertragen. Um bleibende Schäden zu verhindern, muss eine Erkrankung so früh wie möglich medikamentös behandelt werden. Wird beim Geschlechtsverkehr ein Kondom benutzt, ist die Gefahr einer Ansteckung stark verringert.

1. Paare in verschiedenen Lebensabschnitten. Abbildung 1 zeigt Paare in verschiedenen Lebensabschnitten. Erörtert welche Verantwortung die Partner füreinander haben.

2. Ausnutzen von Gefühlen. Beschreibe unter Bezug auf das Zitat in Abbildung 1 Beispiele für das Ausnutzen von Gefühlen.

3. Methoden der Empfängnisverhütung. Gib an, welche Möglichkeiten der Empfängnisverhütung a) den Eisprung, b) das Zusammentreffen von Ei- und Spermazellen verhindern (Abb. 2).

4. Verhütung beim ersten Geschlechtsverkehr. Es gibt verschiedene Gründe, warum Jugendliche beim ersten Geschlechtsverkehr nicht verhütet haben. Bei einer Befragung konnten Mädchen und Jungen mehrere Gründe angeben (Abb. 3). Werte die Grafik im Hinblick auf die Häufigkeiten der genannten Gründe aus. Vergleiche die Angaben von Jungen und Mädchen.

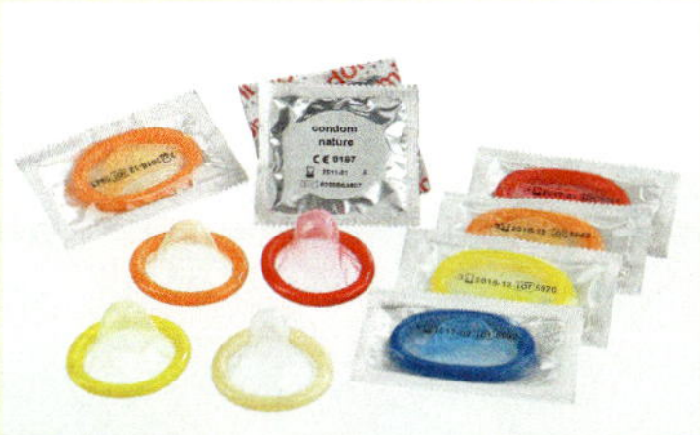

Kondom („Präservativ“)
Verhütungsmittel für den Mann. Fängt bei richtiger Anwendung die Spermaflüssigkeit auf. *Leicht zu beschaffen, Schutz vor sexuell übertragbaren Krankheiten z. B. Aids; gesundheitlich unbedenklich.* Anwendungsfehler möglich.

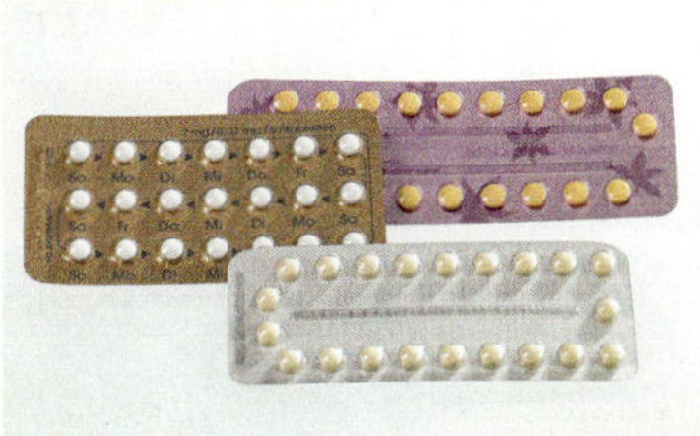

Pille
Stoffe in der Pille verhindern den Eisprung. Rezeptpflichtiges Medikament, ärztliche Beratung. *Bei sorgfältiger Anwendung sehr sicher;* eventuell Nebenwirkungen.

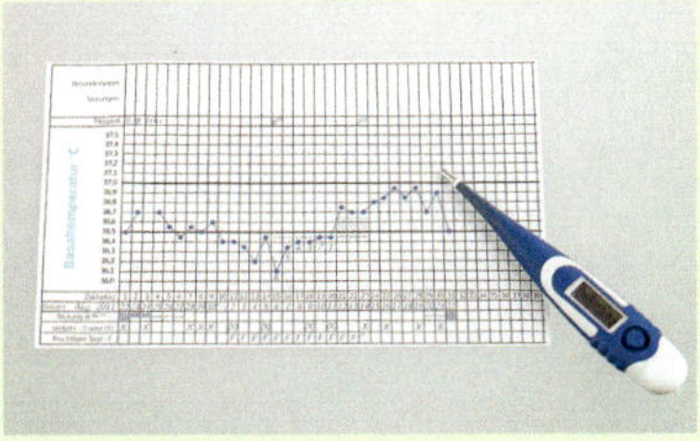

Temperaturmethode
Die Körpertemperatur einer Frau steigt nach dem Eisprung ein wenig an. *Thermometer nötig, gesundheitlich unbedenklich.* Unsicher, da Krankheiten und Stress Einfluss auf die Körpertemperatur haben.

Chemische Mittel
Werden vor dem Geschlechtsverkehr in die Scheide eingeführt; Wirkstoffe töten Spermazellen ab oder machen sie unbeweglich. *In Apotheken ohne Rezept erhältlich.* Unsicher; Reizung der Schleimhäute möglich.

„Aufpassen“
Der Geschlechtsverkehr wird vor dem Spermienerguss abgebrochen. Sehr unzuverlässige Methode; schon vor dem eigentlichen Spermienerguss werden Spermazellen abgegeben.

Kalendermethode
Kein Geschlechtsverkehr an den „fruchtbaren“ Tagen im Zyklus. *Gesundheitlich unbedenklich, ohne besondere Hilfsmittel.* Sehr unzuverlässig, da sich viele Faktoren auf den Zeitpunkt des Eisprungs auswirken können.

2 *Einige Methoden und Mittel zur Empfängnisverhütung*

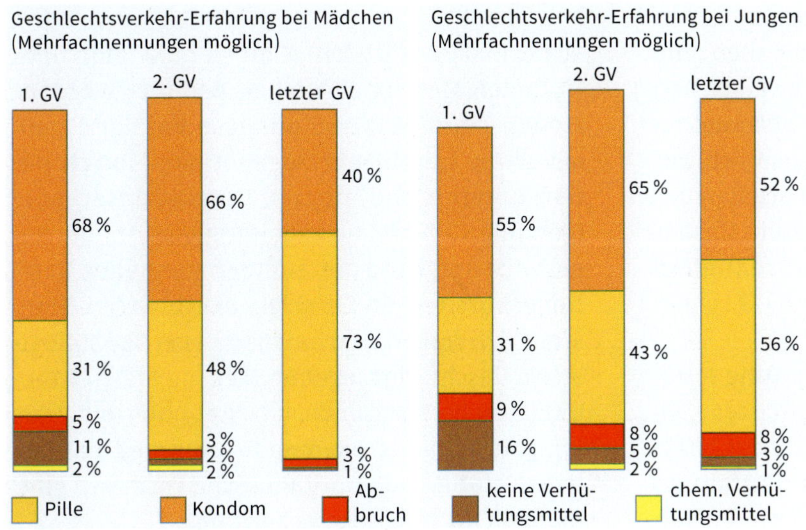

3 *Verhütungsverhalten von Jugendlichen*

→ 4.2 Bakterien als Krankheitserreger, 4.3 Viren als Krankheitserreger

5.11 Sexuelle Selbstbestimmung und Toleranz

1 *Demonstration für Toleranz*

Sexuelle Selbstbestimmung meint, dass jeder Mensch in Deutschland im Rahmen der Rechtsvorschriften **das Recht hat, über seine Sexualität selbst zu bestimmen**. Dabei meint Sexualität hier in erster Linie nicht Geschlechtsverkehr, sondern zum Beispiel die sexuelle Orientierung, also zu welchem Geschlecht sich jemand aufgrund seines Fühlens und Begehrens hingezogen fühlt. Zur sexuellen Selbstbestimmung kann es für eine bestimmte Person zum Beispiel gehören, sich zum gleichen Geschlecht hingezogen zu fühlen. Man spricht dann von Homosexualität. Man nennt Männer mit dieser Orientierung schwul und Frauen lesbisch. Heterosexuelle Menschen haben eine sexuelle Orientierung in Hinblick auf Menschen des anderen Geschlechts. Und bei bisexuellen Menschen ist die sexuelle Orientierung sowohl auf Menschen des eigenen als auch auf Menschen des anderen Geschlechts gerichtet. In diesem Zusammenhang spricht man von **Vielfalt der sexuellen Orientierung**.

Das Recht auf sexuelle Selbstbestimmung leitet sich aus dem § 2, Absatz 1 des Grundgesetzes (GG) in Verbindung mit dem § 1.1 GG ab. Dort heißt es: „Jeder hat das Recht auf die freie Entfaltung seiner Persönlichkeit, soweit er nicht die Rechte anderer verletzt.....“.Damit jemand sein Recht auf sexuelle Selbstbestimmung wahrnehmen kann, darf er nicht ungleich behandelt, herabgesetzt oder benachteiligt (diskriminiert) werden (lat. *discriminare*, trennen, absondern, abgrenzen). Vielmehr bedarf es der Toleranz, also der Fähigkeit, unterschiedliche sexuelle Orientierungen zu respektieren.

Biologisches Geschlecht. Es umfasst die genetisch-chromosomale Geschlechtszugehörigkeit (u.a. XY: Mann, XX: Frau), die gonadale Geschlechtszugehörigkeit (Gonaden: Keimdrüsen, in denen Geschlechtszellen gebildet werden, Hoden beim Mann; Eierstöcke bei der Frau) sowie die Geschlechtszugehörigkeit aufgrund der äußeren und inneren Geschlechtsorgane (genitale Geschlechtszugehörigkeit). In der Regel wird aufgrund der äußeren Genitalien dem Neugeborenen ein Geschlecht zugewiesen. Man kann sich fragen, warum man es bei der biologischen Geschlechtszugehörigkeit nicht bei Mann und Frau belässt, sondern weiter unterteilt. Das hängt unter anderem damit zusammen, dass es neben Mann und Frau zahlreiche Varianten gibt, die man als Intersexe bezeichnet.

Bisexualität ist die Bezeichnung für eine sexuelle Orientierung, bei der sich das Fühlen, das Begehren und die Liebe sowohl auf Personen des eigenen als auch auf Personen des anderen Geschlechts bezieht.

Coming out bezeichnet das „Herauskommen" und bedeutet für eine schwule, lesbische oder bisexuelle Person oder eine Person anderweitiger sexueller Orientierung den Prozess der Bewusstwerdung und der Anerkennung der eigenen sexuellen Orientierung. Zumeist kann man zwei Phasen des Coming out feststellen: In der ersten Phase, dem inneren coming out, erfolgt die allmähliche Bewusstwerdung der eigenen sexuellen Orientierung, zum Beispiel der Homosexualität. Bei lesbischen und schwulen Jugendlichen dauert dieser Prozess durchschnittlich zwei bis drei Jahre. Das äußere coming out, also die Information über die eigene homosexuelle Ortientierung, erfolgt in der Regel zunächst an ausgewählten Personen im näheren sozialen Umfeld (Verwandte, Freunde). Diese Phase kann unterschiedlich umfassend sein und unterschiedlich lange dauern.

Gender ist ein Begriff, der aus dem englischen stammt und in gewisser Abgrenzung zum biologischen Geschlecht für das soziale Geschlecht steht. Damit sind die gesellschaftlich, sozial und kulturell beeinflussten Geschlechterrollen von Frauen und Männern gemeint. Betont wird damit, dass es nicht von Natur aus vorgegebene „typisch männliche" und „typisch weibliche" Rollen und Aufgaben gibt. Mit Gender Mainstreaming meint man, dass mit dem Ziel der Gleichstellung der Geschlechter die unterschiedlichen Interessen von Frauen und Männern auf allen gesellschaftlichen Ebenen berücksichtigt werden.

Heterosexualität meint die sexuelle Orientierung (Fühlen, Begehren, Liebe) auf Personen des anderen Geschlechts.

Homosexualität ist eine Variante in der Vielfalt sexueller Orientierungen, bei der das Begehren und die Liebe auf Personen des gleichen Geschlechts gerichtet ist (griech. *homos*, gleich). In der Vergangenheit wurden zahlreiche Vermutungen widerlegt, warum jemand lesbisch oder schwul wird. Weder die Annahme eines „Homosexualitäts-Gens", noch bestimmte emotionale Beziehungen zum gleich- oder gegengeschlechtlichen Elternteil, noch die Möglichkeit, zur Homosexualität verführt oder gar erzogen zu werden, haben sich auch nur ansatzweise bestätigen lassen. Es ist bis heute unklar, warum Menschen homosexuell werden. Sicher ist aber, dass Homosexualität keine Krankheit ist sondern Teil der Vielfalt sexueller Orientierungen beim Menschen.

Intersexualität (lat. *inter*, zwischen) liegt dann vor, wenn die Entwicklung, insbesondere im Bereich der biologischen Geschlechtszugehörigkeit, weder eindeutig männlich noch eindeutig weiblich erfolgt. In der Folge entsprechen die körperlichen Geschlechtsmerkmale (Chromosomen, Keimdrüsen, äußere und innere Geschlechtsorgane) nicht alle einem Geschlecht. Insofern sind die Ausbildung des biologisch männlichen oder desweiblichen Geschlechts zwei Pole der Entwicklung, zwischen denen es zahlreiche Varianten von Intersexualität gibt.

Sexuelle Orientierung bedeutet, zu welchem Geschlecht sich jemand aufgrund seines Fühlens und Begehrens hingezogen fühlt.

Transsexuelle (lat.*trans*, jenseits, hinüber) sind Menschen, die bei der Geburt zwar ein Geschlecht zugewiesen bekommen haben, sich aber selbst dem anderen Geschlecht zugehörig fühlen (Mann-zu-Frau-Transsexualität, Frau-zu-Mann-Transsexualität). Viele Transsexuelle passen durch Hormongaben und/oder geschlechtsangleichende Operationen ihren Körper dem jeweiligen Geschlecht an. Transsexualität ist keine Form sexueller Orientierung, denn Transsexuelle können hetero-, bi- oder homosexuell sein.

5.12 Embryonenschutz – wann beginnt menschliches Leben?

„Die Würde des Menschen ist unantastbar. Sie zu achten und zu schützen ist Verpflichtung aller staatlichen Gewalt“, lautet es im Paragrafen 1 des Grundgesetzes der Bundesrepublik Deutschland. Ist ein Embryo auf dem Wege zum Menschen oder ist er bereits ein Mensch? Wann hat ein Embryo Recht auf Leben? Wann hat er Menschenwürde? Die Antworten auf diese Fragen haben große Bedeutung, zum Beispiel für die Frage, ob man Embryonen für medizinische Zwecke nutzen darf oder nicht.

In Einklang mit der katholischen und evangelischen Kirche und in Übereinstimmung mit der Rechtssprechung des Bundesverfassungsgerichtes wird im Deutschen **Embryonenschutzgesetz** der Zeitpunkt der Kernverschmelzung von Eizelle und Spermazelle als Beginn menschlichen Lebens festgelegt, und „wo menschliches Leben existiert, kommt ihm Menschenwürde zu“ (Bundesverfassungsgericht 1975). Durch Teilungen entstehen aus der befruchteten Eizelle zunächst 2, dann 4, 8, 16 Zellen und so weiter. Die Zellen sind untereinander erbgleich. Bis etwa zum 8-Zellen-Stadium kann aus jeder einzelnen Zelle ein Embryo heranwachsen. Man nennt diese Zellen **totipotent**. Das Embryonenschutzgesetz definiert auch totipotente Zellen als Embryo mit Menschenwürde.

Der Wunsch nach einem gesunden Kind hat in Verbindung mit Fortschritten in der Genanalyse zur so genannten **Präimplantationsdiagnostik**, abgekürzt **PID**, geführt (Abb. 1). Damit ist die Erkennung von erblichen Krankheiten nach künstlicher Befruchtung und vor dem Einbringen des Embryos in die Gebärmutter gemeint. Die PID ist in einigen Ländern verboten, in anderen anderen erlaubt. In Deutschland ist die PID an Zellen eines Emryos dann nicht rechtswidrig, wenn das Risiko einer schwerwiegenden Erbkrankheit besteht (Stand 2015).

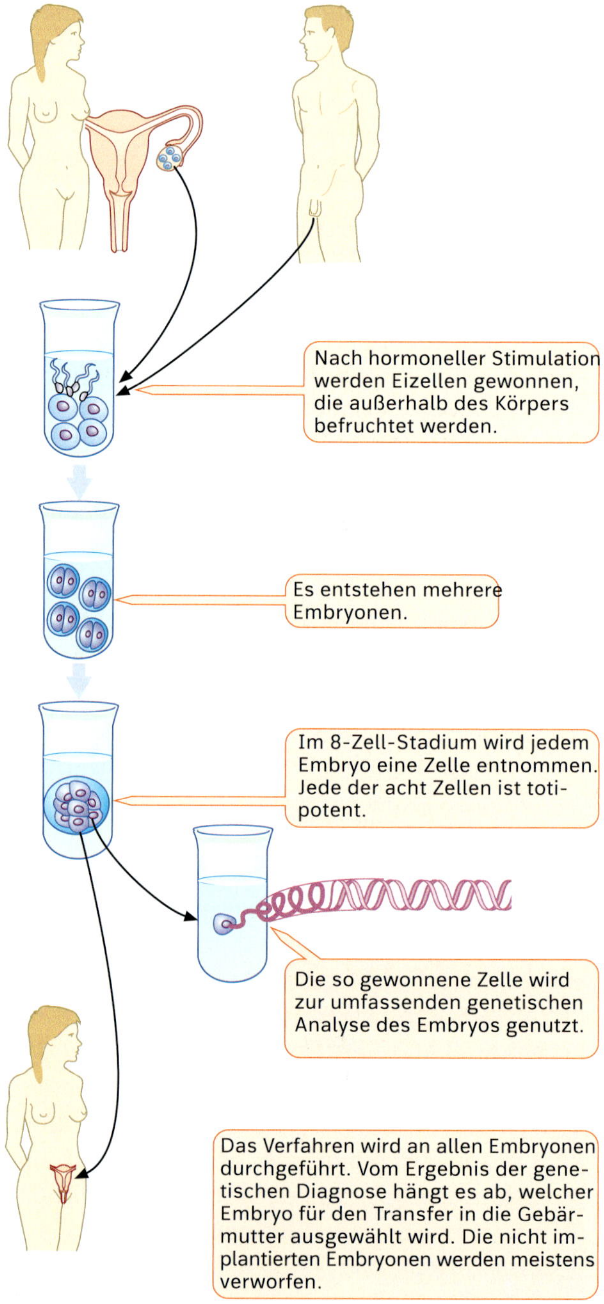

1 *Präimplantationsdiagnostik. PID ermöglicht im Zusammenhang mit künstlicher Befruchtung eine genetische Diagnose insbesondere für bestimmte Erbkrankheiten (u. a. Bluterkrankheit, Sichelzellanämie, Mukoviszidose) und Chromosomenanomalien vor der Einnistung, also vor Beginn der Schwangerschaft. In Deutschland und einigen anderen Ländern ist die PID verboten, in vielen Ländern, z. B. in England, nicht.*

Deutschland, aus dem Gesetz zum Schutz von Embryonen, 1991, zuletzt geändert am 21.11.2011: Als Embryo im Sinne dieses Gesetzes gilt bereits die befruchtete, entwicklungsfähige menschliche Eizelle vom Zeitpunkt der Kernverschmelzung an, ferner jede einem Embryo entnommene totipotente Zelle, die sich bei Vorliegen der dafür erforderlichen weiteren Voraussetzungen zu teilen und zu einem Individuum zu entwickeln vermag. Dem menschlichen Embryo kommt Menschenwürde und Schutz der Lebensrechte zu.

Ulrich Steinvorth (*1941), deutscher Philosoph: Menschen unterliegen erst dann dem Tötungsverbot, wenn sie Individualität zeigen. Individualität ist gegeben, sobald keine Möglichkeit mehr zur Zwillingsbildung besteht. Das ist in der Regel ab dem 14. Tag nach der Befruchtung der Fall.

Prophet Mohammed (570–632), Begründer des Islam: „Die Schöpfung eines jeden von euch wird im Leibe seiner Mutter in vierzig Tagen als Samentropfen zusammengebracht, danach ist er ebenso lang ein Blutklumpen, danach ist er ebenso lang ein kleiner Klumpen Fleisch, dann wird zu ihm der Engel gesandt, der ihm den Lebensgeist (Seele, Ruh) einhaucht." Diese Aussage wird in zweierlei Weise interpretiert: a) Bis zur Einhauchung der Seele dauert es 40 Tage, b) bis zur Einhauchung der Seele dauert es drei mal vierzig Tage. Je nach Interpretation beginnt menschliches Leben für einen Moslem mit dem 40. bzw. dem 120. Tag.

Judentum: Der Embryo gilt als schutzwürdiger Mensch, sobald er beseelt ist. Die Beseelung erfolgt am 49. Tag. Ein Embryo, der nicht beseelt und auch noch nicht in die Gebärmutter eingenistet ist, wird als Präembryo bezeichnet. Der Präembryo ist nur ein potenzielles menschliches Wesen ohne menschlichen Charakter. Diese Auffassung gilt z. B. für Embryonen im Reagenzglas.

Buddhismus: Einen Embryo in der ersten Phase seines Lebens zu töten ist dasselbe wie Tötung eines Menschen. Denn bereits wenn Same und Eizelle zusammenkommen und ein Wesen aus dem so genannten Zwischenzustand zwischen altem und neuen Leben in diese Verbindung eintritt, beginnt im gleichen Moment die neue Existenz, die zunächst „Phase der Menschwerdung" genannt wird. Die „Phase der Menschwerdung" gehört bereits zur „Phase des Menschseins", die es zu schützen gilt.

Anlehnung an § 218a des Strafgesetzbuches (Deutschland): Nach § 218 des Strafgesetzbuches ist ein Schwangerschaftsabbruch in Deutschland verboten. Der § 218a nennt Bedingungen, unter denen der Schwangerschaftsabbruch straffrei ist. In Anlehnung an den § 218a des Strafgesetzbuches fordern manche, dass menschliches Leben erst nach der Phase des straffreien Schwangerschaftsabbruchs, also nach der 12-Wochen-Frist, beginnt.

Britisches Recht: Bis zum 14.Tag nach der Befruchtung handelt es sich beim Embryo um artspezifisches menschliches Leben („human life"), dem mit Respekt zu begegnen ist. Vor der Einnistung in die Gebärmutter ist er aber noch kein individuelles menschliches Leben („human being").

Denkweise in der Tradition von Immanuel Kant (1724–1804), einem Philosophen der Aufklärung: Menschliches Leben ist um seiner selbst willen, also ohne Bezug auf aktuelle Eigenschaften und Fähigkeiten wie denken, sprechen und urteilen können, moralisch schutzwürdig. Das Recht auf Leben und Unversehrtheit gilt als unumstößlich und absolut. Entscheidendes Kriterium für den Lebensbeginn ist die Verschmelzung von Ei- und Samenzelle, da es sich dabei um die einzige „willkürfreie" und eindeutig feststellbare Zäsur handelt.

2 *Einige Positionen zur Frage „Wann beginnt menschliches Leben?"*

1. Wann beginnt menschliches Leben? Ordne die in Abbildung 2 dargestellten Standpunkte zur Frage „Wann beginnt menschliches Leben?" nach dem Zeitpunkt, an dem einem Embryo Menschenwürde zugesprochen wird. Vergleiche und diskutiere die verschiedenen Positionen.

2. Genanalyse vor der Einnistung?
a) Erläutere anhand der Abbildung 1 das Verfahren der Präimplantationsdiagnostik.
b) Recherchiere nach dem Verfahren der NIPD (nicht-invasive pränatale Diagnostik). Nenne wesentliche Unterschiede zur PID.

→ 5.8 Schwangerschaft und Geburt, 7.3 Genanalyse

5.13 Fortpflanzungsmedizin

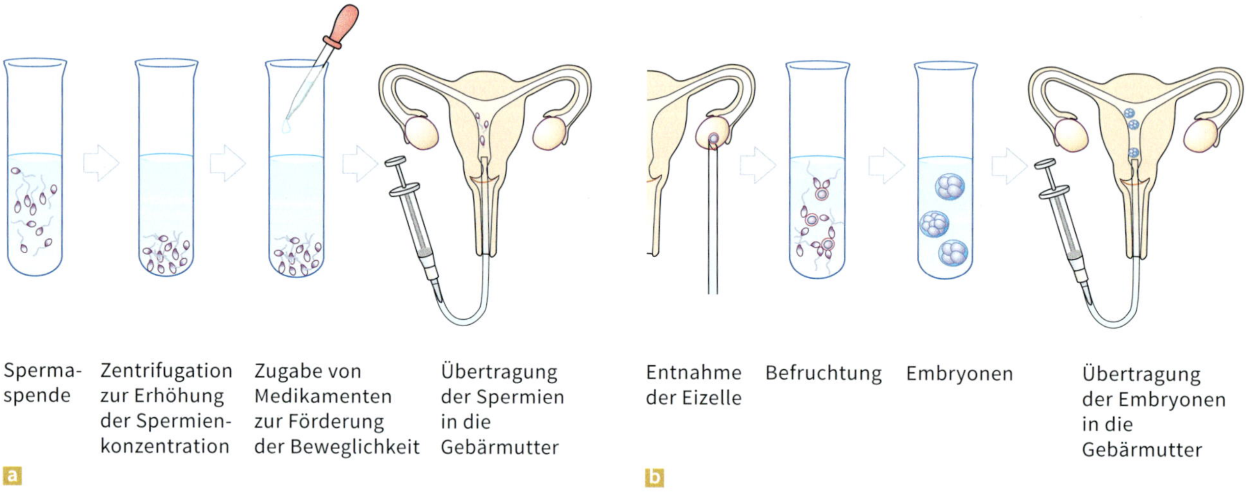

1 *Verschiedene Methoden medizinischer Fortpflanzungstechnik: a) künstliche Besamung, b) künstliche Befruchtung*

Man schätzt, dass in Deutschland zwei Millionen Paare ungewollt kinderlos sind. Manche Paare überlegen, ob sie ein Kind adoptieren. Andere Paare wünschen sich ein eigenes Kind. In vielen Fällen kann die Unfruchtbarkeit durch Psychotherapie, medikamentöse Behandlung oder durch Operationen behoben werden. Wenn das nicht hilft, stehen verschiedene medizinische Fortpflanzungstechniken zur Verfügung. Ihnen ist gemeinsam, dass Teilbereiche des Fortpflanzungsgeschehens außerhalb des Körpers stattfinden.

Bei der **künstlichen Besamung** werden Spermien konzentriert und mit einer Kanüle in die Gebärmutter übertragen (Abb. 1 a).

Künstliche Befruchtung (In-vitro-Fertilisation), ist eine Technik, bei der die Eizellen außerhalb des Körpers im Reagenzglas befruchtet werden (Abb. 1 b). Durch Hormongaben wird die Reifung der Eizellen und später dann der Eisprung in den Eierstöcken der betreffenden Frau stimuliert. Kurz vor dem Eisprung werden die reifen Eizellen mit Hilfe einer feinen Kanüle abgesaugt. Im Reagenzglas werden sie mit Spermien zusammengebracht und befruchtet. Die entstandenen Embryonen werden im Stadium von vier bis acht Zellen in die Gebärmutter übertragen. Das nennt man **Embryotransfer**. In Deutschland dürfen pro künstlicher Befruchtung maximal drei Embryonen herangezogen werden, die alle zurückgepflanzt werden müssen.

Nach deutschem Recht müssen die Partner für eine künstliche Befruchtung verheiratet sein oder in einer eheähnlichen Gemeinschaft leben. Eine Fremdspende ist verboten, in einigen anderen Ländern jedoch erlaubt. Eine **Leihmutterschaft** ist in Deutschland nach dem Embryonenschutzgesetz ebenfalls verboten, in bestimmten anderen Ländern jedoch nicht. Unter Leihmutterschaft versteht man, dass eine fremde Frau und nicht die Eizellspenderin den Embryo austrägt.

Heute ist es möglich, Spermien, Eizellen und auch frühe Embryonen bei minus 196 Grad Celsius in flüssigem Stickstoff tiefzugefrieren. Man spricht von **Kryokonservierung** (Abb. 3). So können sie aufbewahrt und später wieder aufgetaut werden. Ungefähr 50 bis 80 Prozent der so eingefrorenen Eizellen oder Spermien überleben die Prozedur. In Deutschland dürfen befruchtete Eizellen und Embryonen nicht tiefgefroren werden.

1. Vergleich verschiedener medizinischer Fortpflanzungstechniken. Vergleiche in Form einer tabellarischen Übersicht die natürlichen Vorgänge bei der Fortpflanzung mit den in Abbildung 1 dargestellten Fortpflanzungstechniken.
Beachte dabei folgende Gesichtspunkte:
- Herkunft der Eizelle(n)
- Herkunft der Spermien
- Ort der Befruchtung
- Zeitpunkt der Befruchtung
- Ort der ersten Zellteilungen des Embryos
- Ort der Einnistung des Embryos.

2. Ein Wunschkind um jeden Preis? Beschreibe welche menschlichen Probleme du in den Fällen der Abbildung 4 für alle Beteiligten siehst? Diskutiere im Hinblick auf die Frage „Ein Wunschkind um jeden Preis?“ (Abb. 4).

3. Erstgeburten. Werte Abbildung 2 und 5 aus und entwickle begründete Vermutungen über die Ursachen der Veränderungen.

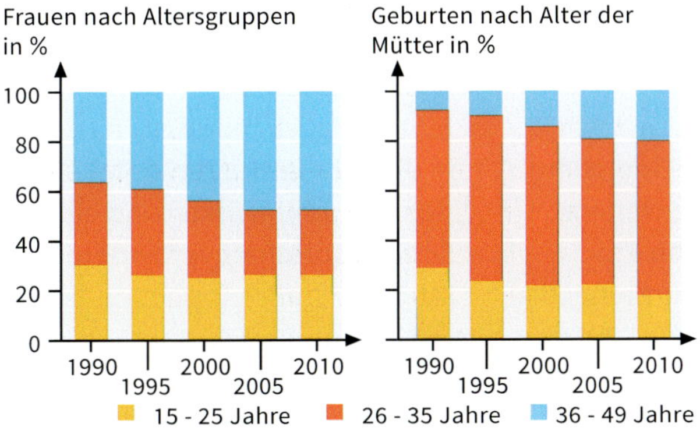

2 *Geburtenhäufigkeit und Alter der Mutter in Prozent*

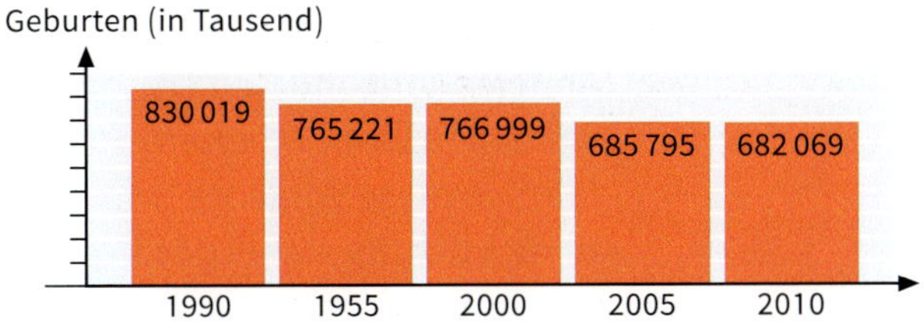

5 *Geburtenhäufigkeit pro Jahr in Deutschland (absolute Angaben)*

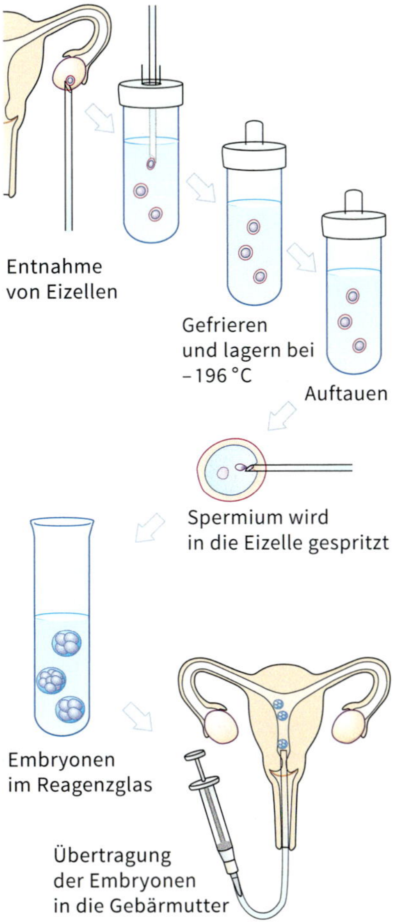

3 *Kryokonservierung von Eizellen*

Fall 1: „Das späte Kind“
Beschreibe die in Abbildung 3 dargestellte Technik. Erläutere die Abbildungsunterschrift. Mit dieser Technik gelang es, eine 55-jährige Frau Mutter werden zu lassen.

Fall 2: „Ein Kind für ein lesbisches Paar“
Ein lesbisches Paar möchte mit Hilfe medizinischer Fortpflanzungstechnik ein Kind bekommen. Erläutere ein mögliches Verfahren.

Fall 3: „Kind mit fünf Eltern“
In den USA gibt es Kinder mit fünf Eltern: Die biologischen Eltern (Eizellspenderin und Samenspender), eine Leihmutter und die beiden sozialen Eltern, die sich ein Kind gewünscht haben und bei denen es aufwächst. Beschreibe die medizinischen Fortpflanzungstechniken, die in diesem Fall notwendig sind.

4 *Ein Wunschkind um jeden Preis?*

→ 5.6 Befruchtung und Einnistung, 5.10 Partnerschaft und Verantwortung

1. Fachbegriffe zum Thema.

a) Erstellt ein Glossar für die im Begriffskasten genannten Begriffe (Abb. 1). Zur Wiederholung könnt ihr die Worterklärungen im Buch benutzen. Verwendet nur eigene Formulierungen.

b) Erstellt eine Concept-Map zum Thema „Die Funktion von Hormonen bei der menschlichen Sexualität und Fortpflanzung“. Benutzt für die Concept-Map auch die Begriffe im Begriffskasten. Präsentiert und vergleicht eure Concept-Maps.

Amniozentese, Anti-Baby-Pillen, Befruchtung, Embryo Empfängnisverhütung:, Fetus, Follikel, Gelbkörper Heterosexualität, Homosexualität, Hormone, In-vitro-Fertilisation, Menstruation, Pubertät, Reproduktion

1 *Begriffskasten*

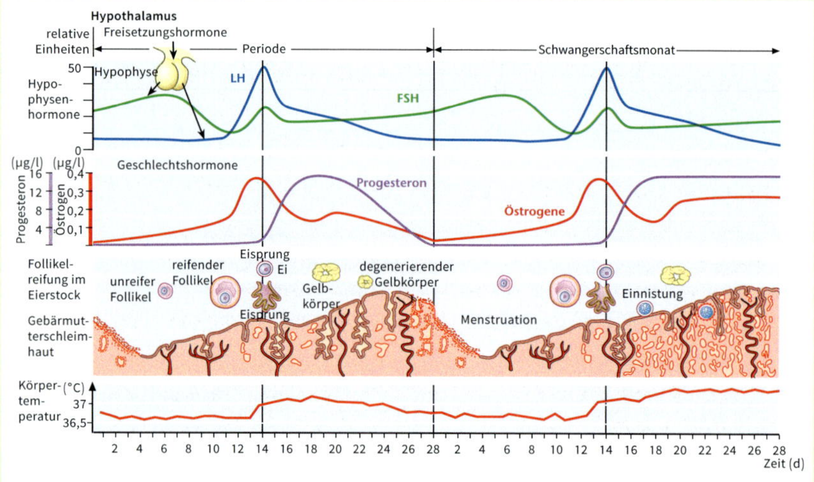

2 *Zyklus der Frau*

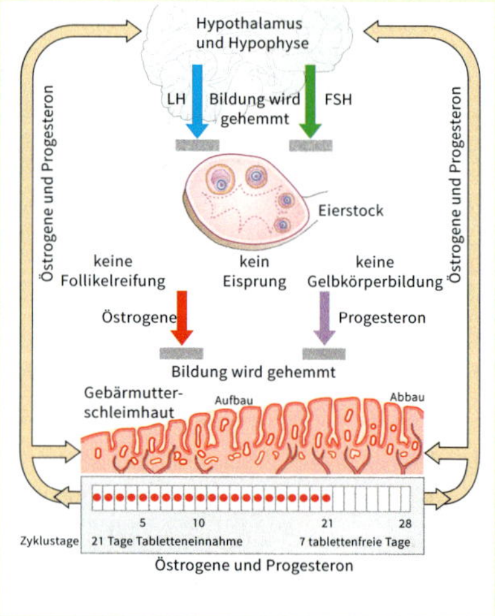

3 *Wirkung der Pille*

2. Steuerung durch Hormone.

a) Erläutere die Steuerungsfunktion der Hormone im weiblichen Zyklus. Beachte dabei besonders den Aspekt der Einnistung als Grundlage für die weitere Schwangerschaft (Abb.2).

b) Erkläre, wie die Hormone, die in der Pille enthalten sind, auf den Zyklus einwirken und eine Schwangerschaft verhindern (Abb.3).

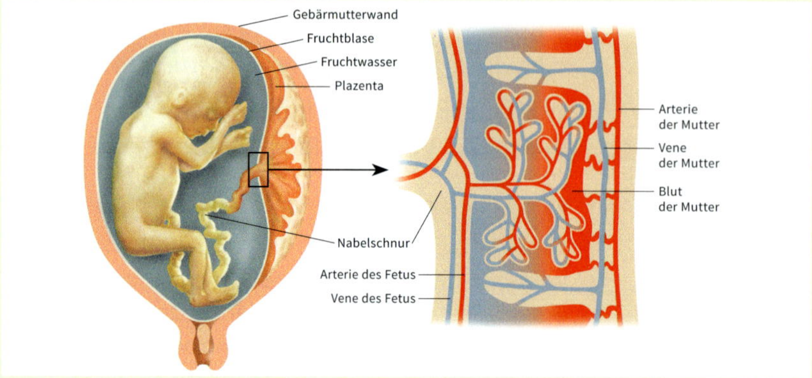

4 *Die Versorgung des Fetus im mütterlichen Körper*

3. Heranreifen im Mutterleib. In der Zeit von der Einnistung bis zur Geburt muss der Embryo/Fetus von dem Körper der Mutter mit Stoffen versorgt werden. Andere Stoffe müssen entsorgt werden (Abb.4). Erläutere ausführlich diese Vorgänge und berücksichtige dabei das Basiskonzept „Struktur und Funktion“.

Freundschaft: Enge Beziehung zwischen zwei oder mehreren Personen, die auf gegenseitiger Zuneigung, Achtung und Vertrauen beruht. Intime Zärtlichkeiten und sexuelle Kontakte werden im Allgemeinen in Freundschaften nicht angestrebt. Freundschaften können zwischen Personen verschiedenen oder gleichen Geschlechts bestehen. Für Jugendliche und Erwachsene hat eine gute Freundin oder ein guter Freund große Bedeutung. Sie vertrauen ihm oder ihr vieles an und gestalten Teile der Freizeit gemeinsam.

Liebe. Wenn man Menschen fragt, was sie unter Liebe verstehen, erhält man meistens unterschiedliche Antworten. Im weit gefassten Sinne kann Liebe Folgendes bedeuten: Eine starke, gefühlsbetonte Beziehung zu nahe stehenden Personen (z. B. Elternliebe, Geschwisterliebe), zu anderen Personen, zu Lebewesen (jemand ist tierlieb), zu Sachen und Ideen (z. B. Heimatliebe, Friedensliebe, Liebe zum Beruf, Liebe zur Natur, zur Kunst), zu Tätigkeiten (z. B. mit Liebe Blumen züchten) oder als umfassende Zuneigung (z. B. Nächstenliebe). Im engeren Sinne bedeutet Liebe die individuelle geschlechtliche Liebe; sie ist auf die gesamte Persönlichkeit eines vertrauenswürdigen Menschen gerichtet. Liebe bedeutet eine starke gefühlsmäßige Bindung, manchmal überschäumend, manchmal tief und still. Liebe beeinflusst das Denken und Fühlen eines Menschen. Liebende fühlen sich zueinander hingezogen, wollen sich geborgen fühlen, wollen füreinander da sein und vieles zusammen machen. Die meisten Menschen betrachten Liebe als ein ganz besonderes, partnerschaftliches Verhältnis. Liebe wird als Voraussetzung dafür angesehen, mit dem geliebten Menschen Zärtlichkeiten auszutauschen. Häufige Worte, die mit dem Begriff „Liebe“ verknüpft werden, sind: Vertrauen, gegenseitige Achtung, Verständnis füreinander, gegenseitige Verantwortung, Geborgenheit, Zärtlichkeit, Ehrlichkeit, Freude.

5 *Liebe und Freundschaft*

4. Freundschaft und Liebe.

a) Prüfe, ob die Aussage der Texte mit deiner Vorstellung von Freundschaft und Liebe zwischen zwei Menschen übereinstimmt (Abb. 5). Vergleiche Freundschaft und Liebe

b) Diskutiert, ob folgende Aussagen zutreffen, teilweise zutreffen oder nicht zutreffen:
- Liebe zwischen zwei Menschen beinhaltet immer auch Freundschaft
- aus Freundschaft zwischen zwei Menschen kann Liebe werden
- aus Liebe zwischen zwei Menschen kann Freundschaft werden

5. Basiskonzepte und das Thema „Hormone und Sexualität“.

Hier sind die Basiskonzepte in Kurzform dargestellt. Ausführliche Erläuterungen zu den Basiskonzepten findest du in einem eigenen Abschnitt vorne im Buch. Ordne den Sachverhalten und Begriffen in deiner Concept-map (Aufgabe 1b) zum Thema „Die Funktion von Hormonen bei der menschlichen Sexualität und Fortpflanzung “ Basiskonzepte begründet zu.

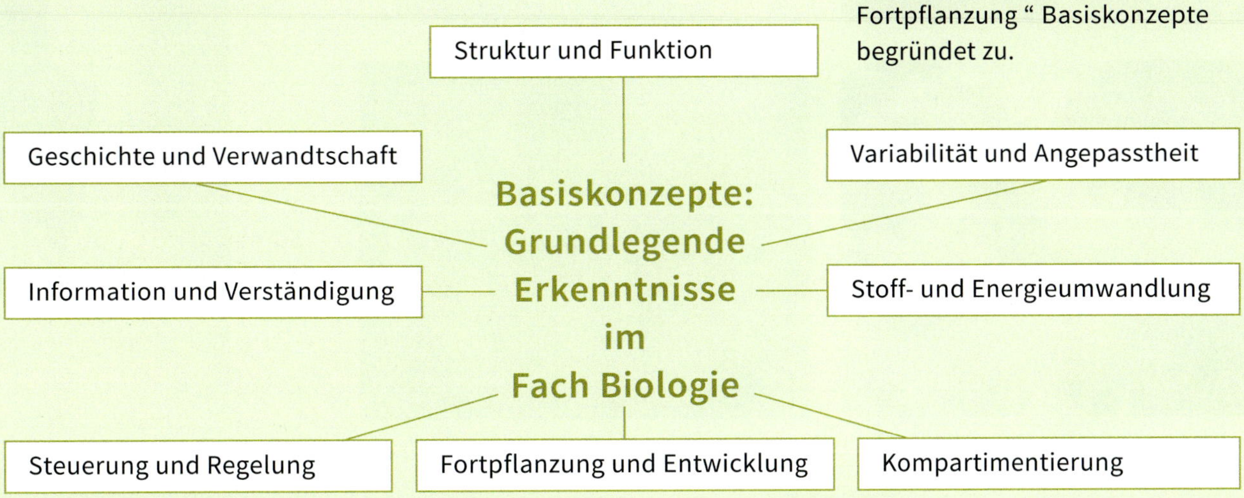

Vom Kern über das Chromosom zum Gen

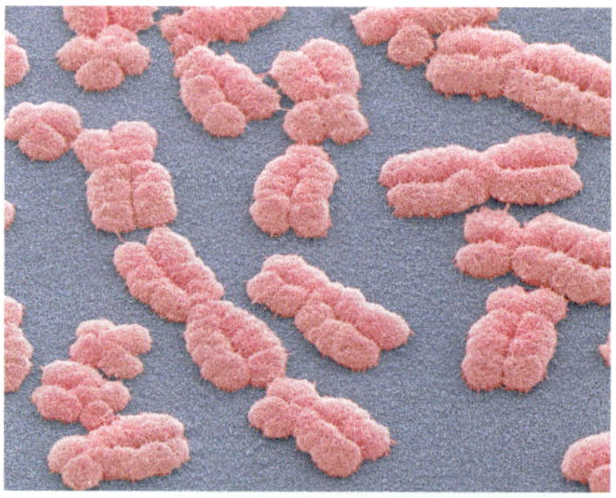

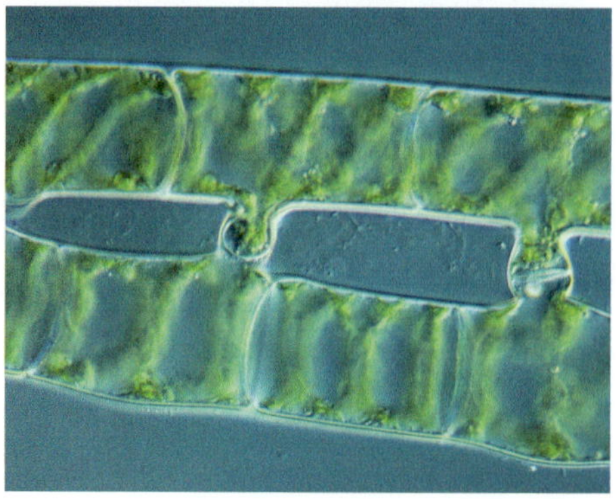

6.1 Bedeutung des Zellkerns

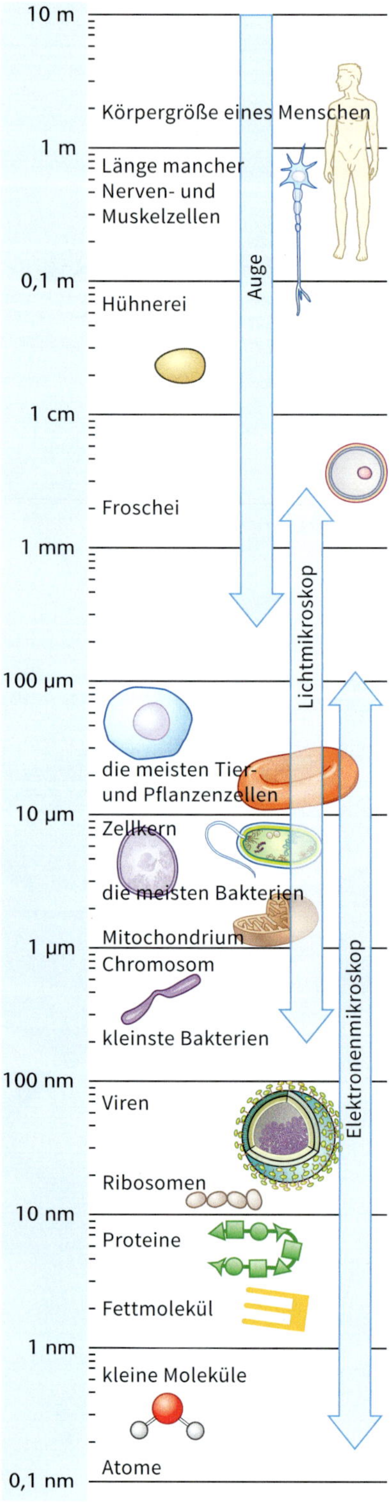

1 *Größenvergleich*

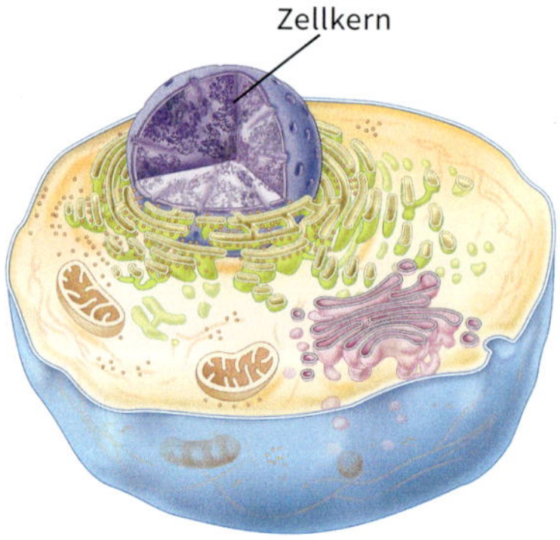

2 *Tierzelle mit Zellkern*

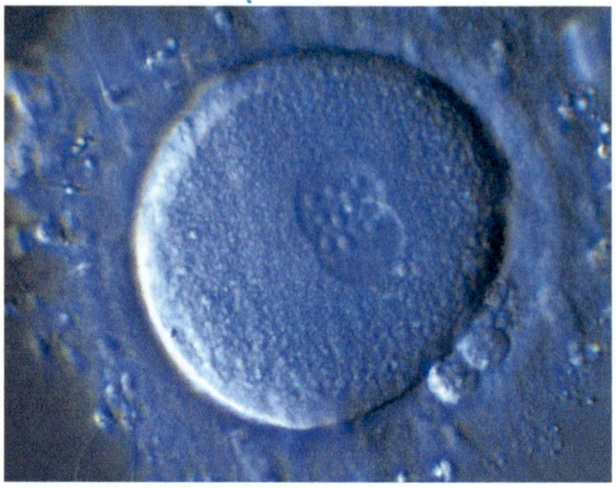

3 *Verschmelzen der Zellkerne der Eizelle und der Spermazelle (etwa Bildmitte).*

Alle Lebewesen mit einem Zellkern fasst man unter dem Begriff **Eukaryoten** zusammen. Der Zellkern ist ein großes Zellorganell (Abb. 2). Er wurde mithilfe von Mikroskopen vor fast dreihundert Jahren entdeckt. Lange Zeit blieb die Bedeutung des Zellkerns im Dunkeln. In der zweiten Hälfte des 19. Jahrhunderts wurden zunehmend häufiger Berichte über den Vorgang der Befruchtung bei verschiedenen Tieren und Pflanzen veröffentlicht. Daraus ging hervor, dass übereinstimmend bei allen Arten von Lebewesen mit geschlechtlicher Fortpflanzung im Verlauf der **Befruchtung** der Kern einer Spermazelle mit dem Kern einer Eizelle verschmilzt (Abb. 2). Damals war die Erkenntnis, dass sich ein Lebewesen aus einer Zelle, der befruchteten Eizelle (Zygote), entwickelt, eine Neuigkeit. Seitdem wurde die Bedeutung des Zellkerns vor allem darin gesehen, dass in ihm die Information für die gesamte Entwicklung von der befruchteten Eizelle bis zum ausgewachsenen Lebewesen steckt. Versuche zeigten, dass der Zellkern der befruchteten Eizelle für die Entwicklung eines Lebewesens unentbehrlich ist. Heute weiß man, dass im Zellkern der befruchteten Eizelle die **gesamte Erbinformation** des jeweiligen Lebewesens enthalten ist. Man bezeichnet die Gesamtheit der Erbinformationen eines Lebewesens als **Genom**.

Nach der Befruchtung teilt sich die Eizelle. Es entstehen zwei Tochterzellen mit je einem Zellkern. Dabei wird die gesamte Erbinformation im Kern der befruchteten Eizelle nicht etwa halbiert, sondern jede Tochterzelle hat in ihrem Zellkern die Gesamtheit der Erbanlagen so wie im Zellkern der befruchteten Eizelle. Weil die beiden Tochterzellen im Vergleich untereinander und im Vergleich mit der befruchteten Eizelle die gleichen Erbinformationen besitzen spricht man von **erbgleicher Teilung**. Alle Körperzellen eines Lebewesens sind erbgleich. Erbgleichheit wird durch die Zellteilung (Mitose) gewährleistet.

1. Größenvergleiche. Berechne unter Bezug auf Abbildung 1, wie groß ein Mensch (1,75 m) im Verhältnis sein müsste, wenn ein Zellkern (9 µm Durchmesser) so groß wie ein Tennisball (Durchmesser 10 cm) wäre.

2. Versuche an Krallenfröschen. 1966 wurden die in Abbildung 4 dargestellten Versuche durchgeführt. Beschreibe die Versuche. Werte die Versuche in Hinblick auf die Bedeutung des Zellkerns aus.

3. Versuche mit Acetabularia. Die einzelligen Algen der Gattung *Acetabularia* bestehen aus einer „Wurzelregion“, die den Zellkern enthält, einem Stiel und einem Schirm. Die einzelnen Arten unterscheiden sich in der Form des Schirms. Junge Algen besitzen noch keinen Schirm. Mit den in Abbildung 5 dargestellten Experimenten untersuchten Wissenschaftler die Regenerationsfähigkeit der Alge *Acetabularia mediterranea*.
Beschreibe die in der Abbildung 5 dargestellten Versuche und werte sie aus.

4. Eineiige Zwillinge. Erläutere unter Bezug auf Abbildung 6 umfassend Eigenschaften und Bedeutung des Zellkerns bei der Entstehung eineiiger Zwillinge.

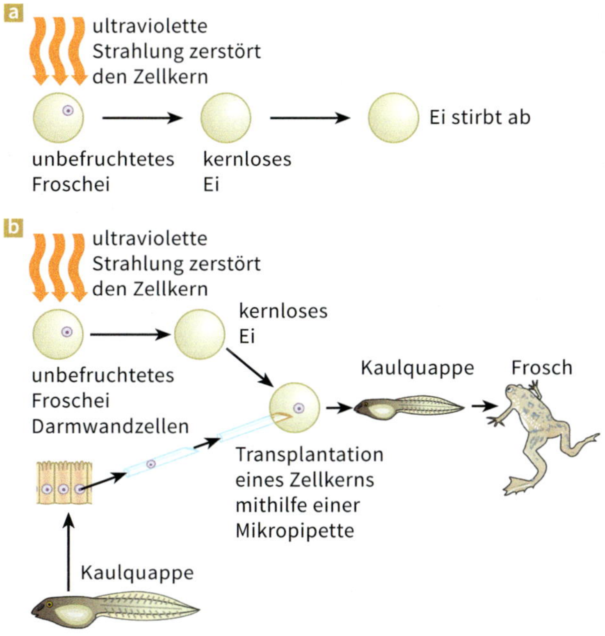

4 *Versuche an Krallenfröschen*

3 *Acetabularia*

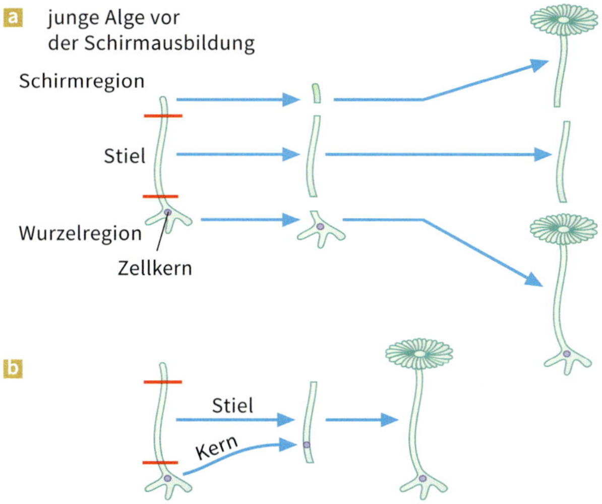

5 *Regenerationsversuche mit Acetabularia*

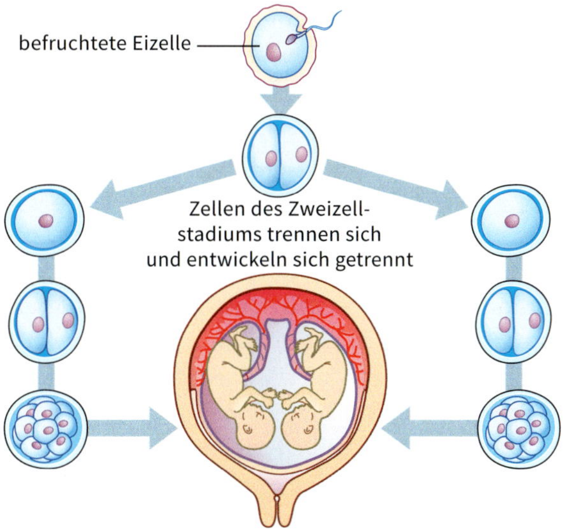

6 *Entstehung eineiiger Zwillinge*

→ 6.4 Mitose – erbgleiche Zellteilung

6.2 Kerntransfer als Grundprinzip des technischen Klonens

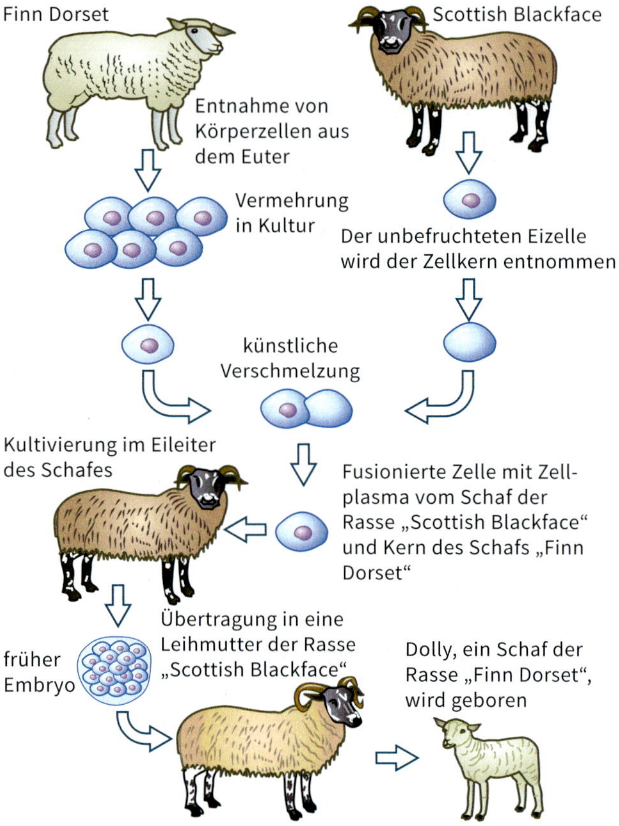

1 *Klonen durch Kerntransfer am Beispiel „Dolly“*

Seit Jahrtausenden versuchen Menschen die Qualität von Nutzpflanzen und Nutztieren durch Züchtung, zu optimieren. Dieses Vorgehen ist oft langwierig und nicht in jedem Fall erfolgreich. Heute wendet man in der modernen Nutztierzucht unter anderem die Technik des **Klonens** an, um schnell und zielsicher erbgleiche Nachkommen von einem wirtschaftlich wertvollen Elterntier zu erhalten.

Unter einem **Klon** versteht man Zellen oder Lebewesen, die genetisch identisch sind. Klone werden nicht nur im Labor erzeugt, es gibt sie auch in der Natur. Bei Säugetieren entstehen Klone eher zufällig und daher selten. Bei etwa jeder 500sten Geburt entstehen beim Menschen eineiige Zwillinge. Bei Pflanzen findet man dagegen häufig durch ungeschlechtliche Fortpflanzung entstandene genetisch identische Ableger, z.B. bei Erdbeerpflanzen oder Grünlilien.

Seit 1996 wird das **Klonen durch Kerntransfer** durchgeführt, das zum ersten Mal bei dem Klonschaf Dolly erfolgreich verlief. Einem für die Zucht wertvollen Schaf der Rasse *Finn Dorset*, das geklont werden soll, wurden Körperzellen entnommen (1) und in Kultur vermehrt (2) (Abb. 1). Parallel dazu hat man aus einem Schaf der Rasse *Scottish Blackface* reife unbefruchtete Eizellen entnommen (3) und anschließend den Zellkern entfernt (4). Es kommt zum Kerntransfer durch künstliche Verschmelzung der kultivierten Euter-Zelle mit Zellkern und der kernlosen Eizelle (5). Die fusionierte Zelle wird entweder in einem Reagenzglas oder im Eileiter eines Schafes kultiviert (6). Diese teilt sich mehrfach und ein früher Embryo entsteht (7). Der heranwachsende Embryo wird in eine Leihmutter der Rasse *Scottish Blackface* übertragen, in dem der Embryo bis zur Geburt heranreift. Die Leihmutter der Rasse *Scottish Blackface* gebiert nun ein Schaf der Rasse Finn Dorset (Abb. 1).

Das bedeutsame an dieser Methode des Klonens ist, dass keine sexuelle Fortpflanzung und damit keine (Neu)Rekombination des Erbinformation stattfindet. Der diploide Zellkern des für die Zucht wertvollen Tieres wird in eine kernlose Eizelle eines weiblichen Tieres der anderen Rasse übertragen. Die unerwünschte Neukombination der Gene kann durch den Kerntransfer unterbunden werden. Dolly ist daher ein **genetisch identisches** Schaf des Muttertieres der Rasse *Finn Dorset*. Klonen hat keine genetischen Veränderungen zur Folge, sondern führt ausschließlich zu mehreren genetisch identischen Nachkommen eines Individuums.

Dolly starb vorzeitig im Alter von etwa sechs Jahren an einer bei Schafen natürlicherweise vorkommenden Virusinfektion und zeigte auch bereits vorzeitig Alterserscheinungen. Dieses Phänomen beobachtete man auch bei weiteren Klontieren. Lebenserwartung und Fruchtbarkeit der Tiere ist geringer als bei ihren natürlich entstandenen Artgenossen.

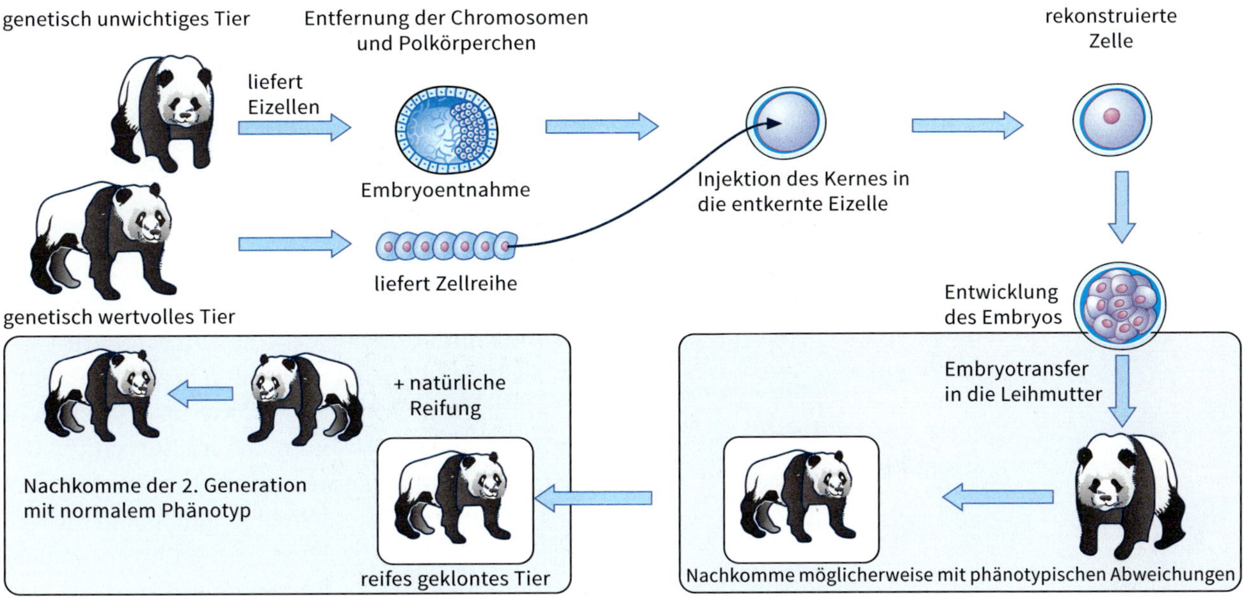

2 *Klonen zur Erhaltung bedrohter Tierarten*

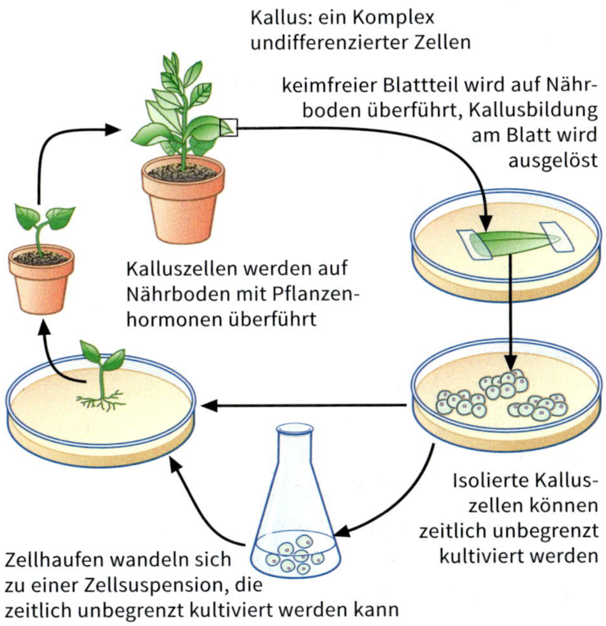

3 *Klonen einer Pflanze*

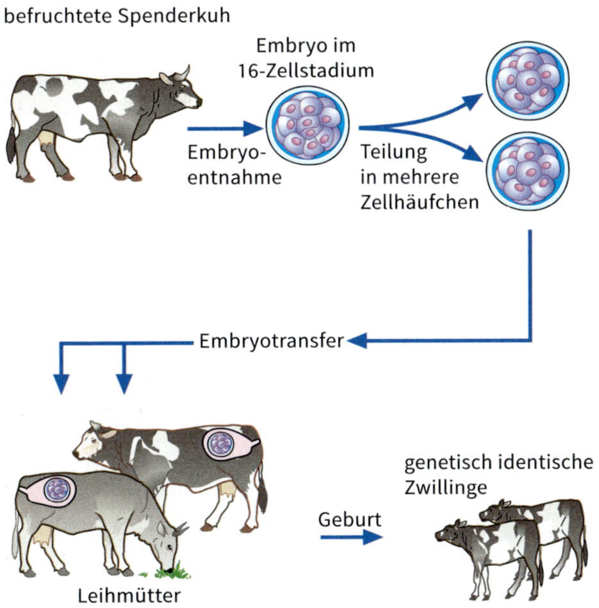

4 *Klonen durch Embryosplitting*

1. Klonen von Pflanzen. Beschreibe und vergleiche die Vorgehensweise zum Klonen einer Pflanze mit dem Klonen durch Kerntransfer bei Tieren (Abb. 3).

2. Klonen zum Erhalt von Tierarten. Erläutere die Vorgehensweise beim Klonen von Organismen zum Erhalt bedrohter Tierarten anhand von Abbildung 2.

3. Klonen durch Embryosplitting. Nicht immer ist das Klonen durch Kerntransfer wie beim Klonschaf Dolly ohne weiteres erfolgreich für die Zucht. Daher wird auch eine andere Form des Klonens zur Zucht von Nutztieren angewandt, das Embryosplitting (Abb. 4). Erläutere die Methode des Embryosplittings. Stelle eine begründete Hypothese auf, weshalb Tiere, die mithilfe dieser Methode erzeugt wurden, keine vorzeigen Alterungsprozesse zeigen.

→ 8.2 Genetische Vielfalt durch Neukombination in der Meiose

6.3 Chromosomen und ihre Funktion

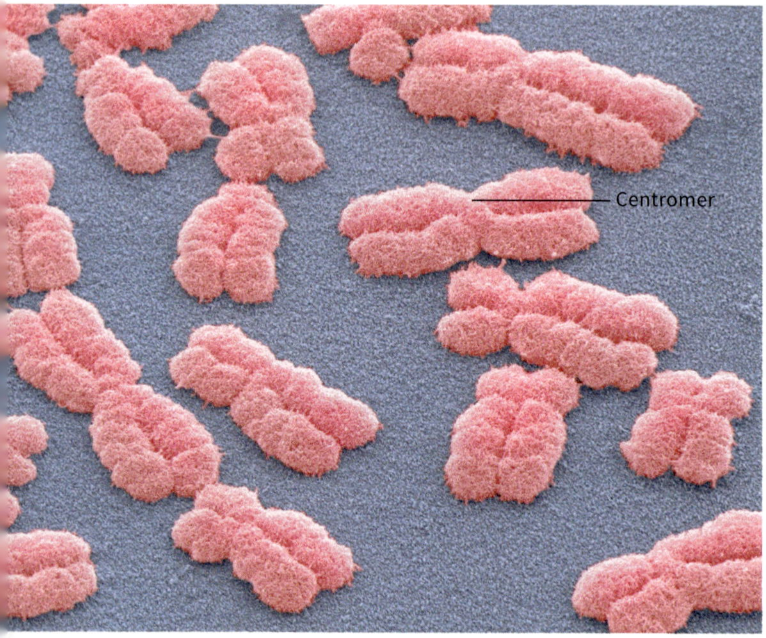

1 *Chromosomen im Rasterelektronenmikroskop*

Vor der Zellteilung sind im Zellkern Strukturen erkennbar, die Chromosomen genannt werden. In diesen Chromosomen sind die Erbinformationen gespeichert. Ein Abschnitt des Chromosoms, der die Information für die Ausprägung eines Merkmals enthält, wird als **Gen** bezeichnet. Vor einer Zellteilung liegen in jedem Chromosom zwei identische Erbinformationen vor. Das Chromosom besteht jetzt aus zwei identischen Chromatiden, die durch das Centromer zusammengehalten werden (Abb. 1). Ein Chromosom in dieser Form nennt man Zwei-Chromatid-Chromosom. Nach der Zellteilung nehmen sie wieder die ursprüngliche Form an. Sie werden dann Ein-Chromatid-Chromosom genannt (Abb. 3). Die einzelnen Chromosomen bilden dann ein wirres Knäuel. In diesem Zustand sind die Chromosomen nicht im Lichtmikroskop erkennbar. Die Zellteilung selbst wird **Mitose** genannt. Während der Mitose findet kein Ablesen von Erbinformationen statt. Die Zeit zwischen zwei Zellteilungen bezeichnet man als **Interphase**. In dieser Zeit werden Erbinformationen von den Chromosomen abgelesen und für die Steuerung des Stoffwechsels der Zelle genutzt. Die Vorgänge von einer Zellteilung bis zur nächsten bezeichnet man als **Zellzyklus**, wobei man im Zellzyklus Mitose und Interphase unterscheidet.

Der Mensch besitzt in jeder Körperzelle 46 Chromosomen (Abb. 2). Davon sind 22 je zwei Mal vorhanden. Sie heißen **Autosomen**. Die beiden Chromosomen dieser Chromosomenpaare werden als homologe Chromosomen bezeichnet. Hinzu kommen Chromosomen, die das Geschlecht des Menschen bestimmen. Sie heißen daher **Geschlechtschromosomen** oder **Gonosomen**. Bei den Gonosomen unterscheidet man X- und Y-Chromosomen. Frauen besitzen zwei X-Chromosomen, Männer haben ein X-Chromosom und ein viel kleineres Y-Chromosom. Bei jedem Autosomenpaar stammt ein Chromosom von der Mutter und eines vom Vater. Auch von den beiden Gonosomen stammt eines von der Mutter und eines vom Vater. Die Körperzellen des Menschen besitzen bei einer Frau den Chromosomensatz 2 x 22 + XX und 2 x 22 + XY bei einem Mann. Die Körperzellen des Menschen haben also einen doppelten Chromosomensatz. Zellkerne mit einem doppelten Chromosomensatz nennt man **diploid**, das kürzt man auch mit 2n ab. Eizellen und Spermazellen haben von jedem Chromosomenpaar entweder nur das Chromosom von der Mutter oder das vom Vater. Sie haben nur einen einfachen Chromosomensatz, der aus 23 Chromosomen besteht. Man bezeichnet solche Zellen als **haploid.** Den haploiden Chromosomensatz bezeichnet man abgekürzt mit 1n.

Zelltyp	Interphase bis zur Verdoppelung der Chromosomen	Dauer der Verdoppelung der Chromosomen	Zellteilung
blutbildendes Knochenmark	2	8	0,7
Dünndarm	6	8	0,7
Dickdarm	22	8	0,7
Speiseröhre	170	8	0,7
Haut	989	8	0,7
Leber	9990	8	0,7

2 *Phasendauer im Zellzyklus in Stunden*

Körperzellen		Geschlechtszellen
direkt vor der Zellteilung	zwischen zwei Zellteilungen	
46 Zwei-Chromatid-chromosomen	46 Ein-Chromatid-Chromosomen	23 Ein-Chromatid-Chromosomen

3 *Übersicht Chromosomenzahl*

Manche Krankheiten beruhen auf einer Abweichung der Chromosomenzahl oder darauf, dass einzelne Stücke eines Chromosoms fehlen. Um im Chromosomensatz zu überprüfen, ob alle Chromosomen vollständig sind und auch in der richtigen Anzahl vorliegen, werden durch verschiedene Färbemethoden unterschiedliche Regionen der Chromosomen verschieden angefärbt. Die dadurch sichtbaren Banden ermöglichen eine bessere Zuordnung der Chromosomen. Auch kann man damit besser überprüfen, ob einzelne Stücke eines Chromosoms fehlen. Die Chromosomen werden dann fotografiert und ausgeschnitten. Anschließend ordnet man sie nach Form und Größe in einem standardisierten Schema. Die jeweils gleichen Chromosomen werden dabei nebeneinander gelegt. Man nennt diese Zusammenstellung der Chromosomen Karyogramm.

4 *Erstellen eines Karyogramms*

1. Begriffe. Erläutere die Begriffe haploid, diploid, Autosom, Gonosom und Zellzyklus.

2. Karyogramm.

a) Ordne die Chromosomen in Abbildung 5 b den Chromosomen in Abbildung 5 a zu. Überprüfe das Karyogramm auf Vollständigkeit und bestimme das Geschlecht des untersuchten Menschen.

b) Beschreibe die Erstellung eines Karyogramms und die Bedeutung für das Erkennen von Krankheiten (Abb. 4).

3. Phasendauer im Zellzyklus. Werte die Tabelle in Abbildung 2 aus.

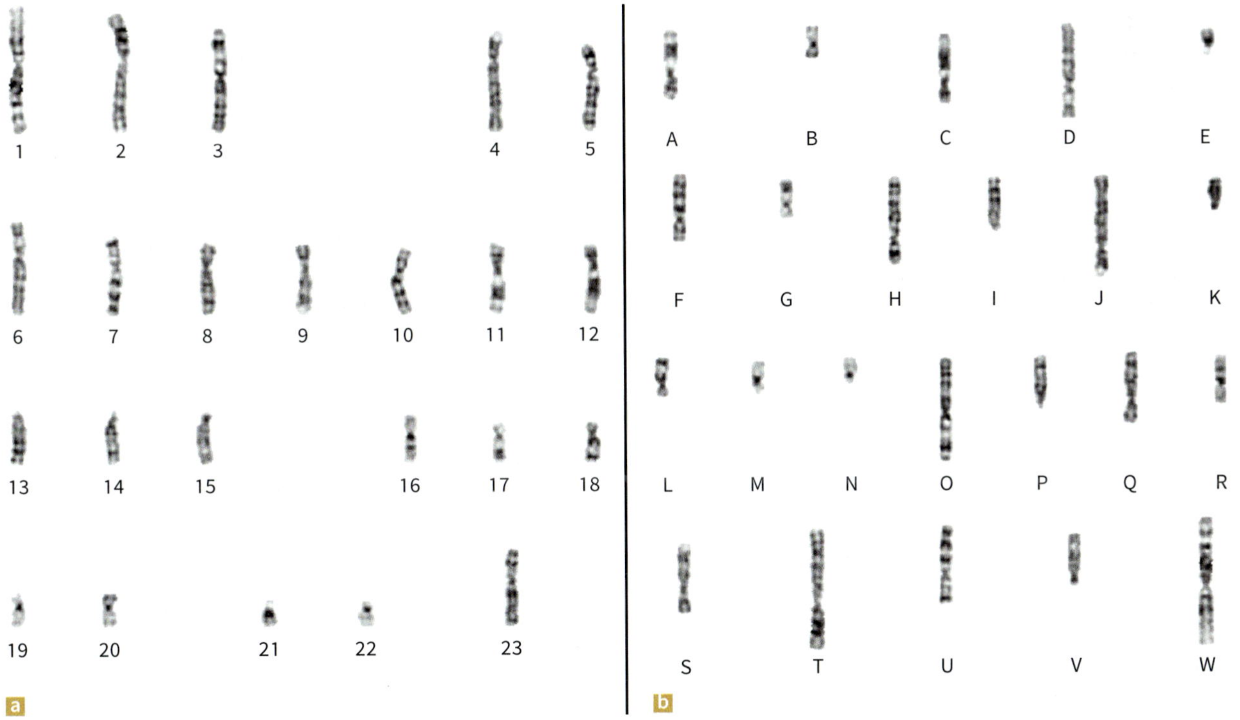

5 *Chromosomen eines Menschen. a: Geordnete Darstellung von jeweils einem Zwei-Chromatid-Chromosom, b: Ungeordnete Darstellung der Chromosomen (jedes Zwei-Chromatid-Chromosom ist einmal abgebildet).*

6.4 Mitose – erbgleiche Zellteilung

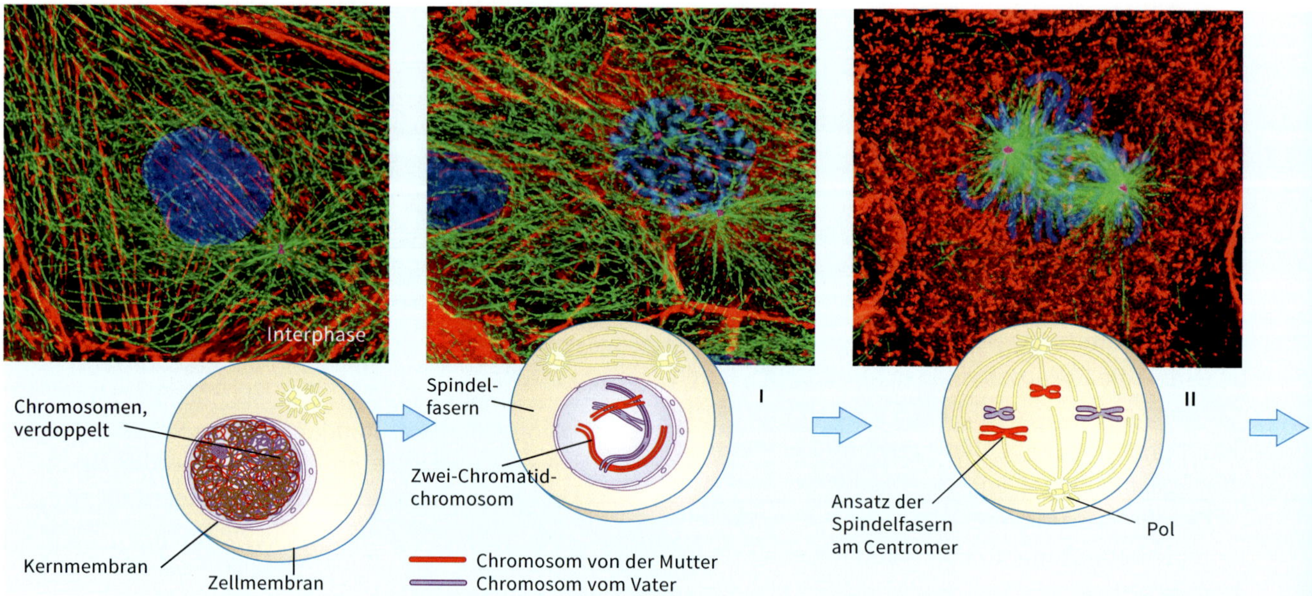

1 *Ablauf der Mitose (blau: Chromosomen; hellgrün innerhalb der Zelle: Spindelfasern)*

Nach jeder Zellteilung (Mitose) haben die neu entstandenen Zellen die gleiche Erbinformation wie die Zelle, aus der sie hervorgingen. Man spricht von **erbgleicher Teilung**. Die Vorgänge in der Zelle von einer Zellteilung bis zur nächsten bezeichnet man als Zellzyklus. Im Zellzyklus unterscheidet man **Mitose** und **Interphase**.

Die Mitose wird in folgende Phasen unterteilt (Abb. 1).

- **Prophase**: Zu Beginn der Mitose wird die Membran des Zellkerns aufgelöst. Die Zwei-Chromatid-Chromosomen werden im Lichtmikroskop sichtbar. Die Spindelfasern entstehen.
- **Metaphase**: Die Chromosomen sind in der Zell mitte in einer Ebene angeordnet und mit den Spindelfasern verbunden.
- **Anaphase**: Die Zwei-Chromatid-Chromosomen werden getrennt. Je eines der beiden identischen Chromatide wandert nun mithilfe der Spindelfasern zu einem Pol.
- **Telophase**: An jedem Pol wird eine neue Kernmembran gebildet, die die Chromosomen umschließt. Gleichzeitig verlieren die Chromosomen wieder ihre aufgerollte Struktur und können im Lichtmikroskop nicht mehr unterschieden werden. Das Cytoplasma wird auf die entstehenden Tochterzellen aufgeteilt; die Zellen durch Membranen vollständig getrennt. Es sind zwei Zellen mit gleichen Erbinformationen entstanden; die Mitose ist beendet.

In der folgenden **Interphase** steuert der Zellkern den Stoffwechsel der Zelle. Während einer bestimmten Zeit in der Interphase bilden sich die Zwei-Chromatid-Chromosomen. Damit ist der Ausgangszustand vor einer erneuten Mitose wieder erreicht. Die zunehmende Anzahl an Zellen während des Wachstums eines Lebewesens ist nur auf den Vorgang der Mitose zurückzuführen.

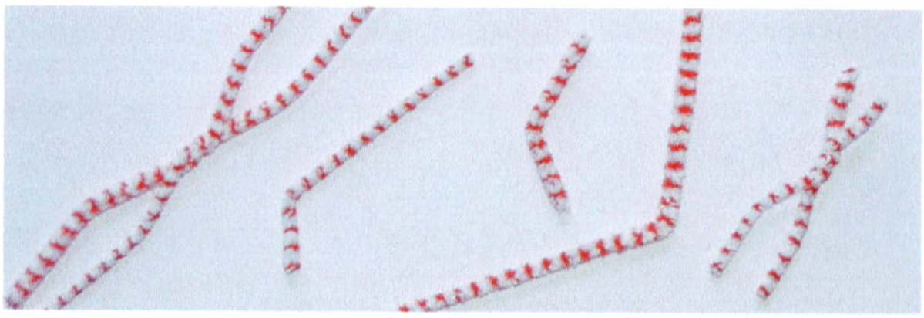

2 *Pfeifenputzer können als Modell für Chromosomen dienen*

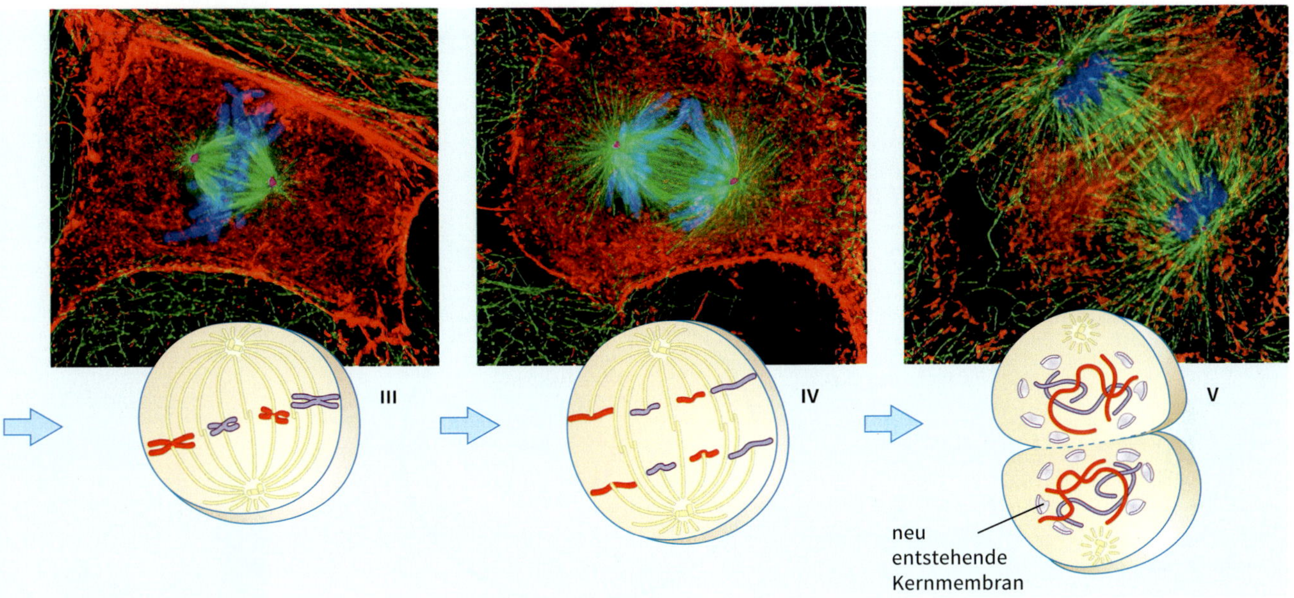

1. Kurzvortrag Mitose. Bereite einen Kurzvortrag über die Mitose vor. Verwende dazu die Abbildung 1.

2. Zellen in der Mitose. Ordne die Zellen in der Abbildung 3 den Phasen in Abbildung 1 zu.

3. Modell. Lege mithilfe von Pfeifenputzern den Ablauf einer Mitose für einen Zellkern mit drei Chromosomen nach (Abb. 2).

4. Fehlersuche. Nenne die Fehler im Text der Abbildung 4 und korrigiere sie.

5. Erbinformation von Zellen. In einem Gewebe, in dem sich ständig viele Zellen teilen, besitzen einige Zellen nur die Hälfte der Erbinformation der übrigen Zellen. Erkläre, in welcher Phase des Zellzyklus sich diese Zellen befinden.

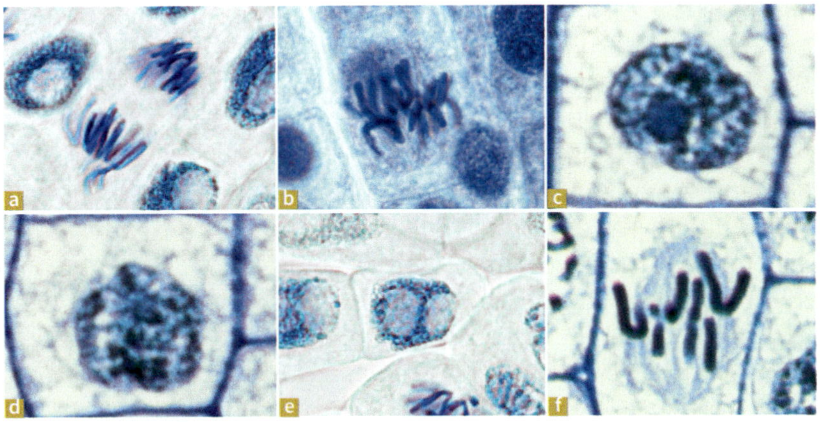

3 *Mitose in der Wurzelspitze einer Zwiebel*

In der Mitose verdoppeln sich die Chromosomen in der Prophase. Nur so ist es möglich, dass die späteren Tochterzellen die gleichen Erbinformationen enthalten wie die Mutterzelle. Die neu entstandenen Chromosomen wandern in der Metaphase in die eine Tochterzelle, die bisherigen Chromosomen in die andere Tochterzelle. Dies wird durch die Centromere gesteuert, wobei die Spindelfasern den Transport übernehmen. In der Anaphase bilden sich dann die neuen Zellkerne aus. Dabei wird um die Chromosomenpakete eine Membran erstellt. Die vollständige Trennung der Zellen erfolgt dann in der Telephase, indem eine Zwischenmembran gebildet wird.

4 *Fehlertext zur Mitose*

→ 6.1 Bedeutung des Zellkerns

7.1 Gen – Genprodukt – Ausprägung von Merkmalen

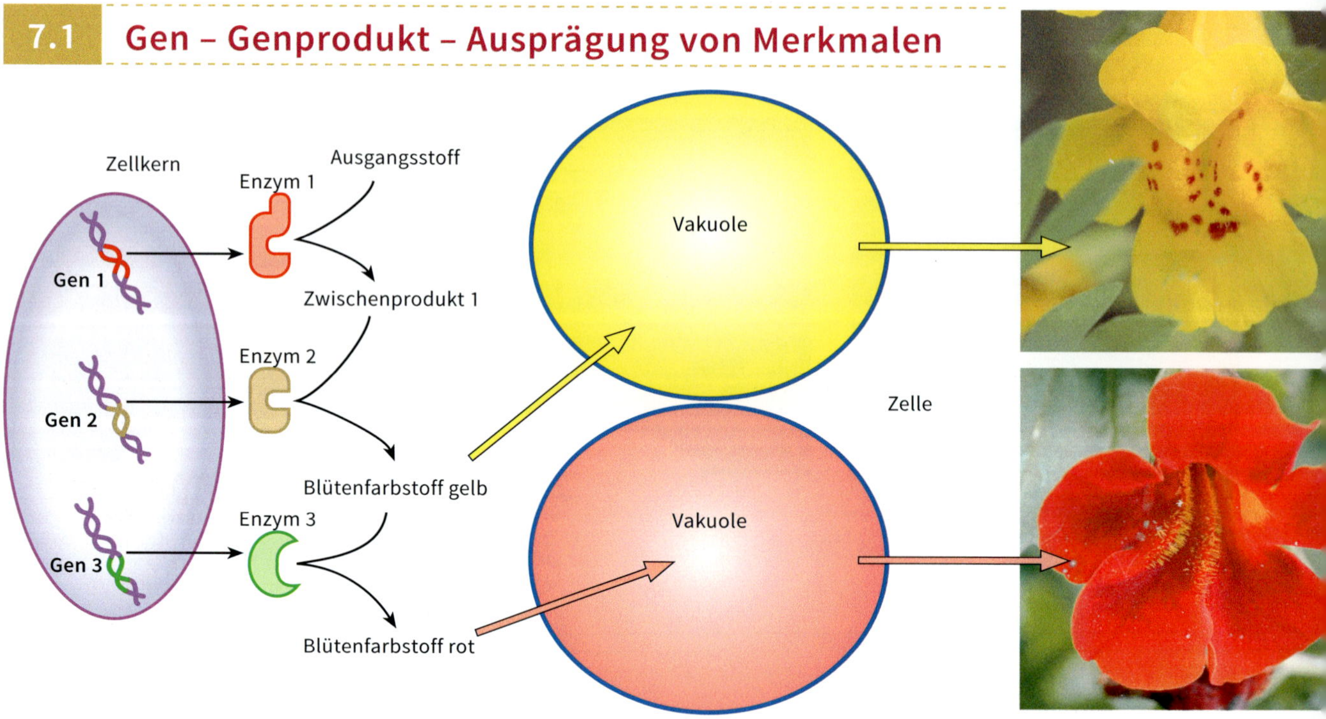

1 *Genwirkkette zur Blütenfarbe bei der Gauklerblume*

Verschiedene Zuchtsorten der Gauklerblume haben eine unterschiedliche Blütenfarbe (Abb. 1). Untersuchungen haben ergeben, dass die Blütenfarbe von der Erbinformation in einem Abschnitt in einem bestimmten Chromosom abhängt. Dieser Abschnitt ist für die Blütenfarbe zuständig. Er enthält die Erbinformationen für die Herstellung verschiedener Proteine. Einen Abschnitt eines Chromosoms, der die Information für die Herstellung eines Proteins trägt, bezeichnet man als **Gen**. Das entsprechende Protein ist das zugehörige **Genprodukt**.

Eine große Gruppe der Proteine sind Enzyme, die Stoffwechselreaktionen katalysieren. Die Ausprägung der Blütenfarbe der Gauklerblume wird durch mehrere Gene bestimmt. In jedem Gen ist die Bauanleitung zu einem Enzym, das für die Ausprägung der Blütenfarbe eine Rolle spielt, gespeichert. In den Zellen des Kronblattes wird dieses Enzym produziert. Zusammen mit anderen Enzymen bewirkt es, dass ein roter Farbstoff in der Zelle hergestellt wird. Der Farbstoff wird in der Vakuole der Zelle gespeichert und verleiht der Blüte die entsprechende Farbe. Die rote Farbe ist das für uns sichtbare **Merkmal**. In diesem Fall handelt es sich um ein erbliches Merkmal, weil es durch ein Gen bestimmt wird.

Häufig sind für die Ausbildung eines erblichen Merkmals mehrere Enzyme und damit mehrere Gene erforderlich. So werden zur Herstellung des Blütenfarbstoffes bei der Gauklerblume mehrere Enzyme benötigt. Die Synthese des Stoffes verläuft über mehrere Stufen. Jede Reaktion dieses Herstellungsprozesses wird von einem anderen Enzym katalysiert (Abb. 1). Im Falle der Gauklerblume ist nur die letzte Reaktion und damit nur ein Enzym verantwortlich, ob der hergestellte Farbstoff gelb oder rot aussieht. Die Abfolge von Stoffwechselreaktionen in dieser Art bezeichnet man als **Genwirkketten**. Das erbliche Merkmal, hier zum Beispiel die Blütenfarbe, ist das Ergebnis der Genwirkkette. Die Gene einer Genwirkkette müssen dabei nicht auf dem gleichen Chromosom liegen. Die meisten Merkmale von Lebewesen sind nicht nur erblich bestimmt. Sie werden durch das Zusammenwirken von Genen und Umwelt bestimmt. Manche Merkmale eines Lebewesens werden nur durch die Umwelt beeinflusst.

A: Die Eizelle und der Pollen enthalten die Gene für die Gauklerblume. Nach der Befruchtung sind dadurch die Merkmale der Gauklerblume festgelegt. Die Gene sind damit besonders bedeutsam für die Vererbung. Jedem Merkmal ist ein Gen zugeordnet, zum Beispiel das Merkmal „rote Blütenfarbe".

B: Bei der Gauklerblume gibt es rote Blüten und gelbe Blüten. Wenn man die Pflanzen kreuzt, kommt es darauf an, welche Merkmale aus dem Pollen kommen und welche aus der Eizelle. Wird die neue Blüte rot und stammte der Pollen von einer rot blühenden Pflanze, so stammt das Merkmal vom Pollen.

C: Häufig werden zur Ausbildung eines Merkmals viele Gene benötigt. Man spricht dann von einer Genwirkkette. Das ist auch bei der Blütenfarbe der Gauklerblume der Fall. Wenn nur ein Gen der Genwirkkette fehlt, so hat die Blume keine Blütenfarbe. Sie ist dann weiß, da das Merkmal „Blütenfarbe" nicht ausgebildet werden kann.

D: Auch bei der Blütenfarbe liegt eine Genwirkkette vor. Das Merkmal „rot" ist das Produkt dieser Kette, also das Genprodukt. Interessant ist bei der Züchtung, von welcher Elternpflanze die Genwirkkette vererbt wird. Sie bestimmt dann die Blütenfarbe.

E: Die Blütenfarbe ist bei der Bestäubung wichtig. Wenn eine Pflanze merkt, dass sie nicht von den Bienen bestäubt wird, ändert sie die Proteine, die die Genprodukte sind. So kann sie bestimmen, ob ihre Blüten rot oder gelb werden. Vielleicht kann die Pflanze ja auch aussuchen, welche Gene für sie besser sind.

F: Fällt in der Genwirkkette ein Gen aus, so wird wahrscheinlich das Zwischenprodukt, das durch das Enzym des davor wirksamen Gens katalysiert wird, die Blütenfarbe bestimmen.

2 *Aussagen – falsch oder richtig?*

Genwirkketten können wesentlich komplexer sein, als sie in Abbildung 1 dargestellt sind. So können aus einem Ausgangsstoff mehrere Zwischenprodukte entstehen oder mehrere Stoffe werden von einem Enzym zu einem neuen Stoff zusammengebaut.

Soll eine Genwirkkette erforscht werden, muss zunächst ermittelt werden, welche Stoffe und Gene daran beteiligt sind. Anschließend werden in einer Versuchsreihe die einzelnen Gene ausgeschaltet und jeweils überprüft, welche Stoffe noch von der Zelle gebildet werden können. Daraus lässt sich rekonstruieren, in welcher Reihenfolge die Stoffe durch die Genwirkkette gebildet werden.

Ausschalten von Gen	Stoffe, die nicht mehr gebildet werden
1	B, C, E, F
2	F
3	C, E, F
4	E, F
5	D, E, F

A = Ausgangsstoff; F = Endstoff; B, C, D, E = Zwischenprodukte

3 *Untersuchung einer Genwirkkette*

1. Genwirkkette.
a) Beschreibe die Genwirkkette in Abbildung 1.
b) Erläutere, welche Folgen es in Hinblick auf das Merkmal Blütenfarbe hätte, wenn das Gen 3 in den Zellen der Blüte seine Funktion verlieren würde.

2. Sind die Aussagen richtig? Überprüfe anhand der Grundwissenseite, ob die Formulierungen in Abbildung 2 richtig sind. Begründe deine Entscheidung ausführlich. Benenne die Aussagen, die du als nicht korrekt bewertet hast.

3. Erforschung einer Genwirkkette. Entwickle aus den Angaben in Abbildung 3 eine mögliche Genwirkkette.

7.2 Die Hautfarbe – ein Beispiel für ein polygen bedingtes Merkmal

1 *Familie Simmons mit ihren Zwillingen und dem älteren Sohn*

2 *Verschiedene Hautfarben*

1994 machten die Zwillinge der Familie Simmons aufgrund ihrer unterschiedlichen Hautfarbe Schlagzeilen (Abb. 1). Es ist sehr ungewöhnlich, dass Geschwister eine so extrem unterschiedliche Hautfarbe besitzen.

Die Hautfarbe wird durch einen dunklen Farbstoff, das **Melanin**, hervorgerufen. Melanin wird in den Pigmentzellen der Oberhaut hergestellt. Von hier aus gelangt der Farbstoff in die benachbarten Hautzellen und wird dort in Bläschen eingelagert. Je mehr dieser Bläschen pro Fläche vorhanden sind, umso dunkler ist die Haut.

Die Hautfarbe von Menschen kann sehr unterschiedlich sein (Abb. 2). Sie ist erblich bedingt. Betrachtet man typische Hautfarben der ursprünglichen Bewohner unterschiedlicher Regionen auf der Erde, wird ein Trend sichtbar. Je dichter die Menschen am Äquator leben, umso dunkler ist die Hautfarbe. In Äquatornähe ist die UV-Strahlung stärker als in der Nähe der Pole. UV-Strahlung ist schädlich. Sie kann Mutationen auslösen und Krebs verursachen.Da Melanin die Haut vor UV-Strahlung schützt, ist die Hautfarbe offenbar eine Angepasstheit an den Lebensraum.

Man kann die unterschiedliche Intensität der Hautfarbe nur erklären, wenn mehrere Gene für sie verantwortlich sind. Man geht heute davon aus, dass viele Gene für die Hautfarbe verantwortlich sind. Diese Gene befinden sich auf verschiedenen Chromosomen. Die einzelnen Gene können dabei unterschiedliche Ausprägungen haben. Solche verschiedenen Ausprägungen eines Gens bezeichnet man als Allele. Häufig liegen pro Gen zwei Allele, also ein Allelpaar vor. Die verschiedenen Ausprägungen rufen eine unterschiedlich starke Hautfärbung hervor. Man nennt diese Art der Vererbung, bei der ein Merkmal durch die Aktivität mehrerer Gene bestimmt ist, **Polygenie**. Je mehr Allelpaare ein Merkmal bestimmen, umso feiner ist die Abstufung. So entstehen fließende Übergänge. Allerdings ist das Zusammenwirken der verschiedenen Allele noch nicht ganz geklärt. Neben der Hautfarbe werden zum Beispiel auch die Haarfarbe, die Körpergröße und manche Krankheiten polygen vererbt.

Zwar ist die Hautfarbe erblich festgelegt, doch kann die Produktion von Melanin bei vielen helleren Hauttypen durch UV-Strahlung innerhalb genetisch festgelegter Grenzen zusätzlich angeregt werden. Die dadurch erhaltene Bräunung vermindert die Gefahr eines Sonnenbrandes. Hierbei handelt es sich um eine Modifikation. Die erhaltene Bräunung verblasst wieder, wenn die Haut längere Zeit keiner UV-Strahlung ausgesetzt ist.

1. Fragen zur Familie Simmons.
a) Erkläre kurz das unterschiedliche Geschlecht der Zwillinge (Abb. 1, 3).
b) Beschreibe die Erwartungen bezüglich der Hautfarbe des Kindes, wenn Eltern unterschiedlicher Hautfarbe ein Kind zeugen. Begründe diese Erwartungen.
c) Stelle Hypothesen auf, die die unterschiedliche Hautfarbe der Zwillinge erklären können.

2. Modell zur Vererbung durch Polygenie. Zum Verständnis der Vererbung der Hautfarbe nehmen wir ein stark vereinfachtes Modell zu Hilfe. Das Modell geht von der Annahme aus, dass drei Genorte auf verschiedenen homologen Chromosomenpaaren vorliegen. An jedem Genort können zwei verschiedene Ausprägungen des Gens, die sogenannten Allele vorliegen. Beim ersten Gen treten die Allele a und A, beim zweiten die Allele b und B sowie beim dritten die Allele c und C auf. Die Allele, die durch kleine Buchstaben gekennzeichnet sind, führen zur Ausbildung eines Pigmentpunktes pro betrachteter Fläche. Allele, die durch Großbuchstaben dargestellt sind, führen zu zwei Pigmentpunkten pro Fläche.
a) Beschreibe Abbildung 5 ausführlich und begründe die Hautfarbe des erwachsenen Menschen.
b) Ermittle alle möglichen Allelkombinationen in der Geschlechtszelle.
c) Skizziere in einem Schema nach Abbildung 5 das Zustandekommen der in Abbildung 4 dargestellten Hautpigmentierung.

3. Genorte. Die Gene für die Pigmentierung der Haut befinden sich auf verschiedenen Chromosomen. Erläutere, welche Folgen es hätte, wenn sich mehrere Gene für die Hautfarbe auf nur einem Chromosom befänden.

1994 kamen in Tottenham in, einem Stadtteil Londons, Zwillinge zur Welt, die Geschichte machten, weil sie unterschiedliche Hautfarben hatten. Abbildung 1 zeigt ein Foto der Familie mit den Zwillingen und dem älteren Sohn. Der kleine Junge ist wie sein Vater dunkel gefärbt, die kleine Tochter ist wie ihre Mutter hellhäutig. Die Mutter stammt aus Großbritannien, die Eltern des Vaters kamen aus der Karibik nach Großbritannien.

3 *Ein unwahrscheinliches Ereignis?*

4 *Unterschiedliche Pigmentierung der Haut*

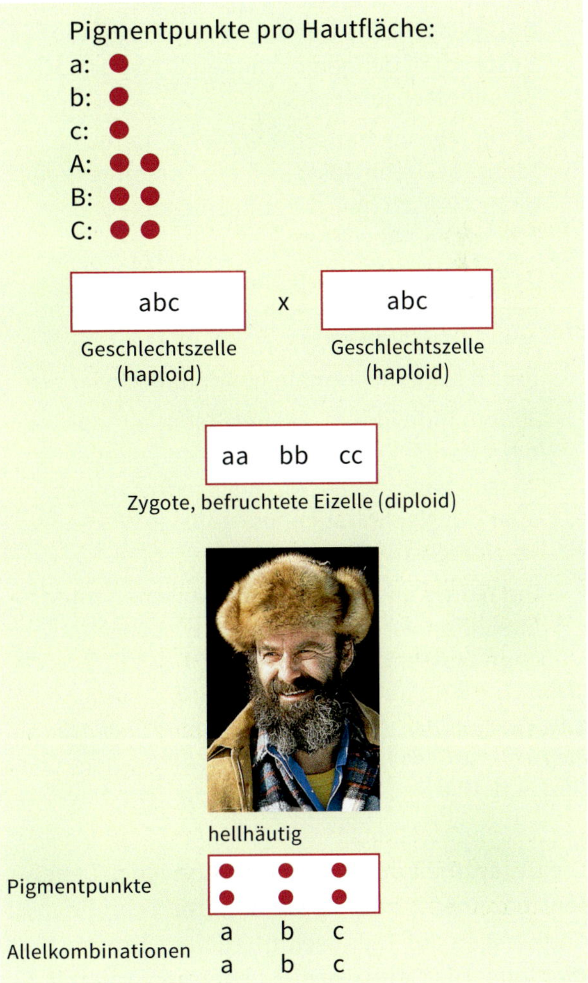

5 *Modell zur Vererbung der Hautfarbe*

→ 8.5 Die Vererbung verläuft nach Regeln

7.3 Genanalyse

4

Chorea-Huntington
tödliche, meist erst mit 40 Jahren auftretende, Erkrankung des Nervensystems

7

Mucoviscidose
starke Schleimbildung u. a. in den Lungen und Nieren

9

Schwarzer Hautkrebs (malignes Melanom)
Tumore der Haut

11

Sichelzellanämie
rote Blutkörperchen sind sichelzellförmig, Veränderung des Hämoglobins

12

Phenylketonurie
angeborener Stoffwechseldefekt, der unbehandelt zur Verzögerung der geistigen Entwicklung führt

14

Alzheimerkrankheit
meist im Alter auftretende Störung des Gehirns

17

Brustkrebs
nur die Form mit familiärer Häufung

X

Bluterkrankheit
Defekt bei der Blutgerinnung

1 *Auswahl einiger menschlicher Chromosomen (mit ihrer Nummer) und zugehöriger genetisch bedingter Krankheiten. Gene auf diesen Chromosomen sind zusammen mit anderen Genen und Umweltfaktoren an der Auslösung der angegebenen Krankheit beteiligt. Für diese und andere genetisch (mit-) bedingte Krankheiten gibt es bereits Gentests.*

- Das menschliche Genom ist grundlegender Bestandteil der gemeinsamen Erbinformation aller Menschen.
- Jeder Mensch hat seine eigene genetische Identität. Dabei lässt sich die Persönlichkeit eines Menschen nicht auf seine genetischen Merkmale reduzieren.
- Jeder Mensch hat unabhängig von seinen genetischen Eigenschaften ein Recht auf Achtung seiner Würde. Niemals darf er aufgrund seiner Merkmale diskriminiert werden.
- Jedem Individuum soll das Recht auf das ihn betreffende krankheitsrelevante genetische Wissen garantiert sein. Gleichzeitig soll er aber das Recht haben, auf solches Wissen verzichten zu können.
- Die Würde und Freiheit des Menschen muss absoluten Vorrang vor jedem wissenschaftlichen Fortschritt haben.

2 *Auszug aus der „Allgemeinen Erklärung über das menschliche Genom und Menschenrechte" (UNESCO, 1997)*

Die Gesamtheit der Erbinformation eines Lebewesens bezeichnet man als **Genom**. Die Erbinformationen liegen auf Teilabschnitten des Chromosoms, die Gene. Die Gene werden abgelesen und mit der Information wird ein Genprodukt hergestellt. Dieses Genprodukt kann z. B. ein Enzym sein, dass den Stoffwechsel steuert. Mit einer Reihe von internationalen wissenschaftlichen Projekten ist das menschliche Genom mittlerweile vollständig entschlüsselt worden. Die ungleich schwierigere Aufgabe ist es nun, das Genom und seine Funktionen zu verstehen, zum Beispiel zu wissen, wann, wie und warum ein Gen abgelesen wird.

Das Wissen um das Genom eines Menschen greift tief in die Persönlichkeitssphäre und das Selbstverständnis eines Menschen ein. Der enorme Zuwachs an Kenntnissen über das menschliche Genom birgt große Chancen, aber auch Risiken. Besonders die Fähigkeiten zur Analyse der Erbanlagen eines einzelnen Menschen mithilfe von Gentests zum Beispiel zum Erkennen von erblichen Veranlagungen bedürfen daher ethisch begründeter Regeln (Abb. 1). Es gibt immer mehr Krankheiten, die mit Gentests nachgewiesen werden können. Aber viele dieser Erkrankungen sind (noch) nicht behandelbar. Wie können wir mit dem neuen Wissen umgehen?

Heute kann das Genom eines Menschen innerhalb weniger Tage mit aufwändiger digitaler, automatisierter Technik für 1000 Dollar entschlüsselt werden. Man spricht in diesem Zusammenhang vom „1000-Dollar-Genom".

Erbkrankheit Chorea Huntington – Wissen oder Nicht-Wissen?

Chorea Huntington ist die Bezeichnung für eine bestimmte, fortschreitend verlaufende Erkrankung des Nervensystems, die mit Bewegungsstörungen und allmählichem geistigen Verfall einhergeht. Durchschnittlich haben 10 von 100 000 Personen diese Erbkrankheit. Sie wird durch ein dominantes Gen auf dem Chromosom Nr. 4 vererbt. Die Krankheit bricht meistens erst nach dem 40. Lebensjahr aus, in einem Alter, in dem die meisten Menschen ihre Familienplanung abgeschlossen haben. Bis zum Ausbruch der Krankheit sind die Betroffenen frei von Symptomen. Wer das Gen geerbt hat, wird mit hundertprozentiger Sicherheit krank. Zur Zeit gibt es keine Heilung dieser Krankheit. Kinder von Erkrankten erfahren meist erst als junge Erwachsene, dass sie ein 50%iges Risiko für die Krankheit haben.

Herr B. (27 Jahre, von Beruf Pilot) hat erfahren, dass seine Mutter an Chorea Huntington erkrankt ist. Herr B. ist sehr unentschlossen, ob er wissen oder nicht wissen will, ob er das Gen von seiner Mutter geerbt hat.

Erblich erhöhtes Risiko für Brustkrebs.

Von den 46 000 Frauen, die jährlich in Deutschland an Brustkrebs erkranken, sind 5–10 % erblich vorbelastet, das heißt, es gibt eine erbliche Veranlagung für ein höheres Brustkrebsrisiko. Meistens tritt in diesen Fällen Brustkrebs in der Familie und ihren Vorfahren häufiger auf als in der Bevölkerung insgesamt (Abb. 4). Heute können Frauen vorsorglich einen Gentest machen, um festzustellen, ob sie die Veranlagung für einen solchen „familiären Brustkrebs“ haben. Die Früherkennung von Brustkrebs ist durch Mammografie, eine Röntgenuntersuchung, möglich (Abb. 5).

Frau M. ist 26 Jahre alt und hat ein Kind. Ihre Mutter war mit 31 Jahren an Brustkrebs erkrankt und mit 37 Jahren an den Folgen des Tumors gestorben. Eine Tante von Frau M. hatte ebenfalls früh Brustkrebs bekommen.

3 *Wissen oder Nicht-Wissen? Zwei Beispiele*

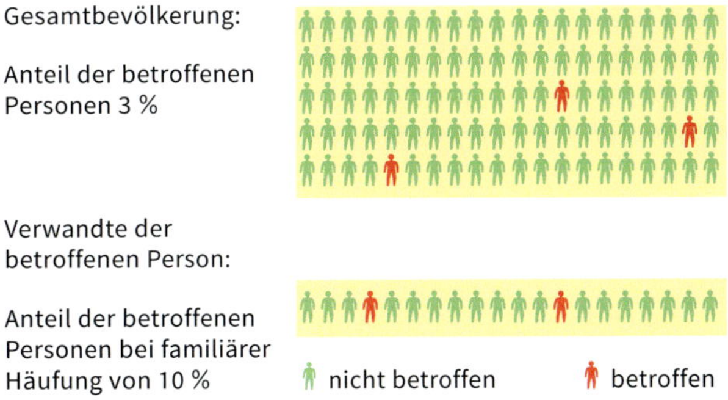

4 *Familiäre Häufung an einem Beispiel verdeutlicht*

1. Kurzvortrag „Genom und Menschenrechte“. Erläutere deinen Mitschülerinnen und Mitschülern im freien Vortrag die Aussagen in Abbildung 2.

2. Recht auf Wissen und Recht auf Nicht-Wissen. Versetze dich in die Lage von Herrn B. und Frau M. (Abb. 3). Welche Fragen werden diese Personen vermutlich haben, bevor sie sich für oder gegen den jeweiligen Gentest entscheiden? Diskutiert für jedes der beiden Fallbeispiele Vor- und Nachteile des Gentests. Beachtet im Fall von Frau M. auch die Abbildung 4.

3. Problemfelder der Genanalyse. Erläutere Probleme und Konflikte, die die Möglichkeiten der Genanalyse beim Menschen mit sich bringen können, einmal für Partner mit Kinderwunsch und wenn sie für Arbeitnehmer und Versicherungsnehmer zugelassen würde.

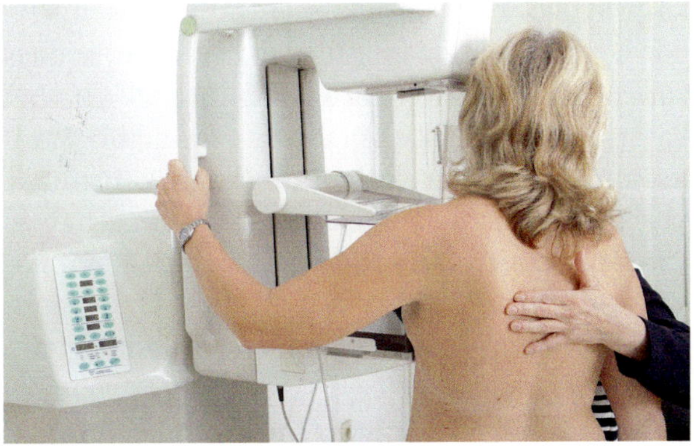

5 *Brustkrebsvorsorge durch Mammografie*

→ 6.3 Chromosomen und ihre Funktion, 7.1 Gen – Genprodukt – Ausprägung von Merkmalen

8.1 Meiose – Bildung der Geschlechtszellen

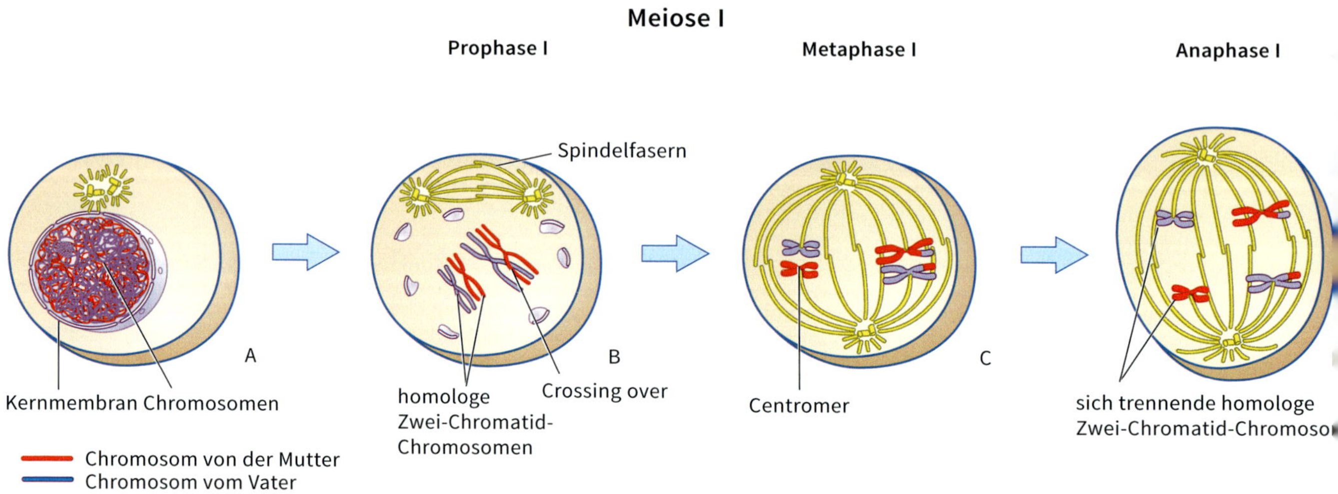

1 *Schematischer Ablauf der Meiose*

Der Vorgang, bei dem die Geschlechtszellen gebildet werden, heißt **Meiose**. Die Meiose findet bei der Frau in den Eierstöcken und beim Mann in den Hoden statt. Sie besteht immer aus zwei Teilungsschritten, der Meiose I und der Meiose II.

Zu Beginn der **Meiose I** hat die Verdopplung der Chromosomen in der Ursprungszelle bereits stattgefunden. Jedes Chromosom liegt jetzt in Form von zwei homologen Zwei-Chromatid-Chromosomen vor (Abb. 1). In der Prophase I lagern sich die homologen Zwei-Chromatid-Chromosomchromosomen zusammen. Man spricht von der Paarung der homologen Chromosomen. Bei diesem Vorgang kann es vorkommen, dass einzelne Abschnitte der Chromosomen ausgetauscht werden, sodass zum Beispiel ein Zwei-Chromatid-Chromosom vom Vater nun Abschnitte vom Zwei-Chromatid-Chromosom der Mutter enthält und umgekehrt. Den Vorgang bezeichnet man als Stückaustausch oder **Crossing over**. In der anschließenden Metaphase I und Anaphase I werden die Zwei-Chromatid-Chromosomen so auf die Tochterzellen verteilt, dass von jedem Paar Zwei-Chromatid-Chromosomen ein Exemplar in jeder Tochterzelle vorliegt. Dabei ist es völlig zufällig, ob das Zwei-Chromatid-Chromosom von der Mutter oder das vom Vater in die neue Zelle gelangt. Auch die beiden Gonosomen werden zufällig auf die beiden Tochterzellen verteilt.

An diese erste Teilung schließt sich eine zweite Teilung an, die **Meiose II** (Abb. 1). In der Prophase II ordnen sich die Zwei-Chromatid-Chromosomen der Tochterzellen in der Mitte der Zelle an. Anschließend werden die einzelnen Chromosomen eines jeden Zwei-Chromatid-Chromosoms getrennt und zu den Zellpolen gezogen. Nach dem Ende der Teilung liegen vier haploide Zellen vor. Diese Zellen besitzen nicht die gleichen Erbinformationen, da die Chromosomen vom Vater und der Mutter zufällig verteilt wurden.

Beim Mann entstehen aus den in der Meiose gebildeten Zellen die Spermien. Aus einer Ursprungszelle entstehen vier Spermien. Bei der Frau wird bei den Teilungen der Meiose das Zellplasma ungleich verteilt. Es entstehen aus der Ursprungszelle eine große Zelle, die zukünftige Eizelle, und drei sehr kleine Zellen, die nahezu kein Zellplasma enthalten. Man nennt sie Polkörperchen. Sie gehen später zugrunde. Bei einer sich anschließenden Befruchtung verschmelzen die haploide Eizelle und die haploide Spermazelle. Es entsteht die diploide Zygote.

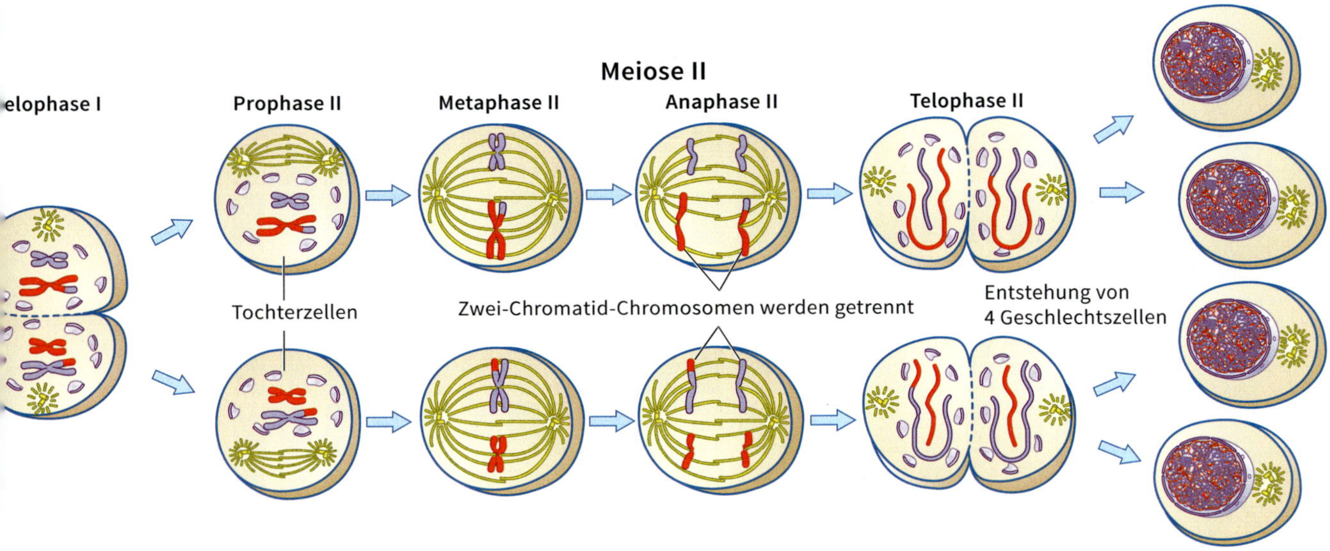

1. Meiose. Beschreibe den Ablauf der Meiose in eigenen Worten (Abb. 1). Gliedere deine Ausführungen.

2. Mitose/Meiose. Ordne die folgenden Begriffe und Aussagen der Mitose und/oder der Meiose zu.

A – erbgleiche Teilung
B – Verringerung der Chromosomenzahl
C – haploide Zellen
D – diploide Zellen
E – Centromer
F – Bildung von Geschlechtszellen
G – Crossing over
H – homologe Zwei-Chromatid-Chromosomen
I – Paarung homologer Zwei-Chromatid-Chromosomen
J – Eine neue Kernhülle wird gebildet.
K – Die Zwei-Chromatid-Chromosomen trennen sich.

3. Schema der Meiose. Zeichne ein Schema für die Meiose einer Zelle mit zwei verschiedenen Zwei-Chromatid-Chromosomen und Gonosomen wie in der Abbildung 1. Ordne den Abschnitten die Begriffe diploid und haploid zu.

4. Zellteilungen im menschlichen Leben. Beschreibe die in Abbildung 2 dargelegten Vorgänge und gib für die Zellen 1–7 jeweils die Anzahl und Art der Chromosomen an.

5. Geschlechtschromosomen. Begründe, in welcher Phase der Meiose es sich entscheidet, ob eine Spermazelle ein X- oder ein Y-Chromosom enthält.

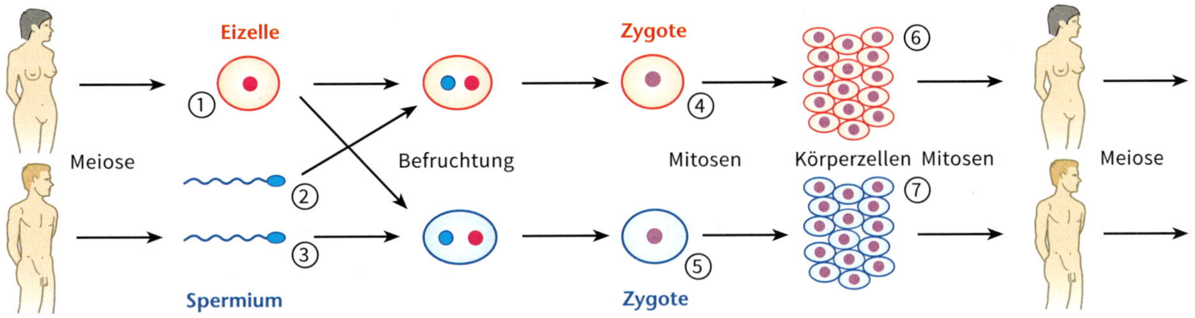

2 *Zellteilungen im menschlichen Leben*

8.2 Genetische Vielfalt durch Neukombination in der Meiose

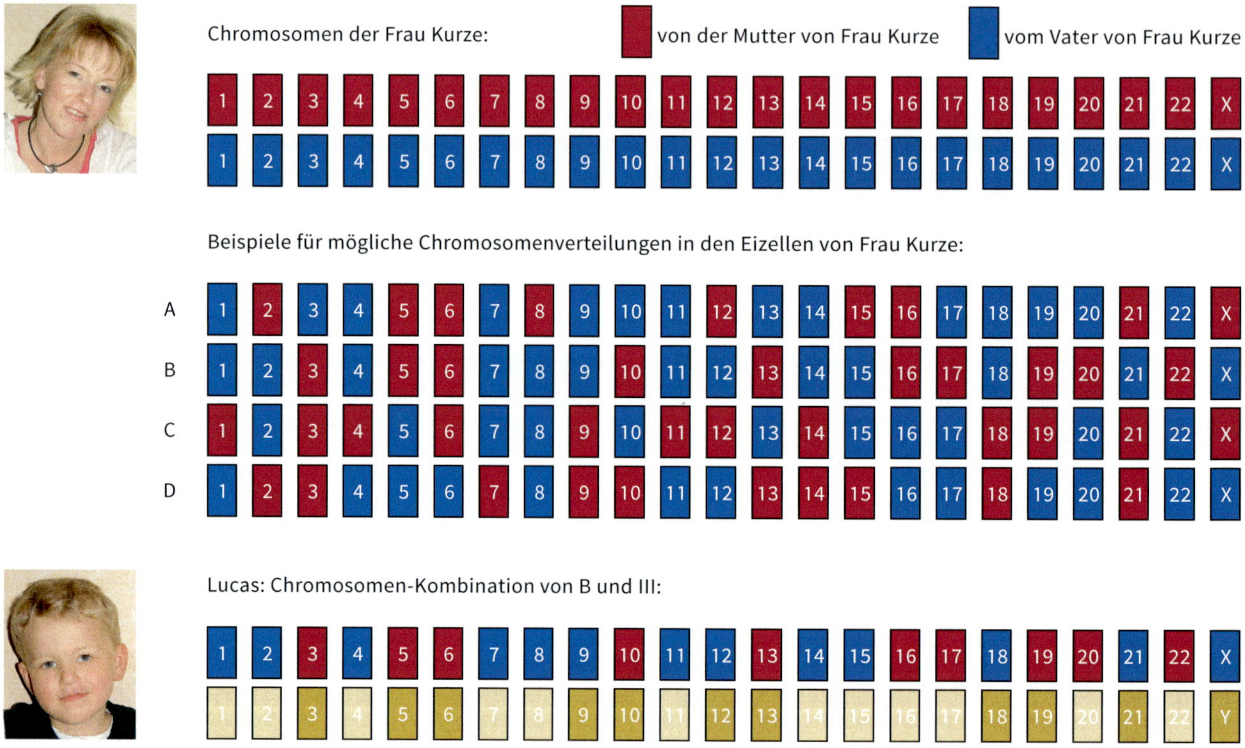

1 *Neukombination von Chromosomen bei der Bildung von Geschlechtszellen und der Befruchtung*

Die Körperzellen eines Menschen enthalten Chromosomen von dessen Mutter und Vater. In der Abbildung 1 ist vereinfacht davon ausgegangen, dass die Hälfte der Chromosomen von Frau Kurze von ihrer Mutter, die andere Hälfte von ihrem Vater stammen. Die Chromosomen werden bei der Bildung der Eizellen von Frau Kurze neu kombiniert, wobei eine unglaublich große Zahl von Kombinationsmöglichkeiten besteht (Abb. 1 A–D). Der gleiche Vorgang findet bei der Spermienbildung des Vaters statt (Abb. 1 I–IV). Durch die Befruchtung erfolgt anschließend die Kombination von mütterlichen und väterlichen Chromosomen in der Zygote. Die Zygote, und damit alle Zellen des daraus entstehenden Kindes, enthält so eine andere Kombination der Chromosomen als die Zellen der Eltern. Eine Neukombination erfolgt also sowohl bei der Bildung der Geschlechtszellen als auch bei der Befruchtung. Dadurch entsteht eine große Vielfalt, die auch **genetische Variabilität** genannt wird.

Alle Erbinformationen, die auf einem Chromosom liegen, werden gemeinsam vererbt. Sie stellen gewissermaßen ein Paket dar. Durch den Austausch von Bruchstücken zwischen homologen Zwei-Chromatid-Chromosomenen beim Crossing over in der Meiose werden die Erbinformationen eines Chromosoms neu zusammengestellt. Dies hat zur Folge, dass dadurch die genetische Variabilität weiter erhöht wird.

Von Generation zu Generation hat die Fortpflanzung durch Geschlechtszellen zur Folge, dass die Erbinformationen neu gemischt werden. Es entstehen immer neue Kombinationen der Erbinformationen. Mit Ausnahme eineiiger Zwillinge haben alle Menschen neben gemeinsamen auch unterschiedliche Erbinformationen. Dies trifft auf alle Organismen zu, die sich geschlechtlich fortpflanzen. Infolge der unterschiedlichen Erbinformationen unterscheiden sich die einzelnen Individuen in ihren erblichen Eigenschaften.

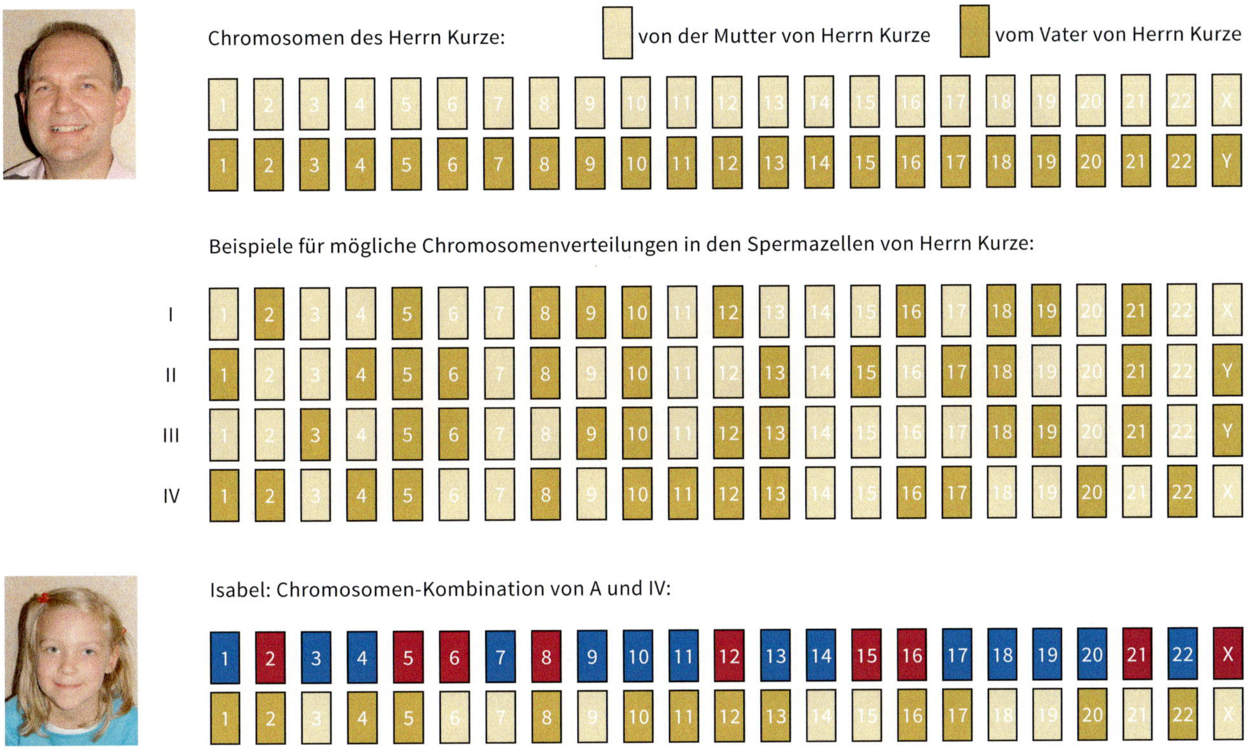

1. Kombinationsmöglichkeiten berechnen.
Die Zahl der Kombinationsmöglichkeiten der Chromosomen väterlicher und mütterlicher Herkunft bei der Bildung der Geschlechtszellen berechnet sich bei diploiden Organismen nach folgender Formel:

$x = 2^y$

wobei gilt:

x = Zahl der Kombinationsmöglichkeiten

$$y = \frac{\text{Gesamtzahl der Chromosomen}}{2}$$

Berechne für den Menschen und die in Abbildung 2 genannten Organismen die Zahl der Kombinationsmöglichkeiten.

2. Kombinationsmöglichkeiten von Chromosomen.
a) Frau und Herr Kurze erwarten ein weiteres Kind, einen Jungen. Zeichne unter Bezug auf Abbildung 1 eine Kombinationsmöglichkeit in dein Heft.
b) Zeichne zwei mögliche Chromosomenverteilungen in den Eizellen von Isabel in dein Heft.

3. Zwillinge. Vergleiche ein eineiiges Zwillingspärchen (Paar A, zwei Mädchen) mit einem zweieiigen Zwillingspärchen (Paar B, ein Mädchen und ein Junge) hinsichtlich der Herkunft der Chromosomen und der Erbinformation.

Art	Anzahl (2n)
Regenwurm	32
Stechmücke	6
Karpfen	104
Rind	60
Erbse	14

2 *Chromosomenzahl (2n) einiger Lebewesen*

8.3 Zeitlicher Verlauf der Meiose bei der Frau

1 *Bildung weiblicher Eizellen - ein fast lebenslanger Prozess*

Die **Bildung einer befruchtungsfähigen Eizelle** bei der Frau ist ein Prozess, der einige Jahrzehnte andauern kann. Anders als beim Mann beginnt die weibliche Meiose bereits im Embryo und endet erst Jahrzehnte später mit der Befruchtung der Eizelle. Alle Vorläuferzellen der späteren Eizellen sind bereits vor der Geburt angelegt.

Ab dem dritten Monat der Embryonalzeit beginnen die ersten dieser Zellen Meiosestadien auszubilden. Dieser Vorgang läuft bis zum siebten Monat der Embryonalentwicklung weiter. Die Zellen durchlaufen jedoch keine vollständige Meiose, sondern sie verbleiben in einem späten Stadium der Prophase 1. Die vorher kompakt angeordneten Chromosomen lockern sich wieder und es entwickelt sich eine Kernmembran. Diese noch unfertigen Eizellen befinden sich in einem Ruhezustand, der bis zum Eintritt der Geschlechtsreife anhält. Bei der Geburt befinden sich 500 000 bis zwei Millionen Eizellen in den Eierstöcken des Mädchens. Die Eizellen sind von Zellen umgeben, die ihrer Ernährung dienen. Diese von Zellen umgebenen Eizellen bezeichnet man als Follikel.

Erst mit dem Einsetzen der Pubertät entwickeln sich unter dem Einfluss von Hypophysehormonen monatlich in jedem Zyklus etwa 20 Eizellen über die Prophase 1 hinaus weiter. Nur eine dieser Eizellen entwickelt sich jedoch bis zum Stadium der Metaphase II weiter. In diesem Stadium hat sich die Zelle bereits in eine plasmareiche zukünftige Eizelle und in ein **Polkörperchen** geteilt, das nur wenig Zellplasma besitzt. Eizelle und Polkörperchen werden während des Eisprungs in den Eileiter abgegeben, wenn der Follikel an der Oberfläche des Eierstockes platzt.

Nur wenn die Eizelle befruchtet wird, vollendet sie die Meiose II. Dabei entstehen die fertige Eizelle und ein weiteres Polkörperchen. Nach dem vollständigen Ablauf der Meiose II verfügt die Eizelle über einen haploiden Chromosomensatz. Durch Verschmelzung mit einem Spermium entsteht die befruchtete Eizelle, die wieder über einen diploiden Chromosomensatz verfügt. Auch das bereits vorhandene Polkörperchen kann sich in dieser Phase noch einmal teilen. Es liegen jetzt drei Polkörperchen vor. Die Polkörperchen sterben nach kurzer Zeit ab.

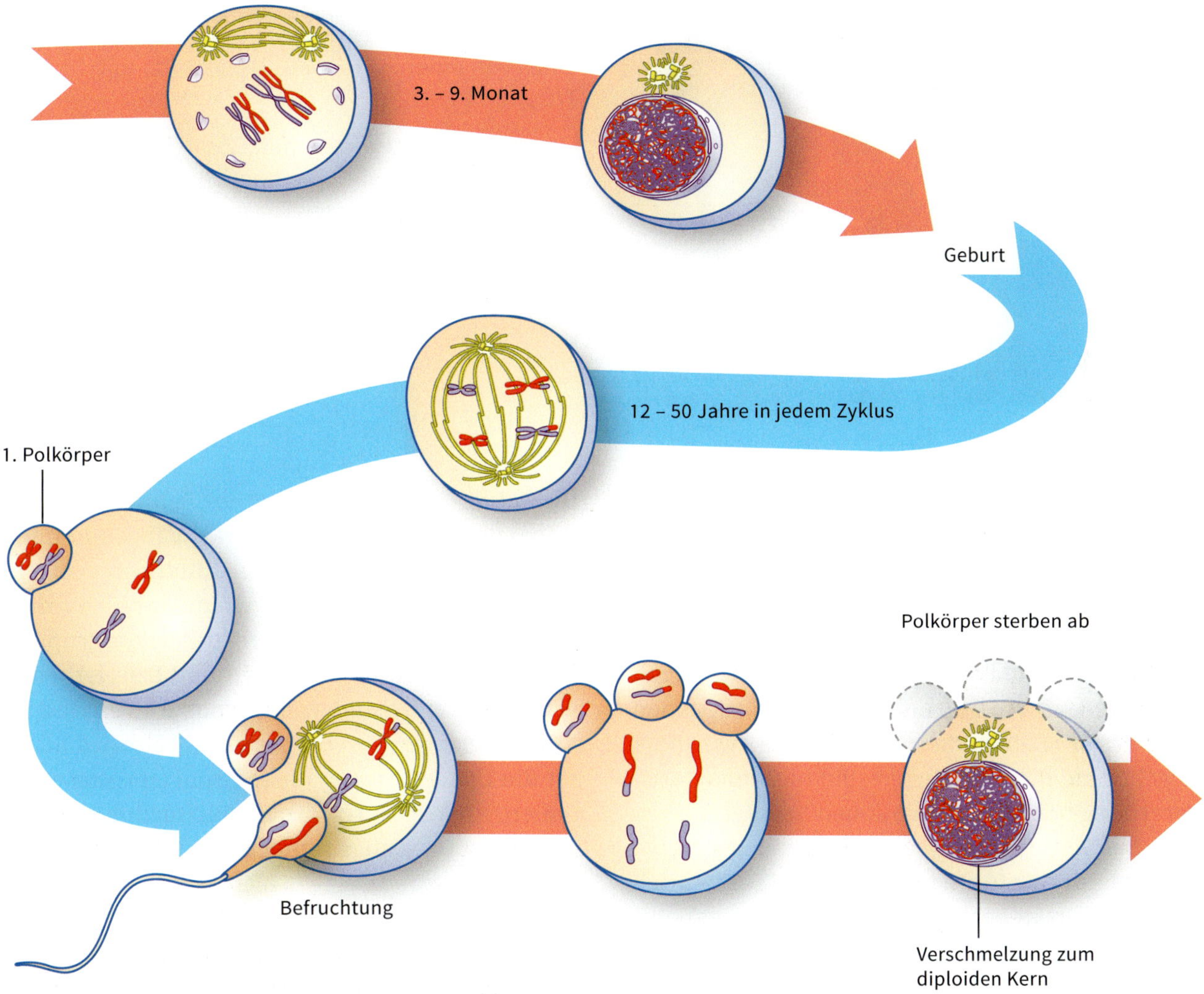

2 *Meiose bei der Frau (dargestellt mit nur 2 Chromosomenpaaren)*

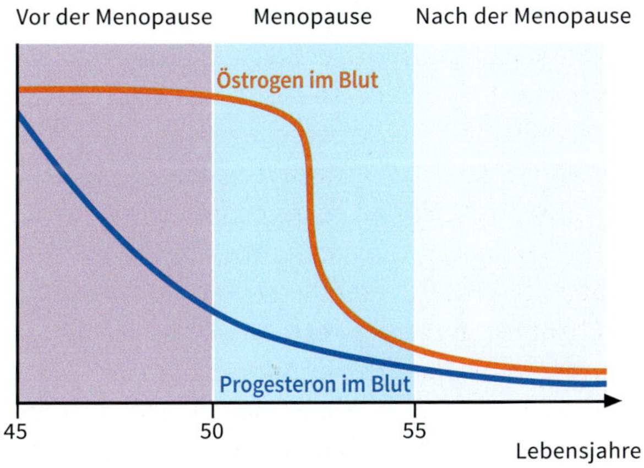

3 *Hormone im Zusammenhang mit der Menopause*

1. Meiose bei der Frau. Erläutere den Ablauf der Meiose bei der Frau mithilfe des Grundwissentextes und anhand von Abbildung 2.

2. Menopause (Wechseljahre) bei der Frau. Mit den Wechseljahren (auch Klimakterium oder Menopause genannt) verliert eine Frau die Fähigkeit, Eizellen heranreifen zu lassen. Die Eierstöcke verkümmern allmählich. Auch die Menstruation bleibt schließlich aus. Begründe das Geschehen in den Wechseljahren unter Bezug auf Abbildung 3 und Informationen in diesem Buch über die hormonelle Regulation des Menstruationszyklus.

→ 8.4 Trisomie 21 – eine Chromosomenfehlverteilung

8.4 Trisomie 21 – eine Chromosomenfehlverteilung

1 *Finn – ein Kind mit Trisomie 21*

25 Kinder lernen gemeinsam in dieser Klasse. Eines von ihnen ist Finn. Er ist ein Kind mit Trisomie 21.

Finn hat zwei ältere gesunde Geschwister. Nach der Geburt war Finn häufig krank, unter anderem musste ein Herzfehler operiert werden. Heute ist er fit und mit seiner besonderen Art in der Klasse beliebt. Schreiben und Lesen fällt ihm zwar viel schwerer als den anderen Kindern, dafür ist er fast immer gut gelaunt und hilfsbereit.

Als behindert gelten Menschen, die in ihrem Lernen, im sozialen Verhalten, in der sprachlichen Kommunikation oder in ihren motorischen Fähigkeiten so weit beeinträchtigt sind, dass ihre Teilnahme am Leben in der Gesellschaft wesentlich erschwert ist. Sie bedürfen besonderer pädagogischer Förderung. Viele Behinderungen entstehen während des Lebens durch Unfall oder Krankheit. Angeborene Behinderungen sind meistens durch Vererbung oder neue Mutationen bedingt.

Ein Beispiel dafür ist die Trisomie 21, auch Down-Syndrom genannt. Unter 700 Neugeborenen befindet sich im Durchschnitt ein Kind mit Trisomie 21 (Abb. 1). Im Karyogramm des Kindes zeigt sich, dass das Chromosom 21 drei Mal in Form von Zwei-Chromatid-Chromosomen vorkommt (Abb. 2). Die Ursache liegt in einer ungleichmäßigen Verteilung der Chromosomen bei der Meiose während der Eizellenbildung (Abb. 4). Die Häufigkeit dieses Fehlers steigt mit zunehmendem Alter der Mutter an (Abb. 5). Die Bildung der Eizellen beginnt im Eierstock des weiblichen Fetus. Bis zur Geburt erfolgt nur der erste Teil der Meiose. Die Meiose wird dann unterbrochen und erst mit Beginn des Menstruationszyklus fortgesetzt. Mit steigendem Alter der Frau nimmt deshalb die Zeit zu, in der die Eizelle im Entwicklungsstadium der unterbrochenen Meiose bleibt.

Die individuelle Ausprägung der Behinderung bei Trisomie 21 variiert sehr stark. Während einige Kinder eine starke geistige Behinderung zeigen, können andere sogar eine Fremdsprache erlernen. Durch Einrichtungen wie Inklusionsgruppen und -klassen in Kindergärten und Schulen wird versucht, die Behinderten zu integrieren und zu fördern. Schwangeren über 35 Jahren wird heute oft die Durchführung einer Amniozentese empfohlen (Abb. 3). Durch diese Untersuchung ist eine Trisomie 21 des ungeborenen Kindes zu erkennen.

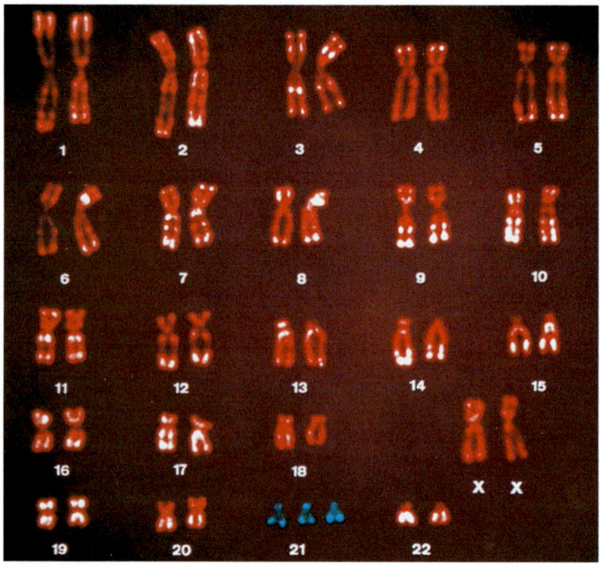

2 *Trisomie 21 im Karyogramm, gefärbt*

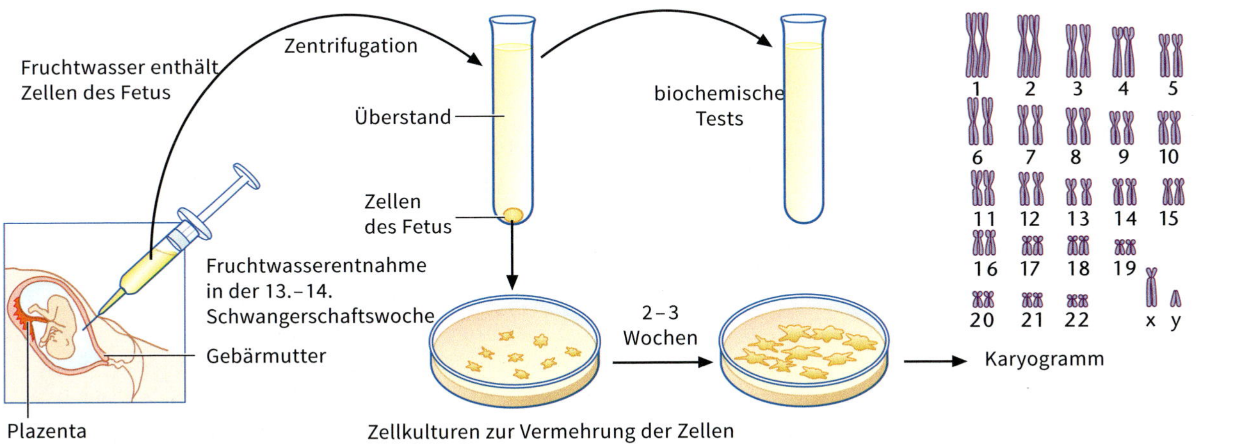

3 *Amniozentese*

1. Entstehung von Trisomie 21. Erkläre die Entstehung der Trisomie 21 anhand der Abbildung 4.

2. Amniozentese. Die Amniozentese ist ein wichtiges Verfahren der vorgeburtlichen Diagnostik. Beschreibe den Ablauf anhand von Abbildung 3.

3. Vier Positionen zur Amniozentese. Schwangeren, die über 35 Jahre alt sind, wird häufig die Durchführung einer Amniozentese empfohlen. Im Folgenden werden vier mögliche Positionen dazu genannt:
– Ich will nichts wissen und werde keine Amniozentese machen lassen.
– Ich traue mir ein Leben mit einem behinderten Kind nicht zu und werde gegebenenfalls abtreiben.
– Ich will das Ergebnis wissen, werde aber nicht abtreiben, wenn eine Trisomie 21 vorliegt.
– Ich weiß gar nicht, wie ich mich verhalten soll.
Erläutere für jede der vier Positionen, welche Überlegungen zu der Aussage geführt haben könnten.

4. Alter und Trisomie 21. Das Alter der Frauen, die ihr erstes Kind bekommen, steigt kontinuierlich an: 1961 bekamen Frauen ihr erstes Kind im Durchschnitt mit 25 Jahren, im Jahr 2005 mit 29 Jahren. Zugleich wächst die Zahl der spät gebärenden Mütter: Waren 1990 nur fünf Prozent der Erstgebärenden über 35 Jahre alt, so lag ihr Anteil im Jahr 2005 bereits bei 16 Prozent.
Erläutere die Problematik, die sich aus der Zunahme der späten Geburten ergibt (Abb. 5).

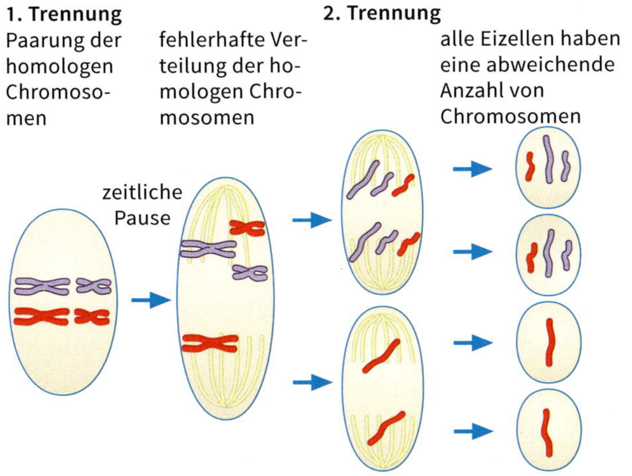

4 *Trisomie 21 durch Nichttrennung homologer Chromosomen in der Meiose*

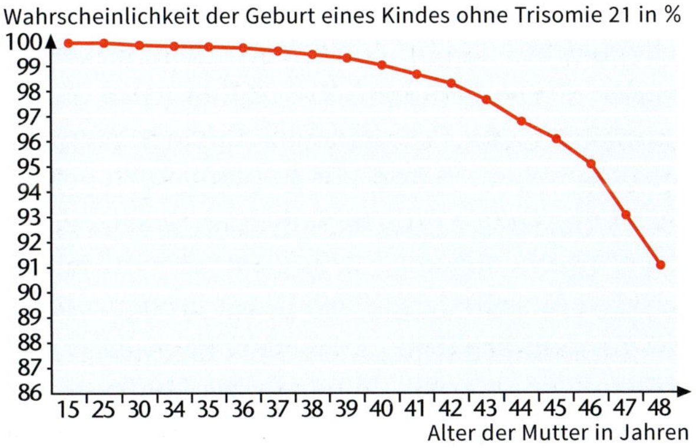

5 *Häufigkeit der Trisomie 21*

→ 8.3 Zeitlicher Verlauf der Meiose bei der Frau, 8.11 Gene können durch Mutationen verändert werden

Die Vererbung verläuft nach Regeln

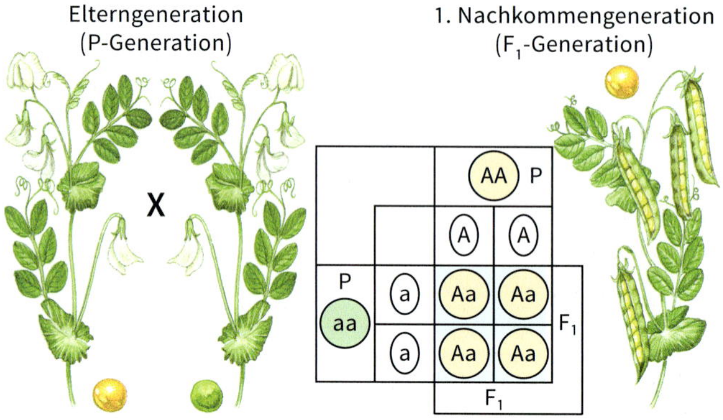

1. Mendelsche Regel – Uniformitätsregel
Wenn reinerbige Individuen einer Art gekreuzt werden, die sich in einem Merkmal unterscheiden, dann ist bei allen Nachkommen in der F_1-Generation das betrachtete Merkmal gleich (uniform).
A = Erbanlage für gelbe Samenfarbe
a = Erbanlage für grüne Samenfarbe

1 *Uniformitätsregel*

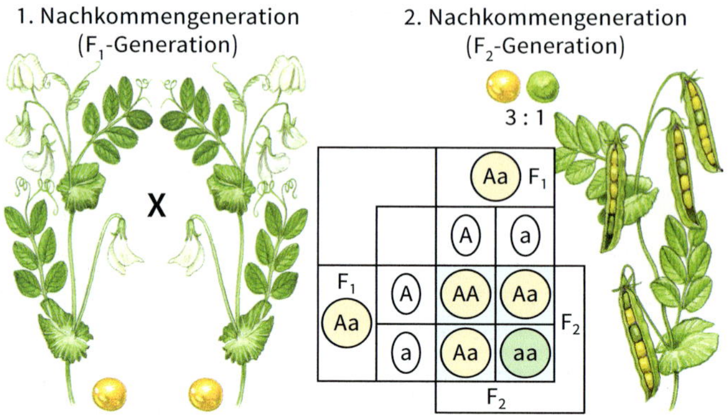

2. Mendelsche Regel – Spaltungsregel
Wenn in Bezug auf ein Merkmal mischerbige Individuen der F_1-Generation miteinander gekreuzt werden, treten in der F_2-Generation beide betrachteten Merkmale im Zahlenverhältnis 3:1 wieder auf.
A = Erbanlage für gelbe Samenfarbe
a = Erbanlage für grüne Samenfarbe

2 *Spaltungsregel*

Gregor Mendel (1822 - 1884), ein Augustinermönch, führte eine künstliche Fremdbestäubung mit einer reinerbigen Erbsenpflanze aus grünen Samen und einer reinerbigen Pflanze aus gelben Samen durch. Die beiden Pflanzen sind die Elterngeneration, die so genannte Parentalgeneration (P-Generation). Die Samen, die die erste Nachkommengeneration oder auch 1. Filialgeneration (F_1-Generation) bildeten, waren ausschließlich gelb. Aus den Ergebnissen dieser Versuche leitete er die **Uniformitätsregel** ab (Abb. 1).

Mendel säte die gelben Erbsen der F_1-Generation aus und untersuchte die Samen, die sich nach Selbstbestäubung an den Erbsenpflanzen entwickelten. Sie stellen die 2. Filialgeneration, die F_2-Generation, dar. Die neu entstandenen Pflanzen besaßen neben Hülsen mit ausschließlich gelben beziehungsweise grünen Samen auch solche, die sowohl gelbe als auch grüne Samen enthielten. Aus der Tatsache, dass sich dabei immer wieder das Zahlenverhältnis 3:1 zwischen gelben und grünen Samen ergab, leitete er die **Spaltungsregel** ab (Abb. 2). An der äußeren Erscheinung der F_1-Generation, hier den gelben Samen, kann man nicht erkennen, ob die Pflanzen auch ein Allel für die Ausprägung der grünen Samenfarbe besitzen. Deshalb unterscheidet man das Erscheinungsbild eines Lebewesens, den **Phänotyp**, von seinem **Genotyp**.

Mendels Beobachtungen lassen sich anhand eines Erbschemas erklären (Abb. 1, 5). Im Genotyp weisen die reinerbigen Individuen der P-Generation je zwei gleiche Allele, gelb/gelb (AA) beziehungsweise grün/grün (aa), für das Merkmal „Samenfarbe“ auf. Jedes Elternteil gibt nur eines seiner beiden Allele an die Nachkommen der F_1-Generation weiter, ein Elternteil das Allel für gelbe Samen und das andere ein Allel für grüne Samen. Die Individuen der F_1-Generation erhalten auf diese Weise von ihren Eltern für das Merkmal „Samenfarbe“ zwei unterschiedliche Allele (Aa). Trotz zweier unterschiedlicher Allele entwickelt sich in der F_1-Generation nur der Phänotyp „gelbe Samen“. Das Allel für gelbe Erbsen setzt sich also bei der Ausbildung des Phänotyps durch. Mendel nannte dieses Allel **dominant**, das Allel für den nicht ausgebildeten Phänotyp „grüne Samen“ **rezessiv**. Wenn sich bei mischerbigen Individuen ein dominantes Allel gegenüber einem rezessiven durchsetzt, spricht man von einem **dominant-rezessiven Erbgang**.

1. Kreuzungsversuche Mendels.
a) Erläutere das Erbschema der Spaltungsregel (Abb. 2). Gib das Zahlenverhältnis der jeweiligen Phänotypen und Genotypen an.
b) Ermittle für jedes untersuchte Merkmal in Abbildung 4, welches Allel für die Ausbildung des dargestellten Merkmals dominant und welches rezessiv ist. Begründe deine Aussagen. Berechne jeweils das Zahlenverhältnis der Phänotypen in der F_2-Generation.

2. Vererbung der Fellfarbe bei der Maus. Eine reinerbige weiße Maus wird mit einer reinerbigen schwarzen Maus gekreuzt. Die Erbanlage für die schwarze Fellfarbe ist dominant bei Mäusen. Zeichne ein Erbschema für die F_1-Generation. Verfahre für die F_2-Generation entsprechend. Beschreibe deine Ergebnisse. Vergleiche sie mit Mendels Ergebnissen.

3. Modellversuch zur Spaltungsregel.
a) Besorge 100 Centstücke und zwei Kästen. Lege 50 Münzen in jeden Kasten. Nun verbinde einem Mitschüler/einer Mitschülerin die Augen und fordere ihn/sie auf, aus jedem Kasten jeweils eine Münze zu holen. Lege die Münzen paarweise auf den Tisch. Es sind so wie bei den Genotypen der F_2-Generation drei Kombinationsmöglichkeiten vorhanden, nämlich Kopf/Kopf, Kopf/Zahl und Zahl/Zahl. Wenn alle Münzen gelegt sind, zähle aus, wie häufig jede Kombination aufgetreten ist. Wiederhole den Versuch mehrmals und vergleiche das Zahlenverhältnis der entstandenen Kombinationen mit dem Zahlenverhältnis der Genotypen in der F_2-Generation in Abbildung 2.
b) Stelle dar, inwieweit dieser Versuch auch die Vorgänge bei der Meiose und der Befruchtung modellhaft repräsentiert.

4. Vererbung beim Mais. Der Blütenstand der Maispflanze, der Maiskolben, besteht aus vielen kleinen Einzelblüten. Aus jeder Einzelblüte entsteht ein Maiskorn. Reinerbiger gelber wird mit reinerbigem blauen Mais gekreuzt (Abb. 5). Die Individuen der F_1-Generation werden wieder miteinander gekreuzt. Begründe, welcher Generation der Maiskolben mit den gelben und blauen Maiskörnern zuzuordnen ist.

Im Erbschema werden die Gene durch Buchstaben symbolisiert. Dominante Allele werden mit großen Buchstaben, rezessive mit entsprechenden kleinen Buchstaben bezeichnet. Der Großbuchstabe steht im Genotyp vorne.

Der Phänotyp in Bezug auf die Samenfarbe wird zum Beispiel durch grün beziehungsweise gelb gefärbte Kreise veranschaulicht.

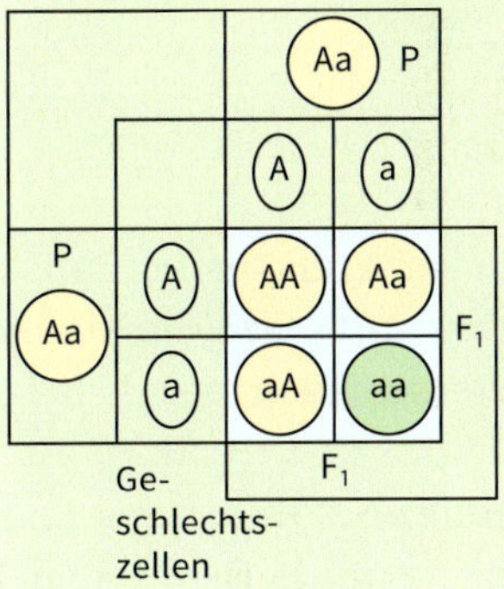

3 *So wird ein Erbschema erstellt*

Färbung der Samen	gelb	grün	P: gelbe oder grüne Samen F_1: nur gelbe Samen F_2: 6022 gelbe Samen und 2001 grüne Samen
Gestalt der Samen	rund	runzelig	P: runde oder runzlige Samen F_1: nur runde Samen F_2: 5474 runde Samen und 1850 runzelige Samen
Gestalt der Hülse	einfach gewölbt	eingeschnürt	P: einfach gewölbte oder eingeschnürte Hülsen F_1: nur einfach gewölbte Hülsen F_2: 882 einfach gewölbte und 299 eingeschnürte Hülsen
Färbung der Hülse	grün	gelb	P: grüne oder gelbe Hülsen F_1: nur grüne Hülsen F_2: 428 grüne Hülsen und 152 gelbe Hülsen

4 *Versuchsergebnisse Mendels*

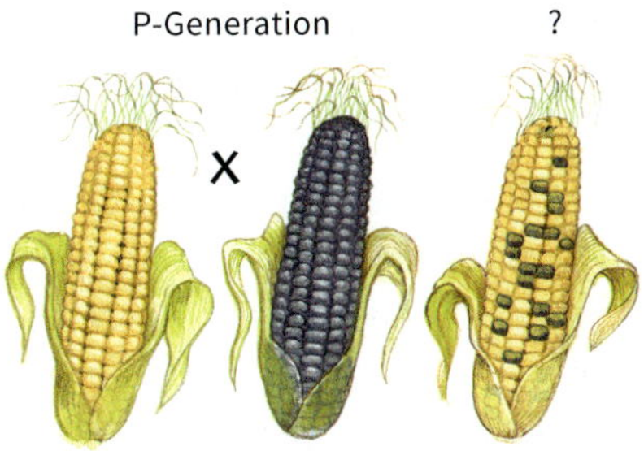

5 *Maiskolben*

8.6 Neukombination der Gene führt zu Vielfalt

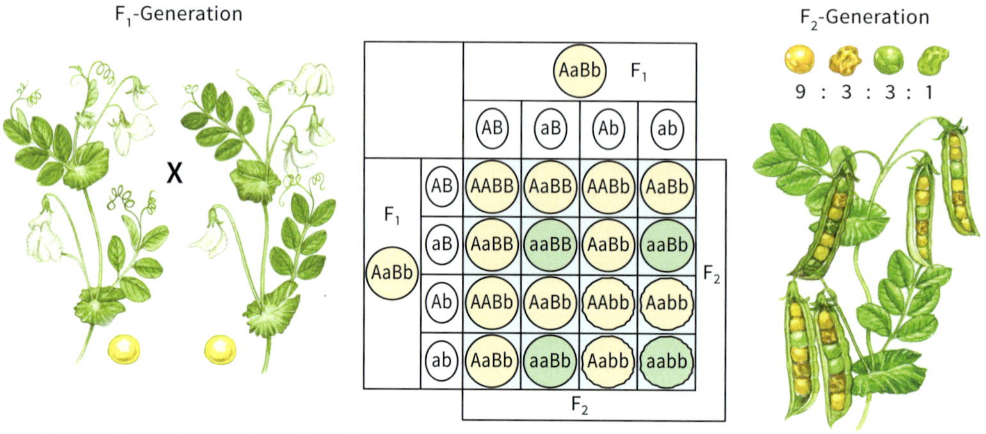

3. Mendelsche Regel
Regel von der Neukombination
Bei der Kreuzung von Indi-viduen, die sich in mehreren Merkmalen unterscheiden, können bei Individuen der Folgegenerationen neue Merkmalskombinationen auftreten. Die Erbanlagen werden unabhängig voneinander vererbt.
A = gelb
a = grün
B = rund
b = runzlig

1 *Regel von der Neukombination*

In einem weiteren Versuchsansatz kreuzte MENDEL auch Erbsenpflanzen, bei denen sich zwei Merkmale unterschieden, nämlich Farbe und Form der Samen (Abb. 1). Er wählte als Elterngeneration verschiedene reinerbige Erbsenpflanzen. Er nahm solche mit glatten, gelben Samen und solche mit grünen, runzeligen Samen. Nach der Fremdbestäubung bildeten sich in den Hülsen ausschließlich gelbe und glatte Samen. Sie bilden die F_1-Generation. Bei der Kreuzung der Pflanzen der F_1-Generation untereinander entwickelten sich insgesamt 556 Samen. MENDEL zählte 315 gelbglatte, 101 gelb-runzelige, 108 grün-glatte und 32 grün-runzelige Samen. Er errechnete daraus für die vier unterschiedlichen Phänotypen ein Zahlenverhältnis von ungefähr 9:3:3:1. Er wiederholte diese Kreuzung mehrfach. Dabei erhielt MENDEL immer ähnliche Ergebnisse. Die Merkmalskombination „grün-runzelige" Samen, die in der F_1-Generation gefehlt hatte, trat in der F_2-Generation erneut auf. Es waren aber auch zwei völlig neue Phänotypen, nämlich gelb-runzelige und grünglatte Samen, entstanden.

Bei einer Kreuzung von Lebewesen, die sich in zwei Merkmalen unterscheiden, können in der F_2-Generation völlig neue Merkmalskombinationen auftreten. MENDEL nahm deshalb an, dass Allele unabhängig voneinander vererbt werden. Seine Ergebnisse fasste MENDEL in der **Regel von der Neukombination** als 3. Mendelsche Regel zusammen (Abb. 1).

MENDELS Ergebnisse lassen sich mithilfe eines Kreuzungsschemas nachvollziehen (Abb. 1). Die F_1-Generation besitzt einen einheitlichen Genotyp (AaBb) und einen einheitlichen Phänotyp (gelber, glatter Samen). Auch in diesem Fall trifft also die 1. Mendelsche Regel, die Uniformitätsregel, zu.

Von der F_1-Generation können vier unterschiedliche Kombinationen der Allele weitergegeben werden. Dies sind die Allelkombinationen AB, Ab, aB oder ab (Abb. 1). Für die F_2-Generation ergeben sich daher 16 Möglichkeiten, wie die Allele kombiniert werden können. In der F_2-Generation gibt es neun verschiedene Genotypen. Zwei neue Phänotypen, die weder in der P-Generation noch in der F_1-Generation vorkamen, treten auf: Erbsenpflanzen mit gelb-runzeligen Samen, deren Genotyp durch die Buchstaben AAbb oder Aabb gekennzeichnet ist, und Pflanzen mit grün-glatten Samen, die den Genotyp aaBB oder aaBb besitzen. Dieses Ergebnis lässt sich so erklären: Jede Pflanze der F_1-Generation besitzt für die beiden Merkmale „Samenfarbe" und „Samenform" jeweils zwei Allele. Diese trennen sich vor der Bestäubung und sind unabhängig voneinander. In den nachfolgenden Generationen können sie neu kombiniert werden.

1. **Vererbung der Fellfarbe beim Rind – ein Erbgang mit zwei Merkmalspaaren.** Einfarbige rotbraune Rinder wurden mit schwarzgescheckten Rindern gekreuzt (Abb. 2, 3). Die Rinder der F_1-Generation sind einfarbig schwarz. Diese Rinder werden wiederum untereinander gekreuzt. Welche Allele sind dominant, welche rezessiv? Lege ein Kreuzungsschema für die F_2-Generation an und notiere, welchen Genotyp und welchen Phänotyp die Individuen aufweisen. Verwende für die Allele geeignete Buchstaben und überlege dir, wie du den Phänotyp darstellen kannst.

2. **Vererbung des Fells beim Meerschweinchen.** In Abbildung 4 findest du einen Ausschnitt aus einer alten Schullehrtafel zur 3. Mendelschen Regel. Ermittle zunächst die Genotypen der P-Generation und der F_1-Generation. Begründe, welche Phänotypen in der F_2-Generation entstehen werden und in welchem Verhältnis sie auftreten.

3. **Vererbung der Hülsenfarbe.** Zwei reinerbige Erbsenpflanzen werden gekreuzt. Ein Elternteil ist aus gelbem, rundem Samen entstanden, der in einer grünen Hülse heranreift. Der andere Elternteil hat sich aus grünem, runzeligem Samen entwickelt, dessen Hülse vor der Reife gelb gefärbt war (Abb. 5). Das Allel für die Ausbildung der grünen Hülsenfarbe ist dominant.

2 *Schwarzgeschecktes Rind*

3 *Rotbraunes Rind*

Stelle ein Kreuzungsschema für die F_1- und die F_2-Generation auf. Welche Geno- und Phänotypen entstehen in der F_2-Generation? Berechne das Verhältnis der Geno- und Phänotypen.

4. **Weiße Leistenkrokodile.** In einem Zoo gibt es ein Leistenkrokodil mit einem weißen Panzer und roten Augen, ein so genanntes Albino-Krokodil. Diese Merkmale sind auf rezessive Allele zurückzuführen. Alle anderen Krokodile besitzen einen bräunlichen Panzer und grünliche Augen (Abb. 6). Man kennt kein Leistenkrokodil, das einen bräunlichen Panzer und rote Augen oder einen weißen Panzer und grünliche Augen aufweist. Es ist noch nie gelungen, durch Kreuzungen weiße Krokodile mit grünlichen Augen zu züchten. Inwiefern ist dies ein Widerspruch zu MENDELS Aussage, dass Allele unabhängig voneinander vererbt werden? Stelle begründete Hypothesen auf, die diesen Widerspruch erklären.

4 Alte Schullehrtafel

5 *Samen- und Hülsenfarbe von Erbsen*

6 *Leistenkrokodil*

→ 8.2 Genetische Vielfalt durch Neukombination in der Meiose

8.7 Chromosomentheorie der Vererbung

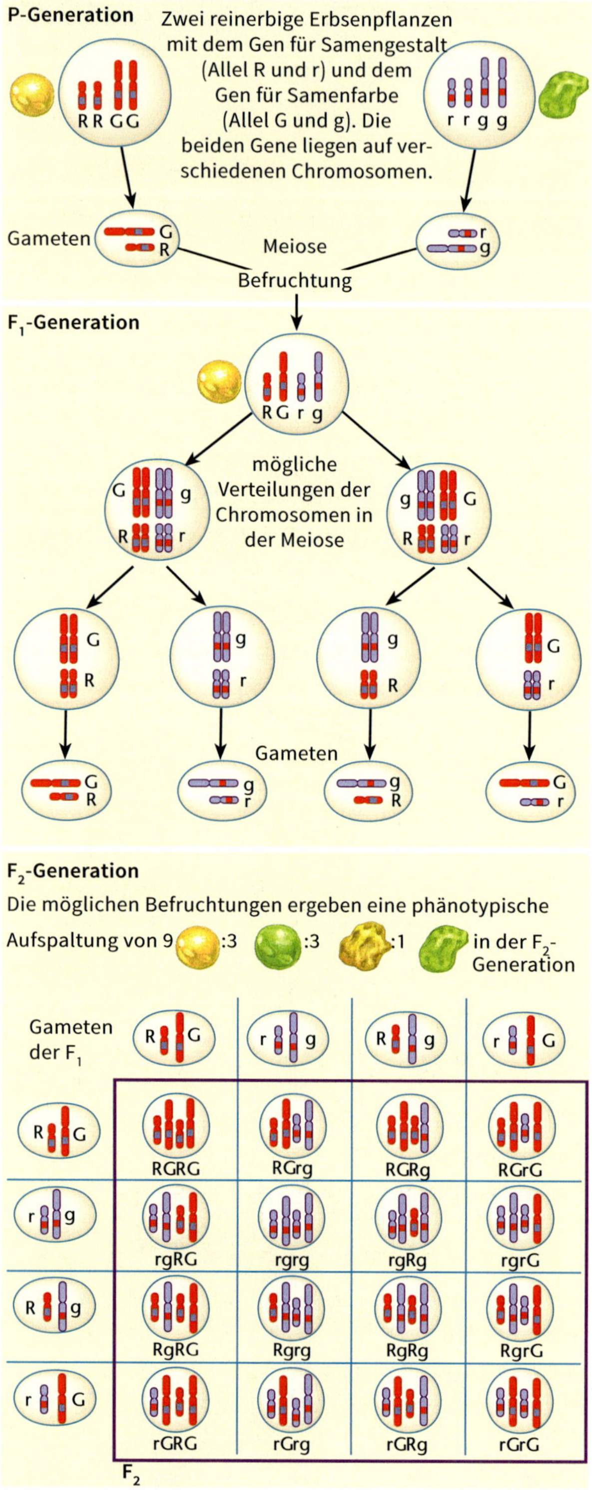

1 *Mendels Versuchsergebnisse und die Chromosomentheorie der Vererbung*

Mendel folgerte aus seinen Versuchen auf die Existenz von Erbfaktoren, ohne Kenntnis von der Bedeutung von Zellkern und Chromosomen zu haben. Nach Mendels Tod entdeckten Zellforscher 1884, dass in Geschlechtszellen nur halb so viele Chromosomen wie in den Körperzellen enthalten sind. Man erkannte, dass die Reduktion der Chromosomenanzahl bei der Keimzellenbildung durch die Meiose mit der von Mendel vermuteten Reduktion der Zahl der Erbfaktoren in Einklang stand (Abb. 1). Nach Mendel werden die Erbfaktoren der Keimzellen so an die Nachkommen weitergegeben, dass sie nach der Befruchtung doppelt vorhanden sind. Je ein Erbfaktor beziehungsweise Gen stammt vom Vater, eines von der Mutter (Abb. 1). Dass die Chromosomen in Körperzellen paarweise vorkommen, war gegen Ende des 19. Jahrhunderts ebenfalls bekannt. Man erkannte auch, dass die genetische Information im Zellkern lokalisiert ist und über Keimzellen weitergegeben wird. Diese Ergebnisse der Zellforschung konnten also die Versuchsergebnisse Mendels erklären (Abb. 1, 2). Daher stellte man 1903 die Theorie auf, dass die Chromosomen die Träger der Erbanlagen (Gene) sind. Man nannte diese Theorie die „Chromosomentheorie der Vererbung".

Ergebnisse Mendels	Ergebnisse der Zellforschung
1. Die Erbfaktoren bewahren bei der Weitergabe durch die Generationen ihre Eigenständigkeit.	1. Die Chromosomen werden als selbstständige Einheiten durch die Generationen weitergegeben. Die Gene sind auf den Chromosomen lokalisiert.
2. In den Körperzellen ist für jedes Merkmal ein Erbfaktorenpaar vorhanden.	2. Die Chromosomen sind in den Körperzellen paarweise vorhanden.
3. In jede Geschlechtszelle gelangt je ein Erbfaktor dieses Paares.	3. Bei der Meiose gelangt von den beiden homologen Chromosomen jeweils eines in die Geschlechtszellen.
4. Die Erbfaktoren eines Paares werden unabhängig voneinander auf die Geschlechtszellen verteilt. Sie können bei der Befruchtung neu kombiniert werden.	4. Bei der Geschlechtszellenbildung werden die homologen Chromosomen unabhängig voneinander auf die Geschlechtszellen verteilt. Sie können bei der Befruchtung neu kombiniert werden.

2 *Mendels Ergebnisse und die der Zellforschung*

Heute weiß man, dass auf jedem Chromosom zahlreiche Gene lokalisiert sind. MENDEL stellte in seiner Regel der Neukombination (3. MENDELsche Regel) die Hypothese auf, dass die Erbfaktoren unabhängig voneinander von einer Generation zur nächsten weitergegeben werden. Diese von MENDEL postulierte unabhängige Weitergabe von Erbfaktoren (Genen) ist nur gegeben, wenn die Gene auf unterschiedlichen Chromosomen liegen.

Allel: Zwei Gene, die auf den homologen Chromosomen am gleichen Ort liegen, das heißt für dasselbe Merkmal zuständig sind, bezeichnet man als allele Gene oder Allele.

reinerbig (homozygot): zwei gleichartige Allele für die Ausprägung eines Merkmals

mischerbig (heterozygot): zwei verschiedene Allele für die Ausprägung eines Merkmals

Genotyp: die Gesamtheit der Erbinformation eines Lebewesens im Zellkern

Phänotyp: das Erscheinungsbild eines Lebewesens

dominant-rezessiver Erbgang: Beim dominant-rezessiven Erbgang tritt im Phänotyp nur eines der Allele zutage, und zwar das dominante. Das andere Allel wird vom dominanten unterdrückt und als rezessiv bezeichnet. Am Phänotyp kann man nicht erkennen, ob das dominante Gen homo- oder heterozygot auftritt.

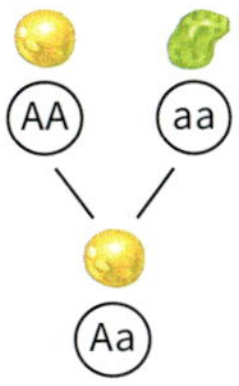

intermediärer Erbgang: Beim intermeiären Erbgang liegen zwei verschiedene Allele vor. Sie wirken gleich stark und sind im Phänotyp sichtbar.

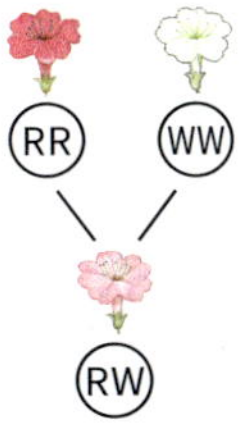

haploid: Zellen, die den einfachen Chromosomensatz besitzen (n)

diploid: Zellen, die den doppelten Chromosomensatz besitzen (2n)

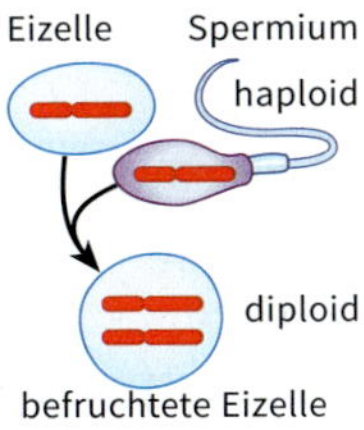

Autosomen: die Gesamtheit der nicht geschlechtsbestimmenden Chromosomen; jeweils zwei Chromosomen sind homolog zueinander

Gonosomen: Geschlechtschromosomen, beim Menschen x- und y-Chromosom

genetische Variabilität: Die Erbinformation von Eltern und ihren Nachkommen ist ähnlich, aber niemals identisch.

Ursachen dafür sind:
- die zufällige Verteilung der homologen väterlichen und mütterlichen Chromosomen in der Meiose bei der Keimzellenbildung
- die freie, zufällige Kombination der Keimzellen bei der Befruchtung
- Mutationen.

modifikatorische Variabilität: die nichterbliche, umweltbedingte Veränderung des Phänotyps innerhalb einer Reaktionsnorm, die durch die Gene vorgegeben ist

3 *Kleines Lexikon der Genetik*

→ 6.3 Chromosomen und ihre Funktion

8.8 Untersuchung von Familienstammbäumen

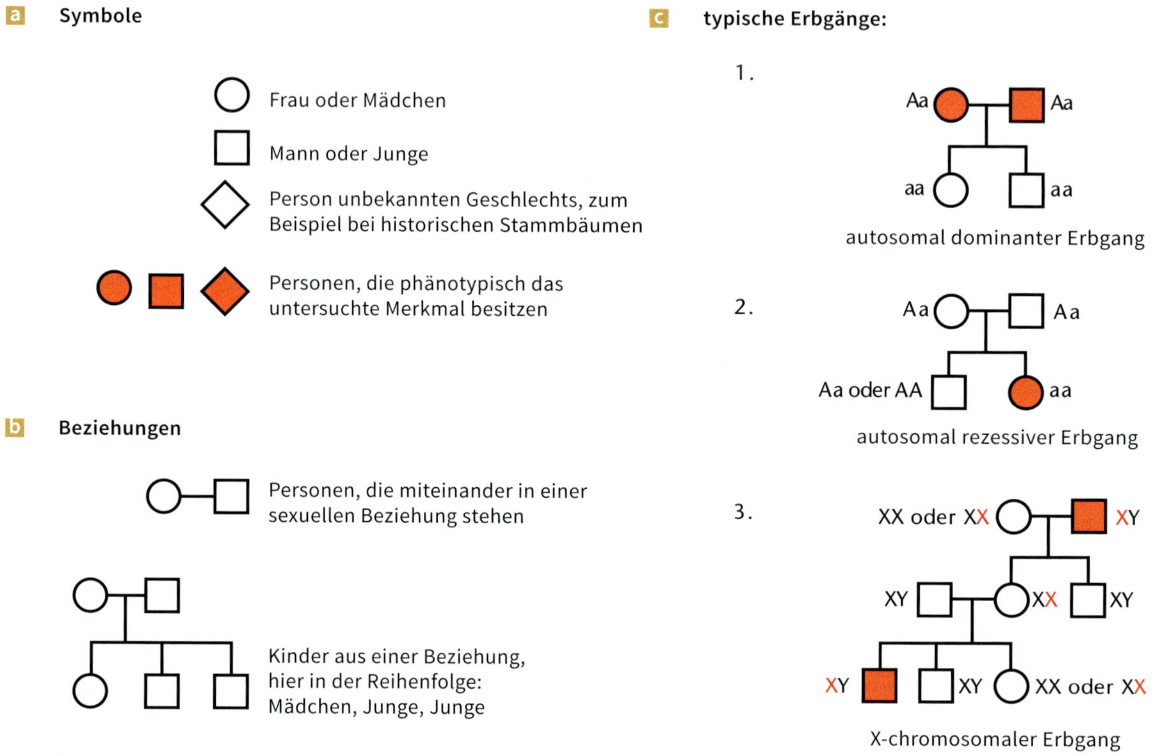

1 *Informationen zum Lesen von Stammbäumen*

Ahnenforschung und der Stammbaum der eigenen Familie sind für viele Menschen von großem Interesse. Um die verwandtschaftlichen Verhältnisse übersichtlich darzustellen, wird der Stammbaum grafisch mit Symbolen gezeichnet (Abb. 1a, b).

Will man herausfinden, wie ein Merkmal vererbt wird, muss man die Mendelschen Regeln beachten. Beim Menschen werden bestimmte Merkmale dominant oder rezessiv vererbt. Allele dominanter Merkmale werden durch Großbuchstaben gekennzeichnet, rezessive durch Kleinbuchstaben. Manche Menschen haben zum Beispiel erblich verkürzte Finger (Abb. 2). Das Merkmal Kurzfingrigkeit wird dominant vererbt. Man kann das entsprechende Allel also mit dem Buchstaben K benennen. Ein Mensch, der in seinen Erbinformationen die Kombination KK oder Kk besitzt, hat also die verkürzten Finger. Der Buchstabe k steht hier für das rezessive Allel.

Ist das zu untersuchende Gen auf einem Autosom, spricht man von einem **autosomalen Erbgang**. Befindet sich das Gen auf einem Gonosom (Geschlechtschromosom), spricht man von einem **gonosomalen Erbgang**. Häufig wird angeführt, auf welchem Geschlechtschromosom sich das Gen befindet, zum Beispiel „X-chromosomaler Erbgang“, wenn das Gen auf einem X-Chromosom liegt.

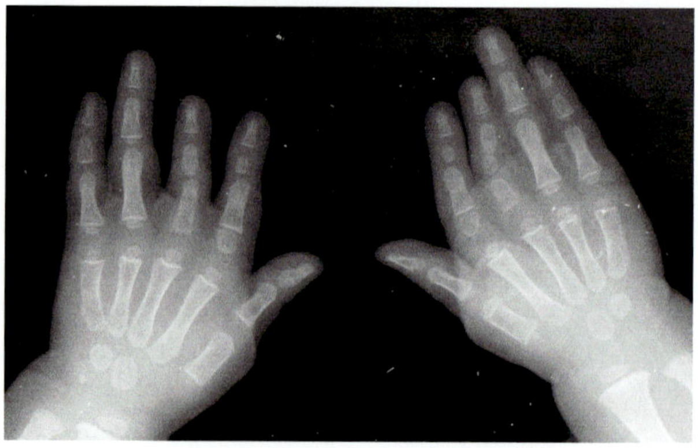

2 *Kurzfingrigkeit*

1. Stammbäume und ihr Vererbungsmuster.
Ordne folgende ungeordnete Aussagen je einem Stammbaum der Abbildung 3 zu. Begründe die Zuordnung. Gib jeweils an, wie das Merkmal vererbt wird.

A: Nur Männer haben das Merkmal.
Merkmalsträger haben immer einen Vater, der auch Merkmalsträger ist.
Alle Söhne eines Mannes mit dem Merkmal besitzen das Merkmal auch.

B: Die Merkmalsträger haben häufig Eltern ohne das Merkmal.
Die Eltern von Merkmalsträgern sind normalerweise Überträger, die das Merkmal nicht besitzen.
Beide Geschlechter sind betroffen.

C: Fast nur Männer sind betroffen.
Betroffene Männer haben in der Regel Eltern ohne das Merkmal.
Normalerweise ist die Mutter eine Überträgerin ohne Merkmalsausbildung, kann aber betroffene männliche Verwandte haben.
Frauen können das Merkmal besitzen, wenn der Vater betroffen ist und die Mutter eine Überträgerin oder Merkmalsträgerin ist.

D: Mindestens ein Elternteil der Person mit dem Merkmal ist auch Merkmalsträger.
Beide Geschlechter sind betroffen.
Das Merkmal wird von beiden Geschlechtern übertragen.

E: Beide Geschlechter sind betroffen, Frauen häufiger als Männer.
Wenn die Mutter das Merkmal besitzt, hat das Kind eine Wahrscheinlichkeit von 50 %, das Merkmal zu bekommen.
Wenn der Vater betroffen ist, haben alle seine Töchter das Merkmal, aber nicht seine Söhne.

1
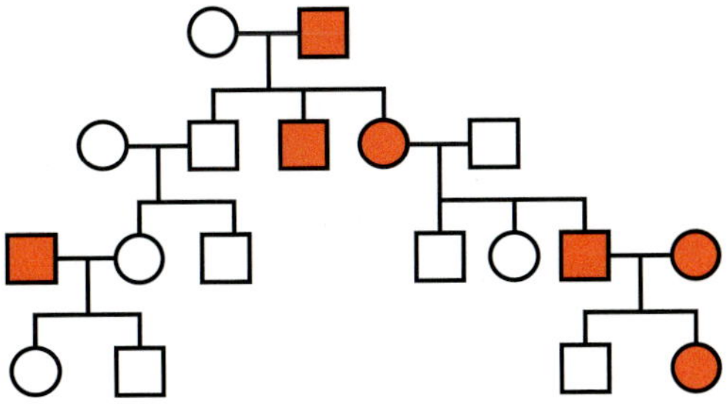
2
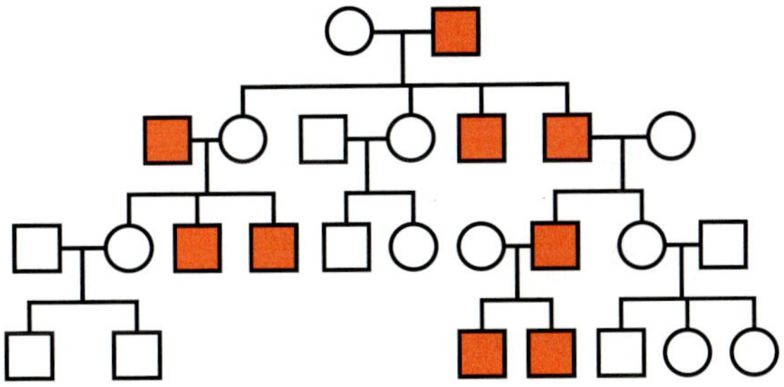
3
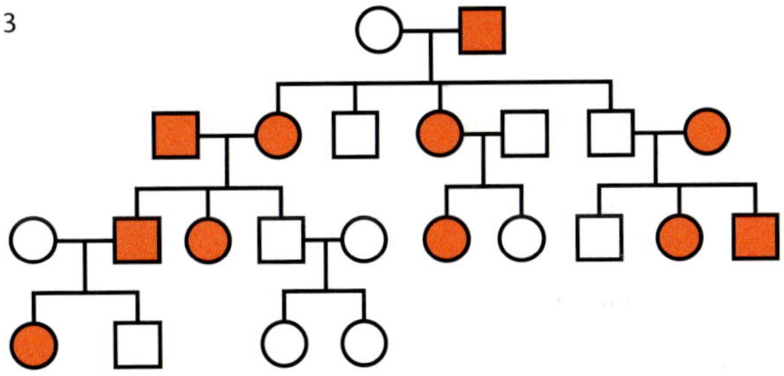
4
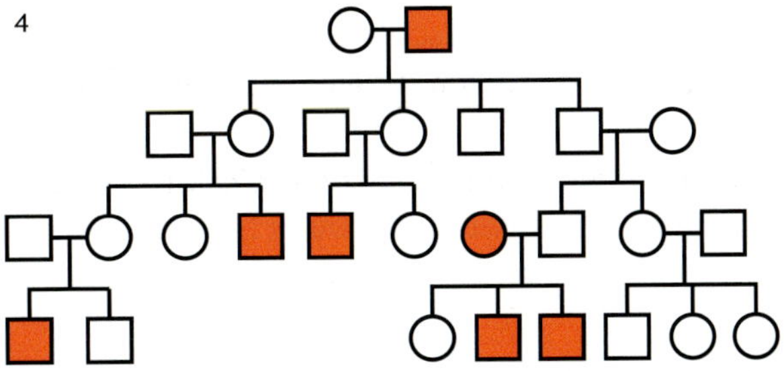
5
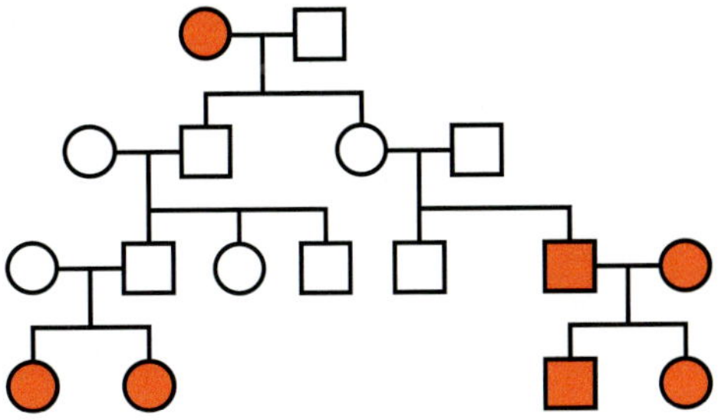

3 *Verschiedene Stammbäume*

→ 8.5 Die Vererbung verläuft nach Regeln

8.9 Rot-Grün-Sehschwäche

Während Personen mit einer Rot-Grün-Sehschwäche die Rot- und Grüntöne nicht mehr unterscheiden können (b), nehmen farbenblinde Personen ihre Umgebung nur in Grautönen wahr (c).

1 *Simulation der Farbwahrnehmung von Personen mit Rot-Grün-Sehschwäche und mit Farbenblindheit*

Ishihara-Farbtafel zur Untersuchung der Farbtüchtigkeit:
Normalsichtige Personen können eine 74 und eine 71 erkennen. Personen mit einer Rot-Grün-Sehschwäche sehen ausschließlich eine 91 und farbenblinde Personen können keine Zahl erkennen.

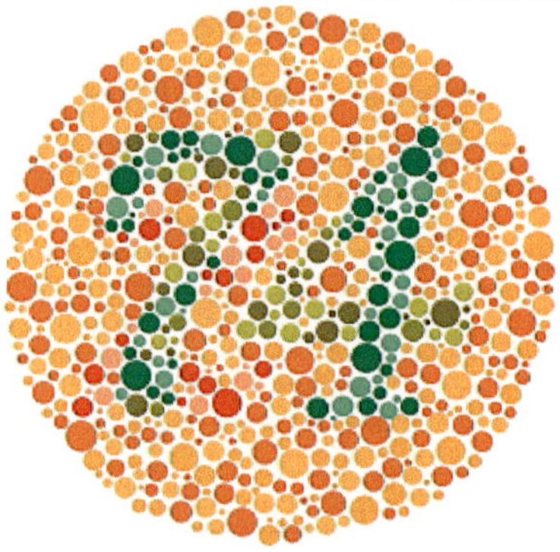

2 *Farbtafel zur Untersuchung der Farbtüchtigkeit (oben) und*

Bei der **Rot-Grün-Sehschwäche** handelt es sich um eine von angeborenen Farbfehlsichtigkeiten. Betroffene Personen können die Farben Rot und Grün schlechter als Normalsichtige unterscheiden (Abb. 1). Untersucht wird das mit der so genannten Ishihihara-Farbtafel (Abb. 2). Auffällig ist dabei, dass signifikant mehr Männer (ca. 9 %) als Frauen (ca. 0,8 %) dieses Merkmal aufweisen. Hervorgerufen wird diese Sehschwäche durch eine genetisch bedingte Veränderung in den Sehpigmenten der Zapfen der Netzhaut. Die auffällige Häufung der männlichen Merkmalsträger ist auf eine **geschlechtsgebundene Vererbung** (gonosomal) dieser Sehschwächen zurückzuführen.

		Keimzellen mit Gonosomen des Vaters	
		X	Y
Keimzellen mit Gonosomen der Mutter	X	XX	XY
	X (rot)	XX (Konduktorin)	XY (Merkmalsträger)

3 *Kreuzungsschema für einen x-chromosomalen Erbgang (X (rot): Chromosom mit verändertem Allel)*

Da auch Frauen Merkmalsträgerinnen sein können, ist die Vererbung über das Y-Chromosom ausgeschlossen. Die Gene für die Sehpigmente müssen in diesem Fall auf dem X-Chromosom liegen. Man spricht daher von **x-chromosomaler Vererbung**. Männer erben demnach ein entsprechendes Allel auf dem X-Chromosom von der Mutter (Abb. 3). Da Männer nur ein X-Chromosom besitzen und das Y-Chromosom für dieses Merkmal keine Allele aufweist, bilden sie immer das Merkmal aus.

Da Frauen relativ selten eine Rot-Grün-Sehschwäche ausbilden, ist davon auszugehen, dass es sich um einen rezessiven Erbgang handelt. Frauen sind dabei nur dann fehlsichtig, wenn sie von ihrem ebenfalls fehlsichtigen Vater und auch gleichzeitig von ihrer Mutter ein verändertes Allel auf den an sie weitergegebenen X-Chromosomen erhalten. Sie sind also stets homozygot für das Merkmal. Besitzt eine Mutter von Merkmalsträgern nur ein X-Chromosom mit dem veränderten Allel, bildet sie selber das Merkmal nicht aus. Da sie aber dieses Allel mit einer Wahrscheinlichkeit von 50 % an ihre Nachkommen weitergibt, wird eine solche heterozygote Nichtmerkmalsträgerin auch als **Konduktorin** (Überträgerin) bezeichnet.

„Ich kenne kein Grün in der Welt. Vor einigen Jahren habe ich meine Tochter mit einem vornehmen Mann vermählt. Am Tage vor der Hochzeit kam er in einem neuen Mantel aus bestem Stoff in mein Haus. Ich war sehr gekränkt, dass er, wie ich glaubte, in Schwarz gekleidet war, der Farbe der Trauer. Ich sagte ihm, er solle gehen und den Mantel wechseln. Aber meine Tochter sagte, dass mich meine Augen trögen. Der Mann trug einen feinen weinroten Mantel. Dieser aber war für meine Augen schwarz. Es handelt sich um ein altes Familienleiden. Mein Vater hatte genau dieselbe Krankheit. Meine Mutter und eine meiner Schwestern konnten fehlerfrei sehen. Meine zweite Schwester war farbuntüchtig wie ich. Sie hatte zwei Söhne, die beide an dieser Krankheit litten. Ihre Tochter war dagegen normalsichtig. Ich selber habe einen Sohn und eine Tochter, die beide alle Farben ohne Ausnahme sehen können. Das Gleiche gilt für meine Frau. Der Bruder meiner Mutter hat denselben Fehler wie ich."

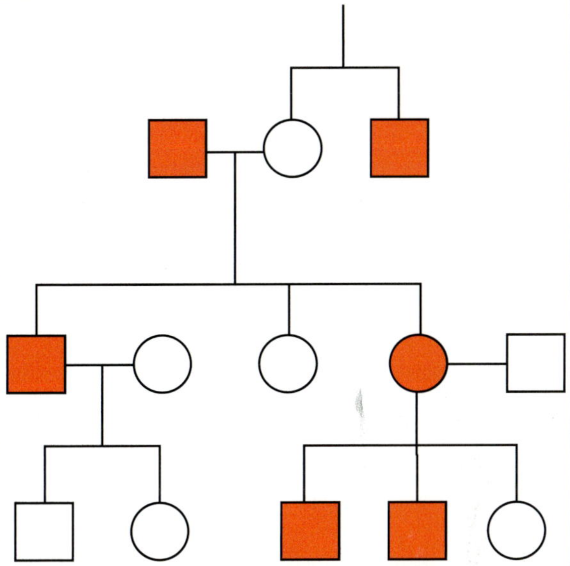

4 *Brief von Mr. Scott an einen Freund aus dem Jahr 1777 und aus den Angaben erstellter Stammbaum der Familie Scott (Auszug)*

1. Rot-Grün-Sehschwäche in der Familie Scott.

a) Erläutere, welche Aussagen im Brief von Mr. Scott (Abb. 4) auf eine Vererbung der Rot-Grün-Sehschwäche hinweisen.

b) Beschreibe den Stammbaum der Familie Scott (Abb. 4).

c) Begründe anhand einer geeigneten Personengruppe aus dem Stammbaum die Annahme, dass die Vererbung der Rot-Grün-Sehschwäche nach einem x-chromosomal rezessiven Erbgang erfolgt, und entwickele für alle aufgeführten Personen mögliche Genotypen.

d) Begründe, welche Personen im Stammbaum Konduktorinnen sind und welche es sein könnten.

e) Erkläre, warum eine Rot-Grün-Sehschwäche bei Männern häufiger vorkommt als bei Frauen.

f) Erläutere anhand eines entsprechenden Kreuzungsschemas, welche Genotypen für die Nachkommen eines Mannes mit Rot-Grün-Sehschwäche und einer normalsichtigen Frau statistisch zu erwarten sind.

2. Vergleich von gonosomalen Erbgängen.

Dominante Merkmale, die einem x-chromosomalen Erbgang folgen, kommen nur sehr selten vor. Gleiches gilt auch für dominante Merkmale, die über das Y-Chromosom vererbt werden.

In Abbildung 5 sind zwei Stammbäume angegeben, welche die gonosomale Vererbung eines Merkmals hypothetisch wiedergeben.

a) Vergleiche die beiden dargestellten Stammbäume miteinander (Abb. 5)

b) Stelle Hypothesen zur Art des gonosomalen Erbgangs auf, die der in den Stammbäumen dargestellten Vererbung des Merkmals folgen und entwickele für die aufgeführten Personen mögliche Genotypen.

Stammbaum a:

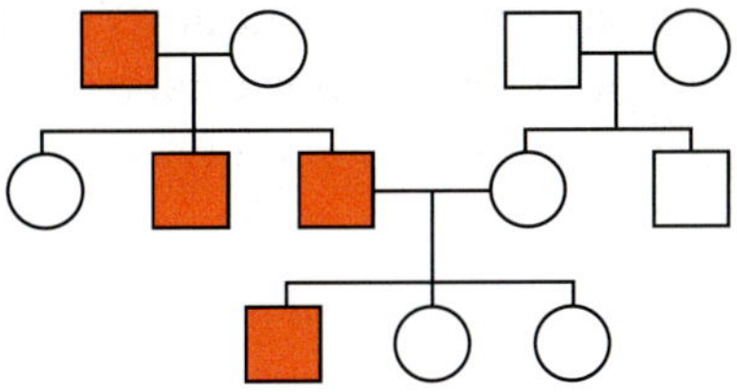

Stammbaum b:

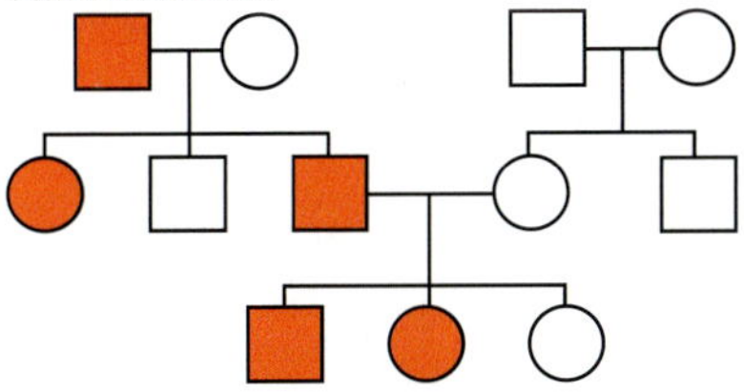

5 *Zwei hypothetische Stammbäume für die gonosomale Vererbung eines Merkmals*

8.10 Blutgruppen und ihre Vererbung

	rote Blutzellen von					
Serum von	Störk	Pletschnig	Sturli	Erdheim	Zaritsch	Landsteiner
Störk	●	◉	◉	◉	◉	●
Pletschnig	●	●	◉	◉	●	●
Sturli	●	◉	●	●	◉	●
Erdheim	●	◉	●	●	◉	●
Zaritsch	●	●	◉	◉	●	●
Landsteiner	●	◉	◉	◉	◉	●

● nicht verklumpte Blutzellen ◉ verklumpte Blutzellen

1 *Versuchsergebnisse von Landsteiner im Jahr 1901*

Schon vor der Zeit des Wiener Mediziners Karl Landsteiner, der 1901 die Blutgruppen entdeckte, wurde Blut von einem Spender auf einen Empfänger übertragen. Diese **Bluttransfusionen** endeten für den Empfänger in vielen Fällen mit ernsthaften Komplikationen, oftmals sogar tödlich. Einen Grund dafür fand man seinerzeit nicht.

Karl Landsteiner führte Versuche mit dem Blut von Mitarbeitern durch (Abb. 1). Dazu trennte er das Blut der jeweiligen Person in Blutserum, also die Blutflüssigkeit, und in die Roten Blutzellen (Erythrozyten). Dann vermischte er das Blutserum einer Probe mit den Roten Blutzellen einer anderen Probe in allen möglichen Kombinationen (Abb. 1). Aus den Befunden zog Landsteiner unter anderem drei Folgerungen:

a) Mit dem Serum mancher Menschen verklumpen die Roten Blutzellen, mit dem Serum anderer Personen nicht;

b) Bluttransfusionen zwischen Personen mit gleicher Blutgruppe führen in der Regel nicht zu Komplikationen;

c) er fand bei seinen Probanden drei verschiedene Blutgruppen. Diese Blutgruppen nannte er A, B und C. Die Blutgruppe C wurde später in „0“ (Null) umbenannt. Im Jahre 1902 wurde eine weitere Blutgruppe entdeckt, die man mit AB bezeichnete. Damit war das AB0-Blutgruppensystem vollständig. Heute weiß man, dass **Blutgruppen-Unverträglichkeit** auf unterschiedlichen **Antigenen und Antikörpern** beruht. Die Roten Blutzellen enthalten auf ihrer Oberfläche das Antigen A (Blutgruppe A), das Antigen B (Blutgruppe B), die Antigene A und B (Blutgruppe AB) oder keine Antigene (Blutgruppe 0). In Abbildung 2 sind die Merkmale der vier Blutgruppen dargestellt, also auch, welche Antikörper sich im Blutserum befinden. Die Blutgruppe AB hat keine gegen A oder B gerichtete Antikörper.

Die Vererbung der Blutgruppen erfolgt über drei Allele, A, B oder 0, von denen jeder Mensch in seinen diploiden Körperzellen zwei besitzt. Die Allele A und B sind dominant über das Allel 0 (rezessiv). Bei der Blutgruppe AB tragen die beiden Allele A und B gleichermaßen zum Phänotyp bei. Das nennt man **Kodominanz** (lat. *dominare*, herrschen). Personen, die phänotypisch die Blutgruppe A oder B haben, können im Genotyp homozygot AA bzw. BB oder heterozygot A0 bzw. B0 haben. Bei Personen mit der Blutgruppe AB oder 0 kann der Genotyp nur AB bzw. 00 sein.

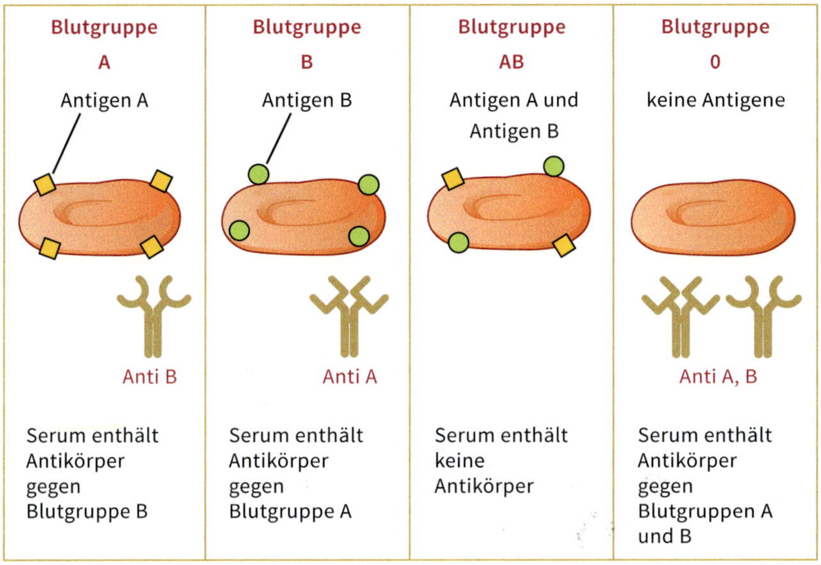

2 *Merkmale der vier Blutgruppen*

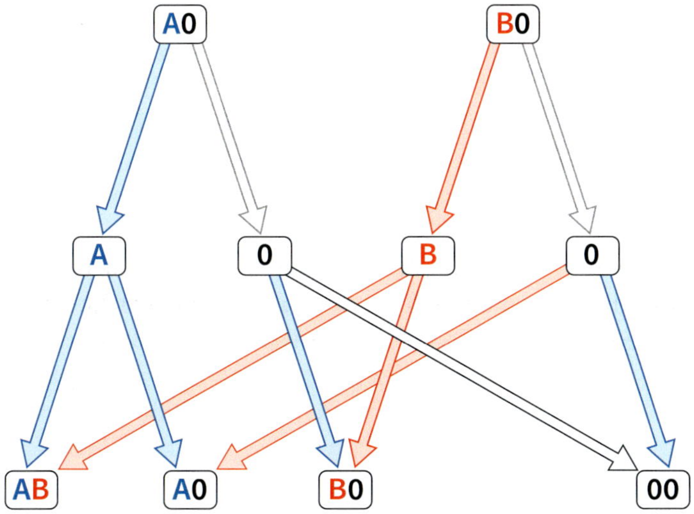

3 *Vererbung des AB0-Systems am Beispiel eines anderen A-Vaters und einer B-Mutter*

1. Merkmale der vier Blutgruppen im AB0-System.
a) Beschreibe die Merkmale der Blutgruppen im AB0-System (Abb. 2).
b) Erkläre unter Bezug auf Abbildung 2 die Befunde in Abbildung 1 sowie die drei Folgerungen (a, b, c), die LANDSTEINER aus seinen Untersuchungen zog.

2. Vererbung der Blutgruppen im AB0-System.
a) Übertrage die Abbildung 3 in dein Heft (Vater hat den Phänotyp A). Ergänze und beschrifte mit folgenden Begriffen: Phänotyp der Eltern, Genotyp der Eltern, Allel der Geschlechtszellen, Genotyp der Nachkommen, Phänotyp der Nachkommen. Präsentiere und erläutere den Erbgang mithilfe der Fachbegriffe.
b) Nimm an, dass das Elternpaar in Abbildung 3 insgesamt drei Kinder bekommt. Berechne die Wahrscheinlichkeit, dass alle drei Kinder die Blutgruppe AB haben.
c) Untersuche auch die Wahrscheinlichkeit, dass alle drei Kinder die Blutgruppe 0 haben.

3. Zuordnungen. Stelle dir vor (was im wirklichen Leben kaum passiert), dass auf einer Entbindungsstation die vier in einer Nacht geborenen Kinder nicht gekennzeichnet wurden. Die Elternpaare haben die Phänotypen B und B (Paar 1), AB und 0 (Paar 2), A und B (Paar 3) sowie 0 und 0 (Paar 4). Die vier Kinder haben folgende Blutgruppen: AB (Kind 1), A (Kind 2), 0 (Kind 3) sowie B (Kind 4). Ordne jedes der Kinder einem der vier Elternpaare zweifelsfrei zu.

→ 8.5 Die Vererbung verläuft nach Regeln

8.11 Gene können durch Mutationen verändert werden

1 *Normal gefärbter Tiger und weißer Tiger*

Gene können durch Einflüsse von außen verändert werden. Solche Einflüsse sind zum Beispiel UV-Strahlung, radioaktive Strahlung, Röntgenstrahlung oder auch eine Reihe von Chemikalien, wie sie zum Beispiel im Zigarettenrauch enthalten sind. Manche Veränderungen der Gene erfolgen auch ohne erkennbare äußere Einwirkung. Veränderungen der Gene kommen häufig vor. Die Zelle verfügt über Mechanismen, die Veränderungen in den Genen reparieren können, doch nicht immer gelingt eine Reparatur. Bleibende Veränderungen der Gene nennt man **Mutationen**.

Wenn eine Körperzelle mutiert, kann das dazu führen, dass das entsprechende Genprodukt in dieser Zelle nicht mehr funktionstüchtig ist. Wird der Stoffwechsel der Zelle dadurch schwer gestört, stirbt die Zelle. Manche Mutationen haben keine Auswirkungen auf die Lebensfähigkeiten der Zelle. Mutationen in Körperzellen werden bei der Zellteilung an die Tochterzellen weitergegeben. Bei manchen Mutationen gerät die Steuerung der Zellteilung außer Kontrolle. Teilt sich die Zelle dann weiter, kann ein Tumor entstehen. Mutationen von Körperzellen werden nicht vererbt.

Bei mehrzelligen Lebewesen wird eine Mutation nur dann an die Nachkommen übertragen, wenn die Mutation in einer Zelle stattfindet, aus der sich eine Geschlechtszelle bildet. Eizellen sind weibliche Geschlechtszellen, Spermien männliche Geschlechtszellen. Die Zellen aus denen sich die Geschlechtszellen bilden, gehören der **Keimbahn** an. Darunter versteht man die Abfolge derjenigen Zellen, ausgehend von der Zygote, aus denen sich schließlich die Geschlechtszellen entwickeln (Abb. 3). Werden Mutationen durch die Geschlechtszellen weitergegeben, besitzen alle Körperzellen des neuen Lebewesens diese veränderte Erbinformation. So fehlt dem weißen Tiger in Abbildung 1 der rote Farbstoff im gesamten Fell.

Mutationen können nachteilig, vorteilhaft oder ohne erkennbare Auswirkungen sein. Mutationen tragen zur genetischen Variabilität einer Art bei. Bei Veränderungen der Umwelt hat möglicherweise ein Individuum mit einer solchen Mutation einen Überlebensvorteil, während andere Individuen mit der Veränderung nicht zurechtkommen. Mutationen sind in der Geschichte der Lebewesen, der **Evolution**, eine Ursache für Neues.

2 *Schneehase im Winter und im Sommer*

1. Diploide Organismen. Begründe, warum bei diploiden Organismen eine Fehlfunktion nicht immer auftritt, obwohl die Mutation, die diese Fehlfunktion zur Folge hat, auf einem Chromosom vorhanden ist.

2. Röntgen. Begründe, warum beim Röntgen besonders die Geschlechtsorgane durch Blei abgeschirmt werden und warum man Schwangere nicht röntgt.

3. Bedeutung von Mutationen in der Evolution. Der Schneehase ist mit dem Feldhasen verwandt. Er lebt in schneereichen Gebieten. Anders als Feldhasen hat er im Winter ein weißes Fell (Abb. 2). Stelle eine Hypothese zur Entstehung der weißen Fellfarbe beim Schneehasen auf.

4. Bedeutung von Mutationen in der Ökologie. Nach wiederholtem Einsatz von Insektiziden beobachtet man häufig, dass die bekämpften Insekten wieder an Zahl zunehmen, nun aber gegen das Insektengift resistent sind. Erläutere anhand von Abbildung 4 diesen Sachverhalt.

5. Bedeutung von Mutationen in der Medizin. Das Medikament 3TC, soll die Vermehrung von HI-Viren verhindern. Interpretiere die Abbildung 5.

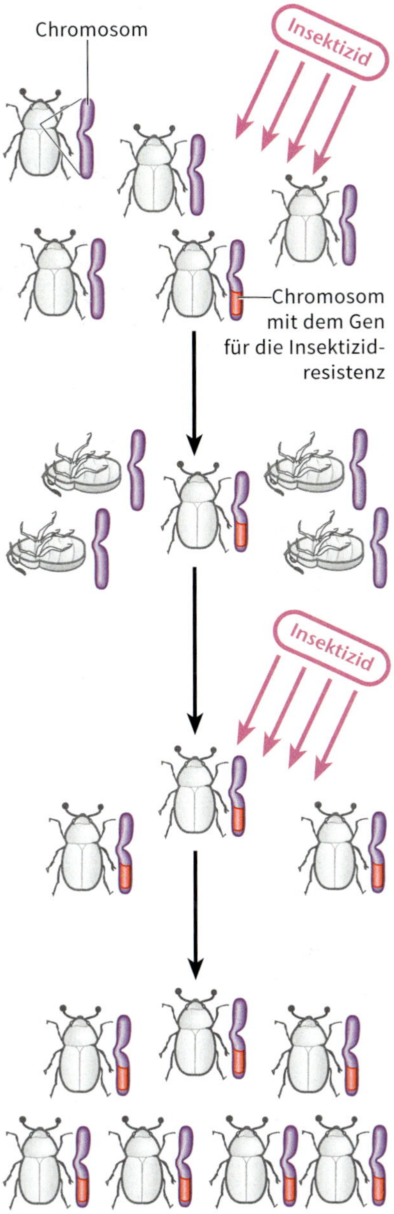

4 *Resistenzbildung bei Insekten*

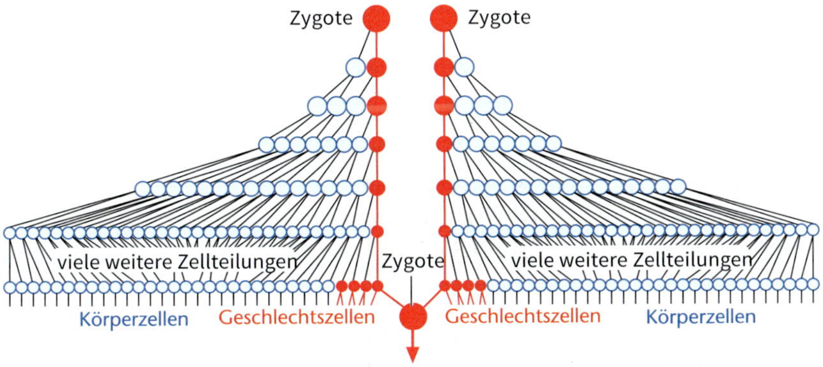

3 *Keimbahnen*

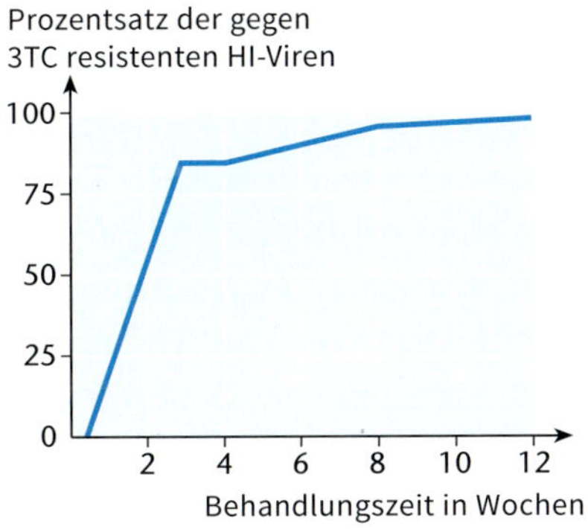

5 *Behandlungsergebnis von Aids-Patienten mit 3TC*

→ 8.4 Trisomie 21 – eine Chromosomenfehlverteilung

8.12 PKU – eine erbliche Stoffwechselstörung

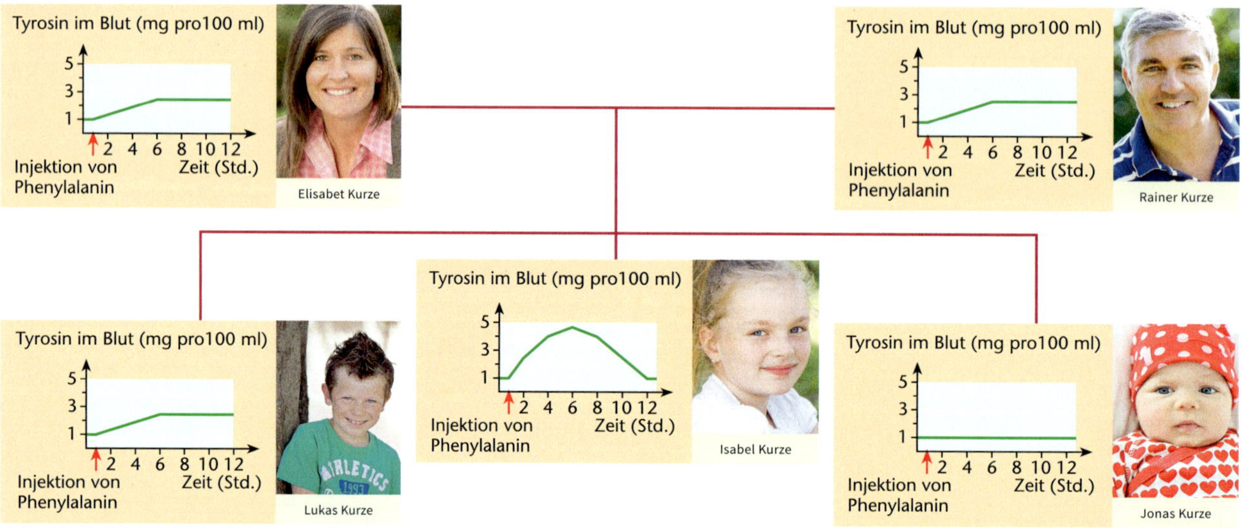

1 *Familie Kurze mit den Ergebnissen des Phenylalanin-Belastungstests*

Mit der Nahrung nehmen Menschen Proteine zu sich. Bausteine der Proteine sind Aminosäuren. Eine der 21 verschiedenen Aminosäuren heißt Phenylalanin. Normalerweise wird Phenylalanin aus der verdauten Nahrung in Leberzellen mithilfe eines Enzyms, das abgekürzt PAH genannt wird, zu der Aminosäure Tyrosin umgewandelt (Abb. 2). Tyrosin wiederum ist eine Vorstufe für die Bildung zum Beispiel von Schilddrüsenhormon, Dopamin und Melanin.

Das Gen für das Enzym PAH liegt auf dem Chromosom 12. Eine Mutation des Gens verändert seine Information derart, dass kein funktionsfähiges PAH in Leberzellen gebildet werden kann. Wenn beide Eltern jeweils das mutierte Gen an ein Kind weitergeben, ist es nicht in der Lage, Phenylalanin in Tyrosin umzuwandeln. Dann häuft sich Phenylalanin im Körper an. Man spricht von einer **erblichen Stoffwechselstörung**. Sie hat den Namen **Phenylketonurie**, abgekürzt PKU. Kinder, die von Phenylketonurie betroffen sind und nicht behandelt werden, entwickeln im Laufe der ersten Lebensjahre unter anderem schwere geistige Defekte. Das hängt damit zusammen, dass bei hoher Konzentration an Phenylalanin im Körper verstärkt Phenylpyruvat gebildet wird (Abb. 2). Dieser Stoff beeinträchtigt die Gehirnentwicklung. Heute werden in Deutschland alle Neugeborenen mithilfe eines Bluttests auf Phenylketonurie untersucht. Durchschnittlich ein Neugeborenes von 12 000 hat diese erbliche Stoffwechselstörung. Wird die Krankheit erkannt, muss viele Jahre, meistens lebenslang, eine Diät mit wenig Phenylalanin eingehalten werden. So behandelte Kinder zeigen dann eine normale Entwicklung.

Phenylketonurie wird rezessiv vererbt. Heterozygote (Mischerbige mit dem Genotyp Aa) sind selbst nicht erkrankt, können aber das mutierte Gen übertragen. Durch die **Diploidie**, also das Vorhandensein von zwei homologen Chromosomensätzen, wird die Mutation eines Allels überdeckt und die schädliche Auswirkung kommt kaum zur Geltung. Bei Heterozygoten ist nur eines der beiden Allele für das Enzym PAH mutiert. Das andere Allel arbeitet normal. Beim **Heterozygoten-Test** (Phenylalanin-Belastungstest) wird Personen eine bestimmte Menge Phenylalanin durch Injektion verabreicht und über einen Zeitraum von mehreren Stunden der Gehalt an Tyrosin im Blut gemessen. Auf diese Weise können heterozygote Personen erkannt werden (Abb. 1, 3).

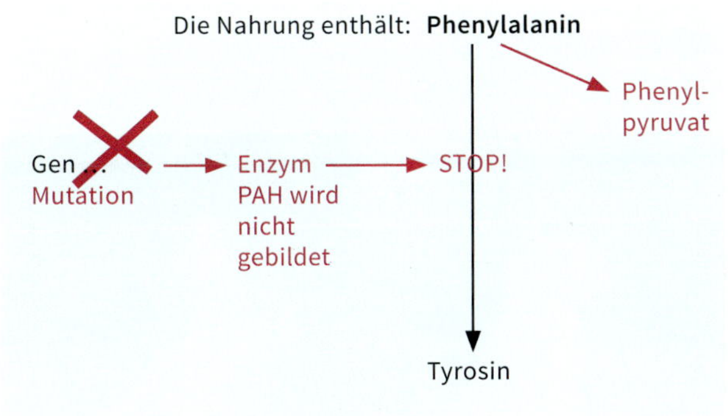

2 *Phenylalanin-Stoffwechsel*

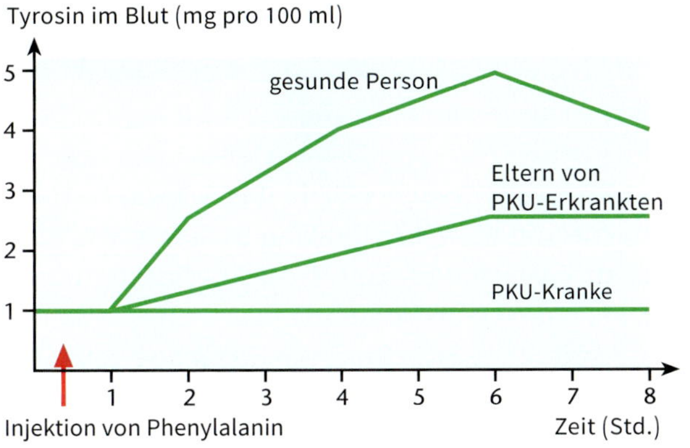

3 *Heterozygoten-Test (Phenylalanin-Belastungstest) bei verschiedenen Personengruppen*

1. Phenylalanin-Stoffwechsel bei verschiedenen Genotypen. Erläutere unter Bezug auf Abbildung 4 den Phenylalanin-Stoffwechsel bei homozygot Gesunden, Heterozygoten und bei PKU-Kranken.

2. Molekulare Grundlagen des Heterozygoten-Tests. Bei diesem Test wird allen Testpersonen die gleiche Menge an Phenylalanin je Kilogramm Körpermasse durch Injektion verabreicht. Dann wird der Tyrosin-Gehalt im Blut über die nächsten Stunden gemessen. Vergleiche die Kurvenverläufe in Abbildung 3. Ordne jeder der drei Kurven in Abbildung 3 eine Teilabbildung in Abbildung 4 zu. Begründe dann die Unterschiede der Kurven.

3. PKU in der Familie Kurze. Nenne für jede Person in der Familie Kurze die möglichen Genotypen. Beachte dabei die Ergebnisse des Phenylalanin-Belastungstests (Abb. 1, 3).

4. Wahrscheinlichkeiten. Ermittle, mit welcher Wahrscheinlichkeit ein weiteres Kind von Herrn und Frau Kurze PKU-krank wäre. Begründe dein Ergebnis.

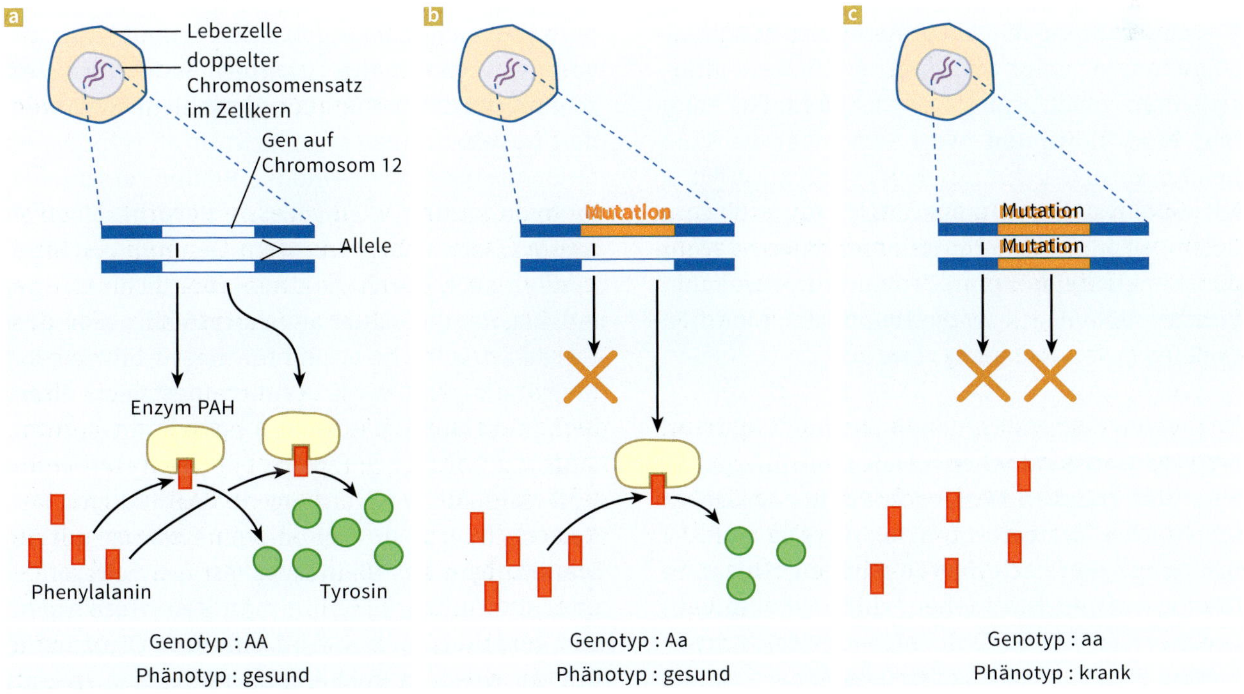

4 *Modell zum Stoffwechselgeschehen bei a) homozygot Gesunden, b) Heterozygoten und bei c) PKU-Kranken*

8.13 Modifikationen – Gene und Umwelt

1 *Chinesische Primel, weiß und rot blühend*

2 *Russenkaninchen, schwarzweiß und mit weißem Fell*

Die chinesische Primel wird von Gärtnern mit weißen oder roten Blüten angeboten (Abb. 1). Beide Pflanzen können aus dem gleichen Samen gezogen werden. Wird die chinesische Primel kurz vor dem Aufblühen bei Temperaturen unter 30 Grad Celsius gehalten, bringt sie rote Blüten hervor. Bei Temperaturen über 30 Grad Celsius entwickeln sich hingegen weiße Blüten, die auch bei anschließender Abkühlung erhalten bleiben. Bei der chinesischen Primel verursachen also Umwelteinflüsse die Ausprägung des Merkmals „Blütenfarbe". Diese aufgrund von Umwelteinflüssen unterschiedlich ausgeprägten Merkmale nennt man **Modifikationen**. Wird Samen der weiß blühenden Form der chinesischen Primel ausgesät, so entwickeln sich bei Temperaturen unter 30 Grad Celsius erneut Primeln mit roten Blüten. Wenn die Primeln bei höheren Temperaturen gehalten werden, bilden sich weiße Blüten aus. Modifikationen werden also nicht vererbt.

Das weiße Russenkaninchen ist eine Zuchtform unseres Hauskaninchens. Hält man Jungkaninchen des gleichen Wurfes in Ställen bei unterschiedlichen Temperaturen, so unterscheiden sich die Tiere bald durch ihre Fellfärbung. Die Tiere, die im warmen Stall leben, sind fast reinweiß. Die Tiere im kalten Stall zeigen an den Körperspitzen, den kältesten Teilen des Körpers, dunkle Färbungen. Sie haben schwarze Pfoten, schwarze Schwanzspitzen, Ohren und Nasen (Abb. 2). In einem Kontrollversuch wurde das schwarze Haar entfernt und die Tiere wurden in einem warmen Stall untergebracht. Unter diesen Bedingungen wuchsen die Haare weiß nach.

Buchenblätter, die von demselben Baum stammen, weisen unterschiedliche Längen auf (Abb. 3). Beim Messen der Länge zeigt sich, dass bestimmte Längen häufiger sind als andere. Sehr kurze und sehr lange Blätter sind selten, mittellange dagegen verhältnismäßig häufig. Da die Buchenblätter alle von derselben Pflanze stammen, kann die unterschiedliche Länge nur auf unterschiedlich wirkende Umwelteinflüsse zurückzuführen sein. Schon an demselben Zweig sind die Blätter verschieden lang, da nicht alle gleich gut mit Mineralsalzen und Wasser versorgt werden. Längenunterschiede können auch durch die unterschiedliche Lichtintensität, der die Blätter ausgesetzt sind, verursacht werden. Die Buche besitzt für die Ausbildung des Merkmals „Blattlänge" erblich festgelegte Grenzen, innerhalb derer sie auf bestimmte Umwelteinflüsse wie Lichtintensität oder Temperatur mit unterschiedlicher Blattlänge reagieren kann. Den Bereich, in dem ein Tier oder eine Pflanze mit Abwandlungen des Phänotyps auf Umwelteinflüsse reagieren kann, nennt man **Reaktionsnorm**. Die Reaktionsnorm weist bestimmte Grenzwerte auf. So wird ein Buchenblatt niemals länger als 20 Zentimeter. Die Reaktionsnorm ist genetisch festgelegt, sie bleibt bei allen Nachkommen gleich.

1. Modifikation.

a) Beschreibe mögliche Ursachen für die unterschiedliche Blattlänge der in Abbildung 3 dargestellten Blätter, die alle von demselben Baum stammen. Wie könnte man beweisen, dass die unterschiedliche Blattlänge nicht genetisch bedingt ist?

b) Wissenschaftler nennen die Form der Modifikation bei den Buchenblättern fließende Modifikation, während die Modifikation bei den Russenkaninchen umschlagende Modifikation genannt wird. Vergleiche diese beiden Formen und grenze sie voneinander ab.

2. Unterschiedliche Größe von Bohnensamen. In Abbildung 4 sind zwei unterschiedlich lange Bohnensamen dargestellt, die von derselben Elternpflanze stammen. Diese beiden Bohnensamen ließ man unter unterschiedlichen Umweltbedingungen zu Bohnenpflanzen heranwachsen. Der Pflanze, die aus dem kleinen Samen heranwuchs, bot man günstige, der Pflanze, die aus dem großen Samen heranwuchs, ungünstige Umweltbedingungen. Die Bohnensamen, die von den Pflanzen gebildet wurden, waren wieder unterschiedlich groß. Beschreibe das Ergebnis und erkläre es.

3 *Modifikation bei Buchenblättern eines Baumes*

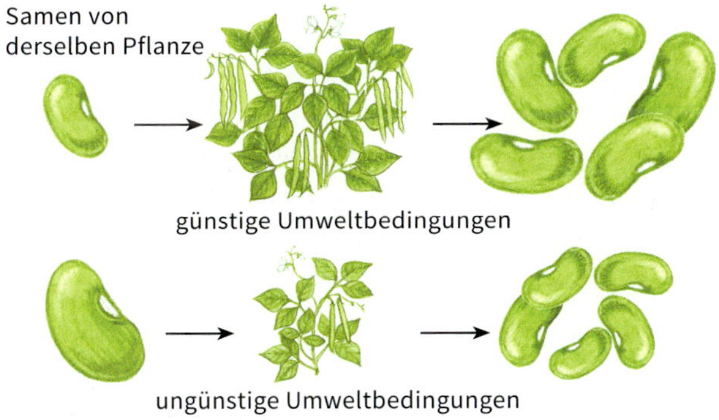

4 *Modifikation bei Bohnensamen*

3. Modifikationskurve. Die Länge von Bohnensamen, die durch Selbstbestäubung an einer Bohnenpflanze entstanden, kann in einer Kurve dargestellt werden (Abb. 5).

a) Beschreibe und erkläre diese Kurve.

b) Würde man die Größe der Menschen in Deutschland grafisch auftragen, ergäbe sich eine ähnliche Kurve. Begründe, warum dies keine Modifikationskurve ist.

4. Variabilität. Beschreibe die genetische Variabilität und die Variabilität durch Modifikation. Grenze beide Begriffe voneinander ab.

5. Anzahl der Roten Blutkörperchen bei unterschiedlicher Höhe. Bei zwölf Teilnehmern einer Hochgebirgsexpedition wurde über längere Zeit die Anzahl der Roten Blutkörperchen gemessen (Abb. 6). Begründe, warum manche Hochleistungssportler an hoch gelegenen Orten, wie Mexico-Stadt trainieren.

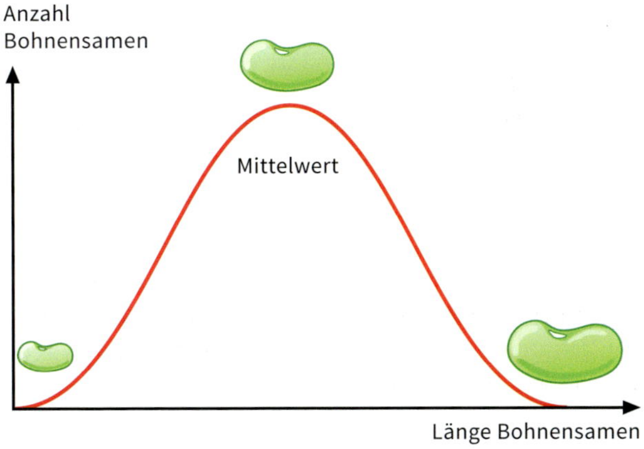

5 *Modifikationskurve*

Datum	Höhe über NN	Anzahl der Roten Blutkörperchen (Durchschnittswerte der zwölf Teilnehmer)
10.4.	210 m	4,5 Mio./mm^3
12.5.	1350 m	5,2 Mio./mm^3
28.5.	3050 m	6,6 Mio./mm^3
21.6.	4050 m	7,7 Mio./mm^3
27.6.	5500 m	8,3 Mio./mm^3

6 *Zahl der Roten Blutkörperchen bei unterschiedlicher Aufenthaltshöhe*

→ 8.14 Gene und Umwelt wirken beim Menschen zusammen

8.14 Gene und Umwelt wirken beim Menschen zusammen

1 *Eineiige Zwillinge haben immer das gleiche Geschlecht*

In jedem Menschen wirken genetische und umweltbedingte Einflüsse untrennbar zusammen. Es ist unmöglich, den Anteil der Gene oder den Anteil der Umwelt zu bestimmen, der für die Ausprägung von Körpermerkmalen und Verhaltensweisen bei einem Menschen verantwortlich ist (Abb. 4). Um genauere Aussagen über das Zusammenwirken von Genen und Umwelt treffen zu können, werden genetisch identische Menschen näher betrachtet. Hierbei sind Zwillinge von besonderer Bedeutung.

Reifen während des Zyklus einer Frau zwei Eizellen heran und werden beide durch Spermien befruchtet, entstehen zweieiige Zwillinge. Zweieiige Zwillinge stimmen genetisch ähnlich überein wie andere Geschwisterkinder. Sie besitzen durchschnittlich 50 Prozent der mütterlichen und väterlichen Gene gemeinsam. In Deutschland werden im Durchschnitt bei einer von 85 Geburten zweieiige Zwillinge geboren.

Reift während des Zyklus einer Frau eine Eizelle heran und wird durch ein Spermium befruchtet, liegt eine befruchtete Eizelle (Zygote) vor. Die Zygote durchläuft einige Zellteilungen (Mitosen). Dabei entstehen erbgleiche Tochterzellen, die den Embryo bilden. Dieser frühe Embryo kann sich in den ersten Tagen nach der Befruchtung in zwei Teile trennen und entwickeln sich getrennt. **Eineiige Zwillinge** mit identischen Genen sind entstanden. Bei einer von 250 Geburten entstehen eineiige Zwillinge. Eineiige Zwillinge sehen sich sehr ähnlich (Abb. 1). Jedoch sind das Aussehen und das Verhalten nicht vollkommen identisch. Sie können sich in ihren körperlichen, z. B. Fingerabdrücke, und psychischen Merkmalen unterscheiden. Je älter eineiige Zwillinge sind und je verschiedener die Umwelteinflüsse in der Vergangenheit waren, desto größere Unterschiede zeigen sie.

In der **Zwillingsforschung** vergleicht man unter anderem die Ausprägung bestimmter Merkmale und erfasst das Ausmaß der Ähnlichkeit bei eineiigen und zweieiigen Zwillingspaaren. So will man Hinweise auf Umwelteinflüsse oder Einflüsse der Erbanlagen auf die Ausprägung eines Merkmals erhalten. Zeigen eineiige Zwillinge in einem Merkmal größere Ähnlichkeiten als zweieiige, so deutet dies darauf hin, dass vorrangig genetische Einflüsse zur Ausprägung dieses Merkmals beim Menschen beitragen. Zeigen eineiige Zwillinge ähnliche Unterschiede in der Ausprägung eines Merkmals wie zweieiige, lässt sich daraus auf einen vorrangigen Umwelteinfluss schließen. Dann gilt es die „geteilte Umwelt“ zu erfassen. Diese berücksichtigt solche Einflüsse, die zur Ähnlichkeit gemeinsam aufwachsender Personen beitragen, wie etwa die Wohngegend einer Familie oder ihre sozialen und wirtschaftlichen Möglichkeiten. Als „spezifische Umwelt“ gelten dagegen Einflüsse, die zur Unähnlichkeit gemeinsam aufwachsender Personen beitragen. Das können z. B. unterschiedliche Freunde oder Berufe sein. Zu den Voraussetzungen für eine zuverlässige Forschung gehört die Annahme, dass die Wirkung von Umwelteinflüssen auf die psychischen Merkmale von Zwillingen, die in derselben Familie aufwachsen, weitestgehend gleich sind.

1. Gene und/oder Umwelt? Erläutere anhand der Abbildung 3 sowie der Grundwissenseite die dargestellten Positionen zum Verhalten eines Menschen (Abb. 2).

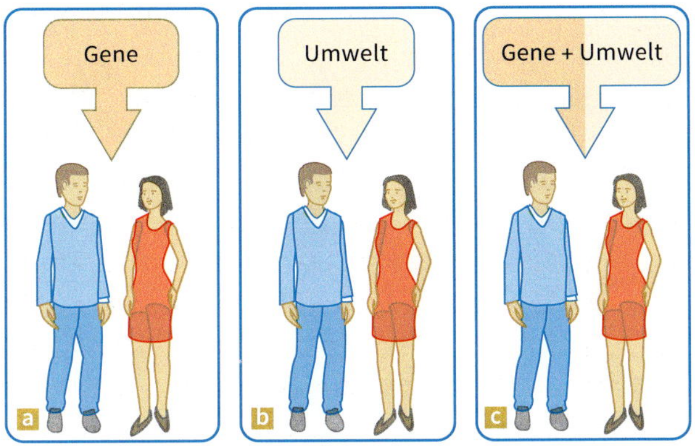

2 *Drei grundlegende Positionen*

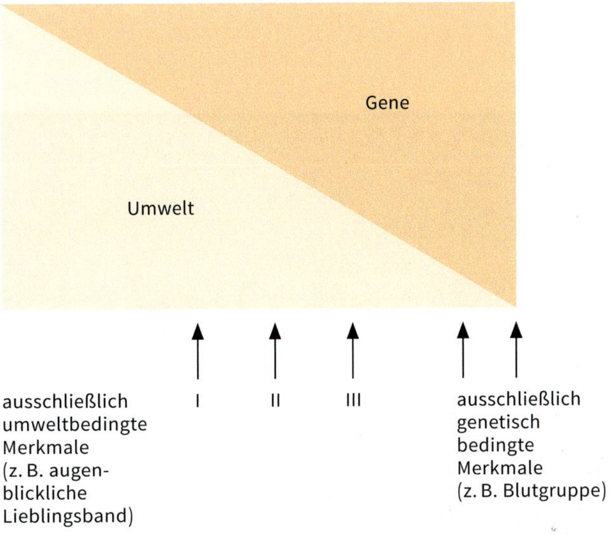

3 *Gene und Umwelt*

2. Verschränkung biologischer, psychologischer und soziokultureller Einflüsse. Begründe unter Bezug auf Abbildung 4, dass es prinzipiell nicht möglich ist, den genetischen Anteil und den umweltbedingten Anteil am Verhalten eines Menschen zu beziffern.

3. „Tabula rasa", das „unbeschriebene Blatt" – Ist alles möglich? Von JOHN B. WATSON (1878-1958), einem Lernforscher, stammt folgende Formulierung: „Gebt mir ein Dutzend gesunde, gut gebaute Kinder und meine eigene spezifische Welt, um sie darin großzuziehen, und ich garantiere, dass ich irgendeines aufs Geradewohl herausnehme und es so erziehe, dass es irgendein beliebiger Spezialist wird, zu dem ich es erwählen kann – Arzt, Jurist, Künstler, Kaufmann, ja sogar Bettler und Dieb, ungeachtet seiner Talente, Neigungen, Absichten, Fähigkeiten und Herkunft seiner Vorfahren." Diskutiere und bewerte die Behauptung WATSONS.

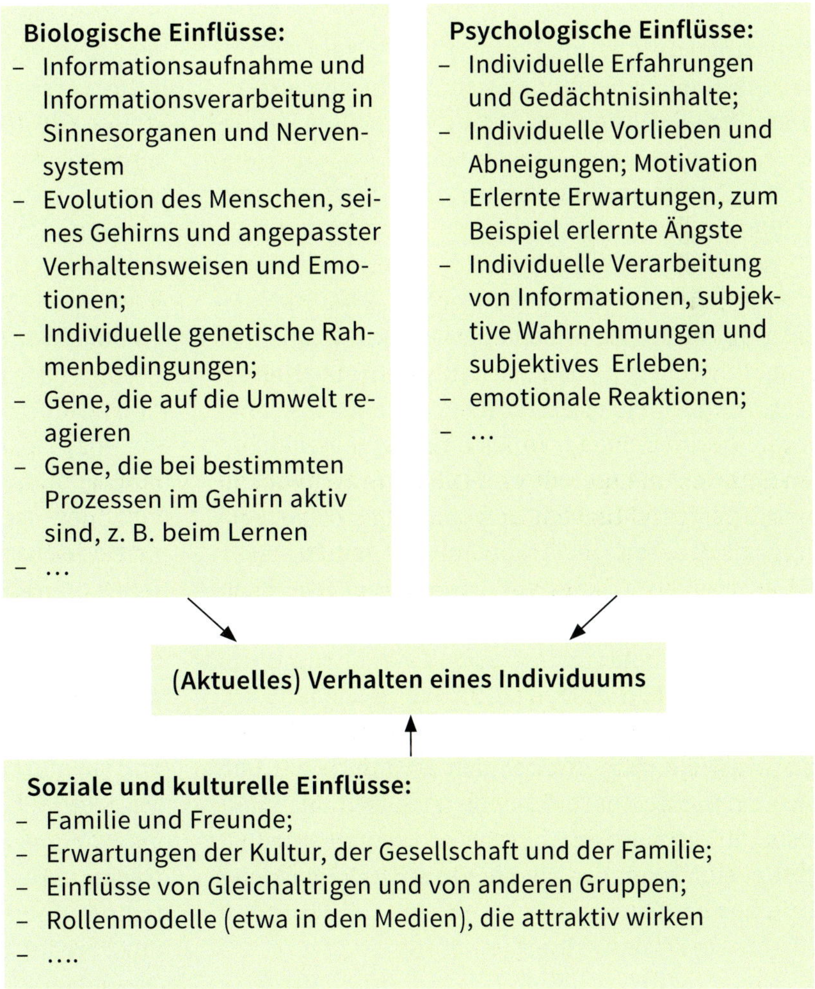

4 *Modell zur Verschränkung biologischer, psychologischer und soziokultureller Einflüsse im menschlichen Verhalten*

→ 8.13 Modifikationen – Gene und Umwelt

Arbeitsmaterial

9.1 Vergleich ungeschlechtlicher und geschlechtlicher Fortpflanzung

1 *Nachkommen von Lebewesen mit geschlechtlicher Fortpflanzung zeigen eine erblich bedingte Vielfalt von Merkmalen*

Durch Fortpflanzung können Lebewesen ihren Fortbestand sichern oder sich sogar vermehren, wenn die Zahl der Nachkommen größer ist als die Zahl der Eltern. Durch Fortpflanzung werden Erbanlagen von Generation zu Generation weitergegeben.

Die ersten Einzeller, die vor etwa 3,5 Milliarden Jahren den Urozean bevölkerten, pflanzten sich ungeschlechtlich fort. Von **ungeschlechtlicher (asexueller) Fortpflanzung** spricht man, wenn sich von einem Elter abgelöste Teile zu einem neuen Organismus entwickeln. Die einfachste Form der ungeschlechtlichen Fortpflanzung ist die Zweiteilung. Dabei entstehen aus einer Mutterzelle zwei Tochterzellen. Die Erbanlagen werden zunächst identisch verdoppelt und dann so aufgeteilt, dass die beiden Tochterzellen untereinander und im Vergleich zur Mutterzelle erblich gleich sind. Weil Erbanlagen die Ausbildung von Merkmalen mitbestimmen, sind ungeschlechtlich entstandene Organismen in ihren erblich bedingten Merkmalen mit dem Elter gleich. Ungeschlechtliche Fortpflanzung findet sich bei Prokaryoten, Pilzen und Pflanzen, seltener bei Tieren.

Bei der **geschlechtlichen (sexuellen) Fortpflanzung** gibt es Eltern unterschiedlichen Geschlechts, die Geschlechtszellen bilden. Bei der Befruchtung vereinigen sich die Geschlechtszellen der Eltern. Dabei verschmelzen auch die Zellkerne. Auf diese Weise werden die Erbanlagen der beiden Eltern zusammengefügt. Im Gegensatz zur ungeschlechtlichen Fortpflanzung bringt die geschlechtliche Fortpflanzung Nachkommen hervor, von denen jeder eine einzigartige Kombination von Erbanlagen beider Eltern aufweist. Trotz vieler Gemeinsamkeiten unterscheiden sich die Nachkommen in den Erbanlagen untereinander und von ihren Eltern. Für alle Lebewesen mit geschlechtlicher Fortpflanzung gilt, dass kein Einzelwesen einem anderen Individuum der Art in seinen Erbanlagen vollkommen gleicht mit Ausnahme eineiiger Zwillinge. Geschlechtliche Fortpflanzung führt zu **erblicher (genetischer) Vielfalt** innerhalb einer Art. Weil Erbanlagen die Ausbildung von Merkmalen mitbestimmen, hat genetische Vielfalt auch eine Merkmalsvielfalt zur Folge.

Man vermutet, dass sich geschlechtliche Fortpflanzung deshalb durchgesetzt hat, weil die Vielfalt erblicher Merkmale Überlebensvorteile mit sich brachte. Wenn sich die Umwelt und die Lebensbedingungen ändern oder wenn neue Krankheitserreger auftreten, können in einer Gruppe artgleicher Lebewesen diejenigen im Vorteil sein, die zufällig bereits über Angepasstheiten verfügen.

1. Fortpflanzung. Formuliere unter Verwendung des Grundwissentextes je einen Merksatz zur ungeschlechtlichen (asexuellen) und geschlechtlichen (sexuellen) Fortpflanzung.

2. Chlamydomonas. Erläutere unter Bezug auf Abbildung 3, welche Vorteile die geschlechtliche Fortpflanzung von Chlamydomonas mit sich bringt. Welche Vorteile bietet die ungeschlechtliche Fortpflanzung bei guten Umweltbedingungen?

3. Austausch von Erbinformation ohne Vermehrung. Erläutere, was man unter Konjugation versteht (Abb. 2). Formuliere begründete Vermutungen, welche Vorteile diese Form von Sexualität ohne Fortpflanzung für die Lebewesen mit sich bringt.

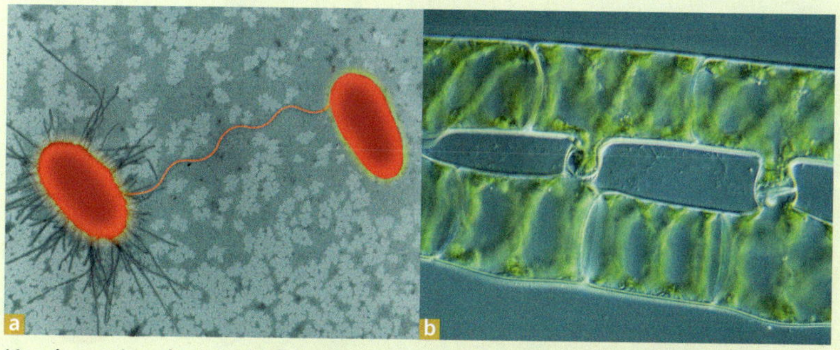

Konjugation bei Bakterien — Konjugation bei Grünalgen

Es gibt einfache Formen der Sexualität, bei denen Erbinformationen ausgetauscht werden. Sie dienen nicht der Fortpflanzung oder Vermehrung, sondern der Neukombination von Erbanlagen. Der Austausch erfolgt durch einen Vorgang, den man **Konjugation** nennt. Dabei verbinden sich zwei Zellen eine Zeit lang miteinander.

a) Konjugation bei Bakterien. Die Zelle rechts im Bild a) hat einen Zellfortsatz ausgebildet und damit eine Verbindung zu einer anderen Bakterienzelle hergestellt. Über diesen Kanal werden Erbinformationen übertragen.

b) Konjugation bei der Grünalge Spirogyra. Zwischen dicht aneinanderliegenden Zellsträngen bilden sich sprossenförmige Verbindungen, über die Erbinformationen ausgetauscht werden.

2 *Einfache Formen der Sexualität – Austausch von Erbinformation*

Die einzellige Grünalge *Chlamydomonas* kann sich asexuell und sexuell fortpflanzen. Bei der ungeschlechtlichen Fortpflanzung verdaut die Zelle ihre Geißeln und teilt sich dann zwei Mal hintereinander. Bei Mangel an Mineralsalzen, Trockenheit oder anderen Stressfaktoren pflanzt sich Chlamydomonas geschlechtlich fort. Dabei werden Geschlechtszellen frei.
Wenn sich zwei Geschlechtszellen zusammenlagern, erfolgt wenig später die Befruchtung. Bei der Befruchtung verschmelzen Zellplasma und Zellkerne miteinander. Die so entstandene Zelle bildet eine Hülle, die vor schädlichen Umwelteinflüssen schützt. Wenn sich die Umwelteinflüsse bessern, beginnt sich die Zelle zu teilen. Diese Nachkommen unterscheiden sich von den beiden Ausgangszellen.

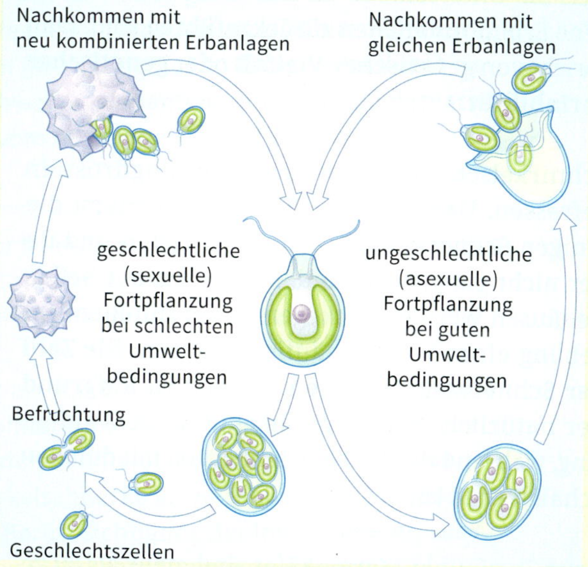

3 *Die Grünalge Chlamydomonas weist sexuelle und asexuelle Fortpflanzung auf*

→ 8.2 Genetische Vielfalt durch Neukombination in der Meiose, 9.2 Genetische Variabilität in Populationen

9.3 Nicht-erbliche Anpassungen und erbliche Angepasstheiten

1 *Tarnung a) beim Wandelnden Blatt und b) bei einem Chamäleon*

Die **Gespenstschrecken** ähneln in ihrem Aussehen Grashalmen (Stabheuschrecken), verdorrten Ästen (Gespenstheuschrecken) oder Blättern (Wandelnde Blätter). Wandelnde Blätter sind durch einen blattartig verbreiterten Körper charakterisiert, der diesen als Laubblatt tarnt (Abb. 1a). Auch die Beine zeigen blattartige Verbreiterungen. Durch diese Merkmale sind die Wandelnden Blätter gut getarnt. Wenn ein Organismus in Form und Farbe Objekten seiner Umgebung gleicht, spricht man von **Mimese**. Sie dient dem Schutz vor Beutegreifern. Die Merkmale der Wandelnden Blätter verschaffen ihnen einen eindeutigen Selektionsvorteil. In dem natürlichen Ausleseprozess sind im Laufe der Evolution die Vorfahren der heutigen Wandelnden Blätter, die in ihrem Aussehen einem Blatt ähnelten, gegenüber anders gestalteten Insekten derselben Urart im Vorteil. Auf Bäumen sind sie besonders gut getarnt, also besser an diese Umweltbedingungen angepasst. Sie überleben häufiger und haben dadurch mehr Nachkommen. Genetisch betrachtet bedeutet dies, dass die Häufigkeit der Gene für die blattartige Körperform in der Population zunahm. Hierbei handelt es sich um **erbliche Angepasstheit**.

Chamäleons sind ähnlich gut an ihren Lebensraum angepasst (Abb. 1b). Chamäleons, die auf den Bäumen leben, sind meist in grünlichen Abstufungen gefärbt. Chamäleons sind aber auch bekannt für ihre einzigartige Anpassungsfähigkeit. Je nach Stimmung und körperlicher Verfassung können sie ihre Farbe kurzzeitig verändern (Abb. 5). Diese Fähigkeit zur aktiven Veränderung der Körperfarbe haben nur sehr wenige andere Tiere. Die kurzzeitigen Veränderungen in der Körperfarbe sind eine **nicht-erbliche Anpassung**.

Die Färbung hängt von äußeren Faktoren wie der Temperatur oder der Sonneneinstrahlung ab. Bei hohen Temperaturen färben sich die Tiere hell, sodass das einfallende Licht reflektiert wird. Bei niedrigen Temperaturen nehmen sie eine dunkle Farbe an, sodass die Energie des Lichts aufgenommen wird. Der Abstand zwischen den Farbstoffkristallen in den Hautzellen ist für die Farbe des Chamäleons verantwortlich. In entspanntem Zustand liegen die Kristalle eng beieinander. Sie reflektieren dann vor allem kurzwelliges, blaues Licht. Da die Pigmente in der Haut der Tiere größtenteils gelb sind, erscheint das Chamäleon grün. Unter Stress liegen die Farbstoffkristalle weiter auseinander als im entspannten Zustand und reflektieren langwelliges, rotes Licht. Das Chamäleon wechselt seine Farbe von grün nach Orange.

Während Angepasstheiten im Laufe der Evolution durch natürliche Auslese passiv entstanden sind, handelt es sich bei Anpassungen um aktive Veränderungen durch Umwelteinflüsse, die jedoch nicht vererbt werden.

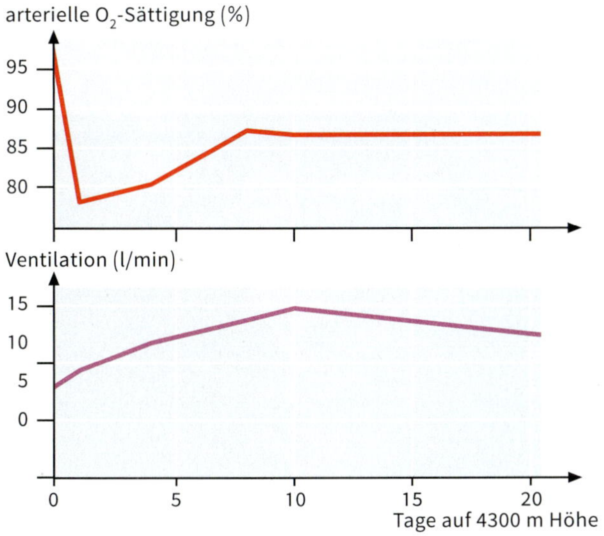

2 *Änderung von Ventilation und arterieller O_2-Sättigung während eines Höhenaufenthaltes*

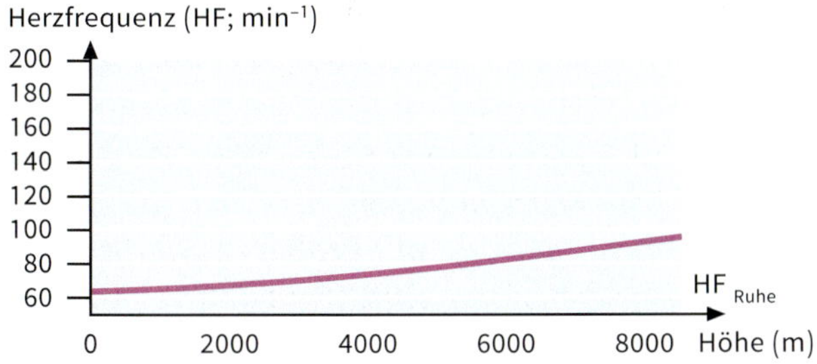

3 *Änderungen der Herzfrequenz in unterschiedlichen Höhen*

Bei ungeübten Wanderern kann es bei Wanderungen im Hochgebirge zu Kopfschmerzen, Herzklopfen und Atemnot kommen. In diesen Höhen setzt man den Organismus einem mit der Höhe zunehmenden Sauerstoffmangel aus. Dabei werden im Körper Vorgänge eingeleitet, die das Aufrechterhalten lebenswichtiger Körperfunktionen dauerhaft ermöglichen. Unter anderem werden dabei die Zahl der roten Blutzellen und die Bildung von Hämoglobin gesteigert. In der Folge können bei geringerem Sauerstoff-Angebot pro Zeit mehr Sauerstoffmoleküle gebunden und im Blut transportiert werden. Leistungssportler profitieren von diesem Phänomen. Nach einer dreiwöchigen Trainingszeit im Hochgebirge ist die Leistungssteigerung bei der Rückkehr in geringere Höhen deutlich erhöht.

4 *Informationen zur Höhenakklimatisierung*

5 *Aktive Anpassung der Körperfarbe beim Chamäleon*

1. Angepasstheit und Anpassung

a) Erläutere die Angepasstheit des Wandelnden Blattes an seinen Lebensraum.

b) Ein Beispiel für Anpassung beim Menschen ist die zunehmende Bräunung der Haut nach einem Sonnenbad. Recherchiere weitere Anpassungen beim Menschen.

c) Nimm zu folgender Aussage begründet Stellung: „Die kurzfristige Veränderung der Farbe beim Chamäleon ist eine Anpassung, die Fähigkeit zur kurzfristigen Farbveränderung ist jedoch eine Angepasstheit“ (Abb. 5).

2. Höhenakklimatisierung. Werte die Abbildungen 2 bis 4 im Hinblick auf die stoffwechselbiologischen Zusammenhänge sowie auf nicht-erbliche Anpassung und erbliche Angepasstheit aus.

→ 1.1 Tarnen und Warnen, 1.5 Artenvielfalt

1 *Der Flugfrosch*

Flugfrösche kommen auf Inseln in Südostasien vor. Die Tiere leben in Baumkronen und nutzen ihre Schwimmhäute zum Gleitflug von Baum zu Baum (Abb. 1a). Flugfrösche spannen ihre riesigen Schwimmhäute wie Regenschirme auf und segeln nach einem gewaltigen Satz aus den Baumkronen bis zu 50 Meter weit zu Boden. Dadurch kann der Flugfrosch Feinden entwischen, Insekten im Flug schnappen oder zu einem paarungsbereiten Weibchen im Nachbarbaum gleiten.

Mehrere Schüler einer 10. Klasse wurden zu Beginn einer Unterrichtsreihe über ihre Vorstellungen zur Evolution der Flugfrösche befragt. Im Folgenden ist eine Auswahl der Antworten dargestellt:

Markus: *„Der Flugfrosch hat zufällig gemerkt, dass er mit seinen Ruderfüßen auch durch die Luft gleiten und dass er mit größeren Häuten zwischen seinen Zehen weiter fliegen kann. Sie suchen sich höhere Bäume aus, von denen aus sie mit ihren größeren Flughäuten auch weiter fliegen können, was für sie von Vorteil ist. Sie passen sich durch die Vergrößerung der Flughäute an."*

Claudia: *„Vielleicht standen die Bäume mit der Zeit nicht mehr so dicht aneinander. Daher mussten die Flugfrösche immer längere Strecken fliegen, um zu einem paarungsbereiten Weibchen zu gelangen und dabei zu vermeiden, runterzufallen. Die Frösche benötigten daher auch immer größere Flughäute zwischen den Zehen, um sich optimal fortbewegen zu können."*

Dennis: *„Die Frösche haben mehrfach die Erfahrung gemacht, dass sie mit größeren Häuten zwischen ihren Zehen längere Strecken fliegen konnten. Das wurde dann in ihren Genen gespeichert. Durch die Erfahrung lernen die Flugfrösche und können das Gelernte dann mit ihrer Erbinformation weitergeben."*

Die Schüleraussagen zeigen das Bemühen, eine plausible Erklärung für die Entstehung der großen Häute zwischen den Zehen der Flugfrösche zu finden (Abb. 1b). Die Vorstellung einer zielgerichteten individuellen Anpassung, die dann erblich weiter gegeben wird, ist nicht nur auf Schüler beschränkt. Auch Erwachsene nutzen **Alltagsvorstellungen** zur Erklärung biologischer Phänomene, z. B. im Bereich der Genetik (Abb. 2). Diesen Alltagsvorstellungen liegen bestimmte Erfahrungen zugrunde, mit denen sich Sachverhalte leicht einprägen lassen. Bereits als kleines Kind hat man erfahren, dass das Erreichen eines Ziels mit einer individuellen Anstrengung verbunden ist: z. B. das mühsame Hochziehen und Greifen eines einjährigen Kindes nach einem Gegenstand, der auf dem Tisch liegt. Evolutionsbiologische „Anpassung" wird daher auf der Basis dieser Erfahrung erklärt.

„Vom Vater hab ich die Statur
des Lebens ernstes Führen,
vom Mütterchen die Frohnatur
und Lust zu fabulieren."

2 *Auszug aus einem Gedicht von JOHANN WOLFGANG VON GOETHE (1827)*

Die lebensweltlich geprägten Alltagsvorstellungen von Lernenden stimmen oft nicht mit den **wissenschaftlich korrekten Erklärungen** überein. Ziel der schulischen Bildung ist es jedoch, fachlich gesicherte Vorstellungen zu entwickeln und zu lernen sowie sich dabei auch fachsprachlich korrekt auszudrücken. Problematisch ist dabei, dass sich im lebensweltlichen Denken verankerte Vorstellungen als sehr hartnäckig gegenüber fachlichen Darstellungen erweisen. Um jedoch sinnvoll und nachhaltig zu lernen, müssen diese Alltagsvorstellungen bewusst gemacht werden und durch die wissenschaftlich korrekten Vorstellungen ersetzt werden. Im Folgenden werden Denkmuster von Schülern analysiert und die fachlich nicht korrekten Alltagsvorstellungen genauer ermittelt:

Denkmuster 1 (Markus): Die Vergrößerung der Flughäute wird durch absichtsvolles und zielgerichtetes Handeln der Flugfrösche erreicht.
Die Frösche erkennen bewusst oder unbewusst ihre Situation.
Frösche haben einen Überlebenswillen und haben daher die Absicht, sich anzupassen.
Die Frösche führen Handlungen aus, die zur Anpassung führen.

Denkmuster 2 (Dennis): Die Gene der Frösche werden vom Körper verändert, damit die „Anpassung" an die Nachkommen weiter gegeben wird.
Die wünschenswerte Vergrößerung der Flughäute wird weiter gegeben, (eine nicht wünschenswerte Veränderung jedoch nicht).
Wenn die Frösche bemerken, dass sie sich verändern müssen, werden die Gene vom Körper verändert.

Denkmuster 3 (Claudia): Die Vergrößerung der Flughäute wird automatisch durch Reaktionen der Frösche auf die veränderten Lebensbedingungen bewirkt.
Die Frösche stellen sich auf die veränderten Bedingungen ein.
Frösche haben durch wiederholten Gebrauch die Flughäute vergrößert.
Die Veränderung der Flughäute erfolgt zwangsläufig, da es wichtig für ihr Überleben ist.

3 *Verschiedene Denkmuster von Schülern*

Das Reflektieren der eigenen und fremden Alltagsvorstellungen sollte als Methode der Erkenntnisgewinnung erkannt und geübt werden. So können Alltagsvorstellungen durch die wissenschaftlich korrekten Vorstellungen ersetzt werden.
Wissenschaftlich korrekte Deutung zur Entstehung der Flughäute: In der Population der Vorfahren der heutigen Flugfrösche gab es zufällige Mutationen in den Genen, die größere Schwimmhäute zwischen den Zehen zur Folge hatten. Diese Frösche hatten einen Selektionsvorteil gegenüber solchen mit kleineren Schwimmhäuten und konnten z. B. schneller fliehen oder andere Nahrungsquellen auf Nachbarbäumen besser erreichen. Dadurch wurde ihre reproduktive Fitness erhöht, sodass die entsprechenden Gene für größere Häute zwischen den Zehen mit einer größeren Wahrscheinlichkeit weitergegeben worden sind.

1. Alltagsvorstellungen analysieren

a) Erläutere, inwieweit die Denkmuster 1-3 mit der wissenschaftlichen korrekten Deutung zur Entstehung der Flughäute übereinstimmen bzw. ihr widersprechen.
b) Formuliere die Aussagen der drei Schüler um, so dass sie wissenschaftlich korrekt sind.

2. GOETHES Vorstellung zur Vererbung

a) Erläutere, wie sich GOETHE die Vererbung vorstellt.
b) Erkläre, inwiefern die Alltagsvorstellung GOETHES im Widerspruch mit der naturwissenschaftlich korrekten Sichtweise steht (Abb. 2).

1. Einige Schlüsselbegriffe zum Thema.
a) Erläutert euch in Partnerarbeit abwechselnd die im Begriffskasten genannten Begriffe (Abb. 1).
b) Erstellt eine Concept-Map zum Thema „Mitose“. Benutzt für die Concept-Map unter anderem auch folgende Begriffe: Zellteilung, Kernteilung, Lichtmikroskop, Tochterzellen, Spindelfasern, Chromosom, Kernmembran, Zellpole, Zwei-Chromatid-Chromosom, Centromer, Prophase, Anaphase, Metaphase, Interphase, Telophase.

Genom, Klonen durch Kerntransfer, Autosomen, Gonosomen, Mitose, Genwirkkette, Meiose, genetische Variabilität, Phänotyp, Genotyp, haploid, diploid, modifikatorische Variabilität, Konduktorin, Mutation, Modifikation, dominant-rezessiver Erbgang, intermediärer Erbgang, Uniformitätsregel, Spaltungsregel, homozygot, heterozygot.

1 *Begriffskasten*

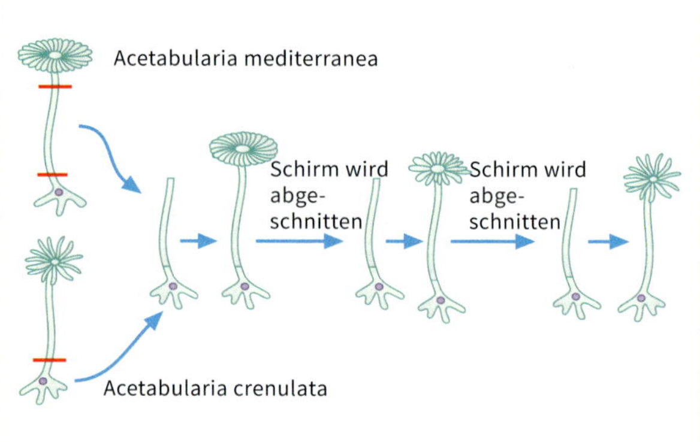

2 *Kombinationsversuche mit zwei Acetabularia-Arten*

2. Kombinationsversuche mit Acetabularia. Abbildung 2 zeigt einen Versuch mit zwei Arten der Schirmalge (*Acetabularia mediterranea* und *Acetabularia crenulata*). Erläutere die dargestellten Kombinationsversuche.

3. Lebenszyklus beim Menschen. Erläutere den Lebenszyklus beim Menschen auch vor dem Hintergrund des menschlichen Chromosomensatzes anhand von Abbildung 3.

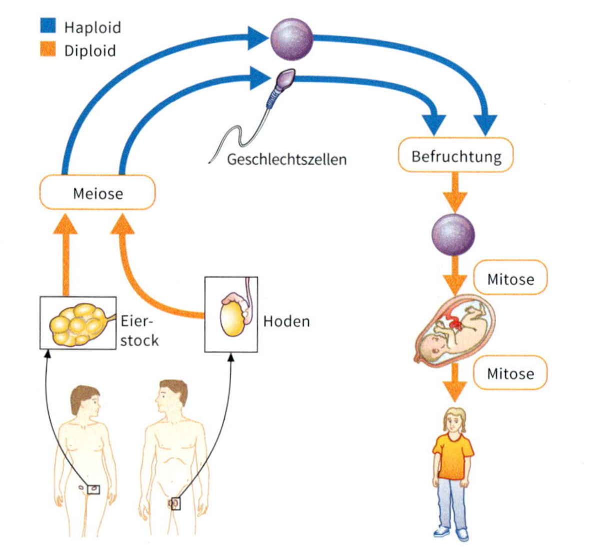

3 *Lebenszyklus bei diploiden Organismen*

4. Züchtung bei der Süßlupine. Mithilfe von Züchtungen hat es der Mensch geschafft, bestimmte Pflanzensorten zu schaffen, die für ihn nützlich sind. So versuchte man, die beiden nützlichen Eigenschaften der Süßlupine „platzfest“ und „bitterstofffrei“ zu kombinieren (Abb. 4). Entwickle eine Vorgehensweise zur Züchtung dieser Rasse. Begründe die Vorgehensweise anhand eines Kreuzungsschemas.

Die Süßlupine ohne Bitterstoffe wurde lange Zeit aufgrund des hohen Eiweißgehalts ihrer Samen als Futterpflanze angebaut. Die bitterstofffreie Pflanze besaß allerdings Hülsen, die beim Ernten aufplatzten, sodass viele der Samen heraus gefallen sind. Die Ernten waren daher meist mit einem hohen Verlust verbunden. Bekannt war allerdings auch eine Rasse, die platzfeste Hülsen besaß, jedoch viele Bitterstoffe enthielt. Aufgrund der Bitterstoffe war diese Rasse jedoch als Futterpflanze ungeeignet. Die Merkmale „bitterstoffhaltig“ und „leichtes Aufplatzen der Hülsen“ sind jeweils dominant.

4 *Informationen zur Süßlupine*

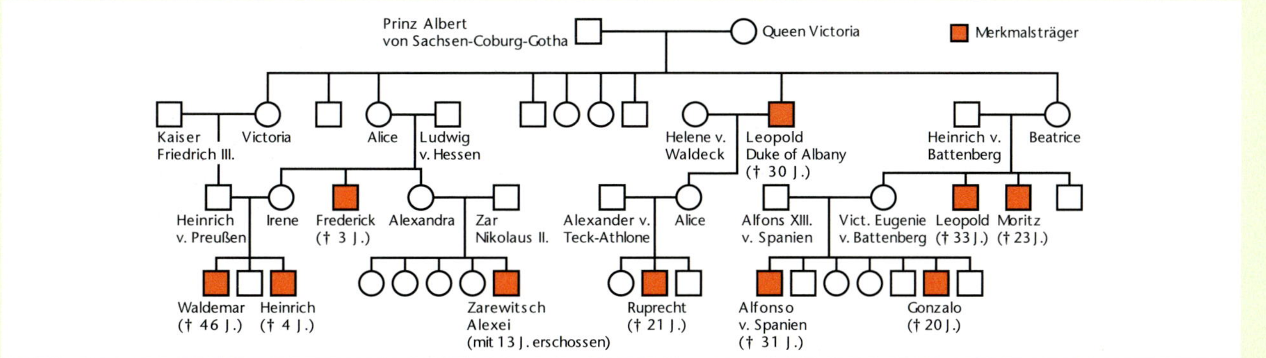

5 *Bluterkrankheit im europäischen Hochadel*

Verletzt sich ein gesunder Mensch, so gerinnt das bei einer Verletzung ausgetretene Blut meist in 4 – 7 Minuten. Bei der Bluterkrankheit liegt eine Störung der Blutgerinnung vor. Bei den betroffenen Personen setzt die Blutgerinnung oft nur mit starker Verzögerung ein. Durch vergleichsweise harmlose Verletzungen können für einen Betroffenen lebensbedrohliche Situationen durch zu hohen Blutverlust entstehen. Häufig kommt es auch zu spontanen Blutungen, die ohne sichtbare Wunden auftreten. Bei der Bluterkrankheit handelt es sich um eine Erbkrankheit. In der Vergangenheit litten überdurchschnittlich viele Mitglieder des europäischen Hochadels an der Bluterkrankheit, weshalb sie auch den Namen „Krankheit der Könige“ erhielt.

6 *Informationen zur Bluterkrankheit*

5. Bluterkrankheit. Interpretiere die Informationen aus den Abbildungen 5 und 6 im Hinblick auf die Form der Vererbung der Bluterkrankheit. Entwickle für alle aufgeführten Personen sämtliche möglichen Genotype. Begründe deine Entscheidungen.

6. Basiskonzepte und das Thema „Vom Kern über das Chromosom zum Gen“. In der Abbildung unten sind noch einmal die Basiskonzepte in Kurzform dargestellt. Ausführliche Erläuterungen zu den Basiskonzepten findest du vorne im Buch. Ordne die im Buch dargestellten Beispiele zu den Einzelthemen „Bedeutung des Zellkerns und Zellvermehrung – Mitose“ , „Gene – Genprodukte – Merkmale“ sowie „Vererbung: Meiose und Weitergabe von Genen“ einem Basiskonzept oder mehreren Basiskonzepten begründet zu.

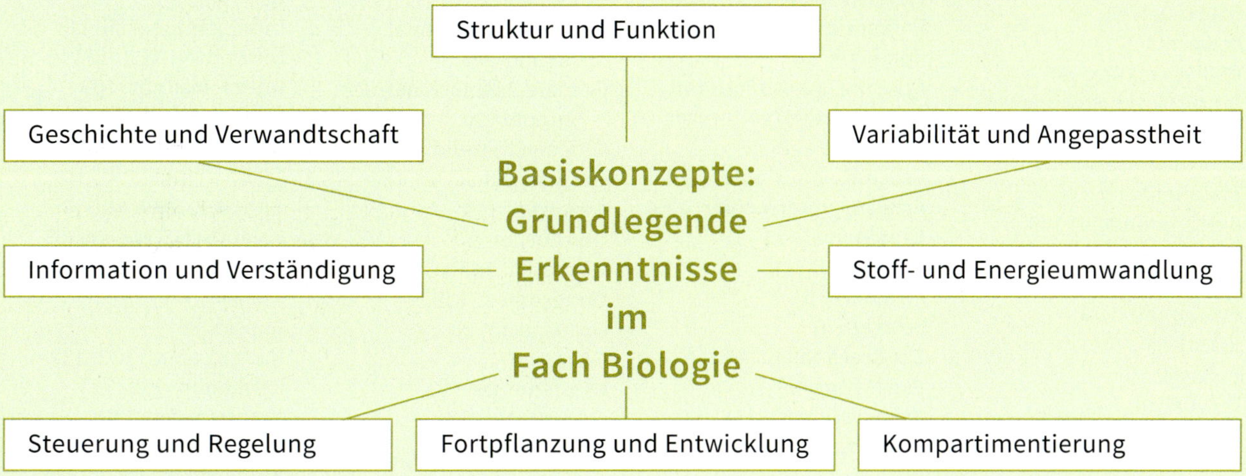

Stichwortverzeichnis

Worterklärungen

Abhängigkeit: (=Sucht). Ein überwältigendes Verlangen nach einem bestimmten Erlebniszustand, den man z.B. mithilfe von Drogen erhalten kann. Dieses Verlangen ist so stark, dass man selbst kriminelle Mittel einsetzt, um an die Drogen zu gelangen.

Adäquate Reize sind solche Reize, auf die eine Sinneszelle besonders anspricht. Zum Beispiel ist Licht der adäquate Reiz für die Stäbchen und Zapfen in der Netzhaut des Auges.

AIDS: Häufig tödlich verlaufende Krankheit, die das Immunsystem schwächt. Die Krankheit wird durch ein Virus mit dem Namen HIV (Humanes-Immunschwäche-Virus) ausgelöst.

Akkommodation nennt man die Anpassung des Auges an unterschiedliche Sehentfernungen durch Veränderung der Linsenwölbung. Bei der Nahakkommodation ist die Linse stärker gewölbt, bei der Fernakkommodation wird sie abgeflacht.

Amniozentese ist die Untersuchung von Fruchtwasser aus der Fruchtblase, in der der Embryo heranwächst. Mithilfe einer feinen Kanüle wird durch die Bauchdecke der Mutter eine kleine Menge Fruchtwasser entnommen. Es enthält auch Zellen des Embryos. Sie werden auf Gen- und Chromosomenveränderungen untersucht.

Angepasstheiten sind erblich bedingte Merkmale und Verhaltensweisen, die in der Auseinandersetzung mit der Umwelt vorteilhaft sind. Angepasstheiten sind im Laufe der Zeit durch natürliche Auslese entstanden. In einer Population haben diejenigen Lebewesen eine höhere Wahrscheinlichkeit, länger zu (über-)leben und sich fortzupflanzen, die Angepasstheiten aufweisen.

Anti-Baby-Pillen: Künstlich hergestellte Hormonpräparate, die die Reifung eines Follikels und die Ovulation verhindern. Die „Pille" dient der Empfängnisverhütung. Die Wirkstoffe der Pille (Östrogene und Gestagene) beeinflussen das Gehirn und die Hirnanhangsdrüse.

Antibiotika sind Stoffe, die das Wachstum von Mikroorganismen wie Bakterien hemmen oder sie abtöten. Antibiotika können künstlich hergestellt werden, in der Natur werden sie von Pilzen oder Bakterien produziert.

Antigene sind Fremdkörper, gegen die sich die spezifische Immunabwehr mithilfe von Antikörpern richtet.

Antikörper sind Proteine, die von Zellen der spezifischen Immunabwehr gebildet werden und sich gegen Antigene richten. Antikörper und Antigene passen wie Schlüssel und Schloss zusammen.

Art: Alle Lebewesen, die sich untereinander fruchtbar fortpflanzen können, gehören zu einer biologischen Art. Fruchtbar fortpflanzen bedeutet, dass auch die Nachkommen sich fortpflanzen können. Lebewesen einer Art haben ähnliche Ansprüche an ihre Umwelt.

Artenvielfalt ist ein Teil der biologischen Vielfalt. Neben der Artenvielfalt gehört zur biologischen Vielfalt unter anderem die Vielfalt der Lebensräume.

Ausweichendes Verhalten: Ein menschliches Verhalten, bei dem Probleme und Konflikte nicht unmittelbar angegangen oder zu lösen versucht werden. Bei Problemen und Konflikten weicht der Betreffende auf ganz andere Tätigkeiten oder Verhaltensweisen aus.

Außenohr: äußerer Teil des Ohres mit Ohrmuschel

Bakterien: (Einzahl: Bakterium) Mikroskopisch kleine, einzellige Lebewesen. Bakterien haben eine kugelige, spiralige oder stäbchenförmige Form. Manche Bakterien sind Krankheitserreger. Die weitaus meisten sind wichtige Glieder im Naturhaushalt, z.B. bei der Zersetzung von toten Lebewesen.

Befruchtung heißt der Vorgang, bei dem die jeweils haploiden Chromosomensätze der Spermazelle und der Eizelle zum diploiden Chromosomensatz der Zygote verschmelzen. Im deutschen Embryonenschutzgesetz wird die Befruchtung als Beginn eines neuen Menschen betrachtet.

Blinder Fleck: Austrittstelle des Sehnervs aus der Netzhaut. Hier befinden sich keine Lichtsinneszellen.

Blutgruppe: Entsprechend den Antigenen auf den roten Blutkörperchen werden beim Menschen die Blutgruppen A, B, AB, 0 unterschieden.

Blutserum: Blutplasma ohne den Gerinnungsstoff Fibrinogen. Blutseren spielen in der Medizin eine große Rolle.

Chromosomen sind in den Zellkernen eukaryotischer Zellen enthaltene fadenförmige Gebilde, die als Träger der Erbanlagen (Gene) eine große Rolle bei der Vererbung spielen. Der Chromosomensatz ist für jede Art charakteristisch. Beim Menschen beträgt der diploide (doppelte) Chromosomensatz $2n = 46$. Davon sind 22 je zweimal vorhanden. Sie heißen Autosomen. Diese einander entsprechenden Chromosomen (homologe Chromosomen) sind väterlicher und mütterlicher Herkunft. Hinzu kommen Chromosomen, die das Geschlecht des Menschen bestimmen, das X- und das Y-Chromosom. Sie heißen daher Geschlechtschromosomen oder Gonosomen.

Diploider Chromosomensatz: (=doppelter Chromosomensatz) Körperzellen haben einen diploiden Chromosomensatz mit homologen Chromosomen mütterlicher und väterlicher Herkunft.

Dominantrezessiv ist ein Erbgang dann, wenn bei Mischerbigkeit (Heterozygotie) ein Allel den Phänotyp bestimmt. Dies Allel ist dominant. Das rezessive Allel trägt nicht oder nur in geringem Maße zur Merkmalsausbildung bei.

Drogen: Drogen sind Stoffe, die auf das zentrale Nervensystem einwirken und die Befindlichkeit, Stimmungen, Bewusstsein und Wahrnehmungen beeinflussen. Es gibt legale Drogen wie z.B. Psychopharmaka und illegale Drogen wie z.B. Heroin.

Embryo: Bezeichnung für den heranwachsenden Menschen in der Gebärmutter während der ersten drei Schwangerschaftsmonate.

Empfängnisverhütung: Verschiedene Methoden, die eine Befruchtung oder eine Schwangerschaft verhindern sollen.

Enzyme sind in lebenden Zellen gebildete Proteine, die als Biokatalysatoren die Gesamtheit der chemischen Umsetzungen im Organismus, seinen Stoffwechsel, steuern.

Erbanlage: Gen

Erbinformation: Jedes Lebewesen, besitzt in jeder einzelnen Zelle seines Körpers den "Bauplan" für alle Merkmale. Dieser Bauplan ist in den Genen gespeichert. Alle Gene eines Lebewesens zusammen nennt man das Genom.

Erbkrankheiten beruhen auf Veränderungen von Erbanlagen durch Mutationen, die Krankheiten zur Folge haben. Wenn diese Veränderungen durch Vererbung an Nachkommen weitergegeben werden, spricht man von Erbkrankheiten.

Erbliche Stoffwechselstörungen wie Phenylketonurie oder Mukoviszidose entstehen durch mutierte Gene, deren genetische Information so verändert ist, dass die Bildung von entsprechenden funktionsfähigen Proteinen beeinträchtigt ist. Dies führt zu einer Störung des Stoffwechsels.

Essstörung: Seelisch bedingtes krankhaftes Verhalten im Zusammenhang mit der Nahrungsaufnahme beim Menschen. Es gibt suchtartige Erkrankungen, die sich in Form von Essstörungen, wie Esssucht, Magersucht (Anorexie) und Ess-Brech-Sucht (Bulimie) bemerkbar machen.

Eukaryoten sind Lebewesen mit Zellen, die einen Zellkern und Zellorganellen enthalten. In den membranumgrenzten Zellorganellen (auch Kompartimente genannt) können jeweils bestimmte Stoffwechselvorgänge räumlich getrennt ablaufen, ohne sich zu stören. Zu den Eukaryoten zählen alle Einzeller mit Zellkern sowie Pilze, Pflanzen, Tiere und der Mensch.

Evolution ist eine Entwicklung, bei der Arten von Lebewesen in langen Zeiträumen aus anderen Arten hervorgehen und sich während dieser Entwicklung verändern.

Evolutionsfaktoren: So nennt man die Faktoren, durch deren Zusammenwirken im Verlauf langer Zeiträume aus einer Art zwei neue Arten werden. Zu den Evolutionsfaktoren gehören unter anderem Mutationen und natürliche Auslese (Selektion).

Fetus: Bezeichnung für den in der Gebärmutter heranwachsenden Menschen vom vierten Schwangerschaftsmonat bis zum Ende der Schwangerschaft.

Follikel: Flüssigkeitsgefülltes, etwa kirschgroßes Bläschen im Eierstock, in dem eine Eizelle heranreift. Nach dem Eisprung werden die Follikelzellen zum Gelbkörper.

Fresszellen: Eine Untergruppe der weißen Blutkörperchen, die körperfremde Stoffe erkennen und auffressen, heißt Fresszellen.

Gelber Fleck: Stelle des schärfsten Sehens in der Netzhaut ungefähr gegenüber der Linsenmitte. Hier befinden sich nur Zapfen.

Gelbkörper: Entsteht im Eierstock nach dem Eisprung aus dem Follikel. Follikel und Gelbkörper bilden wichtige Hormone.

Gen: Gene sind Chromosomenabschnitte, die Bauanleitungen für Genprodukte, häufig Enzyme, enthalten. Zwei Gene, die auf den homologen Chromosomen am gleichen Ort liegen, das heißt für das gleiche Genprodukt zuständig sind, bezeichnet man als Allele. Dominante Allele setzen sich bei der Ausbildung eines Merkmals gegenüber den rezessiven Allelen durch. Gene werden von den Eltern an die Nachkommen weitergegeben."

Genanalyse: Genaue Erfassung von Genen in Lebewesen.

Genetische Variabilität (genetische Vielfalt) liegt vor, wenn die Individuen einer Population Merkmalsunterschiede aufweisen und diese Unterschiede erblich bedingt sind. Genetische Variabilität hat zwei Ursachen: Neukombination der Erbanlagen bei der Bildung der Geschlechtszellen und der Befruchtung sowie Mutationen.

Genotyp heißt die Gesamtheit der Erbinformation eines Lebewesens im Zellkern. Im Gegensatz zum Phänotyp ist der Genotyp nicht unbedingt in den Merkmalen eines Lebewesens sichtbar.

Geschlechtliche Fortpflanzung: Bei der geschlechtlichen (sexuellen) Fortpflanzung gibt es Eltern unterschiedlichen Geschlechts, die Geschlechtszellen bilden. Bei der Befruchtung werden die Erbanlagen der beiden Eltern zusammengefügt. Die Nachkommen einer geschlechtlichen Fortpflanzung besitzen eine einzigartige Kombination von Erbanlagen beider Eltern. Geschlechtliche Fortpflanzung führt zu erblicher (genetischer) Vielfalt innerhalb einer Art.

Geschlechtschromosomen: Chromosomen, die das Geschlecht des Menschen bestimmen. Der Mann besitzt als Geschlechtschromosomen ein X- und y-Chromosom., die Frau hingegen zwei X-Chromosomen.

Haploider Chromosomensatz: (=einfacher Chromosomensatz) Geschlechtszellen haben einen einfachen Chromosomensatz.

Heterosexualität: Sexuelle Anziehung, die jeweils auf das andere Geschlecht bezogen ist.

Heterozygot (mischerbig) sind Lebewesen, die zwei verschiedene Allele für die Ausbildung eines Merkmals besitzen.

HIV: Humanes Immunschwäche-Virus, das AIDS verursacht.

Homosexualität: Sexuelle Beziehung, die auf das gleiche Geschlecht ausgerichtet ist.

Homozygot (reinerbig) sind Lebewesen, die zwei gleiche Allele für die Ausbildung eines Merkmals haben.

Hormone sind Botenstoffe, die in Hormondrüsen gebildet, an das Blut abgegeben und mit ihm im Körper verteilt werden. Hormone wirken schon in kleinsten Mengen. Jedes Hormon kann nur auf solche Zielzellen wirken, die nach dem Schlüssel-Schloss-Prinzip passende Rezeptoren besitzen. Unter Hierarchie des hormonellen Systems versteht man, dass es über- und untergeordnete Hormondrüsen gibt. Hormonsystem und Nervensystem arbeiten eng zusammen.

Immunisierung ist die erworbene Widerstandskraft des Körpers gegen spezielle Krankheitserreger. Bei der aktiven Immunisierung werden abgeschwächte, abgetötete Erreger oder nur Bruchstücke von Erregern geimpft, sodass im Körper eine spezifische Immunantwort erfolgt, bei der gegen diese Antigene Gedächtniszellen gebildet werden. Bei der passiven Immunisierung werden erkrankten Menschen Antikörper aus dem Blut zuvor infizierter Tiere geimpft, die sich gegen das Antigen richten.

Immunität: Durch das Immunsystem vermittelter Schutz vor Infektionskrankheiten. Eine Immunität kann durch Impfung oder Krankheit erworben werden.
Immunsystem: (körpereigene Abwehr) Das Immunsystem erkennt Krankheitserreger, die in den Körper eingedrungen sind und bekämpft sie. Zum Immunsystem gehören unter anderem das blutbildende Knochenmark, Mandeln, Milz und Lymphknoten. Die weißen Blutzellen bekämpfen Krankheitserreger.
Impfung: Herbeiführen eines Schutzes vor Infektionskrankheiten. Man unterscheidet beim Impfen die aktive und die passive Immunisierung. Bei der aktiven Immunisierung bildet der Körper nach der Impfung selbst Antikörper. Bei der passiven Immunisierung werden Antikörper in den Körper gespritzt.
Infektionskrankheiten: Krankheiten, die durch das Eindringen bestimmter Bakterien, Viren, Pilze und einiger anderer Mikroorganismen in den Körper hervorgerufen werden.
Inkubationszeit: Die Zeit, die von der Infektion bis zum Ausbruch der Krankheit verstreicht. Sie ist bei jeder Krankheit unterschiedlich.
Innenohr: Teil des Ohrs, der aus Bogengängen und Schnecke besteht. Die Schnecke leitet die Schallsignale über den Hörnerv an das Gehirn.
Invitro-Fertilisation: Künstliche Befruchtung außerhalb des Körpers im Reagenzglas.
Karyogramm nennt man die übersichtlich geordnete Darstellung der Chromosomen eines Menschen. Karyogramme sind wichtig für die genetische Beratung.
Kerntransfer ist ein Verfahren, bei dem ein Zellkern aus einer Körperzelle isoliert und zum Beispiel in eine Eizelle übertragen wird, deren Zellkern zuvor entfernt wurde. Kerntransfer ist eine wichtige Methode, um künstliche Klone zu erzeugen.
Klon ist die Bezeichnung für Zellen oder Lebewesen, die genetisch identisch sind. Natürliche Klone sind zum Beispiel eineiige Zwillinge beim Menschen, durch ungeschlechtliche Fortpflanzung entstandene Ableger von Pflanzen oder Zellen einer Bakterienkolonie. Künstliche Klone können durch Zellteilungen im Reagenzglas oder durch Übertragung von Zellkernen (Kerntransfer) erzeugt werden.
Körperliche Abhängigkeit: Sie besteht, wenn es beim Absetzen der Droge zu Krankheitsanzeichen kommt. Bei körperlicher Abhängigkeit hat sich der Körper an die Droge gewöhnt.
Kurzsichtigkeit: Sehfehler, bei dem weit entfernte Gegenstände nicht scharf gesehen werden können. Ursache ist ein zu langer Augapfel. Die Korrektur erfolgt durch Zerstreuungslinsen.
Lichtbrechung: Abknicken der Lichtstrahlen beim Übergang in einen Stoff mit geringerer oder höherer optischer Dichte.
Meiose ist der Vorgang zur Bildung der Geschlechtszellen (Spermazellen, Eizellen) mit einfachem (haploidem) Chromosomensatz. Die Meiose führt zur Neukombination der Erbanlagen, sodass alle entstehenden Geschlechtszellen untereinander nicht erbgleich, sondern erblich verschieden sind. Meiose trägt ganz wesentlich zur genetischen Variabilität bei, die für Lebewesen mit sexueller Fortpflanzung typisch ist.
Menstruation: (Regelblutung) Bei diesem Vorgang löst sich die zuvor dicker gewordene oberste Schleimhautschicht der Gebärmutter ab und gelangt zusammen mit blutiger Flüssigkeit nach außen. Die Menstruation dauert etwa drei bis sechs Tage und wiederholt sich in einem mehr oder weniger regelmäßigen Abstand (Menstruationszyklus).
Mischerbig: Vorhandensein zweier unterschiedlicher Erbanlagen für die Ausbildung eines Merkmals.
Mitose heißt der Vorgang, bei dem im Verlauf der Zellteilung aus einer Zelle zwei Zellen entstehen, die untereinander und im Vergleich zur Zelle, aus der sie hervorgingen, erbgleich sind. Bei der Mitose werden zuvor identisch verdoppelte Chromosomen auf die Tochterzellen verteilt. Durch Mitose erhalten alle Körperzellen die gleiche genetische Information wie die befruchtete Eizelle, aus der sie entstehen.
Modelle stellen die Wirklichkeit in vereinfachter Form dar. Modelle dienen in der Biologie vor allem der Veranschaulichung von Bau und Funktion. Dadurch tragen Modelle zum Verständnis komplizierter Sachverhalte bei. Ein Modell berücksichtigt immer nur Teile der Wirklichkeit.
Mittelohr: Hohlraum, in dem sich die Gehörknöchelchen befinden.
Modifikationen sind Veränderungen im Phänotyp eines Lebewesens, die durch Umwelteinflüsse bedingt sind und nicht vererbt werden.
Mutationen sind bleibende Veränderungen der genetischen Information. Mutationen können z.B. durch Fehler bei der Meiose entstehen. Auch bestimmte physikalische oder chemische Einflüsse, die man mutagene Faktoren nennt, können Mutationen auslösen. Die meisten Mutationen sind schädlich für Lebewesen, manche Mutationen bringen jedoch auch Vorteile mit sich. Solche Mutationen sind die Grundlage für die Evolution der Lebewesen auf der Erde.
Natürliche Auslese (Selektion) ist ein anderer Ausdruck für unterschiedlichen Fortpflanzungserfolg der Lebewesen einer Population. Grundlage der natürlichen Auslese ist die erbliche Variabilität (erbliche Vielfalt). Lebewesen mit vorteilhaften Merkmalen und Eigenschaften haben eine höhere Wahrscheinlichkeit, sich fortzupflanzen und ihre Erbinformationen an die Nachkommen weiterzugeben als Lebewesen mit weniger vorteilhaften Merkmalen. Natürliche Auslese führt auf der Grundlage erblicher Vielfalt im Laufe der Zeit zu Angepasstheiten.
Netzhaut: Haut im Inneren des Auges, die das Licht aufnimmt. Sie steht über den Sehnerv mit dem Gehirn in Verbindung.
Opiate: Sie werden aus dem Milchsaft der Mohnkapsel gewonnen. Opiate sind z.B. Morphium und Heroin. Sie gehören zu den harten Drogen mit hohem Suchtpotential.
Phänotyp heißt das Erscheinungsbild eines Lebewesens. Der Begriff kann auch auf einzelne Merkmale eines Le-

bewesens angewandt werden. Der Phänotyp wird durch den Genotyp bestimmt.

Population ist die Bezeichnung für eine Gruppe von Individuen einer Art, die zur gleichen Zeit in einem bestimmten Gebiet lebt.

Prokaryoten sind Lebewesen, deren Zellen im Gegensatz zu den Eukaryoten keinen Zellkern und keine Zellorganellen enthalten. Bakterien sind Prokaryoten.

Pubertät: Entwicklungsphase eines jungen Menschen, die durch geschlechtliche Reifung und durch tiefgreifende Veränderungen im körperlichen seelischen und sozialen Bereich gekennzeichnet ist.

Rekombination (Neukombination) bedeutet, dass bei der Bildung der Geschlechtszellen durch Meiose und bei der Befruchtung Gene in neuer Kombination im Vergleich zu den Eltern auftreten.

Reaktion: Antwort auf einen Reiz. Vom Sinnesorgan werden über Nerven Informationen zum Zentralen Nervensystem geleitet. Dort werden die Informationen verarbeitet und über Nerven werden Befehle zu den ausführenden Organen (Muskeln oder Drüsen) geleitet.

Reproduktion ist ein Fachbegriff für Fortpflanzung.

Regulation: Durch Regulation halten Lebewesen bestimmte Zustände aufrecht und reagieren auf Veränderungen. Wenn die Wirkungsbeziehung gleichsinnig ist, wirkt ein Faktor auf den anderen in Form von „je mehr... desto mehr...bzw. je weniger ..., desto weniger"-Beziehungen ein. Eine gegensinnige Wirkung ist durch „je mehr ... desto weniger bzw. je weniger... desto mehr"-Beziehungen gekennzeichnet.

Schlüssel-Schloss-Prinzip meint allgemein, dass zwei Strukturen zueinander wie Schlüssel und Schloss passen. Substrat und Enzym, Hormon und Rezeptor, Antigen-Antikörper-Reaktion sowie komplementäre Basen der DNA sind Beispiele für das Schlüssel-Schloss-Prinzip.

Selektion: siehe natürliche Auslese

Sinneszellen können bestimmte Reize aus der Umwelt oder aus dem Körper aufnehmen und in elektrische Signale umwandeln. Diese werden über Nervenzellen zum Gehirn geleitet und dort ausgewertet.

Reinerbig: Vorhandensein von zwei gleichen Erbanlagen für die Ausbildung eines Merkmals.

Reiz-Reaktions-Schema: Ein Reiz-Reaktions-Schema umfasst Reizaufnahme durch Sinnesorgane, Informationsleitung durch Nerven, Informationsauswertung und Befehlszusammenstellung durch das Gehirn, Befehlsweitergabe über Nerven an Muskeln und Bewegung von Muskeln als Reaktion.

Reize: Alle Einflüsse, die mithilfe der Sinnesorgane aufgenommen werden können und Informationen darstellen.

Sammellinsen: Gläser, die in der Mitte dicker als am Rand sind. Sie sammeln das Licht in einem Brennpunkt.

Schall: Schnelle Abfolge von Verdichtungen und Verdünnungen der Luft (Schwingungen), die von unseren Ohren wahrgenommen werden können.

Schallquelle: Körper, der Schwingungen der Luft erzeugt, die von Menschen als Schall wahrgenommen werden.

Sinnesorgan: Organ, mit dessen Hilfe der Mensch Informationen über seine Umwelt und seinen Körper erhält. Im Sinnesorgan befinden sich Sinneszellen, die bestimmte äußere oder innere Einflüsse (Reize) aufnehmen und in elektrische Impulse umwandeln. Diese werden zum Gehirn geleitet und dort ausgewertet.

Stäbchen: Sehr lichtempfindliche Lichtsinneszellen für das Schwarz-Weiß-Sehen in der Netzhaut.

Stoffwechsel: Die Vorgänge bei Aufnahme, Umbau und Ausscheidung von Stoffen bezeichnet man als Stoffwechsel.

Symptome: Krankheitsanzeichen, an denen der Arzt oft erkennen kann, um welche Krankheit es sich handelt.

Ungeschlechtliche Fortpflanzung: Von ungeschlechtlicher Fortpflanzung spricht man, wennsich von einem Elter abgelöste Teile zu einem neuen Organismus entwickeln. Die Erbinformationen von Elter und Nachkommen sind identisch.

Variabilität (Vielfalt) bezeichnet den Sachverhalt, dass die Individuen einer Population, die sich geschlechtlich fortpflanzen, nicht völlig gleich sind sondern erblich bedingte Unterschiede in der Ausprägung von Merkmalen und Eigenschaften haben. Variabilität ist eine Voraussetzung für natürliche Auslese (Selektion).

Virus: Viren sind so klein, dass man sie meist nur durch ein Elektronenmikroskop sehen kann. Viren vermehren sich mithilfe von Wirtszellen, die dadurch geschädigt werden. Viren sind häufig Krankheitserreger.

Wahrnehmung: Vorgang im Gehirn, bei dem den von den Sinnesorganen kommenden Informationen eine Bedeutung zugeordnet wird.

Wahrnehmungswelten: Durch unterschiedliche Leistungen der Sinnesorgane verschiedener Tierarten und des Menschen nehmen diese Organismen ihre Umwelt unterschiedlich wahr. Man sagt, sie leben in verschiedenen Wahrnehmungswelten.

Weitsichtigkeit: Augenfehler, bei dem nahe gelegene Gegenstände nicht scharf gesehen werden können. Ursache ist ein verkürzter Augapfel oder fehlende Elastizität der Linse (Altersweitsichtigkeit). Die Korrektur erfolgt durch Sammellinsen.

Zapfen: Lichtsinneszellen in der Netzhaut, die dem Farbensehen dienen.

Zerstreuungslinsen: Gläser, die in der Mitte dünner als am Rand sind. Sie zerstreuen das Licht in viele Richtungen.

Zellen sind die kleinsten lebens- und vermehrungsfähigen Einheiten. Alle Zellen gehen durch Teilung aus anderen Zellen hervor, verfügen über Erbinformation und benötigen Energie für ihre Lebensprozesse. Zellen sind von einer Membran umgeben, durch die Stoffe aufgenommen und abgegeben werden. Pflanzenzellen haben eine Zellwand aus Zellulose. Grüne Pflanzenzellen enthalten Chloroplasten, in denen Fotosynthese stattfindet.

Zellzyklus: So wird die kontrollierte Abfolge der Schritte in der Zeit zwischen zwei Zellteilungen bezeichnet. Ein Zellzyklus besteht aus Interphase, Mitose und Zellteilung.

Bildquellennachweis

akg-images GmbH, Berlin: 10 o.r., 14.1, 70.1; alamy images, Abingdon/Oxfordshire: 10 u.r., 20.1 b, 31.4, 148.2, 116 u.l., 138.1 (E.D. Torial); Anders, Uwe, Cremlingen/Destedt: 8.3, 24 o.l., 34 o., 48.1 r.; Animals Animals/Earth Scenes, Chatham: 9.1, 14.2, 22.2 (Breck P. Kent); Arco Images GmbH, Lünen: 156.2 r. (Hans Reinhard); bpk - Bildagentur für Kunst, Kultur und Geschichte, Berlin: 85.9; Bulls Pressedienst GmbH, Frankfurt am Main: 128.1; Charité Universitätsmedizin Berlin - Institut f. Hygiene u. Umweltmedizin – Aktion Saubere Hände -, Berlin: 74.1; eye of science, Hamburg: 65.4; F1online digitale Bildagentur GmbH, Frankfurt/M.: 125.3 b; Focus Photo- u. Presseagentur GmbH, Hamburg: 3.2, 74.1 (Biomedical Imaging Unit, Southampton General Hospital/SPL), 9.4 (SPL), 10 u.r. einzeln und 11 (Myers/SPL), 24/25 (Martin Dohrn/SPL), 60 o.r., 72.1, 60 u.r., 82.2, 60/61 (AMI/SPL), 76.2 (Ami Images/SPL), 82.1, 86/87 (Pixologicstudio/SPL), 8.2, 116 o.r., 122.1 (SPL/Andrew Syred), 116/117, 118.2 (Pascal goetgheluck/SPL), 124.1 (Science Photo Library), 125.1 (Science Photo Library), 129.4 l., 129.4 r. (Thomas Hoepken/Magnum), 129.5 (Olivier martel/Icone), 136.1 (SPL/Coneyl Jay); fotolia.com, New York: 48.1 l. (iriska), 54.1 m. (adisa), 60 u.l., 76.1 (Magalice), 88.1 o.l. (Marco2811), 131.5 (Sven Bähren), 154.1 M. (julialine802), 154.1 u.l. (ChantalS), 154.1 u.r. (Elena Stepanova); Getty Images, München: 57.3 (Peter Dazeley), 62.1, 4.2 und 116 o.l. und 119.3 (De Agostini Picture Library), 166.1 b (National Geographic Creative); Greiner, Alois, Braunschweig: 12 Schmetterling (Meyer), 12 e (Schrempp), 99.2 befruchtete Eizelle; Hauck, Arthur, Pfalzgrafenweiler: 145.3 (modifikat. V.), 155.3 ; Hausfeld, Rainer, Vechta: 156.1 l., 156.1 r; Hausmann, Klaus Prof. Dr., Berlin: 8.4; Huk, Thomas Dr., Braunschweig: 160.1 u.r., 162.1; INTERFOTO, München: 10 o.l., 57.5 a, 59.8 a (La Collection / Domingie & Rabatti), 148.1 (ARDEA/Bill Coster); iStockphoto.com, Calgary: 125.3 a, e, 158.1; KALOO Images, Wertingen-Hirschbach: 3 3.1, 36.2, 3 3.1, 36.2, 28.1, 36.1, 36.1, 42 42.1 (Mensch), 43.2 (Mensch), 45.5, 46.1 l., 46.1 r., 107.2 a, 107.2 b, 107.2 c; Karlsruher Institut f. Techniologie (KIT) Institut f. Organ. Chemie, LS Biochemie, Karlsruhe : 60 o.l., 64.1, 84.4; Keystone Pressedienst, Hamburg: 24 u.l., 48.1 m. (Dominique Ecken); LOOK-foto, München: 152.1 (Konrad Wothe); mauritius images GmbH, Mittenwald: Titelbild (Mint Images), 13.2 (Ernst Harstrick), 99.2 (Zellkugel), 138.2 (Photzotake), 145.3 genetische Variabilität (Workbookstock.com), 161.2 a (Dennis Kunkel / Phototake), 5.2, 164.1 l. (imageBROKER/K. Möbius); Milinkovitch, Michel, Presinge: 165.5 a, 165.5 b; Niedersächsisches Ministerium für Umwelt, Energie und Klimaschutz, Hannover: 24 o.r., 40.1; OKAPIA KG - Michael Grzimek & Co., Frankfurt/M.: 12 c (Frank Hecker), 12 d (Manfred Pforr), 12 f (Dr.Frieder Sauer), 13.5 (Jany Sauvanet), 19.3.1 (Cyril Ruoso/BIOS), 42.1 Goldfisch (A. Hartl), 42.1 Grubenotter (K. Switak), 42.1 Rotkehlchen (B. Castelein), 43.2 Wal, 86.2, 91.2 (NAS / David M. Phillips), 116 u.r., 161.2 b (M.I. Walker/Science Source), 125.3 c, d, f (Ca.Biological/Phototake), 143.6 (Jack Green), 145.3 Genotyp (NAS/Dr. D.W. Fawcett), 153.2 l. (Brock May), 153.2 r. (Ted Levin), 164 1 r. (jspix/imageBROKER); Picture-Alliance GmbH, Frankfurt/M.: 10 u.l., 20.1. a (Wildlife/K. Bogon), 24 u.r., 56.1 (dpa), 37.6, 58.4 (akg-images), 57.5 b, 59.8 b (Fine Art Images), 57.5 d, 59.8 d (epa ansa Ferraro/dpa-Fotoreport), 95.3, 108.1 (Daniel Bockwoldt), 166.1 a (Evolve/Photoshot); Popko, Mathias, Meine: 134.1 o., 134.1 u., 135 o., 135 u.; Reinhard-Tierfoto, Heiligkreuzsteinach: 19.3.3, 19.3.4, 23.4 u.r., 43.2 Katze, 43.2 Maus, 143.2, 143.3, 145.3 Phänotyp, 156.2 l.; Schulenberg, Wolfgang , Vechta: 89.2; Shutterstock.com, New York: 4 4.1, 106.1 l., 26.1, 44.1, 49.2, 50.1, 54.1 l., 54.1 r., 86 o.l., 88.1 u.l., 86 u.r., 106.1 m., 88.1 o.r., 88.1 u.r., 106.1 r., 154.1 o.l., 154.1 o.r., 160.1 o.r.; Stoppel, Franz , Bakum: 32.1, 32.2, 32.3, 32.4, 33.5, 33.6, 33.7, 33.8, 35.3, 37.3, 124.2; Süddeutsche Zeitung - Photo, München: 57.5 c, 59.8 c (Rue des Archives/DILTZ); Superbild - Your Photo Today, Taufkirchen: 12 a (Schmidbauer), 5.1, 128.2 (YPT/Sunset), 160.1 l. (Superbild); Tierbildarchiv Angermayer, Holzkirchen: 19.3.2 (Reinhard), 23.4 o.r., 42.1 Biene, 43.2 Elefant, 43.2 Fledermaus; TopicMedia Service, Putzbrunn: 12 b (Daniel Buehler), 23.4 o.l. (Silvestris), 23.4 u.l. (Silvestris), 126.1 o.r. (J. u. C. Sohns), 126.1 u.r. (J. u. C. Sohns); TT Nyhetsbyran, Stockholm: 99.2 1. Zellteilung (L. Nilsson), 99.2 Bläschenkeim (L. Nilsson), 99.2 Einnistung (L. Nilsson), 99.2 weitere Teilungen (L. Nilsson), 100.1; Universitätsklinikum Halle (Saale) /AVGC4, Halle: 146.2; Wissenschaftliche Film- und Bildagentur Karly, München: 123.5, 130.1, 145.

Einbandgestaltung

Jennifer Kirchhof, Braunschweig, unter Verwendung einer Aufnahme von mauritius images (Mint Images), Mittenwald

Grafiken

Julius Ecke, www.naturstudiendesign.de
Eike Gall, Berlin
Christine Henkel, Dahmen
Mario Kessler/die Kleinert, München
Satz & Grafik Partner GmbH, Meitingen
Schwanke & Raasch, Hannover